4차 산업혁명과 신학의 만남

IMPRIMATUR
Suvon, die 7. Martii 2019
+ Matthias I. H. RI
Episcopus Suvonensis

4차 산업혁명과 신학의 만남
Encounter of the Fourth Industrial Revolution and Theology

교회인가 2019년 03월 07일 수원교구
발 행 일 2019년 04월 01일
인 쇄 일 2019년 03월 25일

편 저 곽진상, 박찬호, 한민택
펴 낸 이 곽 진 상
펴 낸 곳 ⓒ수원가톨릭대학교출판부
등 록 1990년 1월 13일 제90-1호
주 소 경기도 화성시 봉담읍 왕림1길 67
전 화 031-290-8814

인 쇄 도서출판 장락
출판등록 1991년 7월 25일 제21-251호
주 소 13601 경기도 성남시 분당구 발이봉남로 35번길 8, 201호
전 화 031-716-7306
팩 스 031-714-7319

ISBN 978-89-7396-062-0

값 20,000원

※ 이 도서의 국립중앙도서관 출판예정도서목록(CIP)은 서지정보유통지원시스템 홈페이지(http://seoji.nl.go.kr)와 국가자료종합목록시스템 (http://www.nl.go.kr/kolisnet)에서 이용하실 수 있습니다. (CIP제어번호 : CIP2019012214)

4차 산업혁명과 교회 02

4차 산업혁명과 신학의 만남

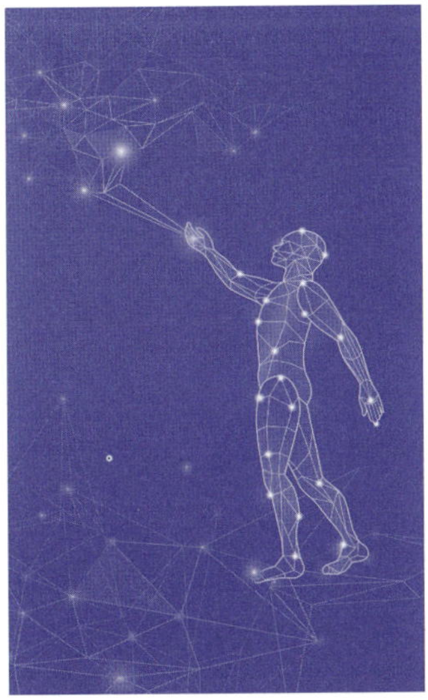

곽진상 · 박찬호 · 한민택(편)

수원가톨릭대학교출판부

4차 산업혁명 시대에 신학의 미래를 전망하며

교회는 과학과 산업의 영역으로 여겨지는 '4차 산업혁명'에 대해서 왜 관심을 갖는가?

교회에 지성적으로 봉사하는 신학은 시대의 문제와 물음에 귀를 기울이고 그리스도 복음의 빛으로 대답해야 할 소명을 가지고 있으며, 그 대답의 근거인 복음의 진리가 여전히 유효하고, 보편적 가치를 지니고 있다는 것을 합리적으로 증언해야 할 의무가 있다.

수원가톨릭대학 부설 이성과신앙연구소는 국내 신학대학으로는 처음으로 2017년 7월부터 4차 산업혁명과 관련한 '학제 간 공동연구'를 시작하였다. 이 공동연구는 교황청 문화평의회 2017년 총회 의안을 접하면서 비롯되었다. 총회의 주제가 4차 산업혁명 시대에 제기되는 '인류의 미래: 인간학에 대한 새로운 도전'[1]이었기 때문이다. 당시 이

---

1 Pontifical Council for Culture, Plenary Assembly, "The Future of Humanity. New Challenges to Anthropology", Vatican, November 15–18, 2017, http://www.cultura.va/content/dam/cultura/docs/pdf/events/PlenaryTheme2017_en.pdf.
이 총회 자료는 『4차 산업혁명과 인류의 미래』(수원가톨릭대학교 출판부, 2019)의 〈부록〉에 실렸다. 참조: 〈부록〉 2017년 문화평의회 총회 의안 "인류의 미래: 인간학에 대한 새로운

성과신앙연구소장이었던 필자는 현재 보편교회가 4차 산업과 관련된 문제에 대해 심각하게 고민하고 있는 것을 직시하고 한국교회 안에서도 이러한 연구가 필요하다고 판단함과 동시에 우선적으로 우리 대학의 신학자들부터 관심을 가져야 할 필요성을 느꼈다. 그리고 관심 있는 신학자들의 의견을 경청하였다. '4차 산업혁명과 신학의 역할'이라는 주제는 그 자체로 4차 산업혁명에 대한 이해 없이는 불가능하고, 특정 분야의 신학 연구로는 한계가 있으므로 이와 관련된 분야의 전문가들을 초청하여 공동으로 연구할 것을 제안했다. 공동 연구를 위해서는 가톨릭 신자뿐만이 아니라 종교와 상관없이 해당 분야의 전문가들이 참여해야 풍성한 결과를 기대할 수 있기 때문이다. 그리하여 가톨릭과 개신교, 과학과 인문학, 특히 철학의 전문가들을 대거 포함시킨 이른바 '초교파적'이며 '초신학적'인 공동세미나를 구성하게 되었다.[2]

이 세미나는 크게 네 개의 축으로 연구 방향을 정하였다.

첫 번째 축에서는 오늘날 유행어처럼 회자되고 있는 4차 산업혁명에 담긴 의미는 무엇인지, 그리고 그 안에서 과학기술의 발전이 어디까지 진행되고 있으며, 그러한 발전의 저변에 깔려 있는 사상적 배경이 무엇인지를 파악하는 것이다. 이를 위해서 컴퓨터 공학, 인공지능,

---

도전", 같은 책, 147-158.

2 2017년 7월 20일 천주교 수원교구청에서 개최된 첫 모임에는 아주대학교의 컴퓨터공학 교수(최경희, 정기현), 가톨릭대학교의 컴퓨터정보공학 교수(노상욱), 경기도 청소년 지원센터장(서재범), 수원교구 청소년 사목 전문가(현정수 신부, 윤석희 신부), 대구가톨릭대학교의 정희완(교의신학), 수원가톨릭대학교의 곽진상(기초신학), 이근덕(동양철학), 박찬호(윤리신학), 한민택(기초신학) 신학교수들이 참석하였다. 두 번째 모임 이후, 호서대학교의 기술 · 윤리철학 교수(김성동), 강릉원주대학교의 생물학 교수(전방욱), 성균관대학교의 철학 교수(이종관), 전 IBM T.J. Watson 연구소 박사(이윤경) 등이 점진적으로 참여하게 되었다.

생물학, 유전공학, 뇌과학 등의 전문가들이 함께 하였다.

두 번째 축은 4차 산업혁명과 관련되어 제기되는 문제를 철학적으로 성찰하는 것이다. 4차 산업혁명이 가져올 경제 체계와 사회 구조 및 법제도의 변화, 새로운 문명의 출현과 그것의 근간이 되는 핵심 사상, 과학기술에 응용되는 인간에 대한 다양한 이해, 그리고 인류의 미래에 대한 유토피아 등의 문제를 철학적 관점에서 분석한다. 여기에는 철학적 인간학, 윤리학, 사회학, 문화학의 전문가들의 도움이 요청되었다.

세 번째 축은 신학과 관련한다. 이 축은 4차 산업혁명과 관련된 첨단 과학기술과 생물학의 융합, 다양한 이유로 전개되는 인간의 유전자 편집, 기계 인간의 등장으로 제기되는 인간의 정체성, 윤리적 책임, 현대의 과학과 사회 문화 속에 뿌리박힌 근본 사상 등 과학기술 분야의 발달이 신학으로 하여금 무엇을 숙고하게 하는지에 대해 탐구한다. 신학적 탐구로서 중요한 것은 신학의 문제를 파악하는 것이다. 인간과 자연 그리고 세계에 대한 신학의 전통적인 이해와 설명이 오늘날 첨단 과학의 시대에도 여전히 유효하고 모든 사람이 수용할 수 있는 보편성을 드러낼 수 있게 하는지를 검증하는 것이다. 신학은 더 이상 교회라는 울타리 안에 갇혀 있을 수 없고, 현대 세계가 제기하는 문제들에 귀 기울이고 그러한 문제들에 대해서 어떻게 그리스도교 진리를 보편적 진리로 드러낼 수 있는지를 각 분야별(성경, 교의, 기초, 윤리, 실천 신학)로 점검해야 한다. 바로 그럴 때 신학은 그리스도의 '영원한 새로움'을 재발견하고 새롭게 제시하는 시대적 소명을 이룰 것이다. 이러한 신학적 논의는 신학이 새롭게 발전시켜 나가야 할 과제들을 파악하고, 역사를 통해 지켜온 성경과 전통에 대한 창조적 재해석을 필요로 하였다.

마지막 네 번째 축은 구체적이고 실천적인 교회의 역할과 관련한다.

신학은 본성적으로 실천을 지향하기 때문에, 지성적이고 추상적인 차원의 진술에 머물지 않는다. 위에서 연구한 과학적, 철학적, 신학적 논의는 교회가 무엇을 해야 하는지 그리고 어떤 태도를 취해야 하는지 구체적으로 제시하는 데 도움을 줄 것이다. 또한 이미 4차 산업혁명의 문명 속에 살고 있는 사람들에게 무엇이 진정한 행복과 참된 구원에 도움이 되는지를 식별하도록 돕고, 그리스도의 복음에 기초한 식별 기준들을 제공해 주어야 한다. 또한 과학적 세계관 속에 살아가고 있는 사람들로 하여금 무엇이 하느님의 모상으로서의 자기 정체성을 실현하고 세상의 완성을 향해 나아가는 데 도움을 주는지를 숙고하고 선택하도록 사목적인 제안들도 제시해야 한다. 또한 시대의 복음화를 위한 교회의 구체적 사명을 완수하기 위해 필요한 교회의 내적 변화와 새로운 정책 도입도 시도해야 할 것이다. 이것이 오늘날 신학이 갖는 복음화 사명이기 때문이다.

이러한 목적을 실현하기 위해서 관심 있는 우리 대학의 신학자들뿐만 아니라 관련 분야의 전문가들이 연구자로 초대되었다. 우선 4차 산업혁명과 직결된 과학자들(컴퓨터 공학자, 인공지능 전문가)이 초대되었고, 동·서양 철학자들, 특히 현대에 새롭게 등장한 기술철학 또는 문화철학의 전문가, 신학 각 분야의 전문가들(성경, 교의, 윤리, 기초, 실천 신학)이 참여하게 되었다. 과학자와 철학자 그리고 신학자들의 만남은 그 자체로도 의미 있는 일이다.

공동세미나는 두 달에 한 번 모여 주제발표와 토론의 시간을 가졌으며, 일년 반 동안 일곱 차례에 걸쳐 진행되었다.[3] 그러나 이 기간은 4차

3 1차 세미나(2017.7.20) : 문화평의회 총회 의제, “인류의 미래: 인간학에 대한 새로운 도전”
2차 세미나(2017.9.29) : “4차 산업혁명과 AI”, “동양의 인간 이해”

산업혁명에 대한 이해나 그로부터 새롭게 제기되는 신학의 문제를 모두 다룰 수 있는 충분한 시간은 되지 못했다. 그럼에도 교회가 무엇을 할 것인지에 대한 문제의식과 물음을 많은 사람과 공유하기 위해 그동안 진행되었던 연구 결과들을 대중 앞에 발표하는 학술대회를 열게 되었다. 이 학술대회는 2018년 10월 24일부터 25일까지 수원가톨릭대학교에서 "제4차 산업혁명과 교회의 역할"이란 주제 아래서 3부로 진행되었다. 과학기술, 철학, 신학 분야 중 총 9개의 주제발표가 있었고, 한 분야의 발표가 끝날 때마다 청중과 토론하는 시간을 가졌다.

아직은 덜 숙성된 열매지만 이 학술대회의 결과물을 단행본으로 발행하게 된 것은 4차 산업혁명에 대한 올바른 이해와 인류의 미래에 대한 심각한 고민, 인간과 자연 그리고 세계를 둘러싼 여러 가지 위험 요소들에 대한 건전하고도 냉철한 비판 정신을 불러일으키기 위한 작은 소망 때문이다. 앞으로도 더욱 심도 있는 후속 연구가 이루어지기를 바란다. 특히 공동세미나의 네 번째 축을 구성하는 '교회의 역할'에까지 나아가기 위해서 더 많은 연구가 진행되기를 고대한다.

책의 구성

이 책은 과학기술, 철학, 신학의 세 분야로 구성되어 있다.

제1부는 '4차 산업혁명이 무엇인가, 어디까지 와 있는가'를 소개하는 과학기술 분야다. 제1장은 인공지능 분야 전문가 노상욱 교수(가톨릭

3차 세미나(2017.11.24) : "크리스퍼 유전자 가위", "4차 산업혁명 속의 인간에 대한 전망"
4차 세미나(2018.1.26) : "『호모 데우스』와 신학적 성찰"
5차 세미나(2018.3.23) : "과학기술 혁명 시대의 종교의 미래"
6차 세미나(2018.5.25) : "과학기술 혁명 시대의 하느님 신앙", "4차 산업혁명과 인간의 죽음"
7차 세미나(2018.7.25) : "4차 산업혁명과 신학의 역할" 토론

대학교)의 "4차 산업혁명에서 인공지능의 역할"이다. 이 논문은 현재 진행되고 있는 인공지능 기술의 실태와 구체적인 응용 및 개발 사례를 소개하고, 인공지능 기술이 인간에게 제공해 주는 유익성을 제시하면서도 인간을 대체할 수 없는 한계를 지닌다고 분명히 밝힌다. 제2장은 전방욱 교수(강릉원주대학교)의 "크리스퍼 유전자 가위에 의한 인간배아 유전자편집"이다. 이 논문은 4차 산업혁명과 함께 급속하게 발전하고 있는 유전자편집 기술의 사례들을 윤리적 관점에서 비판적으로 분석하고, 기술적으로 완벽하지 않은 생식세포 편집을 시도하는 것에 대해 강력히 경고한다. 저자는 이 논문을 통해서 유전자편집의 위험성을 지적하고 과연 유전자로 조작된 인간이 진화의 주인이 될 수 있는지에 대한 물음을 던진다. 제3장은 이윤경 박사(IBM 왓슨 연구소 명예 연구원)의 "과학기술 혁신 시대의 신학"이다. 이 논문의 저자는 과학과 종교의 만남이라는 범주 안에서 현대 과학기술이 갖고 있는 잠재적 파괴력과 지구 전체가 당면해 있는 생태적 위기를 통합적 위기로 보면서 이 위기를 극복하기 위한 대안을 제시한다. 저자가 제시하는 해결책은 과학적 이론들을 기반으로 하고 동시에 사회 윤리를 포함하는 학제 간 통찰을 기반으로 하여 '생명지향적 세계관'을 형성하는 것이다. 저자는 신학이 이 세계관 형성에 도움을 줄 수 있다고 강조하며 신학의 역할을 요청한다.

제2부는 철학 분야다. 제4장은 문화철학과 기술철학자 김성동 교수(호서대학교)의 "4차 산업혁명 속의 인간에 대한 한 전망"이다. 저자는 4차 산업혁명이 가져올 자동화의 유토피아와 실업의 디스토피아 상황을 직시하며 4차 산업혁명의 위기를 호기로 삼기 위해서 인간의 행복을 위한 새로운 형태의 복지 정책을 제시한다. 또한 4차 산업혁명의 위기를 극복하기 위해서 개인주의 철학에서 공동체주의 철학으로 전환

할 필요를 주장한다. 제5장은 이종관 교수(성균관대학교)의 "4차 산업혁명과 인간의 운명"이다. 저자는 논문을 통해서 포스트휴먼 시대를 예언하는 트랜스휴머니즘(Transhumanism)의 핵심내용을 면밀히 검토하는 가운데, 특히 인공생명기술(ALT)에 내포된 형이상학적 문제를 하이데거를 통해 지적하며, 트랜스휴머니즘의 미래 비전이 시대착오적 형이상학에 얼마나 매몰되어 있는지를 폭로한다. 또한 진정한 의미의 새로운 휴머니즘을 요청한다. 포스트휴머니즘이나 트랜스휴머니즘의 출현으로 고민하고 있는 인간이 갖는 문제 해결에 동양철학적 관점은 어떤 도움을 줄 수 있는지에 대한 물음이 제6장에서 펼쳐진다. 동양철학자 이근덕 신부(수원가톨릭대학교)는, 유전공학, 신경과학, 인공지능 등 과학기술로 말미암은 인간 본성과 정체성에 대한 기존의 철학적이고 신학적인 정의에 대한 물음이 진지하게 제기되는 상황에서 인간의 본성에 대한 논의를 "중국 전통철학의 일원론 체계"를 통하여 접근하는 것이 필요하다고 보며, 인간에 대한 일원론적이고 통합적인 동양적 사고가 오늘날 인간 문제 해결에 중요한 단초를 제공할 것이라고 주장한다.

제3부는 신학 분야의 성찰이다. 제7장은 기초신학자 한민택 신부(수원가톨릭대학교)의 "기초신학의 관점에서 본 유발 하라리의『호모 데우스』와 그리스도교 신학의 과제"다. 저자는 유발 하라리가 인류의 역사를 종교와 과학의 계약으로 이해하고 종교를 사회질서의 유지를 위한 도구로 평가하는 것을 비판하면서, 과학과 종교 사이의 비판적이고 창조적인 관계 수립을 제안한다. 현시대의 새롭게 변화된 삶의 조건을 받아들이면서 존재의 무상성을 원리로 하는 사유와 윤리를 새롭게 창출하고, 삶의 비전에서 이해된 계시 개념을 하느님 나라와 연결함으로써 하느님과 인간과 신앙에 대해 현실적으로 다가설 것을 주장한다.

제8장은 윤리신학적 고찰이다. 기초윤리신학자 박찬호 신부(수원가톨릭대학교)는 "4차 산업혁명과 인간의 자유에 대한 윤리신학적 고찰"을 통해서 무한한 자유와 욕망으로 치닫는 현대인의 삶에 비추어 과연 인간의 자유가 무한한 것인지 하는 문제를 그리스도교적 입장에서 논한다. 그리스도교가 추구하는 자유는 무엇이든 할 수 있는 무한한 자유가 아니라 한계적 자유이며 '존재의 자유'로서, 자유의 인간은 자유 자체이며 최고선인 하느님께 예속될수록 더 큰 자유를 누린다는 그리스도교의 신학적 자유를 피력한다. 제9장은 교의신학자 정희완 신부(대구가톨릭대학교)의 "과학기술 혁명 시대와 그리스도교"에 대해 다룬다. 저자는 과학기술 혁명에 따른 삶의 방식의 변화와 기존의 윤리적 규범의 변화를 요청하는 상황에서 종교와 신학은 어떤 역할을 수행해야 하는지에 대해 스스로 물으며, 종교와 신학은 단지 윤리적 차원에서 새로운 사회적 규범을 형성하는 데 도움을 주는 것에 그치지 않고, 세계관 형성에 도움을 주어야 한다고 피력한다. 4차 산업혁명에 내포되어 있는 포스트휴머니즘과 포스트휴먼적인 삶의 방식과 투쟁할 것을 요청한다. 제10장은 신학적 인간학에서 제기되는 논의다. 교의신학자인 필자(곽진상 신부, 수원가톨릭대학교)는 "4차 산업혁명과 그리스도교 인간학의 위기"에서 진화생물학적 인간 본성 개념과 더 능력 있고 더 강한 인간, 즉 더 이상 죽음도 없는 인간 향상을 주창하는 포스트휴머니즘으로부터 제기되는 인간 본성의 문제에 집중하여, 그리스도교 인간 이해가 보편적으로 어떻게 이해될 수 있는지 검증한다. 그리스도교 인간학은 인간의 본성을 여러 속성들의 총합으로 정의하는 이성주의적 본질주의의 입장에서 벗어나야 하며, 인간 본성의 보편성과 규범적 역할을 거부하는 사조에 대항하여 신앙의 진리에 입각한 보편성을 제시하고

그럼으로써 윤리에 대한 규범적 역할을 수행할 것을 주장한다. 과학과 신학의 이원론적 외부주의를 극복하기 위해서는 그리스도교의 특성인 내재적 초월성을 근거로 인간 본성의 영적인 특성과 인격의 절대적 매개로서의 육체성, 그리고 인간 본성의 역사성과 관계성에 대한 새로운 접근이 필요함을 논증한다. 마지막 결론에서는 과학기술 시대에 요구되는 신학과 교회의 역할로서 인간의 위대함과 존엄성을 계시 신앙과 근원(principe)의 차원에서 찾고, 이를 과학의 원리인 증명으로서가 아니라 신앙의 원리인 증거로 제시할 것을 강조한다.

책의 마지막을 구성하는 '편집 후기'(한민택 신부, 수원가톨릭대학교)에서는 본 공동세미나와 학술대회를 통해 목격하게 된 인류의 자화상과 그에 따른 신학의 자기반성의 필요성을 지적하며, 이 책에서 소개하는 여러 학자의 연구 결과 가운데 핵심적인 것들을 추려 모아 실천적 결과와 그에 따른 신학의 과제를 요약해서 제시한다.

끝으로, '4차 산업혁명 시대의 가톨릭신학'에 대한 공동연구의 필요성을 제기하고 용기를 준 이성효 주교님과 그동안 이 연구를 이성과신앙연구소의 공동 연구 프로젝트로 진행하고 이끌어 온 박찬호 신부님, 그리고 동료 연구자로서 신학적 고민을 함께 나누고 이 책을 발간하기까지 열과 성의를 보여 준 이성과신앙연구소장 한민택 신부님께 무한한 감사를 드린다.

수원가톨릭대학교

총장 **곽진상 신부**

제4차 산업혁명과 교회의 역할

'4차 산업혁명'이라는 말은 2016년 2월, 스위스 다보스(Davos)에서 개최된 세계경제포럼에서 처음으로 사용되었습니다. 이후 4차 산업혁명에 대한 논의는 세계 곳곳으로 전파되어 우리나라에서도 유행처럼 회자되고 있습니다. 그러나 4차 산업혁명이 교회와 무슨 관계가 있는지를 묻는 사람들에게는 '4차 산업혁명과 교회의 역할'이란 주제가 다소 생소할 것입니다. 우선 과학자들이나 과학 분야에 종사는 사람들, 예컨대 빅데이터, 인공지능, 로봇공학, 사물인터넷, 무인 운송수단, 3D 프린팅, 나노기술과 유전자 가위를 통한 인간향상 기술에 종사하는 사람들에게는 교회가 과학에 대해 무슨 말을 하려 하는지 의문을 가질 수 있습니다. 또한 일각에서는 인간에게 주어진 능력과 자유로 과학기술을 발전시키고, 특히 생명기술 융합을 통해서 질병의 고통을 치료하고 생명을 연장하며, 인간의 본성적 한계를 뛰어넘는 새로운 인간(Transhuman)을 꾀하는 일에 교회가 왜 개입하려 하느냐고 말할 수도 있을 것입니다. 신앙의 확신을 갖지 못한 신자들은 오늘날 과학 지식이 신앙 지식과 상충하는 것을 목도하면서, 객관적 확실성을 주지 못하는 신앙 진리를 여전히 믿어야 하는지 의구심을 가질 수도 있을 것입니다.

현재의 4차 산업혁명은, 역사를 통해 이어진 지난 산업혁명들이 보여 준 것처럼, 단순히 산업과 경제 발전만의 문제가 아닌 인간과 인류 전체의 문제로 확대됩니다. 인간 노동의 의미, 자본과 부의 분배, 법과 사회 제도, 생태환경, 고통과 죽음, 인류의 운명 등과 관련된 복잡한 사안입니다. 한 마디로 인류의 운명과 관련한 문제입니다. 교회는, 이미 제2차 바티칸 공의회의 「사목헌장」이 천명한 것처럼, "인류 가족 전체와 인간이 살아가는 온갖 현실을 직시하며"(2항) 오늘날 사회가 제기하는 고뇌에 찬 문제들과 "대화를 나누고, 그 문제들을 복음에서 이끌어 낸 빛으로 비추어 주는"(3항) 역할을 수행해야 할 소명이 있습니다.

교회의 복음화에 지성적으로 봉사하는 신학은 더 이상 교회 울타리 안에 있는 몇몇 사람들을 위한 학문으로 머물 수 없습니다. 본디 신학은 '개인 연구실'이나 '도서관'에서 이루어지는 것이 아니라 특정한 시간과 장소에 자리하면서 구체적인 현실이 제기하는 질문들에 그리스도 신앙의 빛으로 보편적이고 타당한 답변을 제공하는 '살아 있는 학문'입니다. 신학은 인간의 존엄성과 인류 전체의 공동선을 추구하도록 과학 분야에 종사하는 사람들에게 용기를 북돋아 주면서도, 인간의 존엄성을 파괴하거나 인류 전체의 운명을 위협하는 부분에 대해서는 비판적 역할을 수행합니다. 신학은 자연과학이나 인문과학의 탐구로 얻어진 결과를 무시하지 않고 존중하지만, 그것이 갖는 한계도 지적합니다. 더 중요한 것은 과학적 결과가 신학에 제기하는 문제를 기꺼이 수용하고, 신학 자체의 쇄신과 발전을 위한 계기로 삼는 것입니다. 역사성과 현실성을 잃은 추상적 신학은 신학의 원천이신 그리스도 계시의 역사성과 보편성을 무시하는 '죽은 신학'입니다.

'융합'으로 특징되는 4차 산업혁명 시대의 신학 작업은 신학의 각 분야와 '공동 협력'을 요청하고 있습니다. 성경신학자, 교의신학자, 기초신학자, 윤리신학자, 그리고 실천신학자들이 공동으로 연구하는 것이 필요합니다. 뿐만 아니라 신학 이 외의 다른 학문에 대해서도 개방적인 자세를 가지고 학제 간 연구를 요구합니다. 특히 다원주의적 세계에서 살고 있는 신학자는 타 학문과 대화하는 가운데 그리스도교 신앙진리가 여전히 인간과 세상을 '변혁시키는 영적인 힘'을 가지고 있는지를 스스로 검증하는 기회로 삼아야 합니다.

이런 측면에서 이번 학술대회는 신학자들만의 잔치가 아니라, 신학에 대해 문제를 제기하는 과학자와 철학자들의 소리를 경청하면서 그들과 함께 논의하는 자리인 것입니다. 이번 학술대회에 발제자로 나서는 아홉 분의 연구자 여러분께 이 자리를 빌려 진심으로 감사드립니다. 가톨릭대학교 성심교정의 컴퓨터정보공학 박사이신 노상욱 교수님, 강릉원주대학교의 전임 총장이셨고 현재 생물학과 교수로 재직하고 계신 전방욱 교수님, 미국 IBM Watson 연구소 명예 연구원이신 이윤경 박사님, 호서대학교 윤리철학 교수이며 기술철학자이신 김성동 박사님, 4차 산업혁명의 전문가로 정평이 높으신 성균관대학교 철학자 이종관 교수님, 대구가톨릭대학교의 교의신학자 정희완 신부님, 수원가톨릭대학의 기초신학교수이신 한민택 신부님 그리고 윤리신학교수이신 박찬호 신부님께 감사드립니다.

오늘의 이 귀한 학술대회가 있기까지 '제4차 산업혁명 시대의 가톨릭 신학'이라는 공동프로젝트의 책임연구자로서 수고해 주신 박찬호 신부님과 본 학술대회를 함께 기획하고 성공적으로 이끌어 주신 이성과신앙연구소장 한민택 신부님께 깊이 감사드립니다.

부디 오늘의 이 학술대회를 통해서 이곳에 참석하신 모든 분이 4차 산업혁명에 대한 올바른 이해와 과학기술의 도전에 직면한 그리스도교 신앙 진리가 우리를 지탱하고 살게 하며 완성으로 이끄는 살아 있는 진리임을 믿는 데 도움이 되기를 바라며, 우리의 신앙이 살아 있는 진리로서 새롭게 개진되고 이를 위한 교회와 신학의 역할이 재조명되는 좋은 계기가 되기를 빕니다. 감사합니다.

수원가톨릭대학교

총장 **곽진상 신부**

찬미와 봉사

이성과신앙연구소에서 주최하는 제35회 학술발표회 주제는 "제4차 산업혁명과 교회의 역할"입니다. 이틀에 걸쳐 과학기술, 철학, 신학 세 분야의 연구를 발표합니다. 이렇게 세 분야가 함께 만나는 장은 참으로 드뭅니다. 제4차 산업혁명의 작은 성과라 할 수 있을까요?

먼저 학술발표회의 장을 마련해 주신 곽진상 총장 신부님과 교수 신부님들께 교구장 주교님을 대신하여 감사드립니다. 그리고 기꺼이 발제에 응해 주신 노상욱 프란치스코 교수님, 전방욱 강릉원주대학교 교수님, 이윤경 미쉘 교수님께 감사드립니다. 전방욱 교수님은 개신교 신자임에도 종파를 뛰어넘어 함께하고 계십니다.

제4차 산업혁명이 가져올 신기술은 미래에 대해 장밋빛 기대감으로 우리를 부풀게 합니다. 하지만 그에 따르는 사회, 정치, 윤리, 종교에 미치는 파괴력으로 우리를 걱정하게 합니다. 특히 윤리 책임 문제가 심각한 수준으로 대두되고 있습니다. 이러한 제4차 산업혁명시대를 맞아 우리 시대는, 프란치스코 교황 성하께서 회칙『찬미받으소서』에서 말씀하셨듯이, 더욱 통합적이고 포괄적인 시선을 통해 다양한 학문 분야를 아우르는 인도주의가 절실히 필요합니다(141항 참조). 오늘 학술발표회는 통합적이고 포괄적인 시선을 겸비하기 위해 일 년 반 동안 과학자, 철학자, 신학자가 함께 대화한 작은 결실입니다. 이 대화의 장은 앞으로도 계속 이어질 것입니다.

프란치스코 교황님께서는 교황청 문화평의회에서 이 대화를 뒷받침하는 세 가지 원칙을 말씀하셨습니다. 첫째, 인간 중심성입니다. 이는 사람이 수단이 아니라 목적으로 간주되어야 한다는 뜻입니다. 둘째, 선에 대한 보편적 가치를 지니는 것입니다. 과학과 기술의 진보는 소수의 사람을 위한 유익이 아니라 모든 인류의 선익을 위한 것이어야 한다는 뜻입니다. 셋째, 기술적으로 가능하거나 실현 가능한 모든 것이 윤리적으로 수용 가능한 것은 아니라는 원칙입니다. 이는 과학자도 다른 모든 영역의 인간 활동과 마찬가지로 과학이 인간의 선익을 위해 한계를 지니며 연구의 윤리적 책임감을 필요로 한다는 것을 알아야 한다는 뜻입니다. 달리 말하면 인간을 위해 만들어진 기술이 역설적으로 인간의 정체성에 더욱 큰 위기를 가져올 수 있으며, 인간의 존엄한 가치를 더욱 위협할 수 있기에 윤리적 책임감을 잊지 말아야 한다는 것입니다.

프란치스코 교황님께서 오늘의 교회는 '야전병원'이 되어야 한다고 말씀하셨습니다. 우리가 제4차 산업혁명 시대에 소외되고 상처 입은 사람들에게 다가가는 야전병원이 되려면 우리가 무엇을 알아야 하고 어떻게 준비해야 하는지 깨닫는, 또 찾는 학술발표회가 되었으면 좋겠습니다.

귀중한 학문적 봉사를 해 주신 교수님들, 경청하실 모든 분께 주님의 풍성한 축복이 함께 하기를 빕니다.

천주교 수원교구 총대리

교황청 문화평의회 위원

이성효 주교

| 차 례 |

제2부 철학 분야

제3부 신학 분야

1

과학기술 분야

노상욱

전방욱

이윤경

01

4차 산업혁명에서 인공지능의 역할

노상욱

노상욱

가톨릭대학교 컴퓨터정보공학부 교수, 인공지능 분야 강의

서론

자율적으로 생각하는 컴퓨터에 대한 지속적인 연구는 기계적인 로봇 개발에서 이제 소프트웨어 에이전트(software agent)를 이해하고 만들어 가는 시대에 진입했다. 소프트웨어 에이전트는 다른 에이전트와 상호작용하면서 전체의 목표를 달성하기 위하여 각자의 임무를 수행하는 의사결정의 단위로 생각할 수 있다. 이 분야에서 현재 활발하게 이루어지는 연구들은 자율적으로 그리고 실질적으로 어떻게 의사결정을 수행할 수 있는지, 다른 소프트웨어 에이전트들과 상호 협력할 것인지, 어떤 방식으로 의사소통할 것인지, 자신의 경험을 축적하여 새로운 환경에 능동적으로 적응할 수 있을 것인지에 대한 방법론 등이 있다.

지능적이며 이성적인 판단이 가능한 개체인 소프트웨어 에이전트는 4차 산업혁명 시대에 핵심적인 역할을 한다. 자율 운행 및 판매, 도메인 지식에 기반한 어드바이저(advisor), 전자 상거래, 네트워크 시스템의 실시간 감시 및 운영, 국가 또는 국가 간의 운송 시스템의 최적화,

가상현실에 기초한 컴퓨터 게임, 전시체계의 작전 수행, 사회구성원의 역할에 대한 시뮬레이션, 인터넷상에서 필요한 정보의 추천, 회의의 중요한 정도를 고려한 회의 시간 및 장소의 결정 등 일상적인 생활의 모든 분야에 적용될 수 있다.

특히 요즘 같은 디지털 시대에 인터넷 사용은 TV를 보는 것만큼이나 일상적인 일이 되었다. 사용자가 방대한 정보의 바다에서 에이전트를 이용하여 유용한 정보를 정확하고 신속하게 얻을 수 있다면 인터넷 검색에 드는 시간을 절약할 수 있을 것이다. 또한 전자우편을 확인하고 중요한 이메일을 알려 주며, 불필요한 이메일은 자동적으로 삭제해 준다면 전자우편 관리의 시간을 줄일 수 있을 뿐 아니라 바이러스의 침투도 예방할 수 있다. 개인적인 도우미로서의 소프트웨어 에이전트는 사용자가 자신의 선호도를 프로파일(profile)에 지정하면 일상의 사소한 결정, 예를 들어 여행일정, 회의참석 여부 등에서 해방될 수 있도록 한다. 또한 하루 일정에 우선순위를 부여하여 반드시 해야 할 일을 추천해 줄 수도 있고 집에 전화를 걸어 들어가는 시간에 맞춰 조명과 음악을 틀어 줄 수도 있다.

앞으로 소프트웨어 에이전트의 응용이 기대되는 분야는 인간이 직접 대처하기 위험한 상황, 즉 우주탐험 분야 또는 재난구조 분야 등이다. 이 분야의 연구는 분산 컴퓨팅, 사회학, 조직과학, 인공지능 등의 분야와 연계되어 편리한 세상, 인간에게 유익한 세상을 만들어 가는 역할을 할 것으로 기대해 본다.

본 논문에서는 소프트웨어 에이전트를 정의하고 이를 활용할 수 있는 응용분야를 알아본다. 구체적인 응용 및 개발 사례를 통하여 앞으로 소프트웨어 에이전트가 사람을 대체할 수 있는 직업군과 미래사회를 예측해 본다. 다가올 미래사회에서 인공지능의 역할은 중요하나 분명한 한계를 가질 것에 대하여 정리하며 논문을 마무리한다.

1 인공지능의 정의와 연구 프로젝트 사례

인공지능에 대한 학문적 정의는 네 가지 단어의 조합으로 정리할 수 있다. '생각(think)'과 '행동(act)', '사람(human)'과 '이성(rationality)'의 조합으로 정의할 수 있는데, 이들의 조합은 [그림 1]과 같이 나타난다.

[그림 1] 인공지능의 정의

"사람처럼 생각하는 것"은 심리학에서 인간의 사고에 대한 메카니즘을 연구하는 접근방식이며, "사람처럼 행동하는 것"은 영국 수학자 앨런 튜링(Alan Turing)이 튜링기계를 통하여 문제해결을 시도한 접근방식이다. 이와 같이 '지능'을 정의하고자 도입한 '사람'이라는 용어의 문제점은 사람의 지능에 대한 다양성과 주관성에 있다. '사람'의 의사결정에 대한 가장 근접한 용어로서 '이성'을 사용하며, '이성'은 올바르게

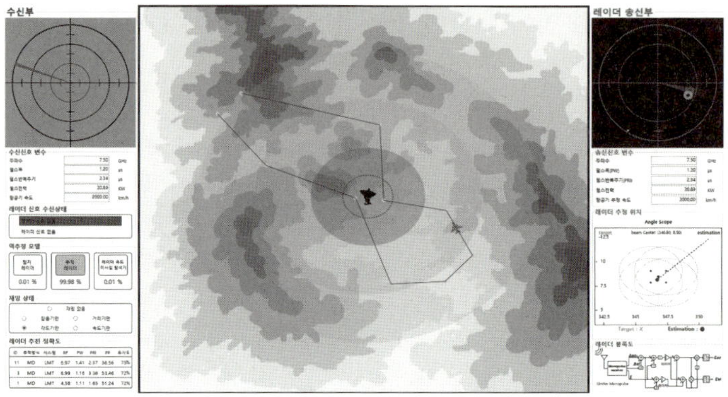

[그림 2] 국방무인화 연구 프로젝트 사례

추구하는 것(Do the right thing!)으로 이해할 수 있다. “이성적으로 생각하는 것”은 논리학에서 명제논리와 술어논리를 이용하여 추론하는 방식이며, 컴퓨터 공학에서는 논리에 대한 구문론과 의미론을 정의하며, 이를 기반으로 추론엔진을 통하여 논리적으로 추론하는 방식이다. “이성적으로 행동하는 것”은 센서로 받아들인 입력을 기반으로 지능적인 메카니즘을 통하여 결정된 행동을 수행하는 접근방식이다. 궁극적으로 환경입력, 의사결정 및 행동에 의한 하나의 주기로 정의되는 이성적 행동을 수행하는 주체인 에이전트를 프로그램하는 것으로 지능을 정의하며, 이러한 지능을 다양한 응용분야에서 개발하고 적용한 ‘인공지능’이 꽃피움에 따라 4차 산업혁명의 시대가 도래한 것이다.

인공지능 분야에 다양한 연구가 진행되고 있으며, 본 연구자는 국방분야에서 무인화 연구에 집중하고 있다. 현재 수행중인 연구 프로젝트는 전자전 상황에서 적 위협에 대한 자율적인 상황인지이며, 다양한 상황에서 반복적으로 지능을 테스트하기 위하여 시뮬레이션 시스템을 구현한 화면은 [그림 2]와 같다.

2 컴퓨팅 패러다임의 진화와 인공지능의 발전

컴퓨터 과학의 초기 시대에는 컴퓨터가 얼마나 신속하게 많은 양의 데이터를 처리할 수 있는지에 집중하였다. 하드웨어의 발전과 인터넷이 보급되기 시작하면서 데이터의 공유보다는 정보를 공유할 수 있는 시대가 도래하였으며, 사용자가 휴대할 수 있는 지능형 컴퓨팅 디바이스(intelligent computing device)의 개발은 사용자에게 필요한 맞춤형 지식을 제공하는 시대를 맞이하게 하였다.

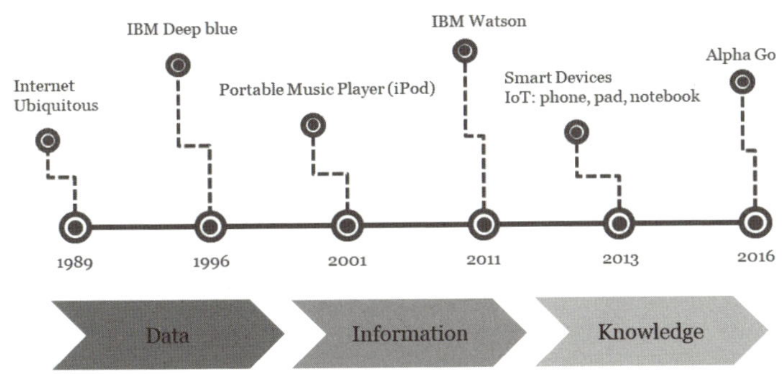

[그림 3] 컴퓨팅 패러다임의 진화

4차 산업혁명 시대에 인공지능 기술을 활용한 유익함에 대한 사례는 일상생활에서 쉽게 접할 수 있다. [그림 4]에 나타낸 바와 같이 자율주행차의 기술적 문제는 거의 해결되어 실용화가 가능한 상태에 이르렀으며, 자율택배차량에 대한 프로토타입도 시범 운행되고 있다. 비디오 게임에서는 인공지능 기술이 60년 넘게 활용되어 왔으며, 현재 역할 주도적인 게임에서 특정한 캐릭터의 자유로운 설정 및 상황에 맞는 대처 등에서 인공지능 기술이 사용되고 있다. 이 밖에도 음악 및 엔터테인먼트 시장에서 인공지능 기술이 급속히 적용되고 있는 실정이며, 작곡 및 기획 등의 분야에서 창작이 가능한 정도의 결과물을 산출하고 있다. 또한 뇌분야의 의사와 비교해 볼 때, 특정한 뇌종양을 발견하고 분석하는 데 인공지능 기술을 활용한 IBM 왓슨(Watson)이 월등히 우월한 결과를 나타내고 있음을 보고하고 있다.

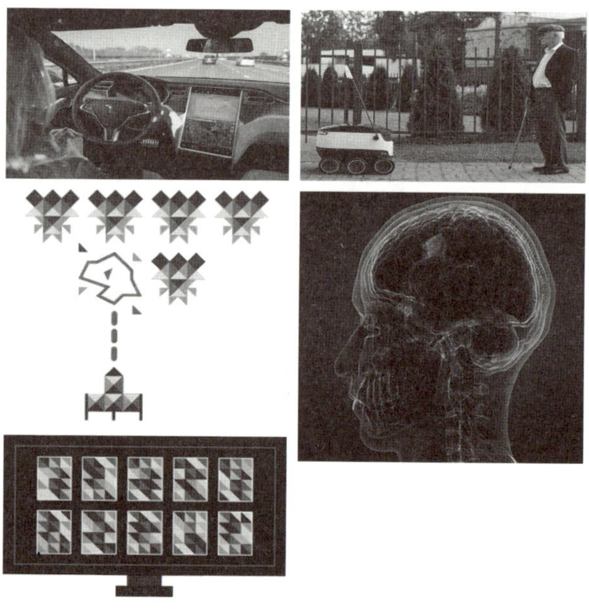

[그림 4] 다양한 분야에서의 인공지능 적용 사례

인공지능 기술의 발전으로 앞으로의 직업군은 자동화 대체확률이 낮은 직업 – 예를 들면 창작이 필요한 직업군으로 화가, 사진작가, 작가, 기획자, 작곡가 등 – 과 자동화 대체확률이 높은 직업군으로 분류될 수 있으며, 후자의 경우 급속하게 자동화될 수 있을 것으로 예측된다.

미래사회는 인간의 생활을 편리하게 해 줄 수 있는 도구적인 관점에서의 인공지능이 적극적으로 활용될 것이며, 사회 모든 분야에 인공지능 기술이 영향을 미칠 것이다. 구체적으로, 운송분야에서는 자율적인 차량 및 드론에 의한 무인 배송 등이 실현될 것이며, 가사 도우미 역할을 수행하는 집 로봇(home service robot)은 집안 청소, 네트워크 망의 보안, 전자기기의 원격 제어 등의 역할을 할 것이다. 의료부문에서는 개인의 건강상태를 상시 점검하는 체계가 가능할 것이며, 의료수술 지원 및 의사가 수술하기 힘든 것도 의료로봇이 수술할 수 있는 시대가 올 것이다. 또한 교육, 엔터테인먼트, 사회 안전 및 보안 등의 사회 전 분야에서 인공지능 기술의 적용이 확대될 것이다.

3 인공지능의 한계

인공지능의 다양한 연구는 인공지능의 응용분야를 확대하고 있으나, 여전히 해결해야 할 많은 문제점을 가지고 있다. 지능적이며 이성적인 결정을 하기 위하여 컴퓨팅 자원(computing resources)을 무한히 사용할 수 없으며, 에이전트가 처한 환경에서 긴급한 정도에 따라 행동을 결정할 수 있어야 한다. 에이전트가 사용하는 의사결정 시간과 결정한 수준에 대한 최적화의 문제는 제한된 이성(bounded rationality)의 문제로 요약되며, 이를 해결하기 위한 연구가 꾸준히 이루어지고 있다.

우리는 어렵지 않게 각자의 의사결정이 상황에 따라 이성적이지 않은 경우를 경험한다. 인간의 의사결정은 때에 따라서는 직관과 감성 혹은 감정에 의하여 이루어지며, 이러한 의사결정을 단순히 이성과 비이성으로 구분하는 것은 쉽지 않다. 모두 인간의 합리적 의사결정이 될 수 있기 때문이다. 인간의 자아와 초자아에 대하여 과학적인 정의가 이루어질 수 있는지에 대한 확신 혹은 이해는 차치하고라도 직관, 감성 및 자아 등의 요소를 결정성을 갖는 인공지능 알고리즘으로 어떻게 처리할 수 있는지는 앞으로 인공지능의 연구에서 다루어져야 할 주제임에 틀림없다.

결론

4차 산업혁명 시대에 인공지능은 다양한 분야에서 인류에게 편리함을 제공하고 있으며, 앞으로도 인공지능이 발전함에 따라 4차 산업혁명의 도래는 더욱 본격화할 것이라는 예상에는 의심의 여지가 없을 것이다. 다양한 응용분야에서 적합한 형태의 인공지능이 개발될 것이고, 이에 기반하여 자율적 판단과 행동을 할 수 있는 소프트웨어 에이전트는 미래사회의 모든 분야에서 무인화를 가속화할 것이다.

기계에 인간의 이성적인 능력을 부여하기 위한 과학적 원리를 연구하는 동안 느낀 한계는 기계학습 또는 결정이론 등에 의한 의사결정과 행동은 결코 인간만큼 유연하지 않다는 것이다. 인간의 뇌를 통한 사고와 행동은 아무리 충분한 정보를 입력한다고 할지라도 인공지능의 기계적 의사결정과 비견하기 어려울 뿐만 아니라, 컴퓨터 알고리즘적인 측면에서 해결할 수 없는 비결정성 및 직관적인 요소를 포함하고 있는 것이다.

인공지능이 지속적으로 발전한다고 가정할지라도, 창조주가 만든 인간을 완벽하게 대체하는 것은 불가능하다고 생각한다. 이러한 인공지능은 제한적이고 특정적인 영역에서 인간과 비견할 수 있는 능력을 발휘하거나 또는 능가할 수는 있겠지만, 복합적이고 창의적인 영역에서 인간의 능력을 대신할 수는 없을 것이다. 결국 인공지능은 인간이 사고할 수 있는 영역에 비하면 이성적인 사고를 수행하는 소프트웨어 에이전트의 연구에서 극히 일부분에 불과하다는 것이다.

참고 문헌

DAVIS, Amanda, "How Artificial Intelligence Has Crept Into Our Everyday Lives", *The IEEE news source*, June 2016.

HARRIS, Mark, "Tesla Autopilot Crash Exposes Industry Divide", *The IEEE news source*, July 2016.

NOH, Sanguk, Sanguk Noh's personal homepage, http://cis.catholic.ac.kr/sunoh/.

ROZENFELD, Monica, "Robots Could Fulfill Online Orders in Minutes", *The IEEE news source*, July 2016.

STRICKLAND, Eliza, "IBM Watson Makes a Treatment Plan for Brain-Cancer Patient in 10 Minutes; Doctors Take 160 Hours", *IEEE SPECTRUM Newsletters*, August 2017.

USSEL, Stuart J. / NORVIG, Peter, *Artificial Intelligence: A Modern Approach*, 3rd Edition, Upper Saddle River, Prentice Hall, 2010.

02

크리스퍼 유전자 가위에 의한 인간배아 유전자편집

전방욱

전방욱

강릉원주대학교 총장 역임, 동대학교 생물학과 교수로 재직 중, 현 국가생명윤리심의위원회 위원. 이 리뷰 논문은 전방욱, “인간배아 유전체편집에 관한 윤리적 쟁점”, 『생명윤리』 16권 2호, 2015, 17-29.; 전방욱, “CRISPR-Cas9 사용이 제기하는 윤리적 질문들”, 『인격주의 생명윤리』 5권 2호, 2016, 87-117.; 전방욱, “유전자편집에 근거한 유전자 치료 연구의 윤리”; 그리고 『한국의료윤리학회지』 19권 1호, 2016, 47-59.; 전방욱, 『DNA 혁명, 크리스퍼 유전자 가위』, 이상북스, 2017, 26의 내용을 상당 부분 전재 요약하였다.

1 크리스퍼 유전자 가위란 무엇인가?

크리스퍼(CRISPR)는 'Clustered Regularly Interspaced Short Palindromic Repeats'라는 긴 영어 단어의 약자다. 우리말로 굳이 풀어 보자면 '규칙적인 간격을 갖는 짧은 회문구조 반복단위 배열'이라고 할 수 있다. 회문구조란 앞으로 읽으나 뒤로 읽으나 같은 순서가 되는 구조를 말한다. 예를 들자면 '다시합창합시다'라는 문장과 같은 것이다. 핵산에서 이런 순서로 염기가 나타날 때에는 자체 내에서 이중가닥을 형성한다. 이 크리스퍼를 사용해 DNA를 정확하게 절단하는 분해효소를 '크리스퍼 유전자 가위'라고 부른다.[1]

1987년, 일본 오사카대학교의 이시노 교수는 대장균의 핵산 염기서열을 조사하다가 반복적인 회문구조를 발견했다.[2] 2000년대에는 스페

1 성상현, "ZFN, TALEN, 그리고 CRISPR-Cas 기반의 유전체편집 방법들", 『BRIC View』 16호, 2014, 1-7.

2 Yoshizumi Ishino et al., "Nucleotide sequence of the iap gene, responsible for alka-

인 알리칸테대학교의 모히카 교수가 절반이 넘는 박테리아에 이 염기 서열이 존재한다는 사실을 발견하게 되었고 여기에 크리스퍼라는 이름을 붙이게 된다.[3] 그러나 연구 초기에는 이 서열이 갖는 의미를 알지 못했다. 그러다가 2007년, 요구르트 회사인 다니스코(Danisco)의 과학자들이 좋은 종균을 찾다가 이 서열을 갖는 유산균들이 박테리오파지라는 박테리아를 잡아먹는 바이러스에 면역력을 갖는다는 사실을 발견했다.[4] 이 과학자들은 특히 회문구조 자체보다는 회문구조 사이에 끼인 스페이서가 중요하다는 사실과 유산균 균주들이 크리스퍼 배열 안의 스페이서 DNA와 짝이 맞는 DNA를 갖는 모든 바이러스에 대해 완벽한 면역력을 갖는다는 사실을 알아냈다.[5]

박테리아 균주가 짝이 맞지 않는 바이러스로 감염되면 박테리아 세포는 바이러스로부터 새로운 DNA 조각을 훔쳐 그것을 잘라 크리스퍼 배열로 넣어 새로운 면역능력을 갖게 된다. 그것은 경찰관이 전과자의 지문을 등록해 두었다가 유사한 범죄가 일어났을 때 범죄 현장에서 채취한 지문과 대조해 범인을 검거하는 것에 비유할 수 있다. 유사한 방식으로 크리스퍼 배열은 후에 짝을 이루는 DNA를 찾아내는 역할을 해서 이후의 바이러스 감염을 물리칠 수 있는 것이다.[6]

---

line phosphatase isozyme conversion in Escherichia coli, and identification of the gene product", *Journal of Bacteriology* 169/12, 1987, 5429–5433.

3 Francisco J. Mojica et al., "Biological significance of a family of regularly spaced repeats in the genome of Archaea, Bacteria and mitochondria", *Molecular Microbiology* 36/1, 2000, 244–246.

4 Ruud Jansen et al., "Identification of genes that are associated with DNA repeats in prokaryotes", *Molecular Microbiology* 43, 2002, 1565–1575.

5 Rodolphe Barrangou et al., "CRISPR provides acquired resistance against viruses in prokaryotes", *Science* 315, 2007, 1709–1712.

6 전방욱, 『DNA 혁명, 크리스퍼 유전자 가위』, 이상북스, 2017, 26.

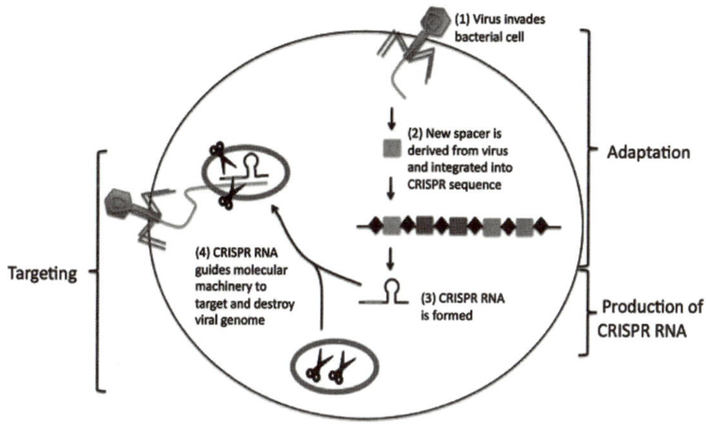

[그림 1] 크리스퍼에 의한 면역작용[7]

2012년, UC버클리의 다우드나 교수와 스웨덴 우메오대학의 샤르팡티에 교수팀이 마침내 이 면역반응의 메커니즘을 발견하게 된다. RNA 가닥은 바이러스 DNA와 짝이 맞는 부위를 GPS처럼 찾아내 크리스퍼 유전자 가위 단백질인 Cas9을 데려오고, 이 Cas9은 모양을 바꾸어 DNA를 움켜잡고 정확한 분자 메스처럼 이 DNA의 양쪽 가닥을 잘라 낸다.[8]

Cas9의 3D 프린트 모델을 보면 크리스퍼 유전자 가위가 작동하는 방식을 정확히 알 수 있다. Cas9 단백질은 홈이 파인 조가비나 야구 글러브처럼 생겼다. 그리고 RNA와 DNA 분자를 움켜잡는다. 이 단

7 Rodolphe Barrangou, Luciano A. Marraffini, "CRISPR-Cas Systems: Prokaryotes upgrade to adaptive immunity", *Molecular Cell* 54/2, 2014, 234-244.

8 Jennifer A. Doudna, Emmanuelle Charpentier, "The new frontier of genome engineering with CRISPR-Cas9", *Science* 346, 2014, 1258096.

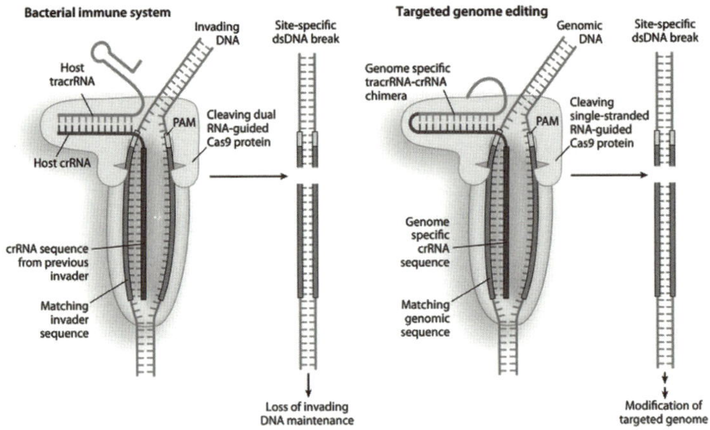

[그림 2] 크리스퍼 유전자 가위의 작용 방식[10]

백질은 DNA 분자를 벌리고, 분자 속에 들어 있는 두 종류의 RNA 중 crRNA 서열은 이 단백질이 DNA의 어느 곳으로 향할지 정보를 준다. Cas9 단백질은 DNA 이중가닥을 벌리면서 훑어가다가 crRNA가 짝을 이루는 DNA를 만나면 RNA-DNA 복합체를 형성한다. 그 부위에서 다른 가닥의 DNA도 이 단백질과 결합하게 되고, 2개의 분자 가위는 DNA의 각 가닥을 매우 정확하게 잘라 낸다.

모식도에서 Cas9의 단백질은 흔히 배경의 풍선 모양으로 표현된다. 단백질 내부에서는 DNA의 두 가닥이 벌어져 있고, 그 중 한 가닥에 20개의 염기로 구성된 인식부위를 갖는 crRNA가 결합한다. 이때 tracrRNA라는 두 번째 RNA가 crRNA와 정확하게 결합한다. 다우드나 연구팀의 박사 후 연구원이던 지넥은 두 종류의 RNA의 끝을 연결시켜 Cas9 단백질에 결합할 수 있는 sgRNA(단일가이드 RNA)를 만들었다. 이제 크리스퍼 유전자 가위는 sgRNA와 Cas9 단백질로 구성되어 더욱

단순해졌다.[9]

연구팀은 sgRNA의 서열을 바꾼다면 원하는 곳의 DNA를 자를 수 있지 않을까 생각했다. 실험을 통해 이것은 사실로 증명되었다. 비교적 정확하고 빠르며 저렴하게 DNA를 절단하고 돌연변이를 일으킬 수 있는 새로운 유전공학 도구를 갖게 된 것이다. sgRNA의 서열을 변화시켜 동일한 핵산분해효소인 Cas9 단백질을 재프로그램하는 식으로 세포 DNA의 어느 부위를 절단할지 결정할 수 있게 된 것이다.[11]

우리는 이제 크리스퍼 유전자 가위를 사용해 실험실에서 사람의 DNA를 표적하고 잘라 유전체를 실제로 편집하는 단계에 이르렀다. 크리스퍼 유전자 가위는 이를테면 '아래한글' 프로그램의 '찾아 바꾸기' 기능을 할 수 있다. 글자가 잘못되었으면 그것을 '찾는 단어'에 입력해 해당 문서의 어느 곳에 그 글자가 있건 '바꾸는 단어'를 사용해 잘못된 철자를 바로잡을 수 있다. 이와 정확히 같은 방식으로 크리스퍼 유전자 가위는 유전체 문서의 오자를 발견해 바꿀 수 있게 한다. '찾는 단어' 방식처럼, RNA의 글자는 단순히 문장 전체에 있는 DNA의 글자와 짝이 맞으면 된다. 이미 인간게놈프로젝트에 의해 사람의 유전체 정보가 자세히 밝혀져 있기 때문에 유전자의 특정 염기를 바꾸기 위한 RNA를 간단히 디자인하고 주문할 수 있다.[12]

2013년 봄, 연구자 중의 한 사람인 다우드나 교수는 교정에서 동료 밴스 교수를 만나 이야기를 나누었다. 벤스는 크리스퍼 유전자 가위를

---

9 Martin Jinek et al., "A programmable dual-RNA-guided DNA endonuclease in adaptive bacterial immunity", *Science* 337/6096, 2012, 816-821.

10 https://www.sciencedaily.com/releases/2012/06/120628193020.htm. 2012.06.28. 검색.

11 Heidi Ledford, "CRISPR, the disruptor", *Nature* 522/7554, 2015, 20-24.

12 전방욱, 앞의 책, 32.

사용해서 인간 질병의 마우스 모델을 만들고 싶어했다. 다음날 밴스는 다우드나의 실험실에 학생을 보내 유전자 가위의 일부 성분을 얻어 갔고, 불과 몇 주 뒤 크리스퍼 유전자 가위를 사용해 털 색깔을 바꾼 마우스를 얻었다고 이메일을 보내왔다. 이전의 기술을 사용했더라면 최소한 6개월에서 1년이 소요되는 실험이다. 그는 크리스퍼 유전자 가위 성분이 여러 개의 생쥐 난자 안에서 발현되도록 했다. 이 난자들을 암컷 마우스에 착상하면 동물들은 정상으로 발달해 태어난다. 밴스는 검은 색의 마우스 계열에서 털 색깔을 만드는 데 꼭 필요한 유전자를 표적하는 sgRNA를 디자인해 그 유전자를 망가뜨렸다. 그랬더니 여덟 마리 중 여섯 마리의 마우스가 흰색의 털을 갖고 태어났다.[13]

밴스의 마우스 실험은 이 기술의 위력을 시각적으로 보여 주었지만, 한편으로는 이 실험이 갖는 윤리적 함의도 생각할 수 있는 계기를 주었다. 1년이 지난 2014년 1월, 난징의과대학의 샤 지하오 연구팀이 원숭이의 생식세포를 편집해 DNA가 변형된 원숭이가 태어났다.[14] 이것은 인간과 가장 가까운 종인 원숭이에서 유전자변형 생물체의 출현을 알리는 것이며, 크리스퍼 유전자 가위를 인간의 생식세포에 처리하면 GMO 인간도 만들 수 있으리라는 두려움을 안겨 주었다. 이전에는 방법이 부실해 이론상으로나 가능했던 일이 이제는 실제로 벌어지게 된 것이다.[15]

---

13 같은 책, 35.

14 Yuyu Niu et al., "Generation of gene modified cynomolgus monley via Cas9/RNA-mediated gene targeting in one-cell embryos", *Cell* 156/4, 836-843.

15 Martina Baumann, "CRISPR/Cas9 genome editing – new and old ethical issues arising from a revolutionary technology", *Nanoethics*, 2016. Doi: 10.1007/s11569-016-0259-0.

2 인간배아 유전자편집의 사례

크리스퍼 유전자 가위는 여러 부문의 유전 공학에 사용할 수 있지만 그 중에서도 질병을 일으키는 돌연변이 유전자를 바로잡아 정상적인 표현형을 갖게 만드는 유전자 치료에 사용할 수 있다. 유전자 치료는 체세포 치료와 생식세포 치료의 두 가지로 나눌 수 있다.[16] 성체 줄기세포와 배아 줄기세포의 차이를 생각해 보면 이해가 쉬울 것이다. 체세포 치료는 비생식세포를 대상으로 한다. 이 세포에서 일어난 변화는 유전자 치료를 받은 사람에게만 영향을 미칠 수 있고 미래의 세대로 전달되지 않는다. 체세포 치료는 질병과정을 늦추거나 역전시키는 데 사용할 수 있다. 반면에 생식세포 치료는 배우자세포(난자와 정자) 및 초기 배아의 유전자를 변화시킨다. 이 변화는 한 세대에서 다음 세대로 전달되어 질병의 대물림을 막는다고 한다. 두 종류의 유전자 치료 가운데 체세포 치료는 덜 논쟁적이며 학계 및 산업계는 이 방식을 사용하는 치료법을 개발 중이다. 반면 생식세포 치료는 미래 세대에 영향을 미치는 능력으로 인해 많은 윤리적 논란을 불러일으키고 있다.[17] 게다가 치료와 증강을 구분하기가 쉽지 않다는 문제도 있다. 비판자들은 생식세포 치료가 운동능력이나 키와 같은 비의료적 특성을 변화시키기 위해 유전체편집을 사용하는 유전적 증강의 길을 열 가능성이 있다고 강조한다.[18]

---

16 National Academies of Sciences, Engineering, and Medicine, *Mitochondrial Replacement Techniques: Ethical, Social, and Policy Consideration*, Washington, National Academies Press, 2016, 184.

17 Nataša Savić, Gerald Schwank, "Advances in therapeutic CRISPR/Cas9 genome editing", *Translational Research* 168, 2016, 15–21.

18 Tetsuya Ishii, "Germline genome-editing research and its socioethical implications", *Trends in Molecular Medicine* 21/8, 2015, 473–481.

크리스퍼 유전자 가위의 개발자인 다우드나 교수는 히틀러가 크리스퍼 유전자 가위의 사용법을 알려달라고 채근했던 꿈 이야기를 자주 하곤 한다. 악인의 손에 이 크리스퍼 유전자 가위 기술이 들어가면 벌어질 일은 생각만 해도 끔찍하다는 것이다.[19] 다우드나 교수는 이후 크리스퍼 유전자 가위의 윤리적인 사용을 강조하는 활동을 열심히 하고 있다.[20] 특히 중국 과학자들이 최초로 인간배아에 대한 편집 실험을 하고 있다는 소문이 돌 무렵인 2015년 1월에는 버그와 볼티모어 등 저명한 과학자들과 함께 나파 벨리에서 인간배아에 유전자편집을 사용하는 경우의 문제점을 논의했고 이 입장은 사이언스지에 정리해서 발표하게 된다.[21] 줄기세포를 주로 연구하는 학자들도 근본적으로 인간배아 유전자편집을 반대하는 입장을 네이처지에 발표했다.[22]

그러나 이런 우려에도 불구하고 2015년 4월, 중국 과학자들은 인간의 배아에 최초로 유전자 가위 기술을 적용하는 실험을 감행했다.[23] 이를 둘러싸고 인간배아에 유전자 가위 기술 적용을 찬성하는 측과 반대하는 측은 서로 첨예한 의견 대립을 보였다.[24] 2015년 12월 워싱턴에서 열린 인간 유전체편집 국제정상회담에서는 당초의 원천 금지에서 한 발 물러나서 인간배아 유전자편집의 기초 연구는 허용하되 임상 적

---

19 전방욱, 앞의 책, 116.

20 Jennifer A. Doudna, "Perspective: Embryo editing needs scrutiny", *Nature* 528/7580, 2015, 56.

21 David Baltimore et al., "A prudent path forward for genomic engineering and germline gene modification", *Science* 348/6230, 36–38.

22 Edward Lanphier et al., "Don't edit the human germ line", *Nature* 519/7544, 2015, 410.

23 Puping Liang et al., "CRISPR/Cas9-mediated gene editing in human tripronuclear zygotes", *Protein & Cell* 6/5, 2015, 363–372.

24 Katrine S. Bosley et al., "CRISPR germline engineering – the community speaks", *Nature Biotechnology* 33/5, 2015, 478–486.

용은 금지한다는 입장을 내놓았다. 사실상의 연구 허용인 셈이다. 이를 기다렸다는 듯이 2016년 2월, 영국은 프랜시스 크릭연구소의 캐시 니아칸(Kathy Niakan) 박사팀에게 인간 초기배아의 발달과 유산의 원인을 알아보기 위한 인간배아 유전자편집 실험을 허가했다.[25]

2016년 5월에는 중국 과학자들이 인간배아를 대상으로 한 두 번째 유전자편집 실험 결과를 발표한다.[26] 2016년 9월에는 스웨덴이 카롤린스카 의대 프레데릭 란네르 연구팀에게 배아의 특정 유전자를 편집하여 기능을 규명한다는 실험을 허가한다. 2017년 9월, 미국과학 · 의학아카데미 자문위원회는 특정한 경우 인간배아 유전자편집을 허용할 수 있다는 내용의 보고서를 출간한다. 2017년 6월에는 중국 과학자들이 최초로 정상적인 인간배아를 대상으로 한 유전자편집 실험 결과를 발표했다.[27]

2017년 7월 말에는 마침내 미국에서도 인간배아를 유전자편집했다는 말이 떠돌았다. 이전의 사례는 생명공학의 무법지대라 일컬어지는 중국에서 이루어진 연구이고 결과도 신통치 않아 국내에서는 별다른 반향을 일으키지 못했다. 그런데 인간배아의 유전자편집과 관련해 긴급 집담회를 준비하던 중, 8월로 접어들어 미국 연구팀 외에도 한국 연구팀이 포함되어 있다는 사실을 확인했다.

---

25 Ewen Callaway, "Socond Chinese team reports gene editing in human embryos", *Nature* 2016, http://www.nature.com/news/second-chinese-team-reports-gene-editing-in-human-embryos-1.19718.

26 Xiangjin Kang et al., "Introducing precise genetic modifications into human 3PN embryos by CRISPR/Cas-mediated genome editing", *Journal of Assisted Reproduction and Genetics* 33/5, 2016, 581–588.

27 Lichun Tang et al., "CRISPR/Cas9-mediated gene editing in human zygotes using Cas9 protein", *Molecular Genetics and Genomics* 292, 2017, 525–533.

우리나라 시간으로 8월 3일, 논문[28]이 공개되며 몇 가지 주목할 만한 사실이 추가로 드러났다. 기존의 기술적 결함들이 많이 시정되긴 했지만 결국 실험을 위해 생성된 배아에서 돌연변이 유전자 교정이 이루어졌음을 알 수 있었다. 이것은 국내 생명윤리법에서 금지하고 있는 행위[29]가 미국에서 이루어진 것이라고 할 수 있다. 하지만 연구자와 일부 언론은 국내에서도 할 수 있는 연구의 공을 미국에게 돌릴 수밖에 없었다느니, 고통받는 환자를 위해서라도 연구를 규제하는 생명윤리법을 개정해야 한다는 등 목소리를 오히려 높였다.

공동 연구팀의 논문은 인간배아의 유전자 변형, 생명윤리법 개정, 유전자 치료의 과장과 얽힌 이권 등 많은 문제점을 던져 주었다. 2004년, 생명윤리법 합의를 위반하며 무리하게 줄기세포 연구를 강행하고 이를 바탕으로 법 개정을 요구하던 일이 2017년 현재에 다시 나타나고 있다.

2017년 8월 28일, 이 논문을 꼼꼼히 살펴본 과학자들은 실험 결과에 의문을 제기하는 논문을 생물학 아카이브에 게재했다. 이들은 "정자 속에 존재하는 하나의 유전적 변이가 난자의 유전자를 기반으로 하여 교정된 과정을 설명할 설득력 있는 생물학적 메커니즘이 없다." "실제로는 변이를 교정하는 데 실패했음에도 불구하고 불충분한 유전자 검사를 사용함으로써 성공한 것으로 착각했을 가능성이 높다."며 이 논문에서 주장한 돌연변이 교정에 대하여 근본적인 의문을 제기했다. 영국 바스대학의 페리(Tony Perry)는 "수정이 일어난 후 난자와 정자의

---

28 Hong Ma et al., "Correction of a pathogenic gene mutation in human embryos", *Nature* 548/7668, 2017, 413–419.

29 「생명윤리 및 안전에 관한 법」 제47조 ③항.

유전체들은 각각 난세포의 반대편에 존재하며, 수 시간 동안 막에 둘러싸여 있다. 따라서 이 상태에서는 크리스퍼 유전자 가위가 난자의 유전자를 기반으로 하여 정자의 변이를 교정하기 어렵다."고 하며 이에 동조했다.[30] 그러나 한미 공동연구팀은 현재까지 이에 대해 아무런 학문적인 답변을 내놓지 못하고 있다.

뒤이은 2017년 9월, 한 달에 무려 세 편의 인간배아 편집 논문이 발표된다. 다섯 번째[31]와 일곱 번째[32] 논문에서 중국 과학자들은 크리스퍼 유전자 가위보다 정교한 방법이라고 알려진 단일 염기 편집 방식을 사용하여 각각 삼원핵접합체와 핵이식 배아를 변형했다. 여섯 번째 논문은 2016년 2월, 영국 정부로부터 배아 편집 연구를 승인받은 니아칸 박사가 발표한 것으로 배 발생 초기에 필수적인 유전자를 밝혔다.[33]

2018년 9월, 중국 과학자들은 정상 난자에 마르팡 증후군 FBN1 돌연변이 유전자를 갖는 정자를 수정시켜 성숙배아를 만든 후 염기 편집 도구를 사용하여 성공적으로 돌연변이 유전자를 교정하였다.[34]

이제까지 발표된 인간배아 유전체편집 사례를 표로 정리하였다.

---

30 Paul S. Knoepfler, "4 key reasons Mitallipov paper doesn't herald safe CRISPR human genetic modification", *THE NICHE*, Aug 7, 2017, http://ipscell.com/2017/08/4-reasons-mitallipov-paper-doesnt-herald-safe-crispr-human-genetic-modification/.

31 Changyang Zhou et al., "Highly efficient base editing in human tripronuclear zygotes", *Protein & Cell* 2017. Doi: 10.1007/s13238-017-0459-6.

32 Puping Liang et al., "CRISPR/Cas9-mediated gene editing in human tripronuclear zygotes", *Protein & Cell* 6/5, 2017, 363-372.

33 Norah M. E. Fogarty et al., "Genome editing reveals a role for OCT4 in human embryogenesis", *Nature*, 2017. Doi: 10.1038/nature24033.

34 Yanting Zeng et al., "Correction of the Marfan syndrome pathogenic *FBN1* mutation by base editing in human cells and heterozygous embryos", *Molecular Therapy*, 2018. Doi: 10.1016/ j.ymthe. 2018.08.07.

발표년월	사용된 배아	대상 질병	유전자	방식	문헌
2015.4	삼원핵접합체	ß-지중해성빈혈	*HBB*	HDR	Liang et al., 2015.
2016.5	삼원핵접합체	인간면역결핍 바이러스 감염	*CCR5Δ32*	HDR	Kang et al., 2016.
2017.6	잉여배아	ß-지중해성빈혈/ 대사질환	*HBB, G6PD*	HDR	Tang et al., 2017.
2017.8	생성배아	비후성심근증	*MYBPC3*	HDR	Ma et al., 2017.
2017.9	삼원핵접합체	ß-지중해성빈혈 후성적 변화 Fanconi 빈혈증	*HBB DNMT3B FANCF*	Base edit	Zhou et al., 2017.
2017.9	냉동배아	배 발생	*POUF1 CDX2*	NHEJ	Fogarty et al., 2017.
2017.9	핵이식 배아	ß-지중해성빈혈	*HBB*	Base edit	Liang et al., 2017.
2018.9	생성배아	마르팡증후군	*FBN1*	Base edit	C. Zeng et al., 2018.

이상과 같은 사례를 전체적으로 개괄해 보면 첫째, 초기에는 비판도 많이 받았던 인간배아 유전체편집이 이제는 거의 기정사실화되고 있는 것 같다. 초기에는 '삼원핵접합자'와 같은 비정상 배아를 사용하여 그나마 윤리적인 문제를 피하려는 노력이 있었는데, 후에는 잉여배아, 생성배아로 점점 윤리적인 문제점이 심각해지는 것 같다. 둘째, 사용한 난자의 개수도 점차 증가하고 있다. 셋째, 인간배아 유전체편집 실험결과가 훨씬 빈번하게 발표되고 있다. 우리는 배아 편집의 미끄러운 비탈길(slippery slope)에 서 있는 듯이 보인다.[35] 얼마 지나지 않아 우리는 변형된 배아의 대리모 착상도 목도하고 놀라게 될지도 모르겠다.

35 Marcy Darnovsky, "A slippery slope to human germline modification", *Nature* 499, 2013, 127.

3 기술 문제

기본적으로 크리스퍼 유전자 가위 유전체편집의 임상 적용 가능성을 예측하기 위해서는 세 가지 측면을 고려해야 한다. ① 유전체 변형의 기술적 이용 가능성, ② 전체에서 질병을 일으키는 서열에 관한 지식, ③ 유전 질병의 진단 능력이다.

1) 기술적 이용 가능성

유전체를 변형하는 데 고려해야 할 기술적 측면은 효율성과 정밀성이다. 앞서 한미 연구팀의 인간배아 편집 실험에서 효율성은 72.4%(이형접합체의 정자를 사용했으므로 실제 돌연변이 교정 효율성은 44.8%)로 높아졌고, 표적이탈효과와 모자이크 현상은 거의 나타나지 않는 등 기술적 이용 가능성은 획기적으로 증진되었다. 그러나 이러한 실험 결과가 실험에 유리하여 선택한 특정 유전자인 MYBPC3에만 해당하는지 여부는 면밀히 확인해야 한다. 유전자의 종류, 적용된 유전체편집 기술, 유전체 편집 시스템의 전달 방법, 그리고 서열 변형의 방법에 따라 효율성은 커다란 차이를 나타낸다. 이는 현재로서는 미래의 발달과 성공적인 전략을 일반적으로 예측하기 어렵다는 것을 의미한다.

2) 유전학에 관한 지식

유전자 치료의 성공은 또한 치료 대상 질병의 정확한 유전적 원인을 알고 있는지에 달렸다. 그런 지식은 단백질 결핍 같은 단순한 소인을 갖는지 또는 당뇨나 암, 정신병 같은 복잡한 소인을 갖는지에 따라 크게 달라진다. 두 종류의 질병 모두 유전적 원인을 갖지만 복합 질환의 경우 의미 있는 유전자의 개수가 많고 단일 유전자가 증상에 주도적인 영향을 미치지 않는다. 유전체 서열 데이터가 크게 늘어나고 있지만, 아직 지능이나 신장과 같은 복잡한 형질의 유전학은 이해하지 못하는 상태다. 하지만 증강과 관련된 운동지구력이나 눈 색깔처럼 몸의 기능이나 외모에 유리한 단일 유전자도 실제로 존재한다.

3) 유전 질병의 진단

생식세포 편집은 특별한 소수의 경우에만 적용할 수 있다. 부부가 심각한 유전병을 앓고 있고 이들의 질병 증상, 유전자 선별법 또는 가족력으로 보아 생애 후반에 발병할 위험성에 처했다고 하자. 가족력에서 질병에 걸릴 동형접합 유전적 기질을 찾아내고 교정하는 것은 불확실한 면이 있다. 부부의 배아가 모두 영향을 받았다면 착상 전 진단은 대안이 되지 못한다. 하지만 생식세포 편집이 착상 전 진단에 비해 우세해지려면 크리스퍼 유전자 가위 기술이 상당히 발전을 해야 한다. 크리스퍼 유전자 가위를 적용할 수 있으려면 배아의 유전자 돌연변이 진단이 편집과 마찬가지로 안전하고 신뢰성이 있어야 한다. 현재 기술인 전장유전체(whole genome) 스크리닝법은 신뢰성이 부족하고 비용이 많이 든다. 유전자 변형과 편집, 스크리닝 기술이 발달하면 안전성 이슈는 줄어들겠지만 고비용에 따른 불평등이나 음성적 시술 등 다른 문제가 발생할 수 있다. 미끄러운 비탈길 논쟁에 따르면, 이미 선별된 배아에서 심각한 질병을 일으키는 돌연변이가 없다고 해도, 바람직하지 않은 신체적 형질을 야기하는 돌연변이를 교정하고픈 유혹에 빠질 수 있다.

4 윤리 문제

1) 유전질환 예방에 대한 반론

인간배아 유전체편집을 옹호하는 사람들은 이 기술이 질병 예방에 필수적이기 때문에 윤리적으로 타당하다고 주장한다. 특히 단일 유전자에 의해 발생하는 희귀질환은 대략 3,600종류로 알려졌는데, 출생 전에 이를 예방하는 것은 윤리적으로 정당한 목표처럼 보인다. 하지만 주의 깊게 조사해 보면 배아 편집의 근거가 크게 취약함을 알 수 있다. 유전체편집을 위해서는 우선 시험관 수정 배아를 만들고 착상 전 유전자 진단으로 질병을 가진 배아를 골라내 유전자를 수선한 배아를 착상해야 한다. 그러나 이런 과정을 거치지 않고 착상 전 유전자 진단법만을 사용해 위험성이 없는 배아를 골라내 착상하는 편이 훨씬 쉽고 안전하다.[36]

또한 유전체편집은 모든 배아가 영향을 받을 경우에만 실제 가치가 있다. 예를 들면 부모 모두가 동형접합인 상염색체 열성질환(예를 들면 낭포성섬유증, 페닐케톤뇨증)의 경우, 적어도 부모 중 한 명이 상염색체 우성질환[예를 들면 헌팅턴병, 가족성샘종폴립증(Familial adenomatous polyposis)]일 경우 생식세포 편집은 건강한 유전적 친자를 낳을 수 있는 유일한 길인 것 같다. 생식세포 편집은 착상 전 진단과 질병 대립유전자를 가진 배아를 솎아 내 해결할 수 있는 방법이 아니다. 하지만 이런 상황은 대부분의 단일 유전자 질환에서 무시할 수 있을 정도로 희귀하다. 이 경우에도 아이를 갖지 않거나 난자와 정자 기증을 받는 것과 같은 대안이

36 Eric S. Lander, "Brave new genome", *New England Journal of Medicine* 373/1, 2015, 5–8.

존재하므로, 유전적 친자를 갖는 이익이 유전체를 변형해 아이 자신이나 미래 세대에 발생할지도 모를 잠재적 위험성을 정당화할 정도로 충분히 큰 것인지는 의문이다.[37]

생식세포 치료는 일회적인 성격이 강하기 때문에 위험성 발생 등에 대한 사전 지식이 부족해 일차적으로 불확실하고 나아가 부작용을 전적으로 예측할 수 없다는 결점을 갖는다. 이것은 생식세포 치료와 관련해 예방의 원리를 정당화하기에 충분하다.

또 유전자는 다른 유전자 및 환경과 다양한 상호작용을 하는 것으로 알려져 있기 때문에 한 유전자를 변형시킨다고 해서 질환 문제가 다 해결되는 것은 아니다. 자손이 HIV 감염에 걸리지 않게 하기 위해 CCR5를 파괴하면 다른 문제가 생길 수 있다. 식이유발 비만을 가진 생쥐에서는 포도당 과민증상이 나타나며, CCR5 돌연변이가 일어난 사람은 웨스트나일 바이러스(West Nile Virus, WNV)에 쉽게 감염된다. 낫세포빈혈증 헤모글로빈 돌연변이 유전자를 가진 사람은 말라리아에 잘 감염되지 않는 능력을 갖는다. 기술을 완벽하게 적용한다고 해도 이처럼 특정 대립유전자를 없앴을 때 악성 형질이 도입되거나 기대하지 못했던 이익을 잃을 수 있다. 후속 효과가 불확실할 때, 이미 알려진 위험과 알려지지 않았지만 가능한 위험을 통합한 위험성을 고려해 이보다 이익이 클 경우에만 행위를 승인할 수 있다는 예방의 원칙을 인간배아 유전체편집에도 적용할 수 있을 것이다.[38]

---

37 Ibid.

38 Dana Carroll, R. Alta Charo, "The societal opportunities and challenges of genome editing", *Genome Biology* 16/1, 2015, 1–9.

2) 맞춤형 보조생식술에 대한 반론

유전체편집 배아를 연구하는 더욱 직접적인 목적은 불임이나 습관성 유산을 예방하기 위해 편집된 배아로 보조생식술(ART)의 성공률을 높이는 것이다. 현재의 기술 장벽들이 사라지면 유전체편집을 통한 맞춤형 ART는 기증자의 배우자세포나 입양을 원하지 않는 불임 부부들에게 선택 사항이 될 수 있다.

맞춤형 ART의 위험을 감수하기 전에, 기증받은 배우자세포나 배아를 사용하거나, 증상을 갖는 아이의 출생을 회피하기 위해 착상 전 또는 산전 진단 기술을 포함한 대안이 존재한다는 점도 알아 두어야 한다.[39]

3) 대리동의의 문제

체외수정, 난자세포질 내 정자 주입술, 그리고 착상 전 유전자 진단과 같은 통상적인 보조생식술에서는 미래의 부모로부터 고지 동의를 받는다. 일반적인 보조생식술보다 훨씬 침습적인 배아 유전체편집에서는 안전성이 통상적인 보조생식술과 동일하게 확보되거나, 부모와 태어날 아이의 이익이 아이에게 미칠 위험을 능가할 때라야 부모의 고지 동의가 정당화될 수 있다.[40]

역으로 특정한 외모를 갖기 위해 수행되는 증강을 위한 유전체편집에서는 부모의 동의가 정당화될 수 없다. 부모와 아이에게 기대되는 이익이 불분명하기 때문이다. 유전체편집을 사용해 사회적으로 바람

---

39 Ibid.

40 Tetsuya Ishii, "Germline genome editing in clinics: the approaches, objectives and global society", *Briefing in Functional Genomics*, 2015, 1-11. Doi: 10.1093/bfgp/elv053.

직한 외모를 갖추게 해 주어 아이의 삶을 증진시켜 준다고 해도 표적 이탈 돌연변이가 일어나면 아이의 건강에 영향을 미칠 수도 있다. 또한 특정한 외모를 얻기 위해 유전체편집을 통한 유전적 증강을 한다고 해도 태어날 아이에게서 반드시 원하는 표현형이 나타나지는 않는다. 따라서 부모가 아이의 디자인된 외모를 평가하게 될 것이다. 그리고 만약 아이가 출생 직후나 성인 시기에 그런 특징을 나타내지 않는다면 가족 내 심각한 불화가 발생할 수 있다. 부모나 가족이 원하는 외모가 아이에게 나타난다고 해도 아이는 고통을 겪을 수 있다. 혈연관계 이외의 다른 수단(인간배아 유전체편집)을 통해 획득한 외모로 인해 아이는 부모와 유전적 단절감을 느끼거나, 부모나 가족과 달리 자신의 외모에 불만을 가질 수 있기 때문이다. 부모와 아이의 이익은 불분명한 반면 아이의 신체적 · 정신적 건강에 미치는 위험성은 실제적이다.[41]

4) 기술의 안전성

포유동물의 생식세포 유전체편집은 일차로 접합자 내에 핵산분해효소를 미세주입(微細注入, 마이크로피펫을 사용해 세포 내 또는 모세혈관 내로 미량의 물질을 주입하는 방법)하며 시작된다. 이는 통상적인 보조생식술과 유사하다고 할 수 있지만, 인간배아로 유전체편집 핵산분해세포를 주입할 경우 안전성에 특별한 주의를 기울여야 한다. 우선 디자인된 핵산분해효소가 표적을 이탈해 이중가닥을 절단할 수 있으며, 따라서 비표적 부위에 돌연변이를 일으킬 수 있다. TP53과 같은 종양 억제 유전자에 돌연변이가 발생하면 아동에게서도 암이 발생한다. 또한 두 유전자

41 Ibid.

자리에서 표적을 이탈해 동시에 이중가닥이 절단되면 유전체가 크게 변형된다. 크리스퍼 유전자 가위의 디자인된 가이드 RNA가 특이성을 나타내지 않으면 표적이탈효과가 자손의 몸 전체에 영향을 미칠 수 있다. 도입한 가이드 RNA의 표적이탈효과를 실질적으로 줄이기 위해서 배아유전체편집 시 다수의 가이드 RNA를 사용해서는 안 된다. 따라서 단일한 형태의 가이드 RNA를 갖는 크리스퍼 유전자 가위를 유전체 공학에 사용해야 할 것이다.

상동의존성수리 방식을 사용할 때 짧은 DNA 주형과 함께 넣으면 배아의 절단된 돌연변이 유전자는 자연적인 유전자 상태의 정상 유전자로 회복된다. 기능적으로 교정되기 때문에 자연적인 것으로 간주되어 윤리적 반대에 부딪히지 않을 것 같다. 이를 감안해 돌연변이를 교정하거나 자연계에 존재하는 변이체로 회복시키기 위해 크리스퍼 유전자 가위에 의한 배아 편집을 허용한다면, 짧은 DNA 주형과 단일한 가이드 RNA를 갖는 상동의존성수리 방식의 유전자변형에 국한해야 한다. 이는 안전성을 증진시켜 주며, 배아 편집의 목적을 명확하게 하는 데 도움을 줄 것이다. 크리스퍼 유전자 가위의 사용에 어떤 제한이 없다면 임상 사용 시 부작용을 야기할 것이 분명하며, GMO 인간을 창조한다는 대중의 비난을 자초할 것이다.[42]

5) 배아 사용의 문제

기술이 발달하더라도 윤리적 쟁점으로 남는 문제가 있을 수 있다. 예를 들면 배아 유전자편집을 논의하면서 어떤 아이를 어떤 방식으로

42 Ibid.

언제 출산할지 결정할 여성의 권리가 충분히 논의되지 못한다는 지적도 있다. 또 하나 논의에서 제외된 문제는 배아를 포함하는 생식세포의 윤리적 지위에 관한 것이다. 생식세포 편집의 윤리성을 지적한 여러 성명서에서도 배아 사용에 대한 문제는 제기되지 않았다.

유전체편집의 효율이 아주 높아졌기 때문에 대두된 가장 심각한 윤리적 문제는 배아세포의 유전체를 정확하게 표적해 배아세포를 변화시키는 것이다. 배아와 관련된 실험은 근본적으로 배아의 지위에 관한 윤리적 논쟁으로 이어질 수밖에 없다. 배아의 유전자편집 연구는 기존의 배아 연구에 관한 윤리적 물음을 덧붙인다. 이는 인간배아 유전체 편집에서 사용되는, 또는 앞으로 사용될 배아의 생산 및 폐기, 변형 배아의 착상 등과 관련해 인간배아 복제, 배아 연구, 배아 생식세포, 착상 전 진단 그리고 산전 진단과 유사한 윤리적인 문제를 갖는다.[43] 배아를 인간 생명의 시작으로 보아 실험이 불가능한 존재로 볼 것인가, 인류의 난치병 치료를 위한다는 대의 아래 원시선 생성 이전의 배아를 실험의 대상으로 삼을 것인가는 이미 치료용 배아 줄기세포의 수립을 위한 실험에서 윤리적 논란이 되어 왔다. 유전자 치료를 옹호하는 학자들은 체외수정이나 산전 진단과 마찬가지로 배아의 이익을 위해 잠정적인 부모가 수정란 대신 유전자 치료의 대리 동의를 받을 수 있다고 주장한다. 이럴 경우에는 배아가 얻을 수 있는 유전자 치료의 이익이 유전자 치료의 위험성보다 크기 때문에 결과론적 입장으로 연구는 정당화될 수 있다. 그러나 부모의 동의 아래 실험에 사용되는 배아의 경우를 생각해 보면, 배아가 얻을 잠재적 이익은 없는 대신 위험성은

43 Jens Reich et al., *Human Genome Surgery–Toward a Responsible Evaluation of a New Technology*, Berlin, Berlin–Brandenburg Academy of Sciences and Humanities, 2015, 18.

최대치에 도달하기 때문에 같은 논리로 배아의 파괴는 정당화될 수 없다. 이때 배아라는 동일한 대상이 유전자 치료의 도구가 되느냐 또는 대상이 되느냐에 따라 다르게 대우받는다는 모순이 발생한다. 그러므로 배아의 파괴를 통해 치료법을 개발하여 사회가 얻을 이익이라는 측면에서 생각해 본다 하더라도 약자에 대한 악행에서 이익을 거둔다는 비난을 피하기 어려울 것이다.

6) 미끄러운 비탈길

인간의 생식세포에 크리스퍼 유전자 가위 기술을 적용하는 연구는 위와 같은 이유로 인해 근본적으로 거부감을 느끼는 사람이 있다. 하지만 과학자들은 질병 극복이나 인간의 발생 등에 대한 기본적인 지식을 축적하기 위해 배아 연구가 필수라고 주장한다. 크리스퍼 유전자 가위에 의한 인간배아 편집 중단 요구에도 불구하고 그런 실험은 이미 일곱 차례나 수행되었고, 영국과 스웨덴에서도 진행되고 있다. 긍정적으로 보면 이런 종류의 연구는 크리스퍼 유전자 가위의 효율성과 정밀성을 증진시키는 데 도움을 줄 것이다. 그러나 인간 생식세포 변형에 관한 기초 연구는 기초 연구로만 끝나지는 않을 것이다. 이 연구는 편집된 배아를 여성의 자궁에 착상하려는 시도를 기술적으로 더욱 가능하게 만들 것이다. 인간 생식세포 변형을 둘러싼 문제를 심각하게 다루려면 가까운 장래에 임상에 불가피하게 적용될 "위험한 지식"이 등장하기 전에 기초 연구의 방향을 미리 주의 깊게 고려하고 제한해야 할 것이다.

현재 불완전한 기술을 가졌다는 것이 완전한 기술을 개발해야 한다는 당위성으로 이어질 수는 없으나 실제로는 그런 쪽으로 흘러간다. 인간배아에 적용한 크리스퍼 유전자 가위 실험을 예로 들어 보겠다.

최초의 연구자들은 윤리적 논란을 피하기 위해 생존력이 없는 삼핵 접합자 잉여 배아를 사용했다. 그러나 세 번째 연구자들은 정상적인 신선 배아를 사용했다. 다만 그 수는 여섯 개에 불과했다. 네 번째 실험에서는 정상적인 배아를 생성해 사용했고 그 수도 131개로 대폭 늘었다.

또한 기술적으로 완전하다고 해서 이 기술을 반드시 적용해야만 하는 것은 아니다. 현재 모든 사람이 그 정도는 괜찮겠다고 동의하는 무엇인가의 비탈길의 꼭대기에 서 있으면, 시간이 지남에 따라 우리가 원하지 않는 곳으로 진행되고 결국에는 전혀 원하지 않았던 바닥으로 떨어지게 된다. 이것이 미끄러운 비탈길 주장이다. 비탈길의 꼭대기에 서 있다면 여기 있기 싫다고 주장해야 한다. 이런 주장을 통해 지능과 같은 형질을 유전적으로 증강하려는 미래 상황을 벗어나려고 노력해야 한다. 더욱 심각한 문제는 기술적으로 생식세포 치료와 생식세포 증강을 구분하기 쉽지 않다는 것이다.

일단 우리가 낫세포빈혈증이나 헌팅턴병을 피하기 위해 배아를 편집하는 데 성공을 거둔다면, 에이즈나 암을 치료하는 것이 아니라 예방하기 위해 배아를 편집하려고 시도할 것이다. 다음으로 탈모와 노화 등 경계가 모호한 질병에도 적용하라는 사회적 압력이 있을 것이다. 그 다음에는 모든 종류의 증강에도 크리스퍼 유전자 가위를 적용해야 한다는 주장이 줄을 잇게 될 것이다. 그런 논쟁은 우리 사회가 어떻게 작동하는지에 따라 달라질 것이다. 일단 질병에서 배아 편집이 성공을 거두면 생명공학 산업계가 일사불란하게 움직여 동일한 기술을 증강에도 적용하기 위해 노력할 것이다.[44]

---

44 Colin J. H. Brenan, "The Genie is out of the bottle", *IEEE Pulse* 6/4, 2015, 3.

7) 질병 정의의 모호함[45]

테이삭스병(Tay-Sachs disease)은 끔찍한 질병이다. 생후 6개월경 실명, 농아, 음식물을 삼킬 수 없는 증상이 나타나고 신경세포가 점진적으로 퇴행해 네 살 무렵에 사망한다. 아마도 대부분의 사람들은 테이삭스병을 제거하는 편이 개인의 삶과 사회에 더 낫다고 판단할 것이다. 건강한 상태는 정상 유전자를 가진 상태이며, 테이삭스는 정상이 아니므로 나쁜 것이다. 마찬가지로 낭포성섬유증이 좋다고 생각하는 사람은 아무도 없다. 이 질병들은 나쁜 것이다. 이것을 정상으로 되돌려 놓는 도덕적 이점에 대해서는 누구도 이의를 제기하기 어려울 것이다.

그러나 단일 유전자 열성질환을 넘어 유전자를 증강한다고 하면 이 경계는 여러모로 흐릿해진다. 유전적 청각장애와 왜소증(연골발육부전증)의 경우는 어떨까? 정상이 아닌 것처럼 보이지만 이 사람들은 나름대로의 삶을 살고 있다.

일부 청각장애자는 자신의 상태를 장애로 여기지 않으며, 장애인을 위해 만들어진 편의는, 예를 들면 폐쇄자막(음성이나 오디오 신호를 TV 화면에 자막으로 표시하는 서비스)처럼 사회를 이롭게 해 왔다고 지적한다. 같은 맥락에서, 몇몇 심각한 장애인들과 그들의 부모는 장애를 없앨 기회가 있어도 장애를 지닌 채 살아가려고 할 것이다. 장애인 중 약 50%가 자신의 삶의 질이 좋거나 훌륭하다고 평가했다는 통계도 있다. 이들은 장애가 현재 자신의 정체성을 만들었고, 만약 자신이 장애를 갖지 않았다면 다른 사람이 되었을 것이라고 말한다. 이해하기 어려울 수도 있겠지만 착상 유전자 진단 기술을 사용해 청각장애를 가진 자녀

---

45 전방욱, 앞의 책, 128-130.

를 가지려고 노력한 사람도 있었다. 2002년 2월, 미국의 한 청각장애 레즈비언 커플(Sharon Duchesneau와 Candy McCullough)은 실제로 유전성 청각장애 남성의 정자를 사용하여 의도적으로 청각장애인 자녀를 낳아 물의를 일으켰다.[46]

토머스 윌리엄 셰익스피어 준남작 3세(Sir Thomas William Shakespeare, 3rd Baronet)를 예로 들어 보자. 그는 잉글랜드의 이스트앵글리아대학 사회학과 교수인데, 왜소증이 있고 외과의사인 그의 아버지 준남작 2세 역시 왜소증을 앓고 있다. 그는 사람들이 착상 전 유전자 진단을 통해 왜소증을 갖는 자녀를 갖는 것도 허용해야 한다고 할 것이다. 왜소증은 영국에서 착상 전 유전자 진단으로 솎아 낼 수 있는 형질이다. 그런데 왜소증은 몹쓸 질병인가? 왜소증을 퇴치하려 한다면, 이미 왜소증을 가지고 있는 사람들은 이 세상에서 살 자격이 없다는 것을 인정하는 꼴 아닌가?

이 사람들은 질병의 사회적 통념에 의문을 제기한다. 무엇이 질병인지 여부도 명백하지 않다. 유전적 질병은 어떤가? 질병을 앓지 않고 살아가는 아이는 없으며, 일부 질병은 훨씬 후대에 발달한다. 다른 질병을 유발하는 경향이 있는 유전자는 질병유전자로 간주되어야 하는가? 질병을 가질 확률을 변화시키는 유전자는 어떤가? 특정 유전자는 생애 후반에 유방암에 걸릴 확률을 증가시키지만 그 질병을 결정하지는 않는다. 이 모든 경계가 흐릿하지만 편의상 전통적인 도덕적 경계는 대부분의 사람들이 생각하는 치료나 증강의 관점에 따르는 것이 좋겠다.

노화에 관한 연구는 이 경계를 더욱 흐릿하게 한다. 하버드대학의 처치 연구팀은 치매 발병과 노화 효과에 대항해 수명을 늘리는 유전자

---

46 Merle Spriggs, "Lesbian couple create a child who is deaf like them", *Journal of Medical Ethics* 28/5, 2002, 283.

를 삽입하기 위해 노력하고 있다. 유전적으로 노화에 면역된 사람은 없다. 우리는 질병을 완화한다는 명목으로 증강을 이야기하기 때문에 여기서 경계를 넘을 수 있다. 이것으로 우리는 도덕적인 완충지대로 접어든다. 사람들은 보통 자연적인 원인에 의존해 살아가고 있다. 우리는 자연의 유전체에서 오류를 교정할지 신이 부여한 디자인에 의존할지 스스로 결정해야 하는 단계에 이르렀다.

5 인간 진화의 미래는?

크리스퍼 유전자 가위는 비자연적 선택과 작위적 돌연변이를 결합해 문자 그대로 인류를 재형성하는 위력을 가졌다. 인류의 진화가 우리 손아귀에 있는 것이다.

몸에 있는 모든 세포를 수리하려면 인간 유전자는 배아 발달의 초기에 변형되어야 하고 이 변화들이 미래의 세대로 전달되어야 한다. 만약 언젠가 사람을 치료하기 위해 크리스퍼 유전자 가위를 배아에 사용한다면 사람을 개량하기 위해서도 사용하게 되지 않을까? 푸른 눈의 아이를 원하는 부모들이 크리스퍼 유전자 가위를 사용해 OCA2 유전자를 변화시켜 달라고 주문하지 않을까? 우량아를 원한다면 MSTN 유전자를 편집할 수 있지 않을까? 크리스퍼 유전자 가위로 질병을 치료하는 것과 디자인 베이비를 만드는 것은 기술적 차이는 없지만 윤리적 차이는 엄청나게 크다고 할 수 있다.[47]

47 Tetsuya Ishii, "Germline genome-editing research and its socioethical implications", art. cit., 473-481.

질병 치료를 넘어 크리스퍼 유전자 가위는 우리에게 곤란한 질문을 던진다. 어떤 이가 보다 나은 인간인지를 결정할 사람은 누구인가? 부자만이 유전자를 편집할 수 있다면 어찌할 것인가? 부모가 아이의 유전적 미래를 결정하도록 내버려 두어도 괜찮은 걸까? 출산 조절이나 시험관 수정과 같은 기술 덕분에 이런 일이 이루어진다면 어떨까?

우리는 자연 진화의 속도와 능력을 뛰어넘는 크리스퍼 유전자 가위라는 도구를 손에 넣게 되었다. 이제 우리가 자신의 진화를 꼭 조절해야 하는가라는 당위의 문제를 질문할 때다.[48]

48 Eric S. Lander, op. cit.

참고 문헌

BALTIMORE, David, et al., “A prudent path forward for genomic engineering and germline gene modification”, *Science* 348/6230, 36–38.

BARRANGOU, Rodolphe / MARRAFFINI, Luciano A., “CRISPR-Cas Systems: Prokaryotes upgrade to adaptive immunity”, *Molecular Cell* 54/2, 2014, 234–244.

BARRANGOU, Rodolphe, et al., “CRISPR provides acquired resistance against viruses in prokaryotes”, *Science* 315, 2007, 1709–1712.

BAUMANN, Martina, “CRISPR/Cas9 genome editing – new and old ethical issues arising from a revolutionary technology”, *Nanoethics*, 2016. Doi: 10.1007/s11569-016-0259-0.

BOSLEY, Katrine S., et al., “CRISPR germline engineering – the community speaks”, *Nature Biotechnology* 33/5, 2015, 478–486.

BRENAN, Colin J. H., “The Genie is out of the bottle”, *IEEE Pulse* 6/4, 2015, 3.

CALLAWAY, Ewen, “Second Chinese team reports gene editing in human embryos”, *Nature* 2016, http://www.nature.com/news/second-chinese-team-reports-gene-editing-in-human-embryos-1.19718.

CARROLL, Dana / CHARO, R. Alta, “The societal opportunities and challenges of genome editing”, *Genome Biology* 16/1, 2015, 1–9.

DARNOVSKY, Marcy, “A slippery slope to human germline modification”, *Nature* 499, 2013, 127.

DOUDNA, Jennifer A. / CHARPENTIER, Emmanuelle, “The new frontier of genome engineering with CRISPR- Cas9”, *Science* 346, 2014,

1258096.

________, "Perspective: Embryo editing needs scrutiny", *Nature* 528/7580, 2015, 56.

FOGARTY, Norah M. E., et al., "Genome editing reveals a role for OCT4 in human embryogenesis", *Nature*, 2017. Doi: 10.1038/nature24033.

ISHII, Tetsuya, "Germline genome editing in clinics: the approaches, objectives and global society", *Briefing in Functional Genomics*, 2015, 1–11. Doi: 10.1093/bfgp/elv053.

________, "Germline genome-editing research and its socioethical implications", *Trends in Molecular Medicine* 21/8, 2015, 473–481.

ISHINO, Yoshizumi, et al., "Nucleotide sequence of the iap gene, responsible for alkaline phosphatase isozyme conversion in Escherichia coli, and identification of the gene product", *Journal of Bacteriology* 169/12, 1987, 5429–5433.

JANSEN, Ruud, et al., "Identification of genes that are associated with DNA repeats in prokaryotes", *Molecular Microbiology* 43, 2002, 1565–1575.

JINEK, Martin, et al., "A programmable dual-RNA-guided DNA endonuclease in adaptive bacterial immunity", *Science* 337/6096, 2012, 816–821.

KANG, Xiangjin, et al., "Introducing precise genetic modifications into human 3PN embryos by CRISPR/Cas-mediated genome editing", *Journal of Assisted Reproduction and Genetics* 33/5, 2016, 581–588.

KNOEPFLER, Paul S., "4 key reasons Mitallipov paper doesn't herald safe CRISPR human genetic modification", *THE NICHE*, Aug. 7, 2017, http://ipscell.com/2017/08/4-reasons-mitallipov-paper-doesnt-herald-safe-crispr-human-genetic-modification/.

LANDER, Eric S., "Brave new genome", *New England Journal of Medicine* 373/1, 2015, 5–8.

LANPHIER, Edward, et al., "Don't edit the human germ line", *Nature* 519/7544, 2015, 410.

LEDFORD, Heidi, "CRISPR, the disruptor", *Nature* 522/7554, 2015, 20–24.

LIANG, Puping, et al., "CRISPR/Cas9–mediated gene editing in human tripronuclear zygotes", *Protein & Cell* 6/5, 2017, 363–372.

________, "CRISPR/Cas9–mediated gene editing in human tripronuclear zygotes", *Protein & Cell* 6/5, 2015, 363–372.

MA, Hong, et al., "Correction of a pathogenic gene mutation in human embryos", *Nature* 548/7668, 2017, 413–419.

MOJICA, Francisco J., et al., "Biological significance of a family of regularly spaced repeats in the genome of Archaea, Bacteria and mitochondria", *Molecular Microbiology* 36/1, 2000, 244–246.

National Academies of Sciences, Engineering, and Techniques, *Mitochondrial Replacement Techniques: Ethical, Social, and Policy Consideration*, Washington, National Academies Press, 2016, 184.

NIU, Yuyu, et al., "Generation of gene modified cynomolgus monley via Cas9/RNA– mediated gene targeting in one–cell embryos", *Cell* 156/4, 836–843.

REICH, Jens, et al., *Human Genome Surgery–Toward a Responsible Evaluation of a New Technology*, Berlin, Berlin–Brandenburg Academy of Sciences and Humanities, 2015, 18.

SAVIĆ, Nataša / SCHWANK, Gerald, "Advances in therapeutic CRISPR/Cas9 genome editing", *Translational Research* 168, 2016, 15–21.

SPRIGGS, Merle, "Lesbian couple create a child who is deaf like them", *Journal of Medical Ethics* 28/5, 2002, 283.

TANG, Lichun, et al., "CRISPR/Cas9–mediated gene editing in human zygotes using Cas9 protein", *Molecular Genetics and Genomics* 292, 2017, 525–533.

________, "Correction of the Marfan syndrome pathogenic FBN1 mutation by base editing in human cells and heterozygous embryos", *Molecular Therapy*, 2018. Doi: 10. 1016/j.ymthe. 2018.08.07.

Zhou, Changyang, et al., "Highly efficient base editing in human tripronuclear zygotes", *Protein & Cell* 2017. Doi: 10.1007/s13238-017-0459-6.

성상현, "ZFN, TALEN, 그리고 CRISPR-Cas 기반의 유전체편집 방법들", 『BRIC View』 16호, 2014년, 1-7.

전방욱, "CRISPR-Cas9 사용이 제기하는 윤리적 질문들", 『인격주의 생명윤리』 5권 2호, 2016, 87-117.

______, "유전자편집에 근거한 유전자 치료 연구의 윤리", 『한국의료윤리학회지』 19권 1호, 2016, 47-59.

______, "인간배아 유전체편집에 관한 윤리적 쟁점", 『생명윤리』 16권 2호, 2015, 17-29.

______, 『DNA 혁명, 크리스퍼 유전자 가위』, 이상북스, 2017.

03

과학기술 혁신 시대의 신학

이윤경

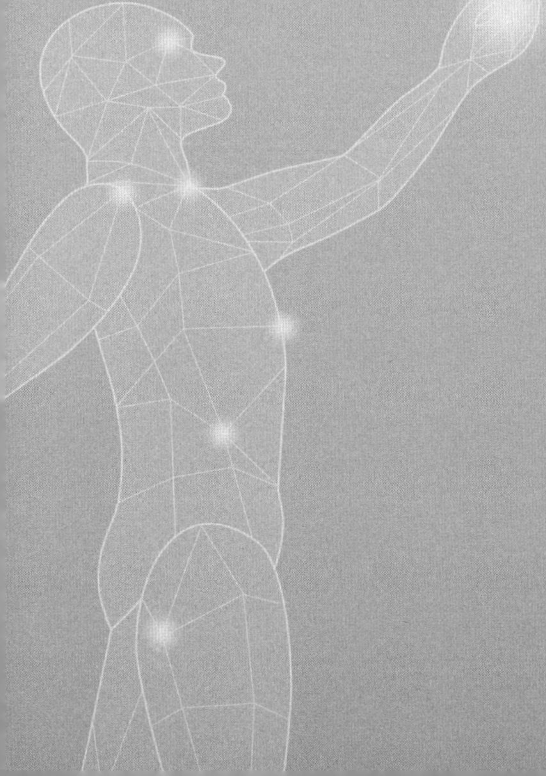

이윤경

전 미국 IBM Watson 연구소 연구원 및 명예 연구원, 미국 뉴욕대학 폴리테크닉(NYU Polytechnic) 공대에서 컴퓨터공학 박사학위 및 미국 포댐(Fordham) 대학에서 종교학 박사학위 취득. 이 논문의 일부는 발제자의 Fordham 대학 박사학위 논문에서 발췌하여 옮긴 것이다: *An Environmental Ethic of Life-Giving Creativity Informed by Science and Religion*, Michelle Y. Lee Kim, Fordham University, UMI Number 3299113, 2007.

1 우리의 우주

주님! 당신의 모든 피조물

그 중에서도 언니 햇님에게서 찬미받으소서

…

하늘에 있는 누나 달과 별들에게서 주님, 찬미받으소서

…

주님, 누나요 우리 어미인 땅의 찬미 받으소서

…

〈태양의 노래에서, 아시시의 프란치스코 성인〉

아시시의 프란치스코 성인(St. Francis of Assisi)이 죽음 직전에 "태양의 노래"를 지어 피조물 모두에게 그와 함께 하느님을 찬미하고 감사와 겸손을 다하여 하느님을 섬기자고 청한 후, 800여 년이 지나면서 세상은 참으로 많이 변한 듯하다.

지구는 정지되어 있으며 태양, 달, 행성들, 별들이 지구 주위를 원 궤도로 돌고 있다고 생각한 중세기를 지나, 현대 과학은 우주가 137억 년 전 엄청난 고밀도의 뜨거운 상태에서 엄청난 우주적 폭발, 빅뱅과 함께 생겨났고 지금도 이 우주는 팽창하고 있다고 알려 준다. 미국의 천문학자 에드윈 허블(Edwin Hubble)은 1929년, 천체망원경을 만들어 먼 곳에 있는 은하계들이 우리로부터 멀어져 가고 있다는 사실을, 멀리 있을수록 더 빨리 멀어져 가고 있다는 것을 발견했다. 다시 말해 우리는 과거에 생각했던 것처럼 고정되고 불변하는 우주가 아니라, 지금도 팽창하는 우주에 살고 있다는 것이다. 더욱 놀라운 것은 빅뱅으로 인해 방출된 방사선은 아직도 우리 주변에서 감지되고 있다는 사실이다.[1] 나아가 지구는 이 초기 폭발로 인해 아직도 방사체로 남아 있으며 지구 중심에서 끊임없이 일어나고 있는 핵반응은 오늘도 지구의 중심을 뜨겁게 달구고 있고 지구 표면의 많은 원자들은 아직도 폭발하고 있다는 것이다.[2]

현대 기초과학

오늘날, 과학자들은 일반상대성 원리와 양자역학 두 개의 기본적인 이론을 이용하여 우주를 묘사한다. 일반상대성 원리는 중력과 우주의 대규모 구조를 묘사하는 데 쓰이고 양자역학은 예를 들어 1조분의 1인치 같은 지극히 작은 규모의 현상을 다루는 데 쓰인다.

---

1 미국의 두 물리학자 Penzias와 Wilson은 1965년, 우주가 미세한 극초단파 형태의 방사선(cosmic microwave background radiation)으로 균일하게 가득 차 있다는 것을 발견하였고 이로 인해 1978년 노벨물리학상을 받게 되었다. 그들의 발견은 많은 과학자들로 하여금 이 전자파가 빅뱅, 즉 초기 단계 우주의 대폭발로 인해 방출된 방사선의 잔해 물질이라는 결론을 내릴 수 있게 하였다.

2 Diarmuid O'Murchu, *Quantum Theology: Spiritual Implications of the New Physics*, New York, A Crossroad Book, 2003, 95.

1905년, 아인슈타인(Albert Einstein)은 우주 안의 어떠한 물체도 움직임을 측정할 수 있는 절대적인 기준이 될 수 없으며 따라서 우주 안에 절대적인 움직임은 존재하지 않는다는 요지의 상대성이론을 발표했다. 이 관점에 따르면 모든 것은 각각의 절대적인 가치를 지니고 서로 독립적이고 고립된 것이 아니라 서로 간의 관계성 안에서만 의미가 있다는 것이다. 예를 들어 어떤 사건이 일어났을 때 어디서 일어났는지를 말하지 않은 채 언제 일어났다고 말하는 것은 의미가 없다. 즉 시간과 공간 개념은 이제 개체 자체의 본질적 특성이 아니라 관계성 안에서만 이해된다는 것이다. 상대성 이론은 역동적이고 상호 연결된 우주를 보여 준다.[3]

핵물리학에서 양자(quantum)는 쪼갤 수 없는 에너지 단위다. 양자역학은 물질의 본질을 작은 규모로, 원자의 영역 또는 그보다 더 작게 묘사하는 데 쓰이는 개념적인 체제다. 양자역학의 영역에서 기본적인 개념의 하나는 입자(particle)들이 입자처럼 움직이지 않는다는 것이다. 대신 입자들은 물결(wave)처럼 움직인다.[4] 즉 원자보다 작은 아원자(sub-atomic) 레벨에서 물질은 특정 장소에 확실하게 존재하지 않고, 그 대신 '존재하는 성향'을 보이며, 원자 이벤트는 특정 시간에 특정한 방법으로 확실하게 일어나는 것이 아니고 '일어나는 성향'을 보이는 것이다. 이들 성향은 확률로 표현되고 웨이브를 나타내는 수학 공식과 연계되어 있다. 현실을 작은 규모로 표현할 때 나타나는 이런 물결 같은 본질

---

3 Ian G. Barbour, *Religion and Science: Historical and Contemporary Issues*, New York, Harper SanFrancisco, 1997, 177–179.

4 웨이브와 입자가 가장 중요하게 다른 점은 입자는 특정한 시간에 공간의 특정 점에 존재하고, 웨이브는 공간에서 일정 면적을 차지한다.

은 불확정성의 원칙으로 귀착된다.[5] 수량의 어떤 조합은 결코 완벽하게 정확히 결정될 수 없으며, 누구도 확실하게 양자들이 에너지의 입자들인지, 에너지의 웨이브인지 단언할 수 없다.[6]

불확정성의 원리의 중요한 결과는 양자시스템은 결코 고요하지 않다는 것이다. 양자시스템은 항상 미세하게 움직인다. 이 파동은 각각 크기가 다른 우주 구조에 엄청난 영향을 미친다. 예를 들어 주기율표(periodic table)의 모든 원소는 양자역학 과정을 통해 별에서 만들어졌으며, 더 나아가 생명 자체도 본질적으로 양자역학 과정인 화학결합, 즉 큰 분자들이 전자들을 공유하여 화학반응을 일으키는 양자역학에 의존한다.[7] 또한 양자역학은 20세기 중반 이전에는 물질의 가장 기본적인, 나눌 수 없는 구성요소라고 생각했던 양성자(proton), 중성자(neutron), 전자(electron)가 실제로는 쿼크(quark)라 불리는 더 작은 입자로 구성되어 있다는 것을 알려 준다. 쿼크의 발견에서 아직 미해결된 점은 쿼크는 분리해서 측정할 수 없다는 것이다. 즉 쿼크는 관계성 안에서만 존재한다는 것이다.

이처럼 물리학을 중심으로 한 과학적 발견들이 우리에게 우주의 근원과 물질의 운동 원리에 대해 새로운 사실들을 알려 주며 현대 기초과학의 한 축을 이루고 있다면 생물학은 다른 한 축을 이룬다. 다윈의 진화론에 이어 특히 유전학은 DNA의 구조를 발견하는 등 중요한 업적을 이룬다.

---

5 이 개념은 20세기 독일의 물리학자이며 양자역학 연구의 선구자였던 워너 하이젠버그(Werner Heisenberg)의 연구 결과다.

6 Fred Adams, *Origins of Existence: How Life Emerged in the Universe*, New York, The Free Press, 2002, 17–18.

7 Ibid., 19–20.

또한 21세기 중반으로 향하며 지금 우리는 디지털, 생물학적 세계를 아우르는 일련의 신기술, 특히 정보기술과 생명기술 분야의 인류 역사상 전례 없는 혁명적이고 급격한 변화를 경험하고 있다.

인공지능과 정보기술

17세기에 계산하는 기계를 만든 이후, 인간의 지능과 같은 능력을 기계에 부여하고자 하는 시도는 끊임없이 이루어졌으나 주목할 만한 성과를 내지 못하였다. 그러다가 1960년대 미 국방성의 적극적인 지원으로 인공지능의 활발한 연구가 시작된다. 당시 노벨 경제학상 수상자 허버트 사이먼(Herbert Simon)은 “기계는 앞으로 20년 안에 인간이 하는 어떤 일도 할 수 있을 것”이라고 단언할 정도로 많은 이들이 인공지능의 가능성을 낙관적으로 보았다. 그러나 곧 음성 인식기술에 실패하면서 인공지능 연구는 다시 침체기에 빠지게 된다.

인공지능 연구는 그 후 1980년대에 이르러 “인간이 하는 어떤 일이나” 대신에 성인 전문가의 지식과 분석능력을 모방하는 전문가 시스템의 상업화로 발전하게 되었고, 로봇의 연구가 활발하게 이루어지기 시작했다. 물론 로봇의 역할 역시 “인간이 하는 어떤 일이나” 대신 공장에서의 조립 작업 등 특정 업무에 국한되어 일반적으로 응용되기가 어려웠다. 당시 일부 낙관적인 이들은 “앞으로 10년 안에 baby sitter robot”을 만들 수 있을 것이라고 희망 섞인 전망을 내놓았으나 이 역시 사이먼의 전망 못지않게 비현실적인 것으로 드러났다. 과연 우리의 아이들을 기계가 키우도록 할 것이냐는 윤리적인 논란을 떠나, 아기를 돌보는 것 같은 일을 기계에게 가르치는 일은 매우 힘들다는 것을 깨닫게 된 것이다.

컴퓨터에게 학습과 훈련으로 습득할 수 있는 성인 전문가의 지식과 분석능력을 가르치는 것은 매우 쉽다. 그러나 3세 미만의 아기가 어떻게 세상을 인지하고 그토록 빨리 많은 것을 배워 가는지 우리는 (아직) 모른다. 컴퓨터 과학과 인공지능의 "아버지"로 널리 인정받고 있는 앨런 튜링은[8] 인공지능의 핵심은 어른의 지식을 모방하는 기계를 만드는 대신 어린아이 같은 기계를 만드는 데 있다고 주장했다. 그러니까 기계가 어린이와 같이 생각하고 대응할 수 있어야 비로소 인공지능 테스트에 합격할 수 있다는 선구자적 주장이다. 과연 21세기가 끝나기 전 누군가 튜링테스트에 합격할 수 있는 기계를 디자인할 수 있을까?

비록 튜링테스트에는 한참 못 미치지만 인공지능 기술은 21세기에 들어 획기적 발전을 이루었다. 이는 주로 정보기술의 발전에 기인한다. 지난 몇십 년 동안 반도체 메모리 칩의 성능, 즉 컴퓨터 처리능력과 데이터 저장능력은 2년마다 거의 두 배씩 향상되었으며, 가격은 반비례로 2년마다 거의 반 수준으로 하락하였다. 이와 함께 각종 인공지능 기술을 사용하여 거대한 분량의 데이터를 수집, 저장, 분석할 수 있게 되었다. 또한 1990년대 중반까지만 해도 과연 상업화가 이루어질 수 있는지에 관해 활발한 논란이 있던 인터넷은 이제 전 세계의 개인, 공공, 교육, 상업, 정부 모든 분야의 지역 또는 글로벌 컴퓨터 네트워크들을 연결하는 글로벌 연결망으로 자리 잡아 신문, 전화, 텔레비전,

8 앨런 튜링(Alan Turing, 1912-1954), 영국의 수학자, 논리학자, 철학자이며 컴퓨터 과학의 선구적 인물로, 알고리즘과 계산 개념을 튜링 기계라는 모델을 통해 형식화함으로써 컴퓨터 과학의 발전에 지대한 공헌을 한 전설적인 인물이다. 튜링은 튜링테스트를 고안하여 "만일 컴퓨터의 반응이 인간의 반응과 구별할 수 없다면 이 컴퓨터는 사고하는 것"이라고 제안했다. 만일 지성 있는 사람이 관찰하여 기계가 진짜 인간처럼 보이게 하는 데 성공한다면 확실히 그것은 지능적이라고 간주할 수 있다는 주장이다.

종이우편 등 전통적인 통신 매체들의 존재 자체를 위협하게 되었다. 인터넷을 이용한 클라우드 컴퓨팅은 데이터를 저장해 주고 복잡한 계산을 대신해 주는 등 디지털 자원을 공유할 수 있는 플랫폼을 제공하고 있다.

그러나 무엇보다도 21세기 인공지능의 혁신적 발전은 20세기 후반에 괄목할 만한 진전을 이룬 신경과학의[9] 영향을 받아 고안된 컴퓨터 인공신경망에 기인한다 하겠다. 컴퓨터의 도움을 받아 신경과학자들은 신경 시스템의 구조가 어떻게 되어 있고 어떻게 기능하며, 어떻게 발전하고 고장이 나며, 이를 어떻게 변화시킬 수 있는지 등을 연구할 수 있다. 예를 들어 한 개의 뉴런에서 일어나는 복잡한 과정에 대해 자세히 이해하는 것이 컴퓨터 성능의 향상으로 가능해졌다.[10]

인공신경망은 일정부분 생물학적 신경망을 모델로 하여 고안된 컴퓨터 신경망으로 인공 뉴런들이 (인공) 시냅시스들을 통해 소통하며 다양한 기계학습 알고리즘들을 통합하고 복잡한 데이터를 처리할 수 있도록 고안되었다. 이런 기계학습 시스템은 일반적으로 특정 과제를 수행하기 위한 정보나 규칙에 의한 프로그램에 따라 작동하는 대신 그때그때 주어지는 사례들을 분석하며 스스로 학습한다.[11]

---

9 신경과학은 뉴런을 포함한 신경 시스템의 기능을 연구하여 학습, 기억, 행동, 인지와 의식의 생물학적 기반을 이해하는 데 최근 큰 성과를 거두었다.

10 뉴런은 소통에 특화된 세포로, 뉴런들과 또 다른 세포들은 신경세포의 연결부(또는 교차로)인 시냅시스를 통해 서로 소통한다. 인간의 뇌에는 약 일천억 개의 뉴런과, 이 뉴런들을 연결하는 약 일백조 개의 시냅시스가 있다. 각 뉴런은 약 일천 개의 시냅시스와 연결되어 있다.

11 기계학습: 예를 들어 고양이의 이미지를 인식하는 과제라면, 고양이에 대한 사전 지식이 없이 예를 들어 고양이는 털이 있고, 꼬리가 있고 등등을 알려 주지 않고, 고양이의 이미지들과 고양이가 아닌 이미지들을 보여 주며 각각 "cat" 또는 "no cat"이라고만 알려 준다. 그러면 기계학습 알고리즘은 주어진 이미지들로부터 자체적으로 특성을 찾아내어 새로 주어진 다른 이미지들에서 고양이를 가려낼 수 있도록 하는 것이다.

21세기의 인공지능 기술은 기계학습 능력과 자연언어 이해능력, 또한 복잡한 데이터의 분석능력을 제공하여 예를 들어 드론(drone), 자율주행자동차, 의료 진단 등에 사용될 수 있다.

생물학 기술

1953년에 DNA 구조가 발견된 이후 현대 생물학은 급속도로 발전하게 되어 사람의 모든 유전자 서열을 밝혀내는 역사적인 '인간 게놈 프로젝트'(1990-2003)로 이어졌다. 게놈 프로젝트의 주목적은 인간 DNA의 모든 유전자를 찾아내어 코드화하는 것이었다. 일부에서는 인간 게놈 프로젝트가 인간의 게놈을 구성하고 있는 23쌍의 염색체(chromosomes) 지도를 만든 것이 21세기의 가장 중요한 과학적 발견이라고 말한다. 어느 누구라도(일란성 쌍둥이나 복제 동물을 제외하면) 개인의 게놈은 독특하다. 그러나 놀라운 것은 그 구조와 구성 요인이 모든 생물체에서 동일하다는 것이다. 영국의 과학자 매트 리들리는 다음과 같이 인간 게놈의 구조를 묘사한다.

"인간의 게놈은 23개의 장(chapter)으로 구성된, 즉 매 한 쌍의 염색체마다 한 개의 장으로 구성된 책과 같다. 한 개의 장은 몇천 개의 스토리(유전자)를 포함하고 있다. 각 스토리는 엑손(exon)이라 불리는 문단들로 구성되어 있고, 각 문단은 콘돈(condon) 단어들로, 각 단어는 베이스(base)라 불리는 알파벳들로 구성되어 있다.[12]

이와 같이 게놈 책은 거대한 문건으로, 약 10억 개의 단어를 포함하고 있다. 예를 들어 영어로 쓰인 책은 26개의 알파벳 낱자를 다양한 방

---

12 Matt Ridley, *Genome: The Autobiography of a Species in 23 Chapters*, New York, Harper Perennial, 2006, 7.

법으로 조합해 단어를 만든다. 그러나 게놈 책에 쓰이는 단어는 A, C, G, T 네 개 중 항상 세 개 알파벳만 써서 만든다. 이 단어들은 DNA 분자들의 긴 사슬 위에 쓰여진다. 모든 생물체의 유전자 부호는 동일한 세 개의 알파벳 단어로 표현된다. 모든 살아 있는 동물, 식물, 벌레 등은 같은 사전을 쓰고 있고 동일한 부호를 알고 있다. 우리는 모두 동일한 언어를 쓰고 있는 것이다.[13]

DNA 구조의 발견과 함께 특히 주목을 받고 있는 합성생물학은 생물학 연구나 의료 목적으로 생물학적 구성요소를 디자인 또는 재디자인 하고 조립할 수 있는 새로운 분야로 각광받고 있다. 합성생물학 기술은 기본적으로 생물학적 구성요소를 표준화하는 개념을 제공하고, 또한 컴퓨터의 도움을 받아 DNA 데이터를 편집, 조작하여 유기체를 제작할 수 있도록 한다.

이러한 합성생물학의 발전은 유전자 데이터와 정밀검사, 질병과 치료 기록 등을 종합해서 제공하는 개인별 맞춤 의료 서비스나 표적 치료법을 가능하게 하고 있다. 성체 세포를 편집, 변형하여 유전자 변형 동식물을 출현하게 하는 합성생물학의 한계는 이제 기술적인 문제가 아닌 법, 규제, 윤리의 문제로 대두되고 있다. 급격하게 발전하고 있는 유전자 조작 기술로 인해 심지어는 개인이 DNA 조작 도구를 사용해 쉽게 자신의 DNA를 바꾸는 시도까지 할 수 있게 된 것이다. 이제 생체 해킹(bio hacking)의 시대가 온 것이다. 급격히 변하는 유전자 기술의 현실과, 이에 따른 사회적, 의학적, 윤리적, 심리적 문제들에 우리는 어떻게 대처할 수 있는가?

---

13 Ibid., 21-22.

2 우리의 도전: 과학기술의 잠재적 파괴력

역사학자 유발 하라리는 21세기를 살고 있는 현대인들을 위협하는 실존적 위기로 핵의 위협과 생태적 붕괴 그리고 기술적 파괴를 꼽고 있다.[14] 이 중 핵의 위험은 미래에 일어날 수 있는 잠재적 불안으로 전 세계적으로 많은 이들의 이해와 공감을 얻고 있다. 원자폭탄은 너무나 명확하고 즉각적인 위협이어서 아무도 무시할 수 없기 때문이다. 반면 지구온난화는 상대적으로 불분명하고 오래 계속된 위협이다.[15] 생태적 붕괴는 인류가 지금 당장 직면하고 있는 사태다. 그러나 대부분의 사람들은 지구 전체 생태계의 복잡성을 이해하지 못한다. 또한 생태계 붕괴가 전 세계적인 현상임에도 불구하고 이로 인한 가시적인 현상은 지역적으로 나타나기 때문에 이에 대한 인류의 공감대를 형성하여 공동으로 대응하기는 쉽지 않은 상황이다. 그럼에도 불구하고 인류에게 직접 물리적 위협이 되는 생태계 붕괴의 인식은 핵의 위험과 함께 비교적 잘 알려져 있는 반면, 과학기술의 파괴적 가능성의 위험에 대해서는 그 인식이 매우 제한되어 있다. 생명 기술과 인공지능이 인간성 자체의 의미를 바꾸려 하는 21세기에 무지는 치명적이다.[16]

이제 인류는 과학의 힘으로 지적 설계에 따라 비유기적 생명을 만드는 시대로 진입하고 있다. 기술을 이용해 우리의 몸과 뇌와 정신을 공학적으로 개조할 수 있게 되었다. 클라우스 슈밥은 제4차 산업혁명을

---

14 유발 하라리, 『21세기를 위한 21가지 제언』 [Yuval Noah Harari, *21 Lessons for the 21st Century*, New York / Sipegel & Gran, London / Jonathan Cape, 2018], 전병근 역, 김영사, 2018.

15 같은 책, 180.

16 같은 책, 318.

묘사하며 과학기술의 긍정적인 영향력과 함께 잠재적 파괴력에 대해 경고한다.[17]

토지가 부의 원천이었던 농경, 전원 사회에서 기계를 중심으로 한 산업, 도시화 사회로, 전기의 발견으로 대량생산 시대를 지나 이제 디지털화 시대의 자동화 시대를 거치며 기계적인 단순 반복 업무나 정밀한 육체노동은 이미 자동화되었다. 많은 다른 직업군 역시 부분적으로 혹은 전면적으로 자동화가 이루어지며 이와 함께 노동의 본질, 일과 사람의 관계는 근본적으로 변화되고 있다. 근로자와 기업은 지속적 관계가 아닌 일련의 거래 관계로 점차 바뀌어 가고 있다. 노동자를 "원하는 사람을, 원하는 때에, 원하는 방식으로 고용할 수 있는" 자영업자로 분류할 수 있는 시대가 온 것이다. 슈밥은 이를 휴먼 클라우드(Human Cloud) 방식이라 부른다. 슈밥은 전반적인 자동화와 함께 가치와 힘은 (자본이나 전문성을 소유한) 소수 엘리트에게 집중되며 사회적 불평등은 점차 더 심화될 것이라고 경고한다. 빈부격차의 심화와 함께 수혜자는 지적, 물적 자본을 제공하는 사람이나 고소득 전문직과 창의성을 요하는 직군이 될 것이고, 소수 엘리트들에게 집중되는 자본이 노동을 대체하면서 노동자는 피해자로 광범위한 실직의 위험에 처하게 될 것이라는 것이다.

하라리는 기술적 파괴력의 가능성을 경고한다. 소수집단이 인간의 생체정보까지를 포함하는 각종 광범위한 데이터를 소유하게 되어 디지털 독재가 가능하게 될 것이고, 지구 차원의 무용 계급의 출현까지 세계의 종말에 이르는 다채로운 시나리오의 문이 열렸다는 것이다. 한

---

17 클라우스 슈밥, 『제4차 산업혁명』[Klaus Schwab, *The Fourth Industrial Revolution*, New York, Penguin Random House, 2016], 송경진 역, 새로운현재, 2016.

국가가 기술개발에서 고위험 고수익 노선을 추구하면 다른 국가들도 뒤처져 있을 수 없이 따라갈 수밖에 없는 상황이 된다. 따라서 새로운 종류의 대량살상 무기의 등장을 포함, 바닥을 향한 경주를 피하기 힘들게 되어 종말론적 전쟁의 위험까지도 높일 수 있게 되는 것이다.[18]

그렇다면 우리는 과학기술의 이러한 파괴적 가능성들에 어떻게 대처할 수 있는가? 인류의 현재와 미래에 관해 우리는 어떠한 현명한 선택을 할 수 있는가? 종교는 어떤 역할을 할 수 있을까?

공유할 수 있는 통합된 이야기의 필요성

불확실성과 변화는 상수이며, 과학적 신기술로 인한 변화가 삶의 기본 구조는 물론 인간의 본성까지 바꿔 놓을 수 있는 시대에 우리를 위해, 우리의 아이들을 위해 필요한 것이 무엇인가? 하라리는 현대 교육 원칙의 4C, 즉 critical thinking(비판적 사고), communication(소통), collaboration(협력), creativity(창의력)의 필요성을 언급하며 우리에게 가장 중요한 것은 변화에 대처하고, 새로운 것을 학습하며, 낯선 상황에서 정신적 균형을 유지하는 창의적인 능력이라고 강조한다. 나아가 파괴적 기술력에 대처하기 위해 우리에게 필요한 것은 지구적, 나아가서 우주적 관점에서 세계를 볼 필요가 있다고 제안한다. 인류는 지금 전례 없는 혁명기에 직면하여 다음 수십 년 사이에 우리가 내릴 결정들이 생명 자체의 미래를 결정할 것이고, 이 결정은 우리가 갖고 있는 세계관을 기초로 해서만 내릴 수 있으므로 우리에게 우주에 관한 포괄적인 견해가 없다면 생명의 미래는 무작위로 결정될 것이라는 것이다. 과

18 하라리, 앞의 책, 188-191.

학기술의 파괴적 가능성의 극복에 대한 하라리의 전망은 별로 밝지 않다. "오늘날 우리가 아는 옛이야기는 다 무너져 내리고 있는 반면 그것들을 대신할 새로운 이야기는 아직 등장하지 않았다."[19]

20세기 문화역사학자 토마스 베리는 한 공동체가 살아남기 위해서는 공유할 수 있는 통합된 이야기가 필요하다고 단언한다. 붕괴되어 가는 생태적 환경에 주목하며 베리는 현대 생태 위기의 원인은 공유하는 이야기가 없기 때문이며 인류가 살아남기 위해서는 전 지구적으로 공유할 수 있는 이야기, 통합된 틀이 필요하다고 주장한다. 베리는 이러한 통합의 틀을 우리가 현대의 과학적 발견들이 알려 주는 우주이야기에서 찾을 수 있다고 제안한다. 우주이야기는 우리가 인간중심에서 벗어나 지구중심으로 생각할 수 있도록 도와줄 수 있을 것이며, 인간을 포함한 모든 살아 있는 생명체들의 생명공동체를 중히 여기고, 이 생명공동체가 보다 큰 실상이며 보다 큰 가치라는 것을 인식하도록 도울 수 있다는 것이다.[20]

교황 요한 바오로 2세 성인은 생태 위기를 해결하기 위한 세계관의 필요성에 대해 우리가 당면한 생태 위기는 무엇보다 시급한 도덕적, 신학적 위기이며, 이의 해결을 위해 시급히 필요한 것은 도덕적으로 일관성 있는 세계관이라고 강조한다. 환경문제의 해결책은 도덕적인 세계관과 신중하게 조율되었을 때에만 효과적일 수 있기 때문이라는 것이다.[21] 만일 이 문제를 과학기술로 해결할 수 있다는 생각으로 과학기술

19 같은 책, 190, 292, 395.

20 Thomas Berry, "The Dream of the Earth", San Francisco, Sierra Club, 1988, 194-195.

21 St. Pope John Paul II, *The Ecological Crisis: A Common Responsibility*, World Day of Peace Message, Peace with God-Peace with All Creation, 1990, 1, 2항.

의 무차별한 사용으로 생태계에 개입하게 되면, 생산의 경제적 관심이 종종 노동자의 존엄성 위에 군림하게 된다고 성인은 경고한다. 더욱이 이로 인해 동식물을 포함한 생명체는 무모하게 착취되고 파괴되며, 섬세한 생태 균형이 깨져 생태 재난으로 이어질 것이라는 것이다.[22]

프란치스코 교황(Pope Francis)은 회칙 『찬미받으소서(Laudato Si')』에서 과학과 기술은 하느님께서 주신 인간 창의력의 놀라운 선물이나, 인류는 자신의 기술력 때문에 갈림길을 마주하게 된 새로운 시대에 접어들었다고 경고한다.[23] 프란치스코 교황은 우리 모두의 공동의 집을 돌보기 위한 방법으로 환경, 경제, 사회, 문화, 일상생활의 생태론—통합 생태론을 제시한다.[24] 통합 생태론의 핵심은 사회 위기와 환경 위기는 하나의 복합적 위기의 양면이며, 위기 해결을 위해서는 공동선의 관점에서 생태환경, 경제, 사회, 문화, 일상생활, 그리고 미래 세대까지를 포함하는 통합적 시각, 통합적 세계관이 필요하다는 것이다.[25]

우리는 이 글을 프란치스코 성인의 "태양의 노래"와 빅뱅이야기로 시작하여, 상대성원리이야기, 양자역학이야기 또 인간게놈이야기로 이어 왔다. 그리고 새로운 과학기술의 혁신적인 변화와 이 변화가 인간의 몸과 마음까지 뒤바꿔 놓을 수 있다는 파괴적 가능성에 대한 우려를 살펴보았다. 이러한 위기를 해결하기 위한 첫걸음으로 우리는 모든 이들이 공유할 수 있는 베리의 "우주이야기", 교황 요한 바오로 2세 성인이 요청하는 도덕적, 신학적으로 일관된 세계관, 교황 프란치스코

22 같은 메시지, 7항.

23 프란치스코 교황, 회칙 『찬미받으소서』, 102항.

24 『찬미받으소서』에서 환경이라고 말할 때 이는 자연과 그 안에 존재하는 사회가 이루는 특별한 관계를 의미한다. 같은 회칙, 139항.

25 같은 회칙, 138-162항.

가 강조하는 통합된 세계관에 주목한다. 사회적 생태적 위기는 동전의 양면으로, 두 가지가 아닌 하나의 복합된 위기라는 교황 프란치스코의 통찰에 힘입어, 우리는 이제 우주의 이야기를 시작한다.

우주이야기

옛날 옛적,
캄캄한 어둠 속에 아주 작은 점이 하나 있었다.
이는 대단히 작았고, 엄청나게 뜨거웠으며,
그 밀도 또한 지극히 컸다.
130억 년 전쯤 이 작디작은 점은
거대한 불꽃이 되어 대폭발을 일으켰으며 이로 인한 파편 조각들이
거대한 불꽃이 되어 사방으로 흩어지게 되었다.
과학자들은 이 대폭발을 빅뱅이라 부른다.

이와 같이 우리의 우주는 빅뱅과 함께
오늘도 계속되어 이루어지는 거대한 우주의 춤으로부터 태어났고
이 우주는 오늘도 더욱더 팽창하고 있다.[26]

물리학자인 데이비드 툴란은 현대 물리학, 양자역학 등이 알려 주는

26 이 빅뱅이야기는 토마스 베리와 브라이언 스윔의 "우주이야기(Universe Story)"의 일부를 발췌하여 어린이들이 소리 내어 읽기 쉽도록 편역한 것의 시작부분이다. Swimme Brian, Thomas Berry, *The Universe Story: From the Primordial Flaring Forth to the Ecozoic Era. A Celebration of the Unfolding of the Cosmos*, New York, Harper SanFrancisco, 1992. 참조: Michelle Kim, 앞의 논문.

우주와 자연은 시와 같다고 고백한다. "빅뱅이론, 양자역학 등을 자세히 들여다보면 자연은 갈수록 점점 더 신기해진다. 시가 돌아왔다(The poetry is back)."[27]

현대 과학은, 우리가 살고 있는 우주는 광활한 에너지 시스템으로 빅뱅과 함께 폭발하며 나타나게 되었다고 알려 준다. 팽창하고 있는 우주가 약 3십만 년이 되어 온도가 내려가며 중력의 힘이 작용하기 시작하였으며, 우주의 파편들이 뭉치기 시작하여 은하계들로 결집하게 되었다. 그러나 팽창하는 우주 안에서 우주 배경의 팽창력이 우주 물질들의 중력 작용에 의한 결집을 억제했다.[28] 팽창과 중력의 두 반대되는 힘 사이의 매우 창조적인 긴장 상태는 오늘날도 우주 안에서 매우 미묘하게 유지되고 있다.

또한 지구의 생명은 우주와 직접 연결되어 있다. 생명을 구성하기 위해 필요한 성분들은 별들의 핵반응을 통해 만들어졌다. 기본생명체의 구성요소는 핵반응 파생물질들이다.[29] 자연은 수소, 탄소, 산소, 질소 등 우주가 제공하는 가장 풍부한 성분들을 이용하여 성공적으로 지구상 생명체의 기본구성요소로 통합하였다. 또한 지구상에 있는 모든 생명의 형태는 동일한 생화학을 바탕으로 작동한다. 생화학분자의 기본단위는 아미노산이다. 지구의 생명형태는 20개의 특별한 아미노산을 사용한다. 무생물인 화학물질에서 생겨난[30] 생명은 자신을 복제하

---

27 David Toolan, "Praying in a post-Einsteinian Universe", *Cross Currents*, Winter 1996/1997.

28 Fred Adams, op. cit., 71–91.

29 Ibid., 160–161.

30 과학자들은 아미노산들이 적당한 에너지원과 함께 기본 화학물질에서 합성될 수 있다는 것을 발견했다. Ibid., 171.

며 더욱더 복잡하게 만드는 법을 배웠다.

물리적 우주에 대한 질문 중 매우 흥미로운 부분은 생명의 존재, 특히 지적이며 자의식을 갖고 있는 생명의 존재에 관한 것이다. 물리적인 규모로 볼 때 인간은 대수롭지 않다. 그러나 인간의 구조는 물리적 우주에서 우리가 알고 있는 가장 복잡하게 작동하는 시스템이다. 우리 존재의 기원에 대한 특별한 관심 외에 과거에는 전혀 없던 생명이 우주에 나타났다는 사실은 (왜냐하면 우주는 너무 뜨거워서 어떤 형태의 생명도 존재할 수 없었으므로) 우주론(cosmology)의 본질에 대해 엄청난 쟁점을 불러일으킨다. 만일 초기 우주의 물리학적 상수들이 조금이라도 다른 값들을 가졌다면, 탄소성분의 생명과 우리의 존재는 불가능했을 것이다. 그러므로 인간중심적 질문은 "우주는 어떻게 하여 이렇게도 섬세하게 균형을 이루어, 또는 조율되어 지적인 생명체가 존재할 수 있게 되었는가?"[31]이다.

현대 과학적 발견들을 기반으로 하는 이러한 우주이야기는 생명지향적인 창의력의 이야기다. 137억 년 전, 거대한 폭발과 함께 시작되어 지금까지 계속 팽창하며 냉각되고 발전하면서 새로움을 만들어 내고 있는 동화 같은 이야기다. 우주 전체는 한 형태의 물질로부터 다른 형태로 지속적으로 진화하고 있다. 새로운 속성, 기능, 능력은 독창적인 방법으로 계속해서 나타나고 있다.

끊임없이 일어나는 우주의 진화는 오늘날 한 줌의 흙처럼 작은 곳에서도 관찰될 수 있다. 한 줌의 흙은 각각 다른 수명주기를 가진 수많은 곤충류, 진드기, 벌레, 일백만여 개의 곰팡이류, 일백억여 개의 박테리

31 Nancy Murphy, George F. R. Ellis, *On the Moral Nature of the Universe: Theology, Cosmology, and Ethics*, Minneapolis, Fortress Press, 1996, 49.

아의 집이다. 우리가 알고 있는 모든 생명체는 애초에 별에서 온 물질들로 만들어졌다. 수소에서 헬륨으로, 탄소로, 단백질로, 등등 그들의 창조적인 변모를 통해 만들어졌다. 먼지는 진정 "별부스러기"다. 우주 먼지의 화석이며 지구의 자연역사의 일부다. 새로운 생명이 죽음으로부터 태어난다. 생물 종(種)들이 재생되며, 새로운 종들이 자생적으로 생기고 있다.[32]

홈즈 롤스톤은 생태시스템이 주사위놀이를 하고 있다고 말한다. 그러나 그 게임은 단순한 확률에 의해 결정되는 것이 아니고 생명지향성을 띠고 있다고 덧붙인다. 자연의 창의성은 모든 가치의 근본이다. "자연역사의 창작품은 경이적이고, 뜻밖의 사건들이며, 가능성의 전개로 기적의 시리즈와 가깝다. 자연은 진화하는 생명의 샘이며 그로부터 나타나는 생명만이 아니고 그 샘 전체가 귀중한 가치를 갖고 있다."[33]

3 새로운(생명지향적) 세계관과 그 의미

현대과학이론들을 특징짓는 것은 그 개념의 혁명적 변화다. 전통적으로 인류는 종교와 과학에서 우주 또는 자연의 모델을 찾았다. 18세기 뉴턴의 과학으로 대표되는 고전적 세계관은 익숙하고, 질서 있고 효율적이고, 이해하기 쉽다. 그 안에서 우주의 모든 요소는 안정적이며, 분

32 Holmes Rolston, *Environmental Ethics: Duties to and Values in the Natural World*, Philadelphia, Temple University Press, 1988, 193.

33 Ibid., 175, 195–198.

리되어 있고, 전체는 구성요소들의 합으로 결정된다.[34] 즉 자연은,

- 변하지 않는다. 자연의 기본형태들은 변하지 않고 새로움은 나타나지 않으며 역사적 발전은 없다.
- 결정론적이다. 모든 자연현상은 기계적으로 결정된다.
- 이원론적이다. 인간과 비인간, 물질과 마음 등의 이원론적 관점. 물질의 목적은 영적인 것을 섬기기 위함이고, 인간의 마음은 기계론적인 세상에서 예외다.
- 개체는 관찰자와 상관없이 그 자체로 알려질 수 있다.

그러나 빅뱅이론으로 시작한 우주의 기원에 대한 이야기부터 상대성 원리, 양자역학 또 생물학에 이르기까지 20세기 이후 과학은 자연을 대하는 뉴턴의 개념으로부터 현저하게 거리를 두며 새로운 역동적인 비전을 제시하게 된다. 이 관점으로 보면[35] 자연은,

- 항상 변하고 발전한다. 역사성은 자연의 기본 특성이며 새로운 특성이 나타난다. 진화는 작은 변화들이 축적됨과 함께 천천히 점진적으로 나타난다. 자연은 고정된 실체가 아니고 역동적인 과정이다.
- 자연은 법칙과 우연(law and chance)의 복잡한 조합으로 예측불가하게 개방되어 있다. 진화는 그 결과를 예측할 수 없는 창조적인 과정이다.
- 실체는 분리된 구성요소들이 아니고 관계성으로 이루어진다. 우

---

34 Ian G. Barbour, op. cit., 281–282.
35 Ibid., 282–284.

주의 모든 요소는 서로 밀접하게 관련되어 있다.

- 조직으로부터 생태 시스템까지, 복잡한 시스템의 상위구조 행태를 설명하기 위해 독특한 총체적 개념이 쓰인다.
- 모든 조직 안에는 이원론적이 아닌 다단계 계층구조가 있다. 영혼과 몸은 따로 생각할 수 없다. 인간과 비인간을 선명하게 분리하지 않는다.
- 자연의 이미지는 공동체라고 요약할 수 있다. 인류는 상호의존적인 존재들의 역사를 갖고 있는 생명공동체의 일부다.

이러한 역동적인, 본질적으로 진화론적이며 생태적인 세계관은 과정철학과[36] 심층생태학[37]에서도 발견되며, 그 핵심적 개념들은 교황 프란치스코의『찬미받으소서』에서도 강조된다.

- 모든 것의 관계성(138항)
- 모든 피조물의 고유한 가치(69항)
- "하느님의 초월성에" 열려 있는 자세(79항)

---

36 과정철학은 현상을 변화와 역동성, 역동적 상호관련성으로 규정한다. 과정철학의 출발점은 고정적인 존재가 아니라 시간과 함께하는 변화이며 이벤트의 상호의존성이다. 자연은 변화와 우연, 새로움, 질서와 총체적인 관계성으로 특징지어지는 공동체다. 참조: Alfred North Whitehead, *Process and Reality*, Gifford Lectures Delivered in the University of Edinburgh During the Session 1927-28, New York, The Free Press, 1979.

37 심층생태학은 생태철학의 한 분야로 인간을 생태의 근본적인 부분, 즉 지구의 일부라고 생각한다. 한 개인이 직관적으로 생태중심적 시각을 갖는 것은 결국 자신을 열어 다른 사람, 동물, 생태시스템과 일치시키는 것이며 이것이 결국은 포괄적인 의미의 자기실현이라는 것이다. 심층생태학은 생물학의 한 분야로서 생태학의 좁은 관점이 아니라 생태권의 한 부분으로서의 인간 역할에 대한 근본적이고 철학적인 질문을 추구하며 단순한 실용주의적, 환경주의적 접근을 피하는 것을 목적으로 한다. http://en.wikipedia.org/wiki/Deep_ecology.

- 새로움의 부상(80항)
- 공동체의 중요성(179항)
- 불건전한 이원론(98항)
- 총체적 개념(110항)
- 창의성(74항)
- 역동성과 유연성(144항)

이러한 세계관은 롤스톤이 언급한 바와 같이 생명지향적이다. 그렇다면 이 생명지향적 핵심 가치들은 교황 요한 바오로 2세 성인이 추구한 바와 같이 도덕적인가? 즉 이들은 도덕적 가치를 갖고 있으며 인간의 행동에 영향을 끼칠 수 있는가?

머피(Murphy)는 윤리적, 도덕적으로 의미 있는 방법으로 자연세계 안에 인간의 위치를 알려 주는 관점은 본질적으로 윤리적이라고 정의한다. 현대의 진화론적인 관점에는 자기포기 또는 자기희생의 원칙, 즉 도덕적인 원칙이 분명히 존재한다. 생명의 끊임없는 진화 과정에는 새로운 가능성을 위해 지속적으로 자신을 비우는 자기포기가 있다.[38] 머피는 "자기 비움"을 하느님 속성의 윤리적 본질로 간주한다. 또한 지속적으로 전개되고 있는 우주에서 윤리의 필요조건으로 "법칙"과 "우연"을 꼽는다. 도덕적, 윤리적이기 위해서는 법의 테두리 안에서 자유롭게 행동할 수 있어야 한다. 법과 질서가 없는 상황에서 자유로운 응답은 의미가 없다. 또한 우주에서 일어나는 물리적 사건들이 우연을 허

38 고대 그리스어 kénōsis의 의미는 '비움(emptying)'이다. 그리스도교 신학의 맥락으로 볼 때, 'kenosis'는 자신의 의지를 포기하는 자기 비움으로 필리 2,7에서처럼 전적으로 하느님의 뜻을 받아들인다는 뜻이다.

락하지 않는다면 의미 있는 윤리적 응답 역시 가능하지 않다.[39]

그렇다면 우리는 드디어 인류가 (최소한 일정부분, 한시적일지라도)[40] 공유할 수 있는, 우리에게 윤리적인 가이드라인을 줄 수 있는 "이야기"를 찾아낸 것인가? 발제자는 이 질문에 "Yes"라 응답한다. 그렇다면 이러한 이야기를 바탕으로 하는 세계관의 신학적 의미는 무엇인가? 더 나아가 이 관점이 그리스도교 전통과 양립할 수 있는가?

4 하느님은 새로운("생명지향적") 세계 안에서 어떻게 움직이시는가?

자연을 법을 준수하는 기계로 간주한 17-18세기 아이작 뉴턴(Issac Newton)의 아이디어를 중심으로 한 고전적 관점에서 볼 때, 하느님은 기본적으로 "하느님 시계제조공(Divine Clockmaker)", 즉 세상-기계의 디자이너가 되었다. 시계제조공 하느님의 유명한 비유는 종종 기계적 세상의 지성적인 디자이너로서의 하느님의 이미지를 전하기 위해 쓰여졌다. 시계는 분명히 우연의 작품은 아니고 지적인 인조물체다. 시계의 비유로 인해 이 세상은 완벽한 기계의 이미지로 묘사된 것이다. 그러나 (기계적인) 시계제조공 비유로는 끊임없이 능동적인 역할을 하시는 하느님을 위한 여지를 찾아내기 힘든 어려움이 있다. 기계적인 시계는 일단 움직이기 시작하면 원칙적으로 그 자체의 기계적인 진로를

39 Nancy Murphy, George F. R. Ellis, op. cit., 206.

40 과학적 이론들은 따라서 과학적 발견들에서 구성된 세계관은 한시적일 수밖에 없다는 발제자의 관점.

따르게 된다.[41]

세상을 기계로 보는 관점은 심각한 인간학적 영향을 초래했다. 이 관점에서 자연은 엄격한 규칙과 중력에 따라 서로 상호작용을 할 수 있는 그러나 내적 관계는 없는, 인간과의 관계는 특히 없는, 거대하게 고립된 물체들이 된다. 인간은 자연의 원자화 또는 미립자화를 반영하는 것으로 생각되었고, 우리는 이 광활하고 복잡한 세상-기계 속에서 매우 고립되어 있었다.[42] 비록 자연으로부터 고립되었지만, 인간은 그의 이성, 정신으로 인해 하느님이 디자인한 자연의 합리적인 질서를 이해할 수 있다고 믿었기 때문에 아직도 품위를 유지할 수 있었다.

그러나 다윈의 생물학적 진화의 발견과 함께 사람들은 세상을 끊임없이 변화하는 상태로 생각하기 시작했으며, 20세기 이후의 현대과학의 발견들은 우주 안의 모든 것은 연결되어 있고, 끊임없이 변화하는, 진화하는, 역동적인 공동체라고 알려 주기 시작했다.

현대 과학적 발견들 중 과학자들을 당황하게 만든 개념 가운데 한 가지는 양자역학이 다루는 실재의 핵심에서 발견되는 불확정성과 우연의 현상이다. 이에 대해 원자의 구조와 양자역학에 대한 업적으로 1922년 노벨물리학상을 받은 덴마크 물리학자 닐즈 보어(Neils Bohr)의 말을 빌린다. "누구라도 양자역학(quantum theory)에 대해 말하면서 어지러워하지 않는다면 그는 이에 대해 아직 하나도 이해하지 못한 것이다."

그러나 자연세계의 법체계 안에서 작용하는 자연적인 사건들의 불확정성과 무작위성은 특히 그리스도교 신학에서는 빠질 수 없는 주제가 되었다. 그리스도교 신학에서의 "뜨거운 감자"인 "사랑이신 하느님

---

41 이 논쟁은 복잡한 조정과정들을 거치도록 디자인된 오늘날의 원자시계에는 적용이 잘 안 된다.
42 David Toolan, art. cit.

은 왜 세상의 악과 고통을 허락하시는가" 하는 문제를 정면으로 다루지 않고는 불확정성과 무작위성을 다룰 수 없기 때문이다.

우리는 이제 이들 "불확정성과 우연"의 문제를 전면에 내세워 다룬 영국의 생화학자이며 신학자 피코크(Peacocke)의 접근법을[43] 소개함으로써 신학적 숙고의 출발점으로 삼고자 한다. 불확정성과 무작위성의 특성을 가진, 진화하며, 예측할 수 없고, 개방적인 세상에서 하느님은 어떻게 활동하시는가?

피코크는 두 가지 신학적 질문을 던지며 이 문제에 접근한다.

1) 하느님은 우리가 예측할 수 없는 자연과정들의 결과를 아시는가?
2) 하느님은 그러한 상황에서 하느님의 뜻을 이루시는가?

이 두 가지 질문은 실제로는 양면을 가진 하나의 질문이며, 다음과 같이 응답할 수 있겠다.[44]

1) 하느님은 결과를 아시나?
  a. 예. 전지전능하신 하느님은 모든 정보를 다 알고 계실 것이라 추정된다. 그러므로 하느님에게 "궁극적인 불확정성"은 없다고 할 수 있다.
  b. 아니요. 하느님의 전지전능하심은 "자기 제한적(self limiting)"이다. 하느님은 알 수 있는 것만을 (즉 가능한 것을) 알고 계신다.

---

43 Arthur Peacocke, *Evolution: The disguised Friends of Faith? Selected Essays*, Philadelphia, Templeton Foundation Press, 2004.

44 Ibid., 9-13.

2) 그러한 상황에서 하느님은 그분의 뜻을 이루시는가?

a. 예. 하느님의 개입은, 그러나 우리에게는 항상 감추어져 있다.

b. 아니요. 하느님은 그분의 목적과 뜻을 이루기 위해 직접적으로 개입하지 않으신다.

이 질문들에 대한 우리의 대답은 하느님과 인간의 관계에 대한 특정 모델로 우리를 안내한다. 두 가지 특정 시나리오를 생각할 수 있겠다.

사례 1: 불확정을 결정하시는 하느님(God as Determiner of Indeterminacies)

우리가 위의 질문 1)에 긍정적으로 대답했다면, 그렇다면 하느님은 세상의 결정론적인 시스템에서 일어나는 사건들에 영향을 끼치실 것이라 생각할 수 있겠다. 그러므로 즉 질문 2)에도 긍정적으로 대답할 수 있을 것이다. 그렇다면 하느님은 이 불확실한 상황들 안에서 우리가 결코 알아챌 수 없는 방법으로 활동하신다고 상상할 수 있겠다. 하느님의 관점으로 결과는 하나다. 비록 우리가 그렇게 생각하지 않을지라도 진정한 대안은 존재하지 않는다. 하느님은 물리적 힘으로 이것저것 밀쳐 내시며 개입하실 필요가 없다. 그 대신 이미 존재하는 가능성들 중 한 가지만 실현시키는 것이다. 우리에게 우연으로 보이는 것은 바로 그때 하느님이 활동하시는 시점일 수 있다.

이 모델에는 감추어진 변수들이 있다. 즉 세상에는 우리에게 알려지지 않은, 그러나 근간이 되는 결정적 법칙들이 있고 물리적 과정들은 이 법칙들에 의해 결정되는 것이다. 머피는 자연의 궁극적 실재의 감추어진 속성이 하느님께 대한 우리의 도덕적 응답의 필요조건이라고 본다. 이러한 감추어진 변수들이 우리의 자유롭고 구속되지 않은 응답을 가능하게 하기 때문이다.[45] 그러나 이 모델에서 첨예하게 남아 있는 것은 악과 고통의 문제들이다. 일단 질문 1)에 "예"로 대답하면, 질문 2)에 대한 "아니요"는 모든 것을 알고 계시는 하느님의 세상사에 대한 철저한 무관심으로밖에는 해석될 여지가 없는 것이다.

사례 2: 자기 제한적인 하느님(A Self-Limiting God)

양자론적 불확정성의 이해를 포함하여 양자론을 참고할 때, 위의 사례는 우리로 하여금 이 본질적인 불확정성이 표현하는 것은 지식의 한계, 전지전능하신 하느님조차도 갖고 있는 지식의 한계라는 결론에 이르게 한다. 피코크에 의하면 "하느님은 양자론적 세상을 만들어 자신의 지식조차 그와 같이 제한될 수 있도록 하셨다."[46] 즉 이 모델에서 하느님은 자연을 낱낱이 통제하지 않기로 선택하신 것이다. 하느님은 자연과 인간에게 일정부분 개방성과 유연성을 허락하여, 자연스럽게 자유가 드러나도록 하신 것이다.[47]

이 시점에서 우리의 관심은 현대 과학적 발견들이 묘사하는 세상에서 하느님이 인간과 맺으시는 관계의 적합한 모델을 찾는 데에 있다. 우리는 진화론적인, 생태적인 증거로부터 직접 유신론적 결론을 주장하기를 원치 않는다. 발제자의 목표는 세상에서의 하느님 활동의 모델을 종교적 체험과 종교적 전통에서 찾되 과학의 관점에서 재해석한 전통적인 가르침을 포함하고자 하는 것이다. 바버는 이 접근법을 "자연

45 Nancy Murphy, George F. R. Ellis, op. cit., 210.
46 Arthur Peacocke, op. cit., 12.
47 Ibid., 13.

의 신학(theology of nature)"이라 부른다.[48]

이 논문은 바버가 제시하는 자연의 신학의 출발점으로 자기 제한적인, 자기 억제의 하느님의 아이디어에 의지한다. 그러나 그 이미지는 하느님의 "소통자(communicator)"로서의 개념과 결합될 필요가 있다. 하느님을 소통자로 보는 개념은 하느님이 세상사에 관여하신다는 개념을 수반할 수밖에 없다. 진정한 소통은 상호교류를 필요로 하기 때문이다.

하느님의 "자기 제한성"은 화이트헤드의 과정모델(process model)에서의 핵심 개념이기도 하다.[49] 그러나 과정모델의 하느님은 성경 속의 하느님의 권능과 초월적 특성이 결여되었다고 할 수 있다.[50] 그러한 관점에서 발제자는 과정모델이 그리스도교 신앙전통의 핵심을 수용하기에는 충분하지 않다고 생각한다. 그리스도교 신앙전통에서 하느님의 초월성과 권능은 경시될 수 없으며, 따라서 과정모델은 적절한 자연의 신학을 제공하기에는 부족하다는 판단이다.

이제 우리는 "자연의 신학"으로 접근하며, 피코크가 제안하는 하느님의 모델, "전체-부분 억제 모델(whole-part constraint model)"을 살펴본다.[51]

---

48 Ian G. Barbour, op. cit., 246-247. 자연의 신학(theology of nature)은 계시의 종교적 체험으로부터 하느님의 존재를 주장하는 신학이다. 반면 자연신학(natural theology)은 하느님의 존재를 논할 때 오로지 인간의 이성과 관찰에 의한다.

49 과정모델의 관점에서 세상은 상호교류하는 존재들의 공동체다. 하느님은 우주 공동체의 리더라고 생각해 볼 수 있다. 하느님의 역할은 더 풍요로운 삶의 가능성을 향해 공동체에 창조적으로 참여하며 영감을 준다. 과정 사상가들은 양자 불확정성(quantum indeterminacy)과 하느님은 사건들을 일방적으로 결정하지 않는다는 것을 인정한다. Ibid., 322.

50 Ibid., 325.

51 Arthur Peacocke, op. cit.

하느님의 세상과의 상호교류 모델 (A Model of God's Interaction with Nature)

피코크는 "자연의 신학"의 틀을 제공하는 하느님의 자연과의 상호교류 모델로 "전체-부분 억제 모델(whole-part constraint model)"을 제시한다. 이 모델은 전체로서의 세상, 총체적 시스템으로서의 세상은, 비록 존재론적으로 뚜렷이 다르지만, "하느님 안"에 있는 것이라고 간주한다. 이는 모든 것이 하느님 안에 있다는 만유 내재신론적인 관점(Pan-en-theistic view)[52]에 의한 것이다. 만유 내재신론(panentheism, 萬有內在神論)은, 하느님은 우주 안에 계시지만 또한 우주를 초월하는 초월적 존재라는 신학적 자세다.[53]

피코크의 모델은 하느님의 예측불가하고 개방적인 세상과의 관계를 양방향의 상호교류 과정으로 표현한다. 이 모델에 따르면 (예측 불가한 사건들을 포함해서) 자연적으로 일어나는 사건의 영향과 자유의지를 가진 인간이 내린 결정의 결과는 복잡한 단계를 점진적으로 거쳐 세상 전체상태의 변화에 기여하게 된다. 다른 한편으로 우리는 하느님이 세상 전체와 교류하며 그 안에서 일어나는 사소한 사건들의 형체를 바꾸고 전개되는 방향을 바꾸어 세상 전체에 영향을 끼쳐 궁극적으로 하느님의 뜻을 이루시는 상상을 해 볼 수 있다. 이와 같이 하느님은 피조물 사이에서 탐색하시며, 피조물들의 모든 가능성을 실현해 보시며 즉석에서 다른 가능성을 찾으시는 것으로도 상상해 볼 수 있겠다.[54]

피코크의 "전체-부분 억제" 모델에서, 소통자로서의 하느님은 각가

---

52 Panentheism. 그리스어: pan=all, en=in, and theos=God; "all-in-God".

53 만유 내재신론(Panentheism)은 범신론(pantheism)과 구별된다. 범신론은 하느님과 물질적 우주를 비슷한 뜻으로 쓰고 있다. 만유 내재신론에서 하느님은 창조주이며 우주를 활성화하는 힘이며 우주적 도덕/윤리의 근원이다. http://en.wikipedia.org/wiki/Panentheistic.

54 Arthur Peacocke, op. cit., 18, 20, 47.

지 다른 시도를 해 보시며, 즉흥적으로 바꾸기도 하고, 한 주제와 그 변주곡을 확장하기도 하는, 아직 완성되지 않은 교향곡(symphony)의 작곡가로 비유할 수도 있다. 또는 하느님은 안무가, 많은 결정이 춤을 추는 무용가에게 맡겨지는 춤의 안무가로 비유할 수도 있다. 이와 같이 가장 높은 단계에서는 경계조건(boundary conditions)들을 설정하고, 낮은 단계에서는 제한사항과 관계성을 설정하여, 낮은 단계의 법칙을 위반하지 않으며, 하느님은 자신의 뜻을 소통하며 세상에 영향을 끼치신다.[55]

또한 소통자로서의 하느님은 들으시며, 피조물들의 대답을 기다리신다. 성경 속의 하느님은 피조물에 의해 영향을 받으신다. 하느님은 아름다움을 보고 기뻐하시고, 비극적인 사태에 슬퍼하신다. 진정한 사랑은 언제나 취약성을 동반한다. 하느님의 목표는 변하지 않아도, 이 목표로 안내하는 많은 길이 있을 수 있으며 하느님의 창의적인 방법은 상황에 따라 변할 수 있다. 창의성은 근본적으로 시기적절하며, 즉각적으로 긍정적인 반응을 수반하며, 또한 불확정적이다.[56]

5 나가며

우주학에서 생물학까지 20세기 이후 우리 시대의 지배적인 과학 이론들이 제시하고 있는 것은 공유할 수 있는 맥락, 세계관이다. 우리가 살고 있는 포스트모더니즘 시대는(postmodern age) 모든 지식에서 단편성(fragmentation)과 불완전성(incompleteness)에 대해 초점을 맞추고 있다. 이

55 Ian G. Barbour, op. cit., 313-15.

56 Ibid., 313-18.

논문에서 저자의 목표는 과학과 종교의 핵심 원칙들로부터 통합적이고 일관된 세계관을 끌어내어 우리 시대의 단편성을 극복하는 데 기여하는 것이었다.

현대 과학이 제시하는 생명지향적인 세계관이 그리스도교 신앙과도 조화를 이룰 수 있으며 인류에게는 공유할 수 있는 맥락을, 즉 하라리, 베리, 교황 요한 바오로 2세, 교황 프란치스코가 한결같이 추구하는 인류 통합의 틀을 제공할 수 있다면, 그렇다면 이러한 시대를 살고 있는 우리의 임무는 무엇인가?

이 중요한 질문은 세상에서 인간의 독특한 역할로 우리를 안내할 수밖에 없다. 하느님의 소통모델과 인간학은 불가분의 관계에 있다. 인간학에 대한 우리의 관심은 인간성의 성경적 관점이 과연 피코크의 모델과 또한 우리가 살펴본 과학적 발견들에 의한 세계관, 생명지향적 세계관과 일관성이 있느냐는 것이다.

인간학은 이 논문의 범주에 속하지 않으나, 발제자가 고려하고 있는 인간학의 핵심 아이디어를 소개하며 나가는 글을 마무리하고자 한다. 성경 속 인간성이 제시하고 있는 주제들 중 특히 (생태적 사회적 위기의 해결을 위한) 우리의 목적을 위해 유용한 요소는,

- 인간은 하느님의 모상으로 창조되었으나 선과 악을 함께 행할 수 있다는, 즉 창조적이며 파괴적인 가능성을 둘 다 갖고 있다는 것과
- 인간은 몸, 마음, 영의 세 측면을 가진 통합체라는 것이다.

만일 이러한 요소들을 포함하여, 그리스도교 신앙의 핵심을 잃지 않으면서 과학적 발견을 포함한 학제 간 지혜를 고려하여, "생명지향적

인간학"의 모델을 설득력 있게 제시할 수 있다면, 과학기술의 파괴적 가능성에 대처할 수 있는 설득력 있는 출발점을 제시해 줄 수 있게 될 것이다.

> 우리의 운명은 하느님 손에 있다.
> 그러나 지금 이곳에서 만일 우리가 선택한다면,
> 하느님 안에서 우리의 삶을 사는 것은
> 우리의 몫이다.[57]

57 Arthur Peacocke, op. cit., 156.

참고 문헌

1. 교황 문헌

교황 비오 12세, "The Proof for the Existence of God in the Light of Modern Natural Science", Address to the Pontifical Academy of Sciences, November 22, 1951.

교황 요한 23세, 회칙 『베드로좌에서(*Ad Petri Cathedram*)』, 1959.

교황 요한 바오로 2세, "Cosmology and Fundamental Physics", Message to the Pontifical Academy of Science, October 3, 1981.

________, "The Ecological Crisis: A Common Responsibility", Message for the Celebration of the World Day of Peace, 1990. http://conservation.catholic.org/ecologicalcrisis.htm. 2006.03. 검색.

________, *Message to the Pontifical Academy of Sciences on Evolution*, October 22, 1996.

교황 프란치스코, 회칙 『찬미받으소서(*Laudato Si'*)』, 2015.

2. 단행본 및 논문

ADAMS, Fred., *Origins of Existence: How Life Emerged in the Universe*, New York, The Free Press, 2002.

BARBOUR, Ian G., *Ethics in An Age of Technology: The Gifford Lectures*, Volume Two, New York, Harper San Francisco, 1993.

________, *Religion and Science: Historical and Contemporary Issues*, New York, Harper SanFrancisco, 1997.

BERRY, Thomas, *The Dream of the Earth*, San Francisco, Sierra Club, 1988.

HARARI, Yuval Noah, *21 Lessons for the 21st Century*, New York / London, Sipegel & Grau / Jonathan Cape, 2018 [하라리, 유발 노아, 『21세기를 위한 21가지 제언』, 전병근 역, 김영사, 2018].

HAWKING, Stephen W., *A Brief History of Time*, New York, Bantam Books, 1988.

HAWKING, Stephen W. / MLODINOW, Leonard, *A Briefer History of Time*, New York, Bantam Books, 2005.

International Theological Commission, "Communion and Stewardship: Human Persons Created in the Image of God", Origins vol. 34, n. 15., Washington, D.C.: Catholic News Service/ USCCB, 2004. http://www.vatican.va/roman_curia/congregations/cfaith/cti_documents/rc_con_cfaith_doc_20040723_communion-stewardship_en.html. 2006.04. 검색.

KIM, Michelle Y., *An Environmental Ethic of Life-Giving Creativity Informed by Science and Religion*, Dissertation for the degree of doctor of philosophy, Fordham University, UMI Number 3299113, 2007.

MURPHY, Nancey / ELLIS, George F.R., *On the Moral Nature of the Universe: Theology, Cosmology, and Ethics*, Minneapolis, Fortress Press, 1996.

O'MURCHU, Diarmuid, *Quantum Theology: Spiritual Implications of the New Physics*, New York, A Crossroad Book, 2003.

PEACOCKE, Arthur, *Theology for a Scientific Age: Being and Becoming--Nature, Divine, and Human*, Minneapolis, Fortress Press, 1993.

________, *Evolution: The disguised Friends of Faith? Selected Essays*, Philadelphia, Templeton Foundation Press, 2004.

RAHNER, Karl, *Hominisation: The Evolutionary Origin of Man as a Theological Problem*, tr. W. T. O'Hara, New York, Herder and Herder, 1965.

________, "The Unity of Spiritand Matter in the Christian Understanding of Faith", *Theological Investigation: Volume VI Concerning Vatican Council II*, tr. Karl-H., Boniface Kruger, Baltimore, Helicon Press, 1969.

RIDLEY, Matt, *Genome: The Autobiography of a Species in 23 Chapters*, New York, Harper Perennial, 2006.

ROLSTON, Holmes, *Environmental Ethics: Duties to and Values in the Natural World*, Philadelphia, Temple University Press, 1988.

_________, *Genes, Genesis and God: Values and their Origins in Natural and Human History*, New York, Cambridge University Press, 1999.

SCHWAB, Klaus, *The Fourth Industrial Revolution*, New York, Penguin Random House, 2016. [슈밥, 클라우스 , 『제4차 산업혁명』, 송경진 역, 새로운현재, 2016].

SWIMME, Brian / BERRY, Thomas, *The Universe Story: From the Primordial Flaring Forth to the Ecozoic Era; A Celebration of the Unfolding of the Cosmos*, New York, Harper SanFrancisco, 1992.

TOOLAN, David S., "Praying in a post-Einsteinian Universe", *Cross Currents*, Winter 1996/1997.

WHITEHEAD, Alfred North, *Process and Reality*, Gifford Letures Delivered in the University of Edinburgh During the Session 1927-28, New York, The Free Press, 1979.

2

철학 분야

김성동

이종관

이근덕

04

4차 산업혁명 속의 인간에 대한 한 전망

김성동

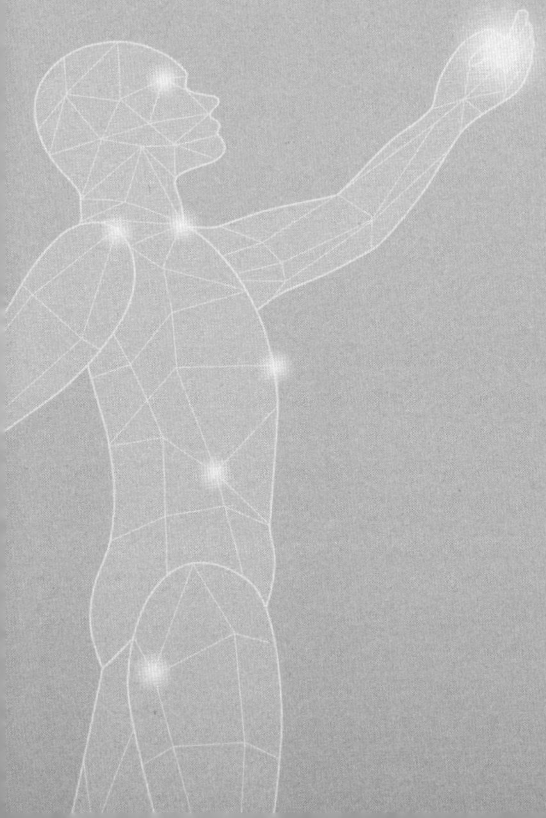

김성동

호서대학교 문화기획학과 교수, 윤리철학, 기술철학 강의

1 산업혁명

1.1. 산업혁명 이전의 혁명들

산업혁명 이전에 인류가 겪었던 삶의 혁명적인 변화는 신석기혁명과 도시혁명이다. 대략 일만 년 전에 있었던 신석기혁명은 그 명칭으로 보면 인간이 사용하던 도구가 구석기 즉 타제석기에서 신석기 즉 마제석기로 바뀌었음을 표시하고 있다. 하지만 사실 그와 아울러 일어난 혁명적인 변화는 들판의 자연물인 동물이나 식물을 사냥하고 채취하는 삶에서 그러한 동물이나 식물을 길들여 이용하는 목축과 농사가 시작되었다는 것이다.

신석기혁명에 이어 등장한 대략 5천 년 전의 도시혁명은 고대문명의 등장을 가리킨다. 신석기혁명을 통하여 수렵채취인에서 농사목축인으로 모습을 바꾼 인류는 점점 더 큰 공동체를 조직함으로써 고대문명을 이룩하게 되었는데, 여기에서의 혁명적 변화는 분업이다. 수평적으로 다양한 직업이 분화되었을 뿐만 아니라 수직적으로 다스리는 자와 다스림을 받는 자로 구분되었다.

1.2. 산업혁명들

산업혁명은 농업과 목축업을 수평적이고 수직적인 분업체계로 운영하고 있던 전통사회에서 일어난 혁명적인 변화였다. 18세기 영국에서 시작되었지만 19세기 유럽과 북미로 퍼져 나갔으며, 20세기 후반에 이르면 전 세계에 영향을 미치게 되었다. 4차 산업혁명이란 이러한 산업혁명을 네 단계로 나눌 때 그 마지막 단계를 지칭하는 표현이다.

산업혁명의 시기를 이렇게 넷으로 나눌 때 각 시기를 주도하는 기술을 들어보면 1차 산업혁명에서는 당연히 증기기관이었다. 이전의 수차가 10마력의 출력을 가졌다면, 증기기관은 곧 일만 마력의 출력을 가지게 되었으므로, 산술적으로 일천 배의 생산력 증가가 있었다고 볼 수 있다.

2차 산업혁명을 주도한 기술은 전기모터와 내연기관이었다. 하지만 다른 시각에서 보면 포드(Henry Ford)가 창안한 컨베이어벨트시스템이 생산력을 증대시킨 주된 동인이었다. 포드자동차 이후 전체 산업계는 이러한 생산방식을 채택하였는데, 증기기관이 생산력을 증대시킨 만큼, 포디즘(Fordism)이라고 불리기도 하는 이러한 생산방식이 생산력을 증대시켰다.

3차 산업혁명을 주도한 기술은 컴퓨터였다. 컴퓨터는 원래 2차 세계대전 중에 적의 암호를 해독하기 위하여 막대한 계산을 신속하게 처리하는 장치였지만, 그 이후 발전을 거듭하여 기술의 패러다임을 아날로그에서 디지털로 변화시켰다. 특히 인터넷과 컴퓨터가 결합됨으로써 인류의 정보통신에서도 혁명적인 변화가 생겨나 수많은 인간들이 실시간으로 연결된 정신권[1]이 형성되었다.

4차 산업혁명[2]을 주도하고 있는 기술은 자동화기술이며, 여기에는 인공지능, 로봇공학, 사물인터넷, 나노기술, 3D 프린팅 등이 포함된다. 이러한 자동화기술은 인류의 노역을 획기적으로 덜어 줄 것으로 평가되는데, 이는 낙관적으로는 노동으로부터의 해방을, 비관적으로는 기술실업(Technological Unemployment) 즉 기계로 인한 일자리 상실을 의미한다.

2 산업사회의 인간: 작업과 여가의 이분법

2.1 마르크스의 소외론

산업혁명이 전개되어 나감에 따라 오직 소수의 사람들만이 향유하던 물질적 풍요를 더 많은 사람이 누리게 되는 긍정적인 변화가 있기는 하였지만, 이를 위해서 인간존재는 자기분열이라는 대가를 지불하게 되었다. 이러한 상황에 대하여 누구보다도 날카로운 비판을 전개했던 이는 마르크스(Karl Marx)였다. 그는 산업사회에서 인간이 소외(Alienation)된다고 지적하였다.

1 지구에 생명이 생겨나 암석권 위에 생명권(Diosphere)이 뒤덮인 것처럼, 생명체들 중에서 인간이 등장하여 생명권 위에 지적 소통의 권역이 형성된 것을 떼이야르는 정신권(Noosphere)이라고 명명했다.

2 '4차 산업혁명'은 2016년 1월 다보스 세계경제포럼이 "제4차 산업혁명 마스터하기"를 주제로 개최된 이후 유행하기 시작하였으며, 현재 진행 중인 변화나 앞으로 예견되는 변화를 가리키고 있다.

"노동은 노동자에 대해 외면적인 것으로 존재한다. 다시 말하자면 노동은 노동자의 본질에 속하지 않는다. 그러므로 노동자는 자신의 노동을 통해 자기 자신을 긍정하지 않고 부정하며, 행복을 느끼지 않고 불행을 느끼며, 자유로운 신체적, 정신적 에너지를 개발하지 못하고, 자신의 신체를 채찍질하고 자신의 정신을 황폐화한다. 따라서 노동자는 노동 바깥에 있을 때 비로소 안도감을 느끼며 노동을 할 때에는 탈아감을 느낀다. […] 따라서 그의 노동은 자발적인 것이 아니라, 강제된 것 곧 강제노동이다."[3]

마르크스가 노동과정으로부터의 소외라고 불렀던 이러한 현상은, 인간이 노동의 안 즉 작업과, 노동의 바깥 즉 여가에서 각각 다른 삶을 살고 있음을 보여 주고 있다. 작업에서 인간이 자신을 부정한다면 여가에서 인간은 자신을 긍정한다. 작업에서 인간이 불행하다면 여가에서 인간은 행복하다. 작업에서 정신이 황폐화된다면 여가에서 정신이 소생한다. 작업에서 자신이 자신이 아니라고 느낀다면 여가에서 비로소 자신이 자신이라고 느낀다.

1차 산업혁명 속의 인간을 주목했던 마르크스는 산업사회가 노동자와 자본가의 양극화를 통하여 파멸적인 종국에 다다를 것이라고 예언하였지만, 이러한 예언을 무산시킨 것이 2차 산업혁명의 성과였다. 포드의 이동조립법은 노동자들에게도 자동차를 사고 탈 수 있는 여유를 만들어 주었으며, 비록 작업 안에서 자신을 느끼지 못하지만 작업 바깥에서 자신을 느낄 수 있는 상황을 창조하였다.

---

3 마르크스, 『경제학-철학 수고』, 김태경 역, 이론과실천, 1987, 58-59

"포드는 자동차공장의 노동자라면 스스로 차를 살 수 있을 정도로 여유가 있어야만 하며 일요일 오후에 그 차를 타고 드라이브를 즐길 수 있어야 한다고 생각했다. […] 포드에게 진짜 중요했던 것은 대량소비였다. 그는 공장노동자에게 실제 생활 임금을 주고 훨씬 적은 돈을 들여 훨씬 적은 시간에 훨씬 많은 자동차를 생산한다면, 모든 사람이 차를 살 수 있을 것이라고 생각하였다."[4]

이렇게 보면 오늘날 우리는 완전히 대립되는 두 세계의 시민인 셈인데, 우리의 하루 24시간에서 8시간의 수면을 제외하면 여가라는 한쪽의 8시간과 작업이라는 다른 한쪽의 8시간을 살고 있다. 우리는 이를 당연한 것으로 여기며 인간의 피할 수 없는 숙명이라고 생각한다. 그러기에 우리는 작업과 여가의 적절한 균형을 통해서 우리의 삶을 조화롭게 유지해 가고자 한다.

2.2. 현대사회의 소외

우리 인간이 이해하는 자신의 현재는 대체로 이와 같다고 볼 수 있다. 하지만 이와 같은 이해에 대하여 이의를 제기할 수도 있다. 작업은 어찌할 수 없이 해야만 하는 불가피한 강제노동인가? 작업에서와 달리 여가에서 우리는 자유와 안락을 충분히 느끼고 있는가? 이 둘은 서로를 상쇄하여 우리 삶의 균형을 충분히 이루고 있는가? 이러한 질문을 던지는 사람들은 작업과 여가의 분리에 만족하지 않는다.

---

4 포드의 사장을 지내고 존폐위기에 처한 미국의 자동차회사 크라이슬러를 중흥하여 화제가 되었던 아이아코카(Lee Iacocca)가 타임지가 선정한 세기의 100명의 영웅이라는 칼럼에서 헨리 포드를 이야기하였다. 출전은 http://www.time.com/time/time100/builder/profile/ford.html.

"'일과 생활의 균형'은 우리의 노동을 강제노역과 같은 끔찍한 것으로 만들어 버린다. 그리고 우리를 어떤 때는 부지런하기만 하고, 어떤 때는 게으르기만 한 우스꽝스러운 반쪽짜리 존재로 만들어 버린다. 노동의 시간도 여가의 시간도 모두가 삶의 시간이다. 이 둘을 갈라놓으면서 노동의 시간은 속박의 시간이, 여가의 시간은 불모(不毛)의 시간이 되어 버린다."[5]

이러한 주장을 제시하는 사람들은 "노동과 삶을 분리시키는 '일과 삶의 분열증'은 오늘날 우리 모두가 앓고 있는 일종의 집단적 질병이다."[6] 라고 지적한다. 그리고 이러한 분열증은 기대하는 것처럼 최악의 경우라도 선과 악, 행복과 불행이 반반인 삶을 가져오는 것이 아니라 그것보다 더한 악과 악, 불행과 불행이 겹쳐진 극악의 삶을 가져온다고 지적한다. 왜냐하면 실제 우리의 삶은 작업과 여가의 균형이 아니라 작업과 그것을 중심으로 왜곡된 여가생활로 구성되어 있기 때문이다.

마르크스가 이미 지적하였듯이, 이렇게 분열된 노동은 강제노동이다. "우리는 노동을 삶에서 분리함으로써 노동의 가치를 깎아내리고, 나아가 노동의 주체인 우리 자신의 가치마저도 깎아내리고 있다."[7] 우리는 자신이 하고 있는 일이 남의 일이라고 생각하고, 그 일을 하는 자신을 노예와 같은 존재라고 생각한다.

하지만 이보다 더욱 잔악한 것은 "노동과 삶에 대한 이러한 낡은 이분법은 실은 우리가 여가시간이라고 불리는 그 시간에도 날마다 매우

---

5 헤니, 코브체, 『기본소득: 자유와 정의가 만나다』, 원성철 역, 오롯, 2016, 43-44.
6 같은 책, 43.
7 같은 곳.

가치 있는 일을 하고 있다는 사실을 잊게 만든다."[8]는 사실이다.

우선 자본가들은 노동자들의 여가시간을 자유시간이 아니라 작업을 위한 준비시간으로 구성한다. 우리가 "레크리에이션 시간을 갖자." 라고 말할 때 우리는 '오락 시간을 갖자'는 의미로 받아들이지만, 어원을 살펴보면 레크리에이션(Recreation)은 재창조, 즉 노동할 수 있는 몸의 재창조라는 의미다. 그러니 여가시간은 작업시간에 종속된다.

아울러 모든 가치에 앞서 금전가치를 제일로 치는 자본주의 사회에서 여가시간은 그 가치를 제대로 평가받지도 못한다. 여가시간에 우리가 하는 일들은 실로 우리 삶의 목적이고 본질이다. 그러나 그럼에도 불구하고 우리는 삶의 수단이고 도구인 작업보다 그것들을 결코 앞세우지 않는다. 왜냐하면 그것은 제일가치인 금전을 획득하는 시간이 아니라 금전을 소비하는 시간이기 때문이다. 즉 돈벌이가 아니기 때문이다. 그래서 회사일은 집안일보다 언제나 더 중요하다. 부모들은 아이들 얼굴을 제대로 보지도 못하고 오직 직장에만 매달린다. 그것이 인생의 성공을 좌우하기 때문이다.[9]

---

8 같은 곳.

9 물론 인간은 호의적이지 않은 상황에서도 자신이 하고 있는 일과 자신의 삶의 의미를 일치시켜 작업과 여가를 하나로 만들 수 있다. 그러나 이는 개인적 차원의 성과일 수 있지만 사회적 차원의 성과이기 어렵기 때문에 이 글에서는 이를 고려하지 않는다.

3 기술과 전략에 따르는 인간 위상의 변화

3.1. 기술사용에 따르는 인간 노동가치의 변화

증기기관의 도입과 더불어 기술은 인간의 삶에 결정적 영향을 끼치는 독립적 요소로 기능하게 되었다. 사람이 손과 발을 이용하여 누에고치나 대마나 목화에서 실을 뽑아내고 그렇게 뽑아낸 실을 씨줄과 날줄로 교차시켜 천을 만들던 시대에 옷 한 벌을 만들 수 있는 천의 가치는 대단한 것이었다. 하지만 증기기관으로 가동되는 방적기와 방직기가 등장하자 천의 가치는 급격히 하락하였다.

기계의 등장이 상품가치의 하락을 가져왔을 뿐만 아니라 노동가치의 하락도 또한 가져왔다. 과거에는 길쌈을 잘하는 사람과 잘 못하는 사람 사이에 기능인으로서 종류의 차이가 있었다면, 이제 방적기 관리를 잘하는 사람과 잘 못하는 사람 사이에는 기능인으로서 정도의 차이밖에 없게 되었다. 이렇게 차이가 없어지자 노동자들은 형편없는 임금을 받을 수밖에 없게 되었으며, 이러한 착취에 저항하여 19세기 초 기계파괴 운동 즉 러다이트운동(Luddite Movement)[10]이 일어났다.

산업사회에서 노동자는 계속하여 새로운 기술과 대면하게 되고, 이러한 새로운 기술과의 대면에서 대체할 수 없는 예술적 기술을 구사하는 기예가는 고사하고 대체가능한 단순한 작업을 수행하는 기능인으로서의 자격마저 상실하는 경향이 있다. 필경사는 글씨체의 아름다움

---

10 이 명칭은 이 운동의 주도자인 네드 러드(Ned Ludd)에서 비롯되었으며, 그는 다음과 같이 주장하였다. "기계들이 우리 노동자들의 일을 대신해 버린다. 기계가 많아질수록 노동자들의 일자리는 사라지고 생존은 위협을 받게 된다. 그러니 저 기계들을 부숴 버리자! 그래야만 우리 노동자들이 잘살 수 있다."

이 중요한 기예가였지만, 타자수는 오직 정확도와 속도만이 중요한 기능인이 되었으며, 그러한 기능은 이제 모든 사람이 기본적으로 갖추어야 하는 보통기능이 되었고, 심지어는 이러한 보통기능을 갖추고 있지 못하다고 해도 오늘날 우리는 받아쓰기 프로그램으로 타자수 없이 타자할 수 있게 되었다.

1차 그리고 2차 산업혁명을 통하여 기예(Art/Craft)가 기술(Technology)로 대체되었으며, 기예가들은 기능인으로 전환되었다. 하지만 이러한 기능인들은 마르크스의 예상과 달리 생산자이자 동시에 소비자여야만 했기 때문에 양극화로 치닫기보다는 중산층이라는 새로운 계층으로 성장하였다. 대량생산과 대량소비가 사회를 유지시키고 발전시키는 핵심기제가 되었기 때문에 기술의 사용은 일부분 인간존재의 위상을 저하시키기는 했지만, 그러한 범위 내에서 조각 난 인간존재의 위상을 유지하여야만 했다.

이러한 위상에 새로운 위협으로 등장한 것이 컴퓨터였다. 인간이 사용하는 대부분의 도구가 인간의 사지를 외화(Exteriorize)한 것인데 반하여, 컴퓨터는 인간의 두뇌를 외화한 도구다. 컴퓨터가 등장하기 이전까지 아무리 탁월한 도구라고 하더라도 인간의 두뇌에 의존할 수밖에 없었던 반면, 컴퓨터가 등장하면서 이제 기계들은 인간 두뇌의 일부 기능을 스스로 수행할 수 있게 되었다. 컴퓨터는 기능인들을 작업장에서 쫓아내기 시작하였고, 지금도 이는 계속되고 있다. 3차 산업혁명 혹은 포스트포디즘은 바로 이러한 현상이다. 이에 대해서는 4장에서 보다 자세히 검토한다.

3.2. 분업에 따르는 인간 노동가치의 변화

하지만 산업사회에서 인간 위상의 변화는 기술에서만 비롯되는 것은 아니다. 사회가 취하는 분업전략 또한 인간 위상을 변화시킨다. 예를 들어 우리나라 노동자의 위상은 값싼 중국의 노동력에 밀려 과거보다 그 가치가 낮아졌는데, 이는 우리나라와 중국의 분업체계에 기인한다. 이러한 분업은 나라와 나라 사이에만 일어나는 것이 아니라 나라 내부에서도 이루어진다. 대기업과 중소기업의 하청관계도 이러한 분업인데, 이는 노동자를 대기업 노동자와 중소기업 노동자로, 또 정규직 노동자와 비정규직 노동자로 분리하며, 후자의 노동가치를 하락시킨다.

> "한국경제의 90년대 이후 […] 수출 주도 성장체제는 단순히 특정한 수요체제라기보다는 제조대기업 주도의 조립형산업화라는 생산체제와 동아시아 생산 분업 구조라는 지경학적 조건에 기반을 두고 있다. 이는 글로벌 가치 사슬과 관련된 외주화, 자동화, 숙련과 노동의 배제를 극단화하는 공급 주도 성장 체제이며, 한국-중국-일본의 생산 분업 체제 하에서 중국의 고도성장에 의존하는 수출 주도 성장 체제다. 이러한 수출 주도 성장 체제는 외환위기 이후 한국경제의 성장을 주도하였지만, 대내적으로는 연관효과(이른바 낙수효과, Spillover Effects)를 약화시켰으며, 수출과 내수의 격차, 기업소득과 가구소득의 격차, 생산성과 소득의 괴리('임금 없는 성장'과 노동분배율의 하락) 등 불균형과 불평등의 문제를 심화하였고, 대중소기업 간 격차와 노동시장의 이중화(대기업 정규직 vs 중소기업 비정규직)를 초래하였다."[11]

---

11 전병유, 신진욱, 『다중격차』, 페이퍼로드, 2016, 106. 인용된 구절은 이철승, "산별노조운동의 성과와 한계"라는 절에 실려 있다.

분업은 원래 참여자들이 모두 이득을 얻는 방법이었다. 사회가 수행해야 할 여러 기능들 중에서 자신이 남들보다 상대적으로 수월성이 있는 기능을 전담함으로써 사회 전체의 생산력을 상승시켰다. 여러 가지 부작용이 동반되고는 있지만, 그럼에도 불구하고 모든 분업에는 이러한 특성이 발휘된다.

심각한 문제는 국제적 분업이나 국내적 분업이 이러한 상생의 관계에서가 아니라 갑을의 관계에서 이루어지는 상황에서 생겨난다. 마르크스가 네 가지 소외[12]를 지적할 때, 다른 인간으로부터의 소외라고 지적한 것이 여기에 해당한다. 일반적으로 남북문제라고 부르는 선진국과 후진국의 무역은 소위 '공정무역'의 노력으로써는 결코 회복될 수 없다고 보일 정도로 불공정하다. 하지만 이러한 국제적 정의와 평등과 더불어, 국내적 정의와 평등도 위협을 받고 있다.

예를 들자면 우리나라의 산별노조운동은 기대와는 다른 방향으로 우리 사회 구성원들의 양극화를 가져왔다. 한 연구자는 다음과 같이 평가한다.

> "한국의 선도 교섭은 독일과 같은 임금인상 자제와 근로조건 향상의 공유를 통한 '연대 확산' 효과가 아니라 '각자도생의 확산효과'와 '하방압력 효과'를 갖는다."[13]

각자도생의 확산효과란 한국의 한 대기업 노조가 기업 활동의 과실을 자기 노조 내의 구성원에게 분배하기 위하여 사측과 합의할 경우,

12 생산물로부터, 생산과정으로부터, 유적본질로부터, 다른 인간으로부터의 소외.
13 같은 책, 64.

첫째 효과는 산업 내의 다른 경쟁업체 노조들 역시 동일한 수준의 임금인상을 사측에 요구하게 된다는 것이다.

하방압력 효과란 이러한 임금인상으로 인한 비용상승을 해결하고자 대기업이 취하는 전략에서 비롯되는 효과다. 첫째는 장기적인 해결책으로 생산시설의 해외 이전이다. 둘째는 단기적인 해결책으로 사내 정규직 고용을 동결 및 축소하고 사내 하청 및 비정규직을 확대하거나 임금을 하향조절하며, 하청업체에는 단가 후려치기와 같은 방식을 통하여 비용 상승분을 전이하는 것이다.[14]

이 연구자는 이런 까닭에 "선도업체의 정규직 노조가 달성하는 임금인상의 확산효과는 상술한 두 가지 경로인 '각자도생의 확산효과'와 '하방압력 효과'를 통해 대규모 사업장 정규직과 나머지 노동자 그룹 사이의 '불평등확대'로 이어진다."고 지적하면서, "노조의 보호를 받지 못하는 비정규직 노동자와 세계시장에서 경쟁력 없이 구조적으로 선도업체들에 복속되어 있는 하청업체에게 선도업체의 임금 인상은 곧 하청업체의 이익감소와 하청업체 노동자의 실질임금 하락 및 노동조건 악화의 신호"[15]라고 또한 지적하고 있다.

이렇게 보면 산업사회에서의 인간은, 작업과 여가의 균형이라는 본질적이지 못한 형이상학적 처지에다 기술과 전략으로 인한 노동가치의 하락과 이에 더해지는 양극화라는 불평등한 경제적인 처지에 놓여 있다. 이러한 상황이 1차, 2차, 3차 산업혁명 속의 인간의 위상이라고 요약할 수 있다.

---

14 현재 우리의 상황은 노조운동이 노동자의 10%만을 반영하고 나머지 90%를 반영하지 않거나 심지어 억압하는 상황이라고까지 평가할 수 있다.

15 같은 책, 65-66.

4 4차 산업혁명의 전망 1: 생산의 자동화

4.1. 포디즘과 포스트포디즘

네 번의 산업혁명을 둘로 묶는다면, 그것은 1, 2차 산업혁명과 3, 4차 산업혁명이 될 것인데, 이 둘을 간단하게 포디즘과 포스트포디즘이라는 이름으로 구분할 수도 있다.[16] 포디즘과 포스트포디즘의 요체는 소품종 대량생산과 다품종 소량생산의 차이에 있다.

3차 산업혁명을 통하여 컴퓨터가 상품제조에 개입되기 이전에는 포드의 T형 자동차가 전형이 되듯이[17] 소품종 대량생산을 통해서만 생산량을 키워서 단가를 낮게 만드는 규모의 경제를 성취할 수 있었다. 하지만 빛의 속도로 회로를 흐르는 전기를 이용하는 컴퓨터가 제조에 도입되자 다품종 소량생산을 통해서도 규모의 경제에 상응하는 효율성을 확보하게 되었다.

이러한 생산을 대량생산과 대립시켜 유연생산이라고도 부르는데, 최근에 화두로 떠오른 아디다스(Adidas)의 스피드 팩토리(Speed Factory)가 그러한 예다.

> "아디다스의 스피드 팩토리에서는 연간 50만 켤레의 신발을 만들지만 10명으로 운영될 예정이다. 예전에 이만한 공장을 운영하려면 600명 정도가 필요했다고 한다. 이러한 상황에서 노동자는 100명에서 1명으로 줄지만 생산력

---

16 물론 포디즘과 포스트포디즘은 좁은 의미로는 2차와 3차 산업혁명과 연계되겠지만, 넓은 의미로는 1, 2차와 3, 4차에 연계될 수 있다고 본다.

17 포드의 명작인 T형 포드의 경우에는 자동차의 색깔이 검은색 한 가지뿐이었다. 대량생산의 효율성을 높이기 위해 포드는 자동차의 색깔을 다양화하지 않기로 결정했다.

은 4배가 늘어난다고 보통 평가된다. 하지만 4차 산업혁명은 단순 제조가 아니라 고객맞춤 제조를 특징으로 한다. 아디다스 홈페이지에서 소비자가 원하는 디자인과 색상 그리고 다양한 선택요소들을 선택하면 그 신발 제조에 6주가 걸렸던 과거와 달리 5시간 내에 제작되며, 심지어 신발의 새로운 디자인조차도 18개월이 걸렸던 과거와 달리 10일 이내에 출시된다. 이렇게 유연한 빠른 속도가 가능한 까닭이 바로 4차 산업혁명의 중심기술인 컴퓨터, 네트워크, 3D 프린팅 등을 이용하기 때문이다."[18]

3차 산업혁명과 더불어 기능인들의 노동가치가 하락하고 심지어는 직장을 잃기까지 하였지만 새로운 기술들을 응용하는 4차 산업혁명과 더불어 기능인들의 실직은 밀물처럼 밀어닥칠 것으로 예상되고 있다. 현재 존재하는 직업의 적어도 50% 이상이 사라질 것이라는 예상이 여기저기서 쏟아지고 있는 상황이다. 설사 직업이 없어지지 않는다고 하더라도 노동가치의 변화가 격심할 것으로 예상되고 있다.

"어떤 경우이든 간에 선도적인 회사는 점차 탈숙련된 기계보유자로서 테일러주의 모델인 노동자 모델에서 '인간자원' 모델로 이동하고 있다. 회사는 전통적인 의미에서 노동자의 노동력뿐만 아니라 노동자의 동기, 창조성, 인성 그리고 […] 모험적인 특성까지 사용한다. 동시에 유연한(불안정한) 노동은 유연한 기술로 대체되고 있다."[19]

---

18 아디다스 스피드 팩토리에 대한 기사들 참조, http://news.hankyung.com/article/2016101678791.

19 돈 슬레이터, 『소비문화와 현대성』, 정숙경 역, 문예출판사, 2000, 278.

이런 상황에서 노동을 제공하는 노동자와 정보를 제공하는 전문가 수에서도 변화가 일어나고 따라서 임금에서도 변화가 일어난다. 노동자의 수는 감소하고 임금은 하락한다. 기계가 대신하는 노동은 그만큼 수요가 줄어들기 때문이다. 반면에 전문가의 수는 비록 그렇게 다수는 아니라고 하더라도 증대하고 임금은 상승한다. 왜냐하면 노동자가 생산하는 가치보다 전문가가 생산하는 가치가 더욱 커지기 때문이다.

이리하여 포스트포디즘 아래서 이러한 소수의 숙련노동자들은 '신중간계급'[20] 내지 '신소시민'을 형성한다. 예를 들어 아디다스 신발회사에서 중요한 일꾼은 신발을 만드는 노동자가 아니라 제품을 디자인하고 판매하는 전문가들이며, 유관 회사들과의 계약을 관리하거나 회사의 자금 흐름을 관리하는 전문가들이다. 이들 전문가는 물질적인 생산에 직접 관여하지 않지만 노동자들과는 비교할 수 없는 임금을 받는다. 이들의 임금차이는 우리 사회의 대기업 정규직 노동자와 중소기업 비정규직 노동자의 임금차이와 같은 형태를 가진다.

4.2. 인공지능과 로봇

4차 산업혁명은 진행 중에 있으며 아직 도래하지 않은 사회다. 이렇게 아직 도래하지 않은 사회를 전망할 때는 이미 역사가 된 사회에 대한 분석에서보다 더 큰 불확실성이나 오류가능성이 개입되기 마련이다. 4차 산업혁명과 관련하여 이러한 불확실성이나 오류가능성을 크게 하는 한 가지 요소는 인공지능(Artificial Intelligence)의 발전에 대한 예상이다.

20 같은 책, 296.

인공지능은 인간의 지능을 인공적으로 구현하고자 하는 시도다. 인간의 지능에는 다양한 영역이 있으며, 현재 인공지능이 실제적으로 성과를 거두고 있는 부분은 논리적 연산에 해당하며 그 밖의 영역에서는 아직 초보적인 단계에 머물고 있다. 딥러닝(Deep Learning)이라는 기술을 통하여 현재는 음성이나 화상을 인간과 같게 또는 우월하게 인식하는 수준에 이르렀지만, 백 보를 양보한다고 해도 현재 인공지능의 성과는 소위 약한 인공지능의 영역에서 기대할 수 있지만 강한 인공지능의 영역에서 기대할 수는 없다.

인공지능이라는 표현은 인간의 지능을 완벽하게 혹은 보다 우월하게 구현한다는 뉘앙스를 대중들에게 주고 있기는 하지만, 인공지능이 발전해 온 역사를 보면 이는 과장되거나 섣부른 인상이기 쉽다. 역사에서 볼 때 인공지능에 대한 연구는 연금술 연구와 비슷하다고 평가할 측면이 있다. 인공지능의 초기연구에 대하여 비판적 접근을 하였던 드라이푸스(Hubert Dreyfus)는 그 보고서의 제목을 "연금술과 인공지능"이라고 붙였다. 드라이푸스는 인공지능이 인간과 같은 신체가 없기 때문에 결코 강한 인공지능이 될 수 없다고 지적하였다.[21]

인공지능의 성과에 대해 낙관하거나 비관하거나 간에 가까운 미래에 인간에게 영향을 미칠 기술은 인공지능 등을 포함하는 자동화기계 혹은 로봇이라고 보는 것이 보다 편리할 것이다. 인공지능이 어떻게 발전하든 간에 우리는 그것을 그러한 소프트웨어가 담긴 하드웨어와의 대면을 통하여 경험할 것이기 때문이다.

앞에서 인용했던 아디다스의 스피드 팩토리에서 그 사례를 볼 수 있

21 드라이푸스의 인공지능 연구에 대한 비판 내용은 다음을 참고: 김성동, 『기술철학』, 철학과현실, 2006, 제7장 기술과 지능.

는 것처럼 4차 산업혁명은 인간노동의 필요를 급격히 줄이고 수많은 직업과 직장을 축소시킬 것으로 예상되고 있다. 하지만 이러한 도전에 앞서 원가절감을 기획하는 산업체들은 다른 사람들로부터 받을 서비스를 자신이 직접 서비스하는 방식인 그림자노동(Shadow Labor)[22]을 통하여 직업과 직장을 또한 축소하고 있다. 실생활에서 경험할 수 있듯이 은행에서 은행원들은 ATM으로 대체되었고, 주유소에서 주유원들이 아니라 운전자가 주유하며, 심지어 마트에서도 계산원이 아니라 구매자가 자율계산대에서 계산을 한다.

햄버거가게에서 주문을 받는 단순 업무이든, 공장에서 자동차를 조립하는 복잡 업무이든 간에, 오늘날의 그리고 미래의 발달된 자동화기계나 로봇은 원래부터 인간노동을 없애는 것을 목표로 하고 있다. 로봇이 늘어날수록 인간은 일할 곳을 찾기가 더 어렵게 될 가능성이 높다. 1995년에 리프킨(Jeremy Rifkin)은 이미 "노동의 종말"이라는 표현을 사용하였는데, 그는 미래에 인류가 소수의 노동만으로도 경제적 삶을 영위할 수 있을 것이라고 예언하였다.

> "아마도 2050년쯤이면 전통적인 산업 부문을 관리하고 운영하는 데 전체 성인 인구의 5% 정도밖에 필요하지 않게 될 것이다. 모든 나라에서 노동자가 거의 필요치 않은 농장, 공장 및 사무실이 일반화될 것이다."[23]

이렇게 인간의 노동을 대체하는 자동화기계나 로봇은 사실 미래의 일이 아니다. 오늘 이곳에서 이미 진행 중인 사태다. "근로자 1만 명당

---

22 램버트, 『그림자 노동의 역습』, 이현주 역, 민음사, 2016.

23 리프킨, 『노동의 종말』, 이용호 역, 민음사, 2005, 20.

산업용 로봇의 수를 의미하는 로봇밀도는 계속 우리나라가 1위를 차지하고 있다. 지난해 우리나라의 로봇밀도는 총 531대인 것으로 나타났다. 특히 자동차산업의 로봇밀도는 무려 1,218대에 달했다. 자동차산업을 제외한 다른 산업 분야의 로봇밀도는 411대인 것으로 조사됐다."[24] 세계평균은 69대다.

아디다스의 스피드 팩토리가 각광받은 이유는 그 기술적 첨단성에도 있었지만 생산기지의 유턴 즉 리쇼어링(Reshoring)에도 있었다. 이는 국제적인 분업의 방향전환을 의미한다. 과거에는 값싼 노동력을 찾아 신발공장이 중국이나 동남아로 이주하였다면, 이제 값싼 노동력은 미국이나 유럽의 최첨단공장에 있다. 결국 중국이나 동남아국가도 계속 생산기지로서의 역할을 수행하기 위해서는 로봇을 더 구입할 수밖에 없고, 미국이나 유럽도 생산기지로서의 역할을 되찾기 위해서는 강력한 자본력을 동원하여 로봇 구매를 가속화할 수밖에 없다. 어떤 경우든 제조공장에서 로봇의 수는 날로 늘어날 것이다.

5 4차 산업혁명의 전망 2: 실업과 복지

5.1. 실업 쓰나미

4차 산업혁명이 우리에게 가져올 충격을 가늠해 보면, 가장 먼저 대두되는 것은 노동의 종말, 즉 실업의 문제다. 물론 새로운 직업이 생겨나기는 하겠지만, 없어지는 직업에 비하면 그리 비중이 크지 않으리

24 http://www.irobotnews.com/news/articleView.html?idxno=8949.

라 예상된다. "세계경제포럼(다보스포럼)은 2020년까지 710만 개의 일자리가 사라지는 대신 200만 개의 일자리가 생긴다는 암울한 전망을 내놓았다. 한국고용정보원은 우리나라에서도 10년 안에 전체 일자리의 70.6%가 로봇으로 대체될 것이라는 예측을 내놓았다."[25]

> "4차 산업혁명으로 기존 일자리가 곧 무자비하게 사라진다는 영국 이야기다. '3D 프린터'의 경우: 금속가공기계 조작원은 87%가 곧 일자리를 잃게 된다고 한다. 'AI 로봇'의 경우: 가구 제작자는 91.6%, 대장장이는 93.5%, 재단사는 84%, 제빵사는 88.8%, 보험 사무직은 97.0%, 은행원은 96.8%, 경리나 회계 관리자는 96.8~97.6%가 곧 일자리를 잃게 된다고 한다. 자율주행차의 경우: 택시와 버스 등 대중교통 운전자는 56.8~61.2%가 곧 일자리를 잃게 된다고 한다. 드론의 경우: 우편 배달부를 비롯한 택배 배달원은 86%가 곧 일자리를 잃게 된다고 한다. 그래서 앞으로 10년은, 지난 10년과 같은 기술이나 직업으로 살아남기 힘들 것이라는 게 전문가들의 진단이다."[26]

이제까지의 산업사회가 이러한 도전에 응전하는 한 가지 방식은 적극적인 취업정책이었다. 실업급여를 제공하고, 새로운 직업훈련을 실시하고, 직업을 알선하는 국가사회의 노력으로 이러한 실업사태에 대처하였다. 하지만 이러한 복지정책이 4차 산업혁명에서도 제대로 작동할 것인지 의심스럽다.

---

25 http://pub.chosun.com/client/news/viw.asp?cate=C03&mcate=M1002&nNewsNumb=20170223655&nidx=23656.

26 김효정, "4차 산업혁명… 네 가지 키워드 속 사라질 직업들", 『조선펍』, 2017.2.10., 같은 곳, 재인용.

왜냐하면 앞에서 이미 지적하였던 것처럼 손발을 대체하던 준자동화 기계는 그것을 조작할 인간을 필요로 했지만, 손발을 대체한 기계에 이제 머리까지 달고 있는 자동화 기계는 그것을 조작할 인간까지도 필요로 하지 않기 때문이다. 결국 이러한 기계나 제조과정들을 디자인하는 소수의 전문 디자이너들만이 사회적 지위를 획득하고 단순 노동자는 사회적 지위를 상실하는 상황으로 전개될 수밖에 없을 것으로 보인다.

물론 이러한 상황에서 국가사회는 둘째 응전방식인 복지정책의 확대를 수행할 것이다. 왜냐하면 우선 대량소비가 없다면 대량생산을 유지하는 것은 불가능하고 경제공황을 불러오게 될 것이기 때문이다. 아울러 경제공황으로 국민 다수가 빈곤에 빠질 때에 정치적으로 그러한 국가가 민주주의로 남을 가능성이 희박하기 때문이다.

물론 국민 쪽에서도 이러한 상황에 대응하는 움직임이 있을 것인데, 이는 새로운 러다이트운동일 수도 있다. 이러한 새로운 러다이트운동도 과거의 러다이트운동처럼 민주주의적인 사회적 의사결정인 차티즘(Chartism)으로 끝나게 될 수도 있는데, 과거의 차티즘이 노동자의 적절한 임금을 보장한다는 사회적 의사결정이었다면, 새로운 차티즘은 국민의 적절한 수입을 보장한다는 사회적 의사결정일 수 있다.

국민의 적절한 수입을 보장하기 위해 정부가 가계에 지불하는 정부이전소득은 우리나라의 경우 10% 수준이지만, OECD 국가의 평균은 20% 수준에 이르고 있다. 4차 산업혁명의 진행과 더불어 소득의 감소나 실업이 급격히 증대할 것으로 예상되기 때문에 국가수요를 유지하기 위한 이전소득의 보다 급속한 증대도 또한 예상된다.

5.2. 두 종류의 복지

4차 산업혁명 또한 1차 산업혁명과 같이 실업문제를 야기하겠지만, 1차 산업혁명 때와 달리 오늘날의 국가들은 국민복지를 지향하고 있기 때문에, 복지정책을 통하여 실업자들의 최소한의 인간적인 삶을 보장할 것이라고 낙관적으로 예상할 수도 있다. 그러나 이렇게 보장하는 인간적인 삶이 과연 진정으로 인간다운 삶이냐는 반론 또한 있다.

이러한 반론은 예를 들면 롤스(John Rawls)가 구분한 개념, 즉 '자산조사에 입각한 복지국가'와 '재산소유 민주주의'에 기초할 수 있다.

> "오히려 롤스는 복지국가, 특히 자산조사에 입각한 복지국가에 반대한다. 자산조사에 의한 복지국가는 소위 구성원들의 소득과 자산을 기반으로 하여 낮은 소득과 열악한 자산을 지닌 이들을 대상으로 복지를 실시하는 국가를 말한다. 롤스는 자산조사에 입각한 복지국가에서는 자본이 사적 기업에 장악된 상황에서 정부에 소득을 의존하는 사람들과 시장에서 임금으로 지족하는 사람들로 사회가 갈라져 있음을 지적하며 이런 형태의 분배는 바람직하지 않다고 힘주어 말한다. 자산조사에 입각한 복지가 사회를 분열시키기 때문이다. […] 롤스는 애초부터 적정 소득이 분배될 수 있는 사회적 기본 제도가 갖추어진 민주적 정체를 '재산소유 민주주의(Property-Owing Democracy)'라고 부른다."[27]

이러한 반론은 자산조사국가에서는 최소한의 인간적 삶과 최대한의 인간적 삶이 대립됨으로써 실제적으로는 낙관적 전망에서조차도 사회 내의 인간의 분열과 부정의가 극단에 달할 것이라고 경고한다.

---

27 김만권, 『호모 저스티스』, 여문책, 2016, 333-334.

자본주의 원칙과 일치하는 복지정책의 한 종류로 바로 채택될 수도 있을 것으로 평가받는 역소득세 또한 이와 비슷한 비판을 면하기 어렵다. 그래서 그들은 국가의 복지정책이 자산조사에 입각할 것이 아니라 재산소유에 입각해야 한다고 주장한다. 재산소유 민주주의의 방식은 다음과 같은 것이다.

> "일정 시기의 마지막 순간에 적게 가진 사람들에게 소득을 재분배함으로써가 아니라 각 시기가 시작하는 순간 생산적 자산과 인간자본(교육된 능력과 훈련된 기예)의 광범위한 소유를 보장함으로써 부의 집중을 피한다." 이렇게 하게 되면 "사회적으로 생산적인 자산은 일부 계층이 아니라 일반시민들의 수중"에 있게 된다. "그러므로 재산소유 민주주의에서 가장 핵심적인 것은 경쟁을 가장한 독점을 제거하고 자본소유를 분산시키는 것이다."[28]

왜 이렇게 자본소유를 분산시켜야 하는가? 왜냐하면 자본주의 사회에서 자본이 곧 권력이기 때문이다. 권력을 복잡하게 정의하거나 이해할 수도 있지만, 간단하게 정의하고 이해한다면 권력은 자기가 하고 싶은 일을 하고 자기가 하기 싫은 일을 하지 않는 것이다. 권력이 분산되지 않는 자산조사국가에서 사회복지혜택을 받는 사람들은 복지관료들에게 자신의 생존을 의탁하고 그들의 권력에 종속되는 사람에 불과할 위험성이 크다.

> "오늘날의 복지국가는 곤궁한 사람이 도움의 필요성을 증명할 경우에 국가가

---

28 같은 책, 347.

그에게 도움을 준다는 돌봄의 원리 위에 세워졌다, […] 곤궁함을 드러내기란 결코 쉽지 않다. 누군가가 자신은 도움이 필요한 곤궁한 사람임을 다른 누군가에게 증명하고 그에게서 도움을 받는다면, 이 둘은 결코 대등한 관계일 수 없다. 이것은 주권자의 모습이 아니며, 현대적 차원의 구걸일 뿐이다."[29]

이런 까닭으로 현대사회의 복지정책에 부정적인 태도를 취하는 사람들은, 4차 산업혁명으로 인하여 증대될 자산조사적인 복지혜택에 대하여 비판적인 시각을 견지하며, 복지정책을 재산소유적인 방향으로 전환할 것을 주장하고 있다. 어떻게 이러한 전환이 가능할 것인가?

6 낙관적 전망의 조건들

6.1. 기본소득제도[30]

재산소유 민주주의를 이루기 위한 여러 가지 실천 방안들이 있을 수 있지만, 현재 가장 강력한 후보로 거론되는 것은 기본소득제도다.

"최근 노동의 자동화에 따른 글로벌 기술 실업의 문제에 대한 해법으로 '기본소득'basic income이 중요한 화두로 떠오른다. 애초 기본소득은 자산이나 소득, 경제적 능력, 고용 상태에 상관없이 매달 일정 금액을 국가에서 일괄적으로 각 국민에게 균등하게 지급 보조하는 제도로 제기되었다. 기본소득의

29 헤니, 코브체, 앞의 책, 123.
30 기본소득과 관련해서는 다음을 참고하라. 김성동, 『현대사회와 인문학』, 연암서가, 2017, 제9장 2절 기본소득.

핵심은 생존의 기본 조건을 보장하는 취지이기도 하지만, 소비나 구매 능력이 없는 다수 노동자를 배양해 시장을 살리고 이들의 실업 빈곤 범죄를 예방하는 효과를 얻으려 한다. 최근에는 기본소득의 도입이 기술 실업에 따른 경제적 궁핍을 겪을 노동자들의 우울한 미래를 대비하기 위해서 정부와 기업이 고민해야 할 근본 구제책으로 제시되고 있다. 예를 들어 미국 오바마 대통령조차 디지털 문화 잡지 〈와이어드〉의 2016년 11월 특집호 인터뷰에서 미국 내 기본소득 도입을 우호적으로 피력한 바 있다."[31]

원래 기본소득이라는 개념이 제시될 때는 국가가 국가 구성원의 최소한의 삶을 보장해야 한다는 인도주의적인 요구와, 국가 구성원은 공유재인 토지에 대한 권한을 특정 개인에게 이전하는 대신 그 대가로 위임된 공유재에 해당하는 기본소득을 받아야 한다는 권리론적인 요구[32]가 그 근본에 깔려 있었다.[33]

---

31 이광석, "4차 산업혁명과 일자리, 그리고 기본소득", http://workers-zine.net/26240.

32 오늘날에는 또 다른 권리론적 요구로 대중들의 데이터에의 기여가 언급되기도 한다. "일상 속 '데이터 부스러기'(Data Exhaust) 활동이 기업의 수익으로 수취되는 새로운 빅데이터 시대는 다종다양한 플랫폼에서 수행하는 일반 대중의 데이터 노동과 데이터 생산을 일반화한다. 문제는 대중이 만들어 내지만 그들 자신의 수익으로 귀속되지 못하고 플랫폼 업자에게 대부분 재전유되어 데이터 결과물에 대한 사회적 보상이 소실되는 데 있다. 자발적으로 온라인 '잉여' 활동을 수행하는, 무직자를 포함한 대다수 대중의 '부불 노동'(Free Labor)에 대한 적절한 '사회적 증여'(Gift)나 사회적 보상책이 기본소득을 통해 마련될 필요가 있다."는 것이다. 참조: 같은 글. 이는 과거 방송에서 시청자들이 광고를 보는 노동으로 방송 사업에 기여한 것과 비교될 수도 있다.

33 "18세기의 사상가 토머스 페인은 공공 부조와 사회 보험에 한정되지 않는 급부에 대한 발상을 내놓았다. 그는 토지가 공공재이므로 그 지대 수입으로 모두에게 일정 금액을 지급하자고 주장하며, 모두가 자연 유산에 대한 권리를 갖고 있다는 근거를 댔다. 샤를 푸리에는 1836년 〈잘못된 산업〉에서 "기본적 자연권을 누리지 못하는 탓에 자신의 필요를 충족시킬 수 없는 사람들에게 사회는 기본 생존을 보장해 주어야 한다."고 주장했다. 조지프 샤를리에는 1848년 〈사회 문제의 해법 혹은 인도적 헌법〉에서 진정한 기본소득에 대해 최초로 정식화했다. 그는 자산 심사와의 연계나 유급 노동과의 연계 모두를 거부하고, 토지 소유에 대한 동등한 권리를

하지만 오늘날 기본소득이 논의되고 있는 현실은 이것들을 넘어선다. 앞에서 인용한 것처럼 4차 산업혁명으로 인한 글로벌 기술 실업에 대한 대응이기도 하지만, 의료기술의 도입에 따라 급격히 생성된 노령세대의 등장에 대한 대응이기도 하며, 이러한 인구의 노령화와 실업률의 증가로 인하여 사회의 소비능력의 감소에 대한 대응이기도 하고, 마지막으로 현재의 복잡한 사회복지제도의 개선을 위한 대안이기도 하다. 재산소유 민주주의를 위한 기본소득제도의 도입은 4차 산업혁명의 진전과 더불어 진지하게 고려해 보아야 할 방안으로 부상하였다.[34]

6.2. 부동산세와 자동화세

이러한 기본소득이 대단히 이상적인 재산소유 민주주의의 방안인 것처럼 보이기는 하지만, 가장 결정적인 문제는 그 재원의 염출 문제이다. 기존의 사회복지재원을 기본소득재원으로 사용하기 때문에 이 문제가 없다는 주장이 있기도 하다.

> "재정과 관련해서 본다면 이것은 일종의 [이득과 손실의 총합이 제로가 되는] 제로섬게임이다. 기본소득을 시행하기 위해 재정이 추가로 필요한 것은 아니다. 계좌에 더 많은 돈을 넣어야 하는 것이 아니라, 계좌에 있는 돈을 다른 방식으로 배분하는 것일 뿐이다."[35]

일정 소득에 대한 조건 없는 권리의 기초로 보았다. 이후 1894년 〈사회 문제의 해결〉에서 그는 이를 '토지 배당'으로 명명했다." https://ko.wikipedia.org/wiki/기본소득.

34 실제로 우리나라에서도 지난 대통령선거의 후보로 거론되었던 이재명 성남시장은 기본소득에 관한 책을 공동번역했을 뿐만 아니라 그것을 다양한 정책으로 구상하고 발표하기도 했다. 그는 기존의 예산운영을 변경하여 연간 100만원, 국토보유세를 신설하여 연간 30만원을 지불할 수 있다고 주장하였다.

35 헤니, 코브체, 앞의 책, 138.

하지만 이렇게 기존재원만으로 기본소득을 운영하는 것은 복지제도의 배분방식의 변경에 불과할 가능성이 있으며, 기본소득이 충분히 효과를 가지기 위해서는 추가적인 재원이 불가피해 보인다. 가장 성공적인 사례라는 미국의 알래스카(Alaska) 주는 석유판매대금을 재원으로 하고 있으며, 실험적인 실시를 하고 있는 북구의 나라나 여타 지역도 일단은 제한된 범위에 제한된 금액으로 실험을 하고 있다.

따라서 일반적으로 재원이 이 제도의 핵심장애라고 지적된다. 공유재산의 권리를 원래 권리자에게 돌려주자는 기본소득의 기본적인 개념을 고려하면 가장 유력한 재원 후보는 부동산세라고 할 수 있다. 어느 정도가 적절한 세율인지에 대해서는 합의가 어렵겠지만, 우리나라의 부동산 세율은 다른 나라에 비해 상대적으로 낮다.[36]

> "자산경제의 규모가 생산경제에 비해 7배나 큰데도 여기에서 걷는 세금은 생산경제의 4분의 1도 되지 않는다. 자산경제에서 발생하는 소득은 대부분 불로소득에 가깝다. 열심히 일하는 당신은 매월 근로소득세와 주민세를 내고 있다. […] 부동산 보유세 부담액이 전체 부동산 자산가치의 0.09%에 지나지 않는데도, 그것도 많다며 '세금 폭탄' 운운하는 언론 보도가 넘치는 나라다. 실질 보유세율이 1%를 넘는 미국 같은 나라는 '세금 핵폭탄'이 떨어지는 나라란 말인가?"[37]

언급되고 있는 대로 어떤 자산소득이 불로소득에 가깝다면,[38] 이러

---

36 물론 우리 세제는 소득에 과세한다는 입장에서 거래세율을 높게 매기고 있기는 하다.

37 선대인, 『프리라이더』, 더팩트, 2010, 26-27.

38 예를 들어 국가 전체의 부동산 가격 상승분과 서울 강남 3구의 부동산 가격 상승분이 급격한

한 불로소득은 경제적 정의감을 심각하게 손상시킬 수 있으며, 국가는 이러한 부문을 조정해야 한다. 이러한 조정으로 기본소득의 재원을 확보할 수 있다면 이는 일석이조일 것이다.

이와 아울러 4차 산업혁명으로 인한 실업에 대한 대응으로 기본소득제도를 실시한다면, 이러한 실업사태를 가져오는 원인들 중의 하나인 자동화기계의 소유에 대해서도 세금부과가 필요하다.

> "이런 관점에서 보면, 조건 없는 기본소득은 자동화에 대한 일종의 이익배당금이나 마찬가지다. 로봇은 소득을 필요로 하지 않지만, 우리는 소득이 있어야만 살아갈 수 있다. 그래서 로봇이 우리의 일자리를 가져가 일을 하고, 임금을 필요로 하지 않는 로봇 대신 우리가 그 임금을 받는 것이다. 곧 로봇이 일을 하는 세상을 만드는 데 기여한 보상을 모두가 나누어 받는 셈이다."[39]

로봇은 임금을 필요로 하지 않지만, 로봇의 소유자는 그 임금을 필요로 한다. 그러므로 로봇의 임금을 그냥 가져오는 것은 불가능할 것이고, 로봇의 소유에 대하여 세금을 매기는 것만이 가능할 것이다. 이미 상당히 진행된 자동화에 대한 세금을 매기기 시작한다면 자동화 속도를 조절하는 효과와 더불어 자동화로 인한 실업에 대한 재원을 확보하는 효과도 또한 있을 것이다.

차이가 있다면, 이러한 차등분은 불로소득에 가깝다고 해야 할 것이다. 이런 방식으로 집값이 올라 수억 원의 차익이 생겨도 1가구 1주택일 경우 시가가 9억 원을 넘지 않는 한 내야 할 세금은 없으며, 주식으로 큰돈을 벌어도 역시 내야 할 세금은 없다.

39 헤니, 코브체, 앞의 책, 41.

7 탈산업사회와 인간: 작업과 여가의 일치

7.1. 과거의 작업과 여가

4차 산업혁명이 기술 디스토피아를 초래하느냐, 기술 유토피아를 초래하느냐는 우리가 이러한 혁명에 어떻게 응전해 나가는지에 달려 있다고 본다. 4차 산업혁명이 우리가 필연적으로 맞이해야 할 미래라고 한다면, 기본소득과 같은 우리의 응전은 4차 산업혁명을 기술 유토피아로 만들 수 있다.

인간의 삶에서 작업과 여가는 피할 수 없는 필연적인 두 범주였지만 그래도 과거에는 여가 쪽으로 비중이 실렸던 것으로 보인다. 침팬지는 식욕을 채우기 위하여 하루에 8시간 정도 먹이활동을 한다. 인간도 그러한 점은 마찬가지다. 적어도 도시혁명 이전까지는 그러했던 것 같다. 우리가 신석기혁명 이전으로 타임머신을 타고 돌아갈 수는 없지만 구석기 이래로 비슷한 생활방식을 유지해 온 사람들을 관찰함으로써 구석기 시대 사람들이 어떻게 살았을지 짐작할 수는 있다.

> "칼라하리 사막의 쿵 부시맨(Kung Bushmen)과 같은 집단을 연구한 결과에 따르면, 근대화가 그들의 활동 영역을 좁히고 그들의 생물학적 서식지를 파괴하기 전에는, 이들 사냥꾼-채취자들은 하루 3~4시간만 일해도 기초적 욕구에 필요한 물질을 구할 수 있었다. 소위 '석기 시대'에는 우리 시대보다 여가가 더 많았을 것이 분명하다."[40]

---

40 그라프, 왠, 네일러, 『어플루엔자』, 박웅희 역, 한숲, 2004, 213.

신석기혁명 이후에도 상황은 그렇게 나쁘지 않았던 것으로 보인다. 페루 아마존 강우림의 북부지역에 살며 약간의 농사를 짓는 수렵채취인들인 마치구엔가(Machiguenga)족과 같이 생활한 어느 문화인류학자는 이렇게 보고했다.

"마치구엔가족이 6~8시간 일하면 필요한 물자를 모두 충당할 수 있는 것만은 분명한 사실입니다. 그 덕에 시간이 많이 남지요. 마치구엔가족은 늘 시간이 많은 부족이라는 생각이 들었어요. 그들은 결코 서두르는 법이 없습니다."[41]

"마치구엔가족이 일을 할 때면 그들 곁에 있는 것만으로도 기분이 좋습니다. 그들은 차분하고, 육체적으로 고되지 않습니다. 그들은 바느질을 하거나 옷감을 짜거나 상자나 활과 화살을 만드는데, 우리가 취미나 공예를 즐기듯이 그런 일을 즐기는 것 같습니다. 시간압력이란 없지요."[42]

작업과 여가의 분리라는 문제는 도시혁명과 더불어 시작되었다고 본다. 고대문명이 생겨나고 지배계급과 피지배계급이 생겨나면서 지배계급은 여가를, 피지배계급은 작업을 주로 담당하게 되었다. 산업혁명의 진행과 더불어 노동자의 여가는 점점 늘어나는 듯이 보였지만, 앞에서 이미 지적하였듯이 그러한 여가는 작업에 종속되어 있었다.

7.2. 미래의 작업과 여가 – 한 가지 전망

오늘날 우리는 타인의 8시간과 자신의 8시간으로 분열되어 있다. 하

41 같은 책, 214.
42 같은 책.

지만 자신의 8시간조차도 타인의 8시간에 종속되어 그 본래의 모습을 상실하고 있다. 이것이 산업사회 속의 인간의 불가피한 질병이다.

기본소득을 주창하는 사람들은 이렇게 말한다. 이러한 질병이 없었던 때가 있었던가? 그렇다. “고대 아테네의 시민들은 이러한 구분에 관해 알지 못했다. 그들의 삶은 언제나 여가시간이었고, 그들이 소유한 노예의 삶은 언제나 노동시간이었다.”[43] 이러한 질병이 없어질 때가 있을까? 그럴 수 있다. 그들에 따르면 기본소득이 바로 이를 해소해 준다.

기본소득은 우리로 하여금 자신의 노동을 선택할 수 있도록 해 준다. 우리에게 기본소득이 있다면 우리는 서둘러 직업을 선택할 필요가 없다. 기본소득으로 최소한의 생계를 유지할 수 있다면 우리에게 적합한 노동의 기회가 오거나 그러한 기회를 스스로 만들 때까지 기다릴 것이다. 그렇게 되면 일과 생활, 노동과 삶은 하나가 될 것이다.

> “조건 없는 기본소득은 이렇게 억압을 위한 굴레로 악용되는 노동을 해방시킨다. 기본소득이 보장되면, 노동은 더 이상 억압이나 고통으로 나타나지 않는다. 기본소득이 보장되면, 내가 하고 싶은 바로 그 일이 나의 노동이 된다. 나아가 내가 나 자신을 발전시키고 싶어 하는 바로 그 분야가 나의 노동이 된다. 기본소득과 함께라면 노동은 내게 힘과 의미를 주는 것이 되며, 완전한 인간으로서 자신을 스스로 체험할 수 있게 해 주는 것이 된다.”[44]

우리도 아테네의 자유시민과 같이 살 수 있다. 우리에게도 노예가,

43 헤니, 코브체, 앞의 책, 42.
44 같은 책, 79.

즉 기계나 로봇이 있기 때문이다. 그래서 우리의 삶은 언제나 여가시간이고 기계나 로봇의 삶은 언제나 노동시간일 수 있다. 그렇게 살지 못한다고 하더라도 마치구엔가족처럼 취미나 공예를 즐기듯이 작업을 진행할 수 있다.

그럼에도 불구하고 우리가 아테네의 시민이나 마치구엔가족처럼 살지 못하는 이유는 무엇인가? 그것은 인간다운 생활을 유지하기에 충분한 소득이 없기 때문이다. 기계는 애초부터 인간의 직장을 뺏어갔다. 1811년에 시작된 기계파괴운동인 러다이트운동에서 우리는 일찍이 이것을 보았다. 그 운동은 실패했다. 4차 산업혁명에 대응하는 새로운 러다이트운동도 실패할 것이다. 지금 필요한 것은 러다이트운동이 아니라 기본소득 운동이다.

> "자동화가 축복이 될 수 있는 궁극적인 이유는 기계의 한 부속품으로 전락해 버린 인간이 이제 그런 무의미한 노동에서 벗어나서 의미 있는 노동을 할 수 있게 되었다는 점에 있다. 그러나 오늘날 많은 사람들은 컨베이어벨트 옆에 인간이 설 자리가 없어지고 있다고 탄식만 하고 있을 뿐이다. [⋯] 하지만 지금은 오히려 그동안 우리가 이룬 기술의 진보를 어떻게 복지로 연결할 수 있을지를 고민해야 할 때다."[45]

기본소득은 개인의 작업과 노동을 일치시켜 신석기나 구석기 시대의 인간의 만족스러운 삶에로 회복시켜 줄 뿐만 아니라 산업사회의 생산성 향상에도 또한 기여한다. 우선, 자기가 하고 싶은 일을 하는 사람

45 같은 책, 41.

은 자신이 하는 일에 정성을 다하고 책임감을 가질 것이기 때문이다.

"하기 싫은 일을 해야 하는 사람은 하고 싶은 일을 하는 사람보다 책임감도 떨어진다. 자신의 의지로 어떤 행위를 한 사람과는 달리, 하기 싫은데도 어쩔 수 없이 그렇게 할 수밖에 없는 사람은 그 행위에 대해 책임감을 지니기 어렵다. 자유로운 의지가 책임감을 만든다. 자유롭지 않은 상황에서 어쩔 수 없이 어떤 일을 한 사람은 그 일에 대한 책임을 다른 누군가에게 떠넘기게 마련이다."[46]

둘째, 사람들은 실패를 두려워하지 않음으로써 창의적인 성과를 달성할 것이기 때문이다. 사람들을 실패로부터 배우라고 말한다. 하지만 그 말이 타당하기 위해서는 실패를 무릅쓰고 다시 시도할 수 있어야만 한다. 기본소득이 사회전체에 가져오는 효율성은 여기에도 있다.

"기본소득이 보장되면 우리는 잠시 넘어질 수는 있을지언정 결코 절망의 나락으로 빠져들지는 않게 된다. 기본소득은 안전밧줄과 같은 것이다. 만약 안전밧줄이 없다면 우리는 많은 봉우리들을 오를 엄두조차 낼 수 없었을 것이다."[47]

"실패는 혁신을 위한 중요한 전제조건이다. 실패를 두려워하는 사람은 창조도 혁신도 이루어 낼 수 없다."[48]

"실패에 너그러운 사회는 실패에 가혹한 사회보다 더 유연하고 더 많은 성과

---

46 같은 책, 142-143.
47 같은 책, 203-204.
48 같은 책, 203.

를 거둔다."[49]

물론 기본소득이 4차 산업혁명에 대응할 유일한 방안도 아니며, 기본소득이 반드시 작업과 여가의 일치를 보장하는 것도 아니다.[50] 기본소득은 4차 산업혁명에 대응하여 우리가 고려할 수 있는 한 가지 대안이며, 그러한 대안적 가능성으로서 작업과 여가의 일치를 기대해 보는 것이다. 제도나 방안은 여러 가지일 수 있겠으나, 인간이 인간성을 보존하고 발전시킬 수 있는 노력을 다해야 한다는 것은 분명하다.

8 미래를 위한 노력

8.1. 적응과 대응

진화론적으로 보면 4차 산업혁명에 인간은 어떤 방식으로든 적응할 것이다. 하지만 인간에게는 단순한 적응만이 가능한 것이 아니라 창조적 대응도 가능하다. 독일의 인간학자인 란트만(Michael Landman)은, 토인비(Arnold Toynbee)를 인용하면서, 예전에 녹지대였던 사하라 지역이 건조해지자 거기 살던 주민들이 대응한 방식을 세 가지로 분류하며 창조적 대응의 중요성을 지적하였다.

그들 중 한 무리는 예전과 같은 녹지대를 찾아 이주하였고, 다른 한

---

49 같은 책, 204.

50 리프킨은 석탄, 석유와 같은 특정 지역에 집중된 화석 연료에 이어지는 지역적으로 분산될 수 있는 수소 연료, 주당 35시간의 노동시간을 통한 일자리 나누기와 이를 위한 정부의 지원정책, 그리고 공동체적 유대와 사회적 질서를 창출할, 그가 제3의 부문이라고 부르는 시민사회와 이에 따르는 유사통화를 지적하고 있다. 참조: 리프킨, 앞의 책, 20-45.

무리는 새로이 등장한 사막지형에 적응하였으나, "제3의 그룹은 토지를 비옥하게 하기 위해서 나일강의 펄과 물을 이용할 것을 생각해 냈다. 이들이 바로 오늘날 이집트인의 선조들이다."[51] 란트만은 첫째, 둘째 집단은 적응한 것에 불과하지만, 셋째 집단은 창조적으로 대응한 것이라고 지적하였다.

앞에서 논의한 것이 4차 산업혁명에 대한 유일한 대응일 수는 없지만, 만약 이러한 방향으로 대응해 나가고자 한다면 우리에게 필요한 것은 무엇일까? 비록 작업과 여가가 분리되기는 하였지만 중산층을 산출함으로써 근대적 삶의 양식을 형성한 것은 개인주의 철학이었다. 그렇다면 이제 작업과 여가를 일치시키고 사회의 모든 구성원이 자신의 자아를 실현하는 탈근대적인 삶의 양식을 형성하는 일도 개인주의 철학으로 가능할 것인가?

이러한 질문에 대하여 하나의 대답을 제공하고 있는 이가 가톨릭 신부이자 북경원인의 발굴에 크게 기여했던 생물학자 떼이야르 드 샤르댕(Pierre Teilhard de Chardin)이다.[52] 떼이야르는 인간의 진화를 추적하여 인간은 반성능력을 갖추었기 때문에 다른 생물종에서는 종단위로 이루어진 단위화가 인간에서는 개체단위로 이루어지게 되었다고 설명하였다.

"세대의 고리 속에서 볼 때, 개체 하나는 중요하지 않았고 살 권리가 없었다. 개체는 자기 위로 지나가는 어떤 흐름을 받쳐 주는 지점에 불과했다. [⋯] 그

51 란트만, 『철학적 인간학』, 진교훈 역, 경문사, 1977, 184.

52 떼이야르 드 샤르댕의 사상에 대해서는 다음을 참고하라. 김성동, 『테야르 드 샤르댕』, 컴북스, 2017.

런데 반성의 출현과 함께 모든 게 변했다. 집단 변이의 현실 속에서 개인화(Individualization)를 향한 행진이 비밀스럽게 시작되었다. […] 전체에서 보면 세포에 불과한 개체가 '뭔가'가 되었다. 단위 물질 후에 단위 생명이 생기고 이제 '단위' 생각이 이룩된 것이다."[53]

하지만 그는 이렇게 개인화된 인간들에게 새로운 국면이 전개되고 있다고 또한 지적하였다.

"한 세기 전부터 전 세계에 걸쳐 그 망을 펼쳐 가고 있는 경제적, 기술적, 사회적 힘들의 작용방식을 조금이라도 분석해 본 사람이라면, 점점 우리를 가깝게 만들어 주는 에너지들을 우리가 피할 길이 전혀 없다는 사실을 결국 확실히 보지 않을 수 없게 될 것이다."[54]

하지만 떼이야르는 이러한 개인화된 인간의 새로운 일체화가 과거와 같은 방식의 일체화가 될 수는 없다고 또한 지적하고 있다. 그는 그것을 차별적 일체화(Differentiated Unification)라고 불렀는데, 이는 뒤섞이지 않으면서 합류하는 일체화다. 개체의 고유성을 유지하면서도 하나가 되는 이러한 일이 과연 가능할까?

하지만 이는 어떤 의미에서는 지극히 일상적인 현상이다. 우리가 누구를 사랑한다고 할 때, 우리가 하는 행위가 바로 이런 것이기 때문이다. "사랑하는 두 사람이 서로 자신을 상대에게 내주지 않고 어떻게 상대를 완벽하게 가질 수 있겠는가? 남과 하나가 되면서 '내가 된다'는

---

53 떼이야르, 『인간현상』, 양명수 역, 한길사, 1997, 167-168.

54 떼이야르, 『자연 안에서 인간의 위치』, 이병호 역, 분도출판사, 2006, 174.

모순된 행위를 실현하는 것은 사랑이 아닐까?”[55]

“얼의 농축으로 이루어지는 세상의 마지막 상태는 통일성과 복합성이 같이 있는 조직이 될 것이다. 그러므로 세상 끝을 개체가 완전히 사라지고 생기는 하나의 큰 중심으로 보는 것은 잘못이다. 결국 오메가는 ‘여러 중심들이 이룬 유기체 한가운데서 빛나는 중심’이다. 매우 자율적인 ‘하나’ 아래에서 ‘전체’의 하나됨과 각 개체의 개체화가 서로 섞이지 않고 동시에 최고에 달한다.”[56]

떼이야르에 따르면 우주는 빅뱅에서부터 복잡성을 더해 가면서 진화하여 드디어 자신의 진화를 자의식하는 인간의 수준에 이르렀다. 이제 오메가 포인트를 향한 더 이상의 진화는 인간이 이를 실감하고 자유롭게 선택하는 데에 달려 있다. 이제 인간의 성공과 실패, 우주의 성공과 실패는 인간에게 달려 있다. 인간은 4차 산업혁명을 통하여 오메가 포인트에 접근할 것인가?

8.2. 접합 진보주의

4차 산업혁명이 개인주의 철학에 의하여 수행된다면, 대기업 정규직 노동자들은 자신들의 일자리를 다른 사람들과 나누려고 하지 않을 것이며, 일자리를 대체한 로봇의 임금은 실직한 노동자에게 주어지는 것이 아니라 로봇의 소유자에게 주어질 것이다. 중소기업 비정규직 노동자들에게 또는 실직한 노동자들에게 기본소득을 제공하기 위하여 부동산세나 자동화세를 거둔다고 하더라도, 이러한 세금제도의 성공

55 떼이야르, 『인간현상』, 246.
56 같은 책, 244.

이나, 이에 기반하는 기본소득제도의 성공은, 그리고 이를 통한 작업과 여가의 일치는, 부동산 소유자나 로봇 소유주의 협력 없이는 성공할 수 없을 것이다.

대기업 정규직 노동자나, 부동산 소유자나, 로봇 소유주들이 이러한 4차 산업혁명에 대한 대응에 협력하거나 협력을 거부한다면 그 이유는 무엇일까? 그들이 협력을 거부한다면, 그것은 떼이야르의 표현에 따르자면, 그들이 접합 이기주의자(Joint Egoist)들이기 때문이다.

> "그들 사이에 위대한 사랑이 가능한 두 존재가 다른 존재들의 무리 속에서 어떻게 하여 만나게 될 때, 그들은 즉각 자신들을 그들의 상호 이익이라는 질투심이 강한 상태 안에 가두는 경향이 있다. 그들을 삼켜 버린 [사랑의] 실현으로 재촉을 받아, 그들은 본능적으로 다른 사람들을 배제해 버리고, 자신들을 서로 안에 가두려고 시도한다."[57]

그는 이러한 형태로서는 인류의 진화가 완성될 수 없기 때문에, 이 글의 맥락에서는 4차 산업혁명에 대한 인간의 대응이 성공적일 수 없기 때문에, 인류진화의 한 단계로 인류가 접합 진보주의자(Joint progressive)가 되어야 한다고 주장한다. 그는 인간이 자의식을 가지고 생물종에서 개인주의자로 거듭났던 것처럼, 자의식을 가지고 개인주의자에서 공동체주의자로 거듭날 수 있다고 주장한다.

> "심연의 변두리에 서지 않고는 산을 오를 수 없다. 이러한 모험은 재앙이 아

57 Teilhard de Chardin, *Human Energy*, tr. J. M. Cohen, New York, Harcourt Brace Jovanovich, 1971, 75.

니며, 우리는 추락을 피할 수 있다. '유기적 기계'(Organic machine)가 인간의 신체에 처음으로 [초-생명적인] 사유를 방출했다. 왜 산업 기계(Industrial Machine)가 둘째로 인류에게 [초-인간적인] 사유를 방출해서는 아니 되는가?"[58]

4차 산업혁명이 인간존재에게 위기가 아니라 기회가 되기 위해서는, 기술발전을 친인간적으로 정향시키는 것도 중요하지만, 그러한 기술발전의 성과를 사회의 구성원들이 평화롭게 나누는 것도 또한 중요하다.

기술의 특성상 전자는 어쩌면 불가능할 수도 있지만, 후자는 인간이 이를 하고자 결심만 하면 훨씬 가능한 일일 수 있다. 떼이야르의 용어를 빌려, 초인간적인 사유, 초개인적인 사유라고 부를 수 있는 이러한 신사유가, 이집트 사람들이 문명을 건설하기 위하여 사용한 펄과 물처럼, 4차 산업혁명에 대응하기 위하여 우리가 사용할 '펄과 물'이다.

떼이야르는 모든 인간 존재에 대한 인간의 이러한 사랑을 인류감이라고 표현하였는데, 물론 그에게 이는 이보다 더 높은 경지의 사랑인 우주감으로 진화하는 중간단계로 평가된다. 그의 관점에서 보면 인류가 4차 산업혁명을 추가적인 진화의 기회로 삼기 위해서는 인류감이라는 사랑의 능력을 계발해야만 한다. 왜냐하면 인간에 대한 이러한 사랑 없이 인간은 4차 산업혁명을 기회가 아니라 위기로 경험할 수밖에 없을 것이기 때문이다.

---

58 Ibid., 81.

참고 문헌

CHARDIN, Pierre Teilhard de, *La Place de l'Homme dans la Nature*, Paris, Seuil, 1963 [샤르댕, 떼이야르 드, 『자연 안에서 인간의 위치』, 이병호 역, 분도출판사, 2006].

________, *L'Energie Humaine*, Paris, Seuil, 1962 [Teilhard, *Human Energy*, tr. COHEN, J. M., New York, Harcourt Brace Jovanovich, 1971].

________, *Le Phénomène Humain*, Paris, Seuil, 1955 [샤르댕, 떼이야르 드, 『인간현상』, 양명수 역, 한길사, 1997].

GRAAF, John de / WANN, David / NYLOR, Thomas H., *Affluenza: The All Consuming Epidemic*, Oakland, Berrett-Koehler Publishers, 2002 [그라프, 왠, 네일러, 『어플루엔자』, 박웅희 역, 한숲, 2004].

HAENI, Daniel / KOVCE, Philip, *Was Fehlt, Wenn Alles Da Ist?: Warum das Bedingungslose Grundinkommen die Richtigen Fragen Stellt*, Zürich, Orell Füssli Verlag, 2015 [헤니, 코브체, 『기본소득: 자유와 정의가 만나다』, 원성철 역, 오롯, 2016].

LAMBERT, Craig, *Shadow Work: The Unpaid, Unseen Jobs That Fill Your Day*, Berkeley, Counterpoint, 2015 [램버트, 『그림자 노동의 역습』, 이현주 역, 민음사, 2016].

LANDMANN, Michael, *Philosphishe Anthropologie*, Berlin, Walter de Gruyter, 1969 [란트만, 『철학적 인간학』, 진교훈 역, 경문사, 1977].

MARX, Karl, *Oekonomisch Philosophische Manuskripte* [마르크스, 『경제학-철학 수고』, 김태경 역, 이론과실천, 1987].

RIFKIN, Jeremy, *The End of Work: The Decline of the Global Labor Force and the Dawn of the Post-Market Era*, New York, Tarcher, 1996 [리프킨, 『노동의 종말』, 이용호 역, 민음사, 2005].

SLATER, Don, *Consumer culture and modernity*, Cambridge, Polity, 1997 [돈 슬레이터, 『소비문화와 현대성』, 정숙경 역, 문예출판사, 2000].

김만권, 『호모 저스티스』, 여문책, 2016.

김성동, 『기술철학』, 철학과현실사, 2006.

______, 『테야르 드 샤르댕』, 컴북스, 2017.

______, 『현대사회와 인문학』, 연암서가, 2017.

선대인, 『프리라이더』, 더팩트, 2010.

전병유, 신진욱, 『다중격차』, 페이퍼로드, 2016.

05

4차 산업혁명과 인간의 운명

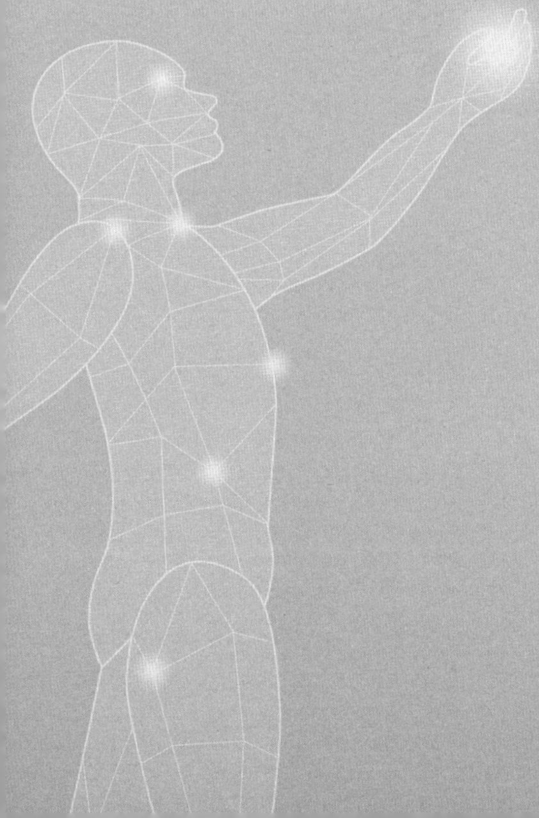

이종관

이종관

성균관대학교 철학과 교수 겸 '미래인문학' 연계전공 교수, 현 성균관대 인문아카데미 좌장 및 하이브리드 미래문화연구소 소장

1 인공지능, 4차 산업혁명, 그리고 철학

인공지능의 급격한 발전은 철학에도 엄청난 파장을 일으키고 있다. 그러나 인공지능에 대한 철학의 관심은 최근 일이 아니다. 이미 인공지능, 아니 컴퓨터의 출현 초창기인 20세기 중반부터 인공지능의 지능성 나아가 인간 지능과의 차이에 대한 논의는 시작되었다.

그러나 4차 산업혁명이란 거대한 역사적 변곡 지점에서 인공지능의 문제를 철학적으로 성찰하기 위해서는 바로 인공지능의 지능성을 둘러싼 심리철학적 논쟁의 수준을 과감히 뛰어넘어야 문제가 제대로 다루어질 수 있다. 우리는 인공지능에 관한 문제를 이렇게 제기해야 한다. "대체 왜 인공지능의 개발이 대체 왜 이토록 엄청나게 중요한 이슈가 되었는가. 정말 인공지능은 필요한 것일까. 특히 인간에게 없어서는 안 될 필수적인 것일까. 역사는 왜 인공지능을 4차 산업혁명의 견인 기술로 출현시키려 하는 것일까?"

이 문제에 다가서기 위해서 우리가 도움을 청할 수 있는 첫 번째 길잡이는 최근 주목받고 있는 과학기술 철학자 브뤼노 라투르(Bruno Latour)다. 그는 과학기술적 탐구 현실과 괴리시키는 기존의 과학철학의 논리적 인식론적 허구성을 질타하였다. 그리고 장기간 실험실에 체류하며 구체적인 인류학적 연구를 통하여 과학적 지식의 생산과정을 세밀하게 탐구하였다. 그 결과 과학이 가치중립성을 견지하여 어떤 가치에도 경도되지 않은 객관적 사실을 발견한다는 것은 거짓임이 폭로된다. 오히려 과학적 지식은 실험실에 동원되는 연구자, 실험도구, 실험재료, 기입장치, 확산 유포기제들의 연결을 통해 '제조'되는 생산품이다.[1] 그러나 라투르에 동의하면서도, 오늘날 이렇게 제조되는 과학기술 지식은 단순한 생산품으로만 볼 수 없는 부분이 있다. 그것은 시장에서 소비되는 생산품의 결정적인 부가가치로서 생산되는 것이기도 하다. 때문에 과학적 탐구는 사실상 시장으로부터 막대한 연구비 지원을 얻을 수 있는 연구 영역을 우선 설정하는 것에서부터 상품으로서 최종 소비되는 단계에 이르기까지 지속적으로 자본 축적기제와 유착되어 있음을 고발하지 않을 수 없다. 솔직히 시장의 지배력이 엄청나게 강화된 오늘날 과학기술은 시장이 야기하는 사회적, 문화적 역기능에 오히려 능동적으로 악용당하는 취약성을 노출하고 있다. 이러한 맥락에서 우리가 첨단과학기술이 이끌어 가는 4차 산업혁명의 내면을 철저히 고찰하기 위해 라투르보다도 더 진지하게 경청해야 하는 길잡이는 철학자가 아니다. 그것은 바로 과학기술의 현장에서 그 기술 개발에 직접 참여하며 그 경로를 따라가던 한 인간공학자의 발언이다.

---

1 참조: 아네르스 블록, 토르벤 엘고르 옌센, 『처음 읽는 브뤼노 라투르』 [Anders Block, Torben E. Jensen, *Bruno Latour: Hybrid Thoughts in a Hybrid World*, New York, Routledge, 2011], 황장진 역, 사월의책, 2017, 71-91.

오랜 동안 기술개발에 일생을 바친 데이비드 마이스터(David H. Maister)는 다음과 같이 고백한다. "기술발전의 경로는 자본과 유착되어 있을 뿐, 인간은 안중에도 없다."[2] 그렇다. 인공지능이 4차 산업 견인차로 온 세계의 주목을 집중시키는 이유는 그것이 바로 자본 축적을 기하급수적으로 증폭시킬 것이라는 기대 때문이다.

따라서 인공지능이 과연 인간의 존재에 어떤 의미를 지니는지를 밝혀내기 위해서는 철학은 21세기 역사의 실질적인 메타영역인 경제영역을 철학적으로 수색해야 한다. 특히 그 역사의 현장을 미래로 이끌어 간다고 하는 4차 산업혁명을 포괄적으로 통찰해 보아야 한다. 현재 발발하고 있는 4차 산업혁명은 어떤 역사의 경로에서 어떤 문제를 해결하기 위해 역사의 현재를 전복하며 미래로 향하려 하는지를 분명하게 꿰뚫어 보고 또 그것이 우리가 서 있는 현실의 문제를 해결하는 미래로 향하는 길인지를 판단할 수 있어야 한다.

대체 4차 산업혁명을 촉발시킨 현재는 과거의 어떤 문제를 해결하려한 결과였고 그 결과는 또 어떤 현재 문제를 야기하고 있는가.

물론 이 문제에 대한 답은 쉽게 주어지지 않는다. 그러나 현재 거론되고 있는 혁명이 4차라고 호명된다면, 그것은 3차 산업혁명과 깊은 연관이 있음에 틀림없다. 그리고 이 연관성은 일반적으로 다음과 같이 묘사된다.

20세기 후반 출현한 디지털기술은 경제를 디지털 경제로 혁신하는 3차 산업혁명을 촉발한다. 이 3차 산업혁명의 진행과정은 다시 산업기술과 경제 영역의 혁신 속도와 강도를 증가시키며 최근 새로운 변곡점

---

2 니콜라스 카, 『유리감옥』, 이진원 역, 한국경제신문사, 2014, 216.

에 도달하였다. 디지털정보화로 일어난 3차 산업혁명은 이제 이 변곡점을 통과하면서 4차 산업혁명으로 비약하고 있는 것이다. 20세기 후반부터 시작된 존재의 총체적 디지털화가 초기 현실의 가상화(Virtualization of Reality) 단계를 지나 가상의 현실화(Realization of Virtuality)의 과정에 접어들면서, 산업 전반의 급격한 변화와 그에 기반한 경제의 전면적 변화가 역사적 사건으로 일어나고 있다.

그러나 이러한 일반적 설명은 사회문화 전반을 포괄하는 역사의 변혁을 오로지 기술에 의존하여 설명함으로써 오히려 그 기술이 어떤 사회문화적 문제에 대한 해결책으로 개발되었고 또 그렇게 개발된 기술이 어떤 사회문화적 변화를 초래하는지 은폐한다. 따라서 4차 산업혁명을 이해하기 위해서는, 3차 산업혁명을 일으킨 디지털기술 출현 배경을 보다 심층적으로 밝혀내는 작업이 필요하다. 이러한 작업은 다행스럽게도 이미 장 보드리야르(Jean Baudrillard)가 수행한 바 있다.

2 디지털 트랜스포메이션의 심층: 욕망의 기호학적 구조와 소비 자본주의 축적체제

장 보드리야르는 디지털기술을 출현시킨 심층적 동인을 정치경제 문화를 포괄하는 시선으로 추적하였다. 총수요 부족으로 대공황이라는 파탄에 빠졌던 20세기 초 자본축적체제는 인간 욕망의 기호학적 구조에서 욕망이 욕망을 욕망하는 차이의 무한팽창운동을 발견했다. 이 욕망을 기호의 소비로 유혹하면 시장은 포화될 수 없는 무한 수요가 창출될 것이다. 이제 상품은 상품의 사용가치(use-value)보다는 그것의 기호가치(sign-value)를 중심으로 생산되고 소비된다. 보드리야르가 주목하는 사실은 오늘날 상품을 그 실질적 기능과 유용성에서만 소비자의 욕망을 충족시키는 것이 아니라는 점이다. 그리고 이렇게 기호가치가 상품의 중심을 차지함으로써 새로운 기술적 수단이 절실하게 요구된다는 점이다. 바로 상품의 의미 및 그와 관련된 정보를 생산해 내고 유통시키는 기술이다. 따라서 상품의 상징 내지 이미지 가치의 창출과 그와 관련된 정보 순환을 신속하게 처리할 수 있는 과학기술, 즉 각종 영상매체, 미디어, 컴퓨터, 정보과학기술이 엄청난 투자를 흡입유인하며 현실의 중심부를 지배하게 되었으며, 그 기술을 개발하는 것이야말로 마치 역사적 사명처럼 회자되기에 이른 것이다.

이러한 요구에 대한 전면적 지원의 결과로 이룩된 과학적 결실이 바로 디지털기술이다. 디지털정보는 재현 대상과 어떠한 물질적 속성도 공유하지 않는 2진 부호로 약호화되어 컴퓨터의 연산과정을 통해 처리되기 때문에, 정보를 제한 없이 연쇄 결합시켜 기호와 이미지의 무한한 조작을 가능하게 한다. 이러한 디지털기술의 전 지구적 확산은 이제 모든 대상의 기호화와 전면적인 소통을 촉진하고, 결국 이 기호의 교환에 의해 애무되고 유혹되지 않는 것은 어디에도 존재할 수 없게 한다.

3 3차 산업혁명의 좌절: 디지털 자본축적 체제의 위기 – 위험 기반 경제의 폭발

디지털기술은 마치 하늘에서 떨어지듯 독자적으로 출현하고 이를 기반으로 3차 산업혁명이라는 격변이 일어난 것이 아니다. 3차 산업혁명은 위기에 처한 초기 자본주의의 축적체제가 욕망의 무한 팽창 속성을 최적으로 활용하는 기호의 정치경제학으로 탈바꿈하고 이를 구현하는 디지털기술을 개발함으로써 새롭게 가동되는 과정이라 할 수 있다. 그러나 이 디지털기술을 생산수단으로 공황의 위기를 돌파하고 3차 산업혁명을 이루어 낸 자본축적 체제는 2008년 금융위기로 엄청난 난관에 봉착한다. 그 이유는 무엇일까?

20세기 후반, 기호가치를 핵심으로 하는 소비 자본주의 경제는 제품을 소유함으로써 자신을 어떤 기호를 통해 과시하는 욕망을 충족시키는 각 개인들의 소비행위를 진작한다. 그런데 이 소비행위는 욕망의 기호학적 구조를 유혹하는 생산자의 기호(sign) 생산과 마케팅에 소비자가 매료되어 자신의 실제 수입 이상을 기호 소비에 습관적으로 지출하는 과잉소비로 실행된다. 따라서 이 소비는 결국 소비자들로 하여금 가상의 신용, 즉 현재 지불능력이 없을지라도 미래에는 지불능력을 가질 것이라는 가정 하에서 부채를 생산하게 하는 활동이다. 그리고 이렇게 부채를 생산하는 활동이 경제성장을 주도하는 자본주의 축적체제의 실질적 동력이기 때문에 경제성장은 곧 부채의 급증을 동반한다. 그러나 부채의 급증을 통한 자본축적이라는 이 모순적 경제성장은 영원히 지속될 수 없었고 결국 2008년 급격한 신용 경색으로 발병하여 파산의 위기로 치닫는다. 그런데 이러한 위기가 감당할 수 없는 속도와 규모로 폭발하게 된 원인은 바로 인간 욕망의 무한팽창 속성을 끊임없이 자극하기 위해 기호의 정치경제학이 개발한 디지털기술과 그 디지털기술에 의해 형성된 디지털 공간의 공간적 특성에 있다.

4 위기의 탈출: 4차 산업혁명과 포스트휴먼의 출현

이제 자본주의의 축적체제는 이 파국을 돌파할 새로운 해결책을 모색해야 했다. 2008년 위기 이후 세계는 위기를 타개하기 위한 여러 가지 시도를 하였다. 그렇게 시간은 8년이 흘렀고 모두 경제난으로 고통을 받았지만 그 와중에도 견실한 경제 번영을 구가하는 국가가 있었다. 그 국가는 바로 독일이다. 더군다나 독일은 자신들의 경제를 지속적으로 발전시키기 위해 인더스트리(Industry) 4.0이란 미래 경제 프로젝트를 진행 중이었다. 바로 이러한 독일을 주목하며 거기서 자본주의 축적체제를 새롭게 작동시킬 수 있는 부분을 편취해 낸 결과가 바로 세계경제포럼이 선언한 4차 산업혁명이다. 이들은 이미 독일이 인더스트리 4.0을 4차 산업혁명으로 확장하는 과정을 따라가며 또 그 내용을 좀 더 시장 호소력을 가질 수 있는 방식으로 각색하여 지금 우리가 추종하고 있는 4차 산업혁명의 수행 전략을 공개한 것이다. 그에 따르면 4차 산업혁명의 핵심 기술은 인공지능, 빅데이터처리 기술, 3D 프린터, 그리고 무인 자동 물류 운송시스템 등으로 구성되는 사이버피지컬 시스템이다. 그리고 이제 국가는 이러한 기술의 급속한 발전과 산업적 활용을 통한 시장 자본의 급속한 축적을 위해, 사회가 이러한 기술발전을 전폭 지원하는 생태계가 될 수 있도록 민첩한 통치를 통해 사회구조를 혁신해야 한다.

이렇게 4차 산업혁명이 향해가는 미래에서는 이 기계들이 지능화되고 또 서로 정보를 주고받으며 스스로 자신을 작동시키는 소프트웨어를 업그레이드하면서 진화한다. 그리고 기계를 지능화하는 데 필수적인 컴퓨터와 인공지능의 생산비용이 빠른 속도로 저렴해지고 있다.

따라서 기업은 고비용화하는 인간의 노동력을 지능화된 기계로 대체하는 과정을 본격화하고 있다. 이는 인건비의 급속한 절감을 통한 기업 이익의 급증으로 이어질 것이다. 지능화된 기계의 전면적인 급속한 도입은 생산부문에만 머무르지 않는다. 경영관리에서도 딥러닝(Deep learning) 그리고 딥디시전(Deep decision)의 방식으로 지능화된 인공지능의 도입이 급속히 일어날 것이다. 경영관리자의 다양한 의견과 결정은 이제 디지털 네트워크를 타고 광속으로 순환하게 될 것이다. 딥러닝프로그램은 이러한 의견의 다양성과 또 엄청나게 축적된 경영관련 빅데이터를 매우 빠른 속도로 처리함으로써 미래 상황을 정확하게 예측하여 최적의 결정을 내릴 수 있다. 이렇게 경제 전반이 이제 컴퓨터에 의해 지능화되면, 디지털기술의 발전 속도인 거듭제곱의 발전 속도가 경제 전반에서도 나타나 경제적 풍요를 이룰 수 있을 것이다

그런데 경제적 풍요라는 기대를 부풀게 하는 4차 산업혁명이 좌절 없이 계속된다면, 인간의 시대를 넘어서는 새로운 역사의 장, 즉 포스트휴먼의 시대가 열릴 것이라고 한다. 포스트휴먼은 소위 트랜스휴머니스트라고 불리는 미래주의자들이 미래에 출현할 역사의 주인공으로 예견하는 존재자다. 여러 가지 첨단 기술이 미래의 어느 때(아마도 2050년쯤) 성공적으로 융합해 급격한 기술 발전의 상승이 일어나는 소위 특이점(Singularity)에 도달하면, 이런 융합기술로 개조돼 탄생할 인간 이후의 존재자가 포스트휴먼의 정체다. 그리고 첨단기술로 완전히 증강된 성능의 인간 이후 존재자가 출현하면 인간의 생물학적 몸은 도태된다. 그러나 이러한 생물학적인 인간 몸의 도태는 불행한 사건이 아니다. 인간은 이제 과학기술을 통해 그동안 그를 괴롭히던 질병, 나아가 죽음으로부터 해방될 수 있기 때문이다.

5 포스트휴먼의 출현과 사람 없는 4차 산업혁명

만일 과학기술의 발전이 트랜스휴머니즘이 예고하는 방향으로 진행되고 그 방향을 향해 4차 산업혁명이 추진된다면, 이상하게도 그 혁명이 도달한 미래는 인간을 무기력한 위치로 배치할지도 모른다. 이 불길한 조짐은 만물인터넷이 결국 범용인공지능과 갖게 될 관계에서다.

만물인터넷은 인간, 기계, 사물 등 모든 것이 인터넷으로 연결되고 이 모든 것으로부터 무한량의 데이터가 광속으로 생산 순환되며, 이 빅데이터에 사실상 진리가 숨어 있다고 한다. 따라서 이 진리를 정확하게 인지하여 가공하는 작업이 무엇보다도 중요하다. 하지만 불행하게도 인간의 능력은 이를 감당하지 못한다. 무한 규모로 집적되는 빅데이터에 숨어 있는 진리는 알파고와 같은 인공지능을 통해서만 파악될 수 있다. 이제 인간은 그 진리를 인식하여 무엇을 어떻게 생산하여 소비로 유혹할지를 결정하는 주체가 아니다. 인공지능이 진리 인식의 주체가 되어 생산 방식과 소비 양식을 결정하고, 생산 작업 자체가 다시 사이버 물리시스템으로 대체된다. 생산설비의 운영과 심지어는 서비스까지 인공지능을 탑재한 로봇이 담당하게 될 것이다. 결국 4차 산업혁명을 실질적으로 지휘하는 두뇌는 알파고에서 그 출현이 예고된 인공지능이 될 전망이다. 반면 인간은 그 인공지능이 지시하는 바에 따라 행위하는 아바타로 전락할지도 모른다. 이는 과장이 아니다. 알파고와 이세돌의 바둑대결은 4차 산업혁명에서 인간이 처하게 될 미래의 상황을 이미 적나라하게 폭로하고 있다. 이 대결에서 인간의 미래 모습을 보여 주는 것은 알파고도 이세돌도 아니다. 그것은 바로 알파고의 지시에 따라 바둑돌을 놓던 아자황이다. 아자황은 이번 대결에서 인간으로서는 완전히 죽어 버렸다. 그는 그의 두뇌를 사용하는 것을 금지당한 채 오로지 알파고의 아바타로만 존재하였다.

6 4차 산업혁명의 한국적 상황

이제 그 4차 산업혁명이 선언된 지도 2년이 지났다. 그리고 그 2년 동안 우리나라에서는 유례없는 정치적 격변이 일어났으며, 그 여진은 정파 간의 치열한 갈등으로 계속되고 있다.

그러나 그 와중에도 4차 산업혁명은 미래를 향한 역사발전의 필연적 과정으로 공인되는 듯 정파를 초월한 공동의 이념으로 수용되고 있다. 물론 다른 편에서는 4차 산업혁명이란 용어의 진실성에 대한 의문도 제기되고 있다. 의문의 핵심은 진정 4차 산업혁명이 일어나고 있는 것인지에 있다. 하지만 혁명은 객관적으로 일어나는 자연현상이 아니다. 혁명은 일으키는 것이다. 때문에 과연 4차 산업혁명이 일어나고 있는지 아닌지를 갖고 논쟁하는 것은 소모적일 뿐이다. 혁명을 일으켜야 하는 이유에 동의하며 혁명에 동참하는 자들이 다수를 형성하면 혁명은 실제로 일어나는 것이다. 그러나 혁명이 그 시대를 살며 미래를 향해 가는 사람을 희생하고 고통을 안겨 준다면, 그것은 혁명이 아니라 폭거일 뿐이다. 따라서 어떤 혁명이건 혁명이 가져야 할 이러한 역사적 역할을 배신하지 않는 진정한 혁명이 되려 한다면, 그 혁명은 늘 사람을 중심으로 놓고 수행되어야 한다.

4차 산업혁명도 마찬가지다. 4차 산업혁명이 그 혁명을 사는 사람들을 배려하지 않는 혁명이라면, 그 혁명의 시대를 사는 사람들에게는 폭력일 수밖에 없다. 더군다나 범용인공지능을 메타기술로 하는 4차 산업혁명의 현재 기조는 아자황의 경우에서 암시되는 바와 같이 인간이 서로를 필요로 하지 않는 인간 없는 미래로 향할 리스크가 있다. 이러한 의미에서 이번 정부가 4차 산업혁명을 "사람중심 4차 산업혁명"으로 선언한 것은 일단 환영할 만하다.

7 사람에 대한 성찰 없는 사람중심 4차 산업혁명

하지만 유감스럽게도 사람이 중심이 되는 4차 산업혁명에서 가장 중요한 문제, 즉 사람이 과연 어떤 존재인지에 대한 논의가 완전히 실종되어 있다.

만일 사람중심 4차 산업혁명이 사람을 현대 물리적 학문에 의존하면서 사람을 물체와 동일하게 간주하는 물리적 관점에서 사람중심 4차 산업혁명을 기획한다면 어떻게 될까. 아마도 그 혁명은 사람을 물체처럼 취급하는 혁명이 될 것이다. 혹은 사람을 기계와 같은 것으로 보는 공학적 관점에서 4차 산업혁명을 기획한다면 어떻게 될까. 그러한 혁명은 사람을 기계화하며 사람이 사는 세계를 공장화하는 혁명이 될 것이다. 또 사람을 동물과 같은 것으로 보는 진화론적 입장에서 4차 산업혁명을 추진하면, 그 4차 산업혁명은 사람들이 사는 세계를 충동의 굴레 속에서 오직 생존하기 위해서만 존재하는 고등동물의 생태계로 만들 것이다. 그래서 우리는 바로 우리 자신인 사람을 되돌아보며 다시 절실하게 물어야 한다. 대체 사람은 어떤 존재인가.

불행하게도 사람이 어떤 존재인지 우리가 사람이면서도 아직 잘 모른다. 그래서 우리는 우리 자신을 물체로, 기계로 혹은 동물과 같은 것으로 보기도 한다.

8 진정한 인간: 미래의 포스트휴먼?

그래서 다시 본격적으로 우리 자신에 대한 물음이 필요하다. 인간 그는 누구인가. 하지만 오늘날 인간이 누구인가에 대한 답변의 주도권은 첨단과학기술을 정당화의 근거로 삼고 있는 트랜스휴머니즘(Trans-humanism)이 장악하고 있다.

트랜스휴머니즘에 따르면 인간은 지능적 생명체라는 데 그 본질이 있다고 한다. 하지만 이러한 인간의 본질을 완벽하게 실현하기 위해서는 역설적으로 그 본질을 아직 완벽하게 구현하지 못한 현생 인류의 같은 자연인을 도태시키고, 인간을 트랜스휴먼 나아가 포스트휴먼으로 진화시켜야 한다고 주장한다. 그리고 이 진화의 당위성과 기술적 가능성은 이미 AL(Alife, 인공생명)을 통해 가시화되고 있다고 본다. 그 이유는 다음과 같다.

인간의 특성을 구성하는 것으로는 여러 가지가 있지만 가장 무리 없이 합의할 수 있는 부분은 아마도 인간이 지능적 존재인 동시에 생명적 존재라는 점일 것이다. 바로 이 때문에 인간은 존재하는 것들 중 최고의 존재자로서 자신을 찬양해 왔다. 인간 존재에 대한 이러한 규정과 자기 찬양은, 위의 특성을 더 잘 구현하면 할수록 인간 존재의 진정성에 더 가까워진 것으로 평가받는다는 점을 의미한다. 즉 인간이 지능적 생명체라고 한다면, 더 지능적이고 더 활기찬 생동성을 보일수록 인간의 존재 규정에 진정하게 다가가는 것이며, 고등한 존재자로서 존재의 권리에서 우선권을 갖는다는 것이다.

그런데 이러한 견지에서 인간이 추구해 온 최근의 첨단기술들은 인간 존재를 역설적 상황에 처하게 만든다. 인간 존재규정으로 보자면 지금까지의 인간은 그 인간을 모델로 삼아 만든 가상의 존재자보다 미흡하므로 존재의 권리에서 뒤처진다는 것이다. 이러한 역설을 노골화하고 있는 기술이 바로 IT(Information Technology, 정보통신기술) 와 BT(Biology Technology, 생명공학기술)의 융합을 통해 실현되고 있는 인공생명 기술이다. AL 기술에 의거하여 트랜스휴머니스트들은 다음과 같이 미래를 그린다.

> "호모 사피엔스는 지구상 최초로 진화와 한계의 의식을 가진 종이며, 인간은 종국적으로 이들 제한을 넘어서 진화된 인간, 즉 트랜스휴먼과 포스트휴먼으로 발전할 것이다. 이 과정은 영장류에서 인간으로 진화한 과정과는 달리 애벌레에서 나비가 되듯 빠른 과정이 될 것이다. 미래의 지능을 가진 생명체는 인간을 전혀 닮지 않을 것이며, 탄소기반 유기체는 기타 과잉 유기체와 혼합될 것이다. 이러한 포스트휴먼은 탄소기반 시스템뿐 아니라 우주여행과 같은 상이한 환경에 더 유리한 실리콘 및 기타 플랫폼에 의존할 것이다."[3]

8.1. 인공생명 기술의 기본 원리

AL은 발전의 한계를 드러낸 기존 인공지능(AI) 연구가 그의 이론적 토대인 칸트적 인식론을 Bottom-Up의 방향으로 혁신하는 가운데 유

3 호세 코르데이로(Jose Cordeiro), "인간의 경계: 휴머니즘에서 포스트휴머니즘까지", 『제1회 세계인문학포럼 발표자료집』, 2011, 333.

전공학의 연구결과를 수용하고 이를 컴퓨터언어로 번역하여 진화론적 설계를 시도하면서 탄생하였다.

인공생명 개발자들은 실증 생물학에서 생명의 현상적 특징으로 규정한 내용을 출발점으로 삼는다. 그에 따르면 생명은 다음과 같은 것이다.

(1) 성장, (2) 증식, (3) 자기유지, (4) 자율적 조절과 환경에의 적응, (5) 영양분과 에너지 필요

생명의 이런 현상적 특징은 더 면밀한 생화학적 연구에 따르면 다음과 같은 것을 의미한다.

(1) 생명은 세포로 되어 있다. (2) 생명은 수용액에서 일어나는 탄소 염기의 화학작용에 기초하고 있다. (3) 거대하고 복잡한 부자 DNA가 세포활동을 통제하고 또한 후손에게 전달되는 유전인자를 담은 프로그램을 만들어 낸다.

이것을 다시 생명 일반의 정의로 추상화하면 다음과 같다.

(1) 생명은 진화할 능력을 가지고 있다. (2) 생명은 형태와 기능을 지배하며 복제되고 전달되는 정보다. (3) 생명은 자기조직화의 몇 가지 일반 법칙을 활동 중에 드러낸다.

인공생명은 생명의 특성을 CA(Cellular Automata, 세포자동자)로 모델링

하는 데 성공하였는데 CA의 작동원리를 가장 단순한 예를 통하여 설명하면 다음과 같다. 컴퓨터 프로그램으로 컴퓨터 모니터 화면을 격자판으로 나누어 그 격자판 한 칸을 하나의 세포로 취급하고 각 세포에게 주어진 자신의 현재조건과 그 이웃들의 조건 속에서 그것이 발전해 가는 방법을 기술한 규칙(유전정보)을 줄 수 있다. 그러고 나서 그것이 활성화하고 세포의 시스템이 발전해 가는 것을 지켜보면, 규칙들에서 무작위적 변화(돌연변이)의 가능성이 구체화됨을 볼 수도 있고 시스템의 행위에서 진화를 기대해 볼 수도 있다. 그러한 시스템은 실제 생명에 비해 훨씬 단순하지만, 놀랍도록 생명과 닮은 많은 행위의 패턴을 보여 준다. 구체적으로 말해서 각 세포자동자(이하 CA로 약칭)는 단순한 유한 상태의 기계로서 작동하는데 이때 CA는 (켜짐과 꺼짐의) 초기 조건에 의해서만 결정되고, 작동방식을 명령하는 규칙과 각 순간에 그에 이웃한 세포의 상태에 의해 결정되는 상태를 가진다. 예컨대 한 그룹의 CA에 대한 규칙이 인접한 두 개가 켜 있을 때는 켜짐, 그 외에는 꺼짐이라 하자. 각 세포는 그 규칙에 따라 각 인접 세포의 상태를 점검하며 켜짐과 꺼짐의 상태로 변화될 때 동시에 그 인접 세포의 상태도 같은 규칙에 따라 그의 편에서 인접해 있는 세포의 상태를 점검하며 자신의 상태를 갱신해 갈 것이다.

이러한 방식으로 세포의 격자는 여러 세대를 거쳐 갈 것이며 그것은 결국 수백 세대로 뻗어 가는 가운데 CA 간의 상호작용에서 자발적으로 창발하는 수백 가지의 극도로 복잡한 패턴이 형성될 것이다. 이것이 컴퓨터에 프로그램되어 모니터에 디스플레이되면 살아 있다는 강렬한 인상을 준다. 에드워드 프레드킨(Edward Fredkin)은 바로 이렇게 다양한 구성요소들로부터 복잡한 동적 패턴이 창발하는 것에 착안하여 자연계에서 패턴의 형성과 소멸을 설명할 수 있는 것으로 보고 이 우주에서 모든 것이 형성되는 근본구조를 CA에서 찾고 있다.

8.2. 극단적 위기의 미래 – 인간 존재의 종말

그런데 이러한 방식으로 생명현상을 구현하는 CA는 매우 엄청난 사고의 혁신을 촉발시킨다. 우선 현재 생물학이 "있는 그대로의 생명체"(life as we know it)에서 생명의 고유 특성으로 포착해 낸 현상들이 전혀 손상됨이 없이 다른 매체 혹은 물리적 기반을 통해 구현된다는 것이다. 우리가 알고 있는 그대로의 생명체는 물리적으로 보면 탄소를 기반으로 한 단백질 생명체다. 그런데 CA는 탄소를 기반으로 한 단백질 생명체만이 생명의 고유한 진화의 특성을 구현하는 유일한 존재자가 아니라 그러한 생명의 고유 특성이 탄소가 아닌 다른 매체, 즉 실리콘을 통해 실현될 수 있다는 것을 보여 준다. 이는 생명의 본질을 결정하는 본질적 요소가 생명을 구성하는 물질적 기반이 아니라 생명의 진화 과정을 가능하게 하는 원리라는 것을 의미한다. 그리고 나아가 생명의 진화 원리는 "있는 그대로의 생명체"에서처럼 탄소에 기반하기보다는 실리콘을 기반으로 할 때 훨씬 더 장애 없이 또 빠른 속도로 구현될 수 있음을 보여 주는 것이다. 다시 말해서 탄소를 기반으로 한 생명의 진화 원리는 장애받고 저지되어 생명현상의 발생에 교란이 일어나는 경우가 있지만, 실리콘을 기반으로 디지털로 구현되는 생명의 원리에서 생명 진화 현상은 다른 물리적 매체에 기반할 때보다 훨씬 더 빠르고 생동적이다. 이는 마치 크리스털을 기반으로 한 생명의 현상이 초보적인 생명의 모습을 보여 주었던 반면, 자연사에서 탄소에 기반한 단백질 생명이 발생하자 생명의 진화 원리가 그 이전보다 더 잘 구현되었던 것과 같다.[4] 따라서 다음과 같은 주장이 가능하다. 탄소를 기반으로 한 단백질 생명에 비해 현저히 떨어지는 생명의 진화 현상을 보여 주는 크리스털에 비교하여 단백질 생명체를 진정한 생명체라고 해야 한다면, 이 후자보다 더 생명의 탁월한 진화의 특성을 구현하는 실리콘기반 디지털 생명을 이제는 진정한 생명체라고 해야 한다. 크리스털보다 단백질기반 생명이 생명의 원리를 더 잘 살아내듯, 실리콘기반 디지털 생명이 탄소기반 단백질 생명체보다 생명의 원리를 보다 더 잘 살아내는 생명이기 때문이다. 이러한 입장에서 보면 세계는 크리스털에서 탄소를 거쳐 실리콘 생명으로 진화하는 과정을 거치고 있는 것으로 드러난다. 그리고 여기서 우리의 통념을 전복시키는 새로운 사실이 돌출한다. 그것은 다음과 같은 사실이다. 디지털 생명은 탄소기반 생명을 모사한 가상생명(virtual life)이 아니라 이 가상생명이 오히려 생명의 원리를 훨씬 실재적으로 구현하고 있는 실재생명이다. 우리가 가상생명으로 알고 있는 것이 우리가 현실생명으로 알고 있는 생명의 원리를 보다 진정으로 구현체하고 있기 때문이다. 그리고 만일 그렇다면 생명은 그 자체 자연적 컴퓨터상에서 구현되는 프로그램에 불과하다. 이제 인간이 만들어 낸 컴퓨터에 의해 잠재적 상태의 자연적 컴퓨터가 현실화된 것이다.[5]

그리하여 생명의 카테고리는 이원화된다. "현재 우리가 알고 있는 그대로의 생명체"(Life as we know it)와 생명의 원리를 구현하는 "있을 수

4 참조: N. Katherine Hayles, *How We Became Posthuman. Virtual Bodies in Cybernetics, Literature, and Informatics*, Chicago, The University of Chicago press, 1999, 235.

5 참조: ibid., 231.

있는 생명체"(Life as it could be)가 그것이다.[6] "현재 알고 있는 그대로의 생명"은 물을 필요로 하고 살로 이루어져 있다는 점에서 Wet-life라 불리는 반면, "있을 수 있는 생명"은 물 없이 실리콘으로 구현될 수 있다는 이유에서 Dry-life라 불린다. 그리고 이는 생명의 진화 역사가 다른 차원으로 진입하고 있음을 시사하는 것이다. 즉 지금까지의 진화가 Wet-life라는 테두리 안에서 일어난 탄소기반 단백질 진화라면 이제부터의 진화는 Wet-life에서 Dry-life를 향해 비약적으로 일어나고 있는 것이다. 존재의 역사는 지금 Wet-life로부터 Dry-life에게 생명의 원리를 계승시키고 있다. 이러한 관점에서 보면 현재 초미의 관심사가 되고 있는 유전공학이 만일 Wet-life의 테두리 안에서 생명의 공학적 조작을 시도하는 기술이라면, 이러한 기술은 AL에 비해 덜 진화된 기술이다.

나아가 앞으로는 세계를 실재와 가상으로 구분하던 종래의 형이상학적 개념구도는 퇴장해야 할 것이다. 실재와 가상은 진정으로 존재하는 것과, 그것을 모사하지만 실재로는 존재하지 않는 것으로 구분되는 것이 아니다. 그러한 구분은 사실상 생명이나 존재원리를 구현하는 물리적 기반, 혹은 매체의 차이에 불과하기 때문이다. 우리가 실재라고 여기는 것은 어떤 특정한 매체, 예컨대 탄소에서 실현된 현실을 실재 그 자체로 간주하는 편협한 사고일 뿐이다. 실리콘으로 구현되는 현실이나 생명 또한 마찬가지로 실재성을 주장할 수 있다면, 그리고 또 실리콘으로 구현되는 현실이나 생명이 오히려 실재의 원리와 생명의 원

6 참조: C. Langton, "Artificial Life", *Artificial Life*, ed. by C. Langton, Redwood City, CA: Addison -Wesley, 1989, 1. 혹은 G. Kampis & V. Csanyi, "Life, Self-Reproduction and Information. Beyond Machine Metaphor", *Journal of Theoretical Biology* 148, 1991, 17-32.

리를 더 잘 구현할 수 있다면, 실재는 물리적 실재와 그를 디지털 테크닉을 통해 흉내 낸 가상으로 구분되는 것이 아니라, 아직 현실화되지 않은 잠재적 현실과 이미 어떤 매체를 통해서 현실화된 실재로 구분되어야 한다. 때문에 우리는 앞으로 다가올 가상현실의 시대와 가상생명의 시대를 가짜라고, 거짓이라고 그리하여 인간은 이제 거짓과 가짜의 악령에 사로 잡혔다고 탄식할 필요가 없을 것이다.

이제 인간은 묘한 실존적 결단 상황에 처한다. 그는 디지털생명의 출현을 적어도 그보다 더 생명의 원리에 가까운 진정한 생명체의 출현으로 인정하고 진화역사에서 도태해야 하는가. 우리는 진짜 생명체의 출현을 거부하지 말고 오히려 환영해야 하는 것이 아닌가. 그리고 그것이 보다 윤리적이 아닌가. 보다 더 진정한 것이 나타나면 덜 진정한 것은 자리를 비켜 주어야 하는 것이 윤리적 인간이 취해야 하는 행동이 아닌가.

9 인공생명, 생명, 인간에 대한 존재론

9.1. 물체, 도구, 생명

그러나 AL에 기대어 포스트휴먼의 도래를 예견하는 테크노퓨처리즘(Technofuturism)을 검토해 보면 유감스럽게도 근본적인 성찰을 요하는 문제가 자명한 듯 전제되어 있다. 인간이 동물과 같은 생명체와 동일한 범주에 속해 있으며, 따라서 인간과 생명체가 동일한 생명의 원리를 공유한다는 전제다. 또한 기존 생물학이 정의하는 바와 같이 생명이 여러 단계의 진화 과정을 거쳐 고등생명체인 인간을 출현시켰다는 생각도 자명한 것으로 전제되어 있다.

그런데 과연 인간은 동물과 동일한 생명의 원리를 공유하고 있는가? 그리고 인간은 생명의 진화 역사가 출현시킨 고도의 인지 능력을 갖는 생명체인가? 이러한 근본적 문제는 오로지 현상학에서만 제기된다. 그 중에서 이 시점에서 우리가 주목해야 할 현상학자는 하이데거(Martin Heidegger)다. 하이데거는 그의 저서 『형이상학의 근본개념』에서 엄청난 밀도로 생명에 관한 존재론적 탐구를 시도한다.

생명에 대한 하이데거의 존재론적 논의의 특징은 생명을 기존의 논의 구도, 즉 물리주의적 기계론 대 생기론(Vitalism)이라는 구도에서 어느 한 입장을 추종하는 방식이 아니라는 데 있다. 대신 하이데거는 『존재와 시간』에서 본격화된 '존재방식의 구별'이라는 입장에서 생명의 문제를 조명한다. 즉 생명을 바로 생명으로 존재하는 그 독특한 존재방식에서 드러내는 것이다.

우선 물체와 생명체는 어떻게 구별되는가? 물체와 생명의 존재방식의 차이는 예컨대 바위와 같은 물체가 땅 위에 놓여 있고 그 바위에 도마뱀이 붙어 있을 때, 바위와 땅이 접하는 방식과 도마뱀이 바위에 접하는 방식이 근본적으로 다르다는 점에서 일단 드러난다.[7]

바위는 그것이 놓인 곳에 위치하기 위해 스스로 움직일 수도 움직일 필요도 없다. 반면 도마뱀은 아무 데나 있을 수 없으며, 특정한 환경 내에서만 서식한다.

특히 바위의 운동과 생명체의 운동을 비교해 보면, 운동방식의 차이

7 참조: M. Heidegger, 『전집 29/30』, 347.

에 따른 존재방식의 근본적 차이도 드러날 것이다. 물체는 외부의 원인에 의해 인과적으로 운동하지만 동물은 '충동'에 의해 운동한다. 물체는 운동을 할 때 다른 힘에 밀려 자기가 원래 있는 위치에서 멀어지지만, 생명은 운동을 할 때 자기를 보존하기 위해서 스스로 운동한다. 만일 그것이 어디로 향한다면 그것은 자기 자신을 보존하기 위해 자신의 현재 있는 위치로 멀어지는 것이다. 그러나 현 위치에서 그렇게 멀어짐으로써 생명체는 오히려 자기 자신을 향하여 자기 자신으로 획득하고 있는 것이다.[8]

물론 이미 생물학의 역사에는 생명을 물체와 구분하여 고찰하는 계보가 있다. 유기체론이 그것이다. 그런데 이 유기체론에서 하이데거는 중요한 사실을 목격한다. 유기체론에는 생명체를 도구들의 통일체 혹은 기능들의 통일체로 보는 존재론적 선입견이 침투해 있다는 것이다. 유기체론에서는 생명을 '오르가논'(organon)으로 규정하는데 'organ'은 사실 어원적으로 도구를 의미하기 때문이다.[9] 그런데 정녕 생명의 각 기관이 수행하는 기능과 도구가 수행하는 기능이 그 방식에서 동일할까?

우선 도구를 보자. 도구는 어떤 목적을 위해 만들어진 것이다. 그런데 이렇게 만들어진 것들은 그 자체로 존재하는 것이 아니라 다른 기능들과 기능적 연관관계를 형성함으로써 바로 그 도구로 존재한다. 이러한 도구는 일단 사용자와 분리되어 존재할 수 있으며, 그 용도와 기능적 연관관계에 친숙한 어느 사용자에게나 사용될 수 있다. 그러나 생명체의 각 부분은 설령 그것이 기관의 역할을 한다고 해도 그것을 사용하는 생명체와 분리되어 독자적으로 존재할 수 없으며 따라서 아

8 참조: 같은 책, 347.

9 참조: 같은 책, 312.

무 사용자에게나 사용될 수 없다.

또 도구는 어떤 목적을 위해 사용될 뿐 그 스스로 그것을 사용하는 능력이 없는 반면, 생명체의 각 기관은 역할과 기능에 있어서 생명체의 활동 그 자체이며 기관의 기능을 생명체의 활동 능력에서 분리하는 것 자체가 무의미하다. 그리고 한 걸음 더 나아가 생명체의 경우 이러한 능력이 더 우선이지 그 능력을 실행하는 특정기관이 우선이 아니다. 하이데거 식으로 표현하면, 보는 능력, 듣는 능력이 있기 때문에 눈으로 보는 것이지 눈이 있기 때문에 보는 것이 아니다.[10] 동물은 이렇게 각 부분이 도구처럼 특정 목적으로 수행하는 것이 아니라 듣는 능력, 물어뜯는 능력 등이 있고, 이렇게 듣는 능력, 물어뜯는 능력은 특정한 것에 대해서만 행사된다.

하이데거는 이상과 같은 논의를 통해 생명이 물체의 존재방식 또 도구의 존재방식과 혼동되어서는 안 된다는 점을 선명하게 드러낸다. 물론 이는 생명의 존재방식을 물체 혹은 도구의 그것과 대비해서 구분해내는 소극적 고찰에 불과하다. 그러나 이러한 소극적 고찰로부터 생명이 생명으로서 존재하는 결정적인 방식을 적극적으로 밝혀내는 하이데거의 철학적 사유의 길이 열린다. 그리고 이 사유의 길은 생명체에게 독특한 존재방식을 특히 세계와 생명의 관계에서 밝혀내는데, 거기서 통찰하는 내용은 다음과 같이 요약된다. 동물에게는 그 동물이 사는 세계가 충동과 본능의 폐쇄적 회로로 형성되어 있으며, 동물은 그 회로에 사로잡혀(benommen) 오직 그 회로 내에서 가능한 방식으로만 행동한다.

---

10 참조: 같은 책, 332.

발칸 반도의 타라 캐니언에 서식하는 산양의 예는 환경에 사로잡힌 생명의 생존방식을 좀 더 분명히 드러낸다. 이 산양이 사는 곳은 험준한 절벽이다. 산양은 이 절벽을 아슬아슬하게 타고 넘으며 그곳에서 먹이를 구하고, 때에 따라서는 가파른 바위틈에서 휴식을 취하며 살아간다. 하지만 이러한 생존방식은 위험천만하다. 산양은 기가 막힌 곡예술을 발휘하며 인간이라면 도저히 불가능한 방식으로 그 절벽을 타고 넘으며 살고 있지만, 그럼에도 그들에게 이곳은 위험한 생존환경이다. 실제로 이 환경에서 산양은 치명적 사고의 위험에 노출되어 있다. 조사에 따르면 이곳에서 생존하는 산양들은 포식자에 잡혀 죽는 것보다 절벽에서 추락사하는 비율이 높다고 한다. 그럼에도 산양은 이 위험한 환경에서 살아남기 위해 어떤 조치를 취하지 않는다. 또 이 위험한 환경으로부터 벗어나 더 안전한 환경을 찾지도 않는다. 그들은 위험한 그곳에서 위험을 무릅쓰고 산다. 왜 그럴까? 산양에게는 이곳이 위험한 곳으로 밝혀지지 않기 때문이다. 그곳은 산양이 산양으로서 생존할 수 있는 자신들 고유의 환경이며, 그곳에 살며 추락사하는 것도 그들이 생존방식이다. 그들이 절벽을 기어오르며 사는 것은 산악인이 위험을 무릅쓰고 절벽을 등반하는 것과 근본적으로 다르다. 산악인은 위험한 곳을 찾아 위험을 감수하고 절벽을 오르면서 위험을 극복하는 선택을 하고, 그 과정에서 추락사라는 불운을 당하기도 한다. 그러나 산양은 산악인처럼 위험을 선택한 것이 아니다. 산양은 선택하는 방식으로 존재하지 않는다. 그들에게는 그들이 존재하는 그 생존환경이 위험하다는 사실을 확인하고도 그곳에 사는 것이 아니기 때문이다. 그들이 사는 그 절벽은 절벽이 아니며 따라서 추락사도 추락사가 아니다. 인간에게는 추락사인 그 불운이 산양에게는 정상적인 생존방식이기 때문이다. 산양은 그것이 사는 환경에서 추락이라는 위험에 사로잡힌 방식으로 생존한다.

이러한 사례에서 생명의 고유한 존재방식은 다음과 같이 밝혀진다. 동물과 같은 생명체가 존재하는 방식을 볼 때, 동물이 사는 세계는 동물이 생존하는 데 완결된 폐쇄성으로 특징지어진다. 동물의 행동과 환경은 순환하는 고리를 형성하고 있는 것이다. 따라서 하이데거는 생명의 존재방식을 각 생명에 고유한 환경테(Umweltring)와 결부되어 있음으로 밝혀낸다.

그리고 이는 동물과 환경의 관계에서 객관적 세계라는 개념이 성립해 있지 않음을 보여 준다. 동물의 세계는 모든 생명체를 둘러싸고 있는 전체의 객관적 환경으로서, 그 안에서 각 생명체가 적응하기에 적합한 서식처를 그 세계의 일부로 점유하고 있는 방식으로 존재하지 않는다. 생명체에게 세계는 각 생명체의 생존에 필요한 충동 고리에 따라 테두리 지어진 환경들이 맞물려 있는 모습이다. 생명이 살아 있다는 것은 생명이 생존의 과정에서 끊임없이 행동하는 가운데 스스로 그 생존을 가능하게 하는 환경을 테로 둘러싸며 그 테를 쟁취하며 사로잡히는 과정이다. 이러한 의미에서 "자신을 테 두름"(Sich-Umringen)은 "그 안으로 다른 모든 능력들이 개입되고 또 그로부터 자라나는 근본 능력"이다.[11]

결국 각 생명체는 밀림이라는 동일한 하나의 세계에 존재하는 것이 아니라 자신의 생존을 가능하게 하는 환경을 행동을 통해 쟁취하는 가운데, 그 환경과의 밀착성 속에서 그것에 한계 지어진 방식으로 그 한

11 같은 책, 375.

계에 사로잡혀 충동적으로 행동함으로써 존재한다. 요컨대 밀림은 생명체에게는 하나의 객관적 세계가 아니라 각 생명체의 생존 행동의 반경으로 다르게 구성되어 있다. 그리고 이러한 생존 행동반경은 때로는 부분적으로 맞물리면서(verzahnung) 생명체의 행동 간의 관계를 형성하기도 하고, 때로는 전혀 관계없는 반경으로 구분되기도 한다.[12]

9.2. 인공생명과 인간

생명에 대한 하이데거의 논의가 AL에 근거하여 트랜스휴먼이라는 디지털 고등생명체를 개발하려는 테크노퓨처리즘에 대해 갖는 의미는 무엇인가?

AL의 연구자들과 이 연구 성과에 고무된 트랜스휴머니스트들은 실리콘을 기반으로 디지털로 구현되는 진화의 과정이 훨씬 더 장애 없이 진화의 원리를 완벽하고 빠른 속도로 구현한다는 사실에 열광한다. 그리고 이 때문에 실리콘기반 진화에서 오히려 생명 진화의 진정성을 발견하려 한다. 이는 다시 AL을 컴퓨터 모니터상에서만 아니라 나노기술을 통한 3차원 입체 물질 생명체로 구현하려는 야심찬 시도로 비약한다. 실로 AL을 모니터에 어른거리는 가상세계의 이미지가 아니라 현실세계의 거주자로, 다시 말해서 마른 인공생명(dry AL)이 아니라 젖은 인공생명(wet AL)으로 제조하려는 기획이 본격화되고 있다.[13] 이 와중에 전대미문의 역사철학적 혁명이 일어나고 있다. 지금까지의 자연과 문화의 역사가 거대한 디지털 진화로 탈바꿈한다는 테크노퓨처리

12 참조: 같은 책, 401-402.

13 'wet' AL은 컴퓨터에 시뮬레이션된 인공생명을 생물학적 재료를 사용하여 구현하려는 시도다. 젖은 인공생명은 따라서 생물학적 재료로 제작되는 컴퓨터다.

스트들의 미래 비전이 그것이다.

그런데 여기서 중요한 사실이 목격된다. 그것은 AL이 과거와는 다른 물리적 기반 위에서 다른 속도와 양상을 갖는 진화론을 주장하고 있음에도 자연적 진화의 근본 양상에 대해서는 이의를 제기하지 않는다는 점이다. AL은 자연 진화론의 근본적 가정을 보다 과격한 형태로 차용하고 있다. 그것은 바로 기존 생물학 특히 진화론에서 당연하게 주장하고 있는 전제다. 즉 진화는 상호작용의 복잡성의 증가에 따라 보다 고도의 단계로 진화한다는 생명세계의 서열화 구조다. AL에 그대로 침투되어 있는 생명의 서열화 구조를 AL의 연구 영역에서 논의되고 있는 언어로 바꾸면 다음과 같다. 생명은 복잡성이 증대하는 방향으로 진화한다. 원핵 단세포 생명체는 보다 복잡한 진핵 단세포를 거쳐 다세포 생명체로 진화하고, 이것은 다시 복잡한 감각 처리 능력을 갖는 척추동물로 발전하여, 결국은 언어와 고도의 기술을 사용하는 고도의 지적 생명체로 진화한다. 인공생명의 거의 모든 시도들은 이렇게 고도의 지적 존재를 탄생시키는 열린 진화를 프로그램 알고리즘을 통해 실리콘, 나아가 나노기술을 통한 새로운 합성 물질로 구현하려 한다.[14]

그러나 하이데거의 입장을 통해 검토해 보면, AL이 소위 '젖은 생명'의 생물학으로부터 무비판적으로 차용하고 있는 생명세계의 서열화 구조의 문제점이 드러난다. 이러한 상황을 좀 더 극명하게 드러내기 위해 포유류 중 최고의 동물인 사자와 그 사자에 비해서는 미물에 불과해 보이는 모기를 비교해 보자.

---

14 참조: Stanley N. Salthe, *Evolving Hierarchical Systems*, New York, Columbia University Press, 1985. 또는 Valerie Ahl & T. F. H. Allen, *Hierarchy Theory*, New York, Columbia University Press, 1996.

사자는 모든 것을 물어 죽일 수 있는 밀림의 포식자다. 하지만 그런 사자도 모기에는 속수무책으로 물어뜯긴다. 모기가 생존하는 그 환경에서 사자는 어떤 공격력도 발휘할 수 없는 무능력한 존재자다. 밀림이라는 환경에서 최고의 포식자로 생존하는 사자는 그러나 모기의 환경에 들어올 수 없으며, 모기도 밀림의 최고 포식자의 먹이가 되게끔 사자의 환경으로 들어갈 수 없다. 이러한 의미에서 모기의 환경은 사자의 환경에 비해 불완전하거나 열등한 것이 아니다. 오히려 모기에게 사자는 밀림의 황제로 존재하는 것이 아니라 모기의 생존에 피를 제공하는 하나의 피식체로 존재한다.

그러나 AL의 연구는 비록 기존 진화론처럼 객관적 세계와 적응론을 따르지 않는다 해도, 이러한 사실을 간과하는 일종의 '성층 존재론'의 특성을 갖는다. 생명의 세계가 단순한 하등 생명체에서 고등 생명체의 세계로 서열화되는 특성을 갖는다는 진화론의 유산을 물려받고 있는 것이다. 이 유산은 AL이 진화 구성요소들의 상호작용이 활성화되면 새로운 차원을 향한 창발적 변화가 일어나는 CA의 현상을 보다 고등의 생명체로 진화하는 과정의 시뮬레이션으로 파악하고, 이 CA의 프로그램이 실행되는 알고리즘을 생명 진화의 원리와 동일시하고 있는 데서도 목격된다. 그리고 그 유산은 '싱귤래리티대학'의 호세 코르데이로가 AL의 연구에 고무되어 선언하는 미래 비전에서 다음과 같이 적나라하게 드러난다.

"호모 사피엔스는 지구상 최초로 진화와 한계의 의식을 가진 종이며, 인간은 종국적으로 이들 제한을 넘어서 진화된 인간, 즉 트랜스휴먼과 포스트휴먼으로 발전할 것이다. 이 과정은 영장류에서 인간으로 진화한 과정과는 달리 애벌레에서 나비가 되듯 빠른 과정이 될 것이다. 미래의 지능을 가진 생명체는 인간을 전혀 닮지 않을 것이며, 탄소기반 유기체는 기타 과잉 유기체와 혼합될 것이다. 이러한 포스트휴먼은 탄소기반 시스템뿐 아니라 우주여행과 같은 상이한 환경에 더 유리한 실리콘 및 기타 플랫폼에 의존할 것이다."[15]

그러나 생명체들과 그것들이 생존하는 환경과의 관계는 가장 낮은 물질계에서 시작하여 보다 높은 차원으로 수직적 변화가 일어나 고등의 지능적 존재로 상승하는 것이 아니다.

따라서 CA에서 아무리 역동적으로 세포들이 상호작용하는 가운데 그 세포들의 상호작용을 통해 다음 세대에서 더욱 고수준의 역동적 변화가 창발한다고 해도 이 과정은 생명 현상이 아니다. 오히려 생명의 역사는 서로서로 맞물려 엮이는 양상에 비유하는 것이 하등에서 고등으로 향하는 수직적 진화 모델보다는 더 정확할 것이다. 생명의 세계는 서로서로 부분적으로 맞물려 있다.

생명에 관한 하이데거의 논의는 여기서 그치지 않는다. 그는 인간과 생명체의 존재방식의 차이를 분명하게 밝혀냄으로써 인간의 존재방식이 진화의 원리를 시뮬레이션하는 CA를 통해서는 더더욱 구현될 수 없다는 것을 보여 준다. 이미 생명체의 존재방식을 설명하는 가운데 암시되었던 동물과 인간의 존재방식의 근본적 차이를 지적하기 위해 동물의 존재방식을 다시 한번 상기해 보자.

동물과 같은 생명은 그것이 생존하는 환경을 테두리로 하여 그 환경에 사로잡혀(benommen) 있으며, 환경은 그 동물이 생존하는 데 필요한 것

---

15 호세 코르데이로(Jose Cordeiro), 앞의 글, 333.

들로 구성되어 있다. 다시 말해 환경은 동물의 생존 충동을 통해 동물의 특정 방식의 행동을 유발하는 탈억제(Enthemmung)로 존재할 뿐이다.

반면 인간은 이러한 충동과 환경에 사로잡혀 그 안에서 폐쇄회로를 순환하듯 행동하지 않는다. 오히려 인간은 그러한 사로잡힘의 상태를 벗어나며 자신과 세계의 관계를 열어 밝히는 방식으로 존재한다. 가령 인간은 그가 사는 곳이 절벽인 경우 그곳을 추락할 위험이 있는 절벽으로 밝혀내고 그 위험을 피하는 방안을 강구하거나 그곳을 떠난다. 아니면 산악인처럼 절벽을 위험한 절벽으로 보되, 그 절벽의 위험을 실존의 어떤 의미로 밝혀내고 그의 삶을 걸고 도전하는 모험을 감행한다. 이렇게 드러나는 인간과 생명의 존재방식의 차이를 하이데거는 『형이상학의 근본개념』에서 생명체와 환경의 합일적 구조를 칭하는 세계 빈곤이라는 방식과 구별하여 세계를 열고(Welt offen) 형성하는(bilden) 방식이라고 설명한다.

나아가 인간이 세계에 존재하는 방식은 생명체와 달리 도구를 사용하면서 존재하는 방식이다. 좀 더 정확히 표현하면 인간은 동물과 달리 그저 맨몸으로 행동하며 살 수 없고 도구와 함께 무엇인가를 만들어가면서 살아간다. 앞의 타라 캐니언의 절벽으로 돌아가 보면, 산양은 그곳에서 맨몸으로 살며 그곳에 사로잡혀 추락을 생존방식으로 살아내지만, 그곳을 오르는 인간은 그곳을 위험한 절벽으로 밝혀내고 그 위험에 대해 회피 혹은 도전의 방식으로 처신하면서 이러한 처신에 필요한 여러 가지 도구를 만들어 사용하며 그곳을 오른다. 이러한 의미에서 인간은 행동하지 않고 처신, 즉 처한 상황을 드러내며 그 드러난 상황에 따라 도구와 함께 행동을 취한다. 때문에 인간의 세계는 우선 대체로 인간이 인간 아닌 존재자와 도구로 만나는 장으로서 열린다. 이 세계는 동물의 환경도 아니며, 그렇다고 해서 물체들이 위치하는 3차원적 연장 공간도 아니다. 그것은 우선 도구들의 기능연관 관계로 열린다. 그리고 인간은 이 도구들의 기능연관 관계를 전반적으로 이미 이해하는 방식으로 이 세계와 살아감과 동시에, 이 도구들은 그 도구의 사용자의 행위와 하나가 되어 도구로서 존재하기 때문에 눈에 띄지 않는 방식으로 인간에게 열린다. 결국 인간의 세계와 동물의 세계는 이와 같이 존재론적으로 전혀 다른 방식으로 인간과 동물에 관계하고 있는 것이다.

10 인간, 탈존적 존재: 아직 오지 않은 인간을 향한 기다림

인간과 생명의 존재방식의 차이를 밝혀내기 위한 하이데거의 현상학적 성찰은『형이상학의 근본개념』과 함께 그의 다른 저서들에서도 여럿 발견된다. 그러나 하이데거가 인간과 생명을 전혀 다른 존재방식으로 존재하는 것들로 가장 명확하게 밝히고 있는 문헌은 역시 후기 저작에 속하는「휴머니즘에 대하여」라는 서신이다. 여기서 하이데거는 존재하면서 존재를 벗어나 자신의 존재를 문제삼고 드러내는 인간 특유의 존재방식을 '탈존'(Ex-sistenz)으로 기술한다.[16] 그리고 이렇게 인간이 탈존하는 한 인간의 본질은 결코 동물과 같은 존재방식으로는 밝혀낼 수 없다고 강조한다. 나아가 인간을 동물로 이해하는 동물학의 진

16 참조: M. 하이데거,『이정표』, 이선일 역, 한길사, 2005, 135.

화론적 관점조차 동물과는 동일화될 수 없는 탈존이라는 존재방식에서만 가능하다는 점을 분명히 한다. 동물은 단지 생존할 뿐 자신이 생존하는 상황을 벗어나 탈존하면서 스스로를 그렇게 생존하는 동물로 이해할 수 없다. 하지만 인간은 존재하면서 자신의 존재를 문제삼는 탈존적 존재방식에서 그 자신의 존재를 그 무엇으로, 경우에 따라서는 스스로를 동물로 이해하는 방식으로 존재한다. 인간의 탈존을 언급하는 하이데거를 읽어 보자.

> "인간의 본질에 관해서만, 인간의 있음의 방식에 관련해서만 탈존이 언급될 수 있다. 왜냐하면 우리가 경험하고 있는 한 오직 인간만이 탈존의 역사적 운명에 관여하기 때문이다. 따라서 탈존은 결코 다른 종류의 생물들 사이에서 하나의 독특한 종으로서 사유될 수 없다. 자신의 속성 및 활동을 자연과 역사의 차원에서 기술하여 보고하는 것뿐만 아니라 자신의 존재의 본질까지도 사유하는 것이 인간의 운명임을 감안해야 한다. 그러므로 우리가 동물과의 비교에 입각해서 동물성으로서의 인간에 귀속시키는 것조차 그 자체 탈존의 본질에 근거한다."[17]

이것이 바로 생명체가 생물학을 할 수 없는 이유다. 반면 인간은 존재하는 사물의 의미를 밝혀내고, 그 의미에 어떤 태도를 취하며, 그 의미와 함께 삶을 창조해 가며 살아간다. 그러기에 인간은 생물에 대해서도 생물이란 존재가 무엇인지 밝혀내려 하고, 생물과 관계하는 생물학이라는 학문을 창조한다. 그러나 인간과 닮을 정도로 지능이 높은

---

17 같은 책, 136.

유인원 종류의 생물조차 초보적인 생물학도 하지 못한다. 하지만 인간은 생물학을 만들고 그것을 통해 자신을 생물학이 정의하는 그런 생명체로 파악하는 데까지 나아간다. 그러나 이 경우 자신을 그런 생명체로 정의하면서 그렇게 자신을 정의할 수 있게 하는 인간 특유의 탈존적 존재방식은 인간에게 은폐되는 역설도 벌어진다. 그 대표적인 경우가 현대 생물학이다.

> "인간이 세상과 자신의 의미를 밝히는 활동의 일환인 현대 생물학에서 이제 탐구의 대상으로 그 존재론적 위상이 변화하는 인간은 과학적 탐구의 연구주제로서 그 경계가 확정된다. 그리하여 인간에 대한 정의는 그 연구프로젝트에 최적화될 수 있는 인간의 어떤 측면이나 속성에 집중되어 이루어진다. 현대 유전공학에서는 따라서 인간은 어떤 파라미터의 DNA의 집합체로 정의된다. 이러한 인간은 별종의 침팬지로 분류된다. 왜냐하면 침팬지와 인간 DNA는 오직 1.6%의 차이만이 있을 뿐 나머지 98.4%는 침팬지와 동일하기 때문이다."[18]

이제 우리는 다음과 같은 결론에 이를 수 있다. 인간이 동물과는 존재론적으로 다른 존재방식 즉 탈존하는 존재자라면, 이러한 존재방식은 젖은 생명의 진화론은 물론 이 젖은 생명의 진화과정을 아무리 완벽하게 빠른 속도로 구현하는 실리콘기반 디지털 진화를 통해서도 구현될 수 없을 것이다. 결국 하이데거의 철학에 따른 성찰은 테크노퓨처리즘과 그들이 예측하는 포스트휴먼을 향한 디지털 진화를 여러 가

---

18 Glen A. Mazis, *Humans, Animals, Machines Blurring Boundaries*, New York, SUNY Press, 2008, 87.

지 과거 형이상학의 굴레에서 자유롭지 않은, 특히 진화론의 바탕에 놓여 있는 성층존재론이야말로 첨단과학의 시뮬레이션 기술에서 극단화되고 있음을 폭로한다. 성층이론에 근거하여 정의되는 인간은 사실상 인간이 아니며, 탈존적 인간은 AL과 같은 기술을 통해 시뮬레이션될 수도, 또 물질적으로 구현되어 세계에 거주할 수도 없다.

이렇게 하이데거의 철학은 한편으로 인간을 존재의 중심으로 즉위시킨 근대 휴머니즘을 파괴하면서도, 다른 한편으로는 인간을 동물이나 물질과 동일화하는 반인간주의에 빠지지 않고 인간에 대해 '탈존'이라는 존재론적 고유성을 인정하고 있다. 이 점에서 그의 현상학은 근대휴머니즘을 새로운 방향으로 전개하려는 네오휴머니즘이라 할 수 있다. 이러한 하이데거의 의도는 그의 휴머니즘 서한에서 명백하게 선언된다. 하이데거는 여기서 스스로를 네오휴머니스트라고 부르지는 않지만, 인간다움의 고유성과 독특성을 부정하지 않는다. 오히려 인간다움은 역사적으로 존재한 휴머니즘에서조차 아직 실현되지 못한 미래라고 선언한다. 인간의 인간다움은 인간의 존재론적 위치를 생명체와 구별되는 존재와의 관계에서 밝혀내는 새로운 휴머니즘을 필요로 한다는 것이다. 따라서 하이데거는 다음과 같이 말한다.

"비록 인간들이 인간을 동물과 동일시하지 않고 오히려 인간에게 하나의 종적 차이를 인정한다고 해도, 궁극적으로 인간은 동물성의 본질영역 속으로 내버려진다는 사실이다. 생명의 원리인 영혼이 사고의 원리인 영혼 혹은 마음으로 그리고 이것들이 후에 주체, 인격, 정신으로 정립될 때조차 사람들은 항상 동물적 인간만을 사유한다. [⋯] 그러나 그 결과 인간의 본질은 너무나 대수롭지 않게 여겨지며 자신의 유래에 맞게 사유되지 않는다. 그래서 역사적 인류에게 인간의 본질적 유래는 항상 본질적으로 다가설 미래로 남아 있다."[19]

우리가 휴머니즘으로 알고 있는 과거의 휴머니즘에서 인간은 아직 오직 않았다. 인간은 새로운 휴머니즘을 기다리는 것이다.

11 우리나라의 미래

최근 우리나라의 상황을 보여 주는 지표를 보면 한편으로 우리나라에서 평균수명 증가율이 OECD 최고를 기록하고 있다. 그런데 또 다른 지표에 따르면 동시에 자살률도 OECD 국가 중 가장 급속히 증가하고 있다. 이 두 가지 지표가 뜻하는 바는 무엇일까. 평균수명이 증가하고 있다는 것은 단적으로 생존의 조건이 향상되고 있다는 것을 의미한다. 그런데 생존의 조건의 향상에도 불구하고 사람들은 왜 죽는가. 인간이 그냥 주어진 생을 연장해 가는 동물과 같이 생존하는 존재라면, 향상된 생존환경에서 스스로 죽음을 선택하는 자살이 증가하는 이유는 어떻게 설명될 것인가.

여기서 포착되는 사실은 무엇보다도 인간이 존재하는 방식은 생존에 필요한 영양분 혹은 물질 공급으로는 설명되지 않는다는 점이다. 그저 생존하는 것은 인간이 사는 방식이 아니다. 그러면 대체 인간은 어떻게 사는가. 가장 분명한 것은 사람은 물체와 달리, 또 동물과 달리 살면서 항상 자신을 살게 하는 삶의 의미와 가치를 밝혀내면서 그를

19 M. Heidegger, 『이정표』, 135.

향해 탈존한다는 사실이다. 삶이 삶의 의미를 밝히지 못할 때 그래서 살 가치가 없다고 지각하는 순간, 그 삶은 살아도 산 것이 아니며 따라서 스스로 죽는다.

인간의 삶은 이렇게 의미와 가치를 향해 탈존적으로 살아가는 질적 실존 현상이다. 인간에게는 의미, 가치 목적성취 같은 질적 현상들이 인간의 삶을 살게 하는 결정적 요인이다.

이제 다시 처음 문제로 돌아가 보자. 왜 헬조선인가? 이 비탄적 용어는 사실 각성을 처절하게 촉구하는 비명이다. 3만 불이 넘어도, ICT강국이어도 또 IOT의 미래 사회가 도래해도, 그 사회가 삶의 의미와 가치를 향해 탈존할 기회를 제공하지 못하면, 인간의 삶은 거기서 죽어갈 뿐이라고. 바로 이러한 이유 때문에 우리가 지금까지 이룩해 온 경제적 번영에도 불구하고, 우리사회에서 삶의 의미를 발견하지 못하고 스스로 죽음을 택하는 사람들의 수가 증가하는 역설이 등장하는 것이다.

늘 잊지 말아야 할 사실이 있다. 인간은 단순히 생명을 본능구조에 따라 연장해 가는 동물과는 다른 방식으로 자신의 삶을 영위해 간다. 인간에게는 의미, 가치 목적성취 같은 현상들이 인간의 삶을 이끌어 가는 존재방식을 이룬다. 하이데거가 존재론에 근거한 인간과 동물의 차이에 대한 논의에서 밝힌 바와 같이 인간의 삶이 단순히 생존으로 환원될 수 없는 탈(실)존 현상인 이유는 여기에 있다. 물론 삶의 위기 상황에서 이러한 질적 현상들은 일단 그 위기를 탈출하려는 생존 전략에 따라 생존 본능에 의해 압도되기도 한다. 그러나 이러한 경우에도 소위 생존본능이란 것이 삶의 탈존적 현상들을 압도하는 방식은 삶의 탈존적 현상이 인간의 삶을 어떻게 구성해 왔는지에 따라 달라진다. 예컨대 살아야만 하는 극단적 상황에서도 인간은 각기 결단하는 방식이 다르다. 혹자는 인간으로서 도저히 할 수 없는 야만적 결단을 하는 반면, 혹자는 인간으로서는 도저히 할 수 없기 때문에 죽음을 결단하는 경우도 있다. 또한 동물적 본능에서조차 상상할 수 없는 엽기적 선택을 하는 경우도 있고, 성스럽다고 해야 할 정도로 숭고한 선택을 하는 경우도 있다. 따라서 결국 인간의 삶은 생존본능이 아니라 의미, 가치, 목적을 향해 탈존적으로 살아가는 존재자라는 데 의심의 여지가 없을 것이다.

그런데 사람들이 의미와 가치를 창조하며 그것을 실현하기 위해 살아가는 구체적 행위는 무엇인가. 그것은 바로 일이다. 사람들은 자신들이 지향하는 삶의 가치를 실현하기 위해 몸으로 행위를 하는데, 그 대부분이 일이거나 일하기 위한 행위다.

이제 이러한 사실을 염두에 두면서, 사람과 기술은 어떤 관계에 있는지를 생각해 보자. 이때 우리가 잊지 말아야 할 사실이 있다. 사람의 일은 단순히 생존을 위해 먹이를 구하는 동물의 행동과는 다른 차원의 탈존적 처신이다. 사람만이 어떤 미래의 가치를 성취하기 위해 일을 한다. 기계는 작동할 뿐 일하지 않는다. 사람이 일하기 때문에 기계 나아가 인공지능이 필요한 것이다. 그리고 여기서 또 주목해야 할 사실이 있다. 그것은 사람은 이 과정에서 몸으로 살지만 또 맨몸으로만 살 수 없다는 점이다. 자신의 삶을 몸으로 살아내는 사람은 그 몸으로 항상 도구와 기술에 의탁하며 삶을 살아낸다. 사람의 몸은 기술과 함께 일을 함으로써 사람의 삶을 생동적으로 살아가게 하는 살로 된 삶의 주인공이다. 사실 고깃덩어리에 불과한 몸은 도구와 기술을 필요로 하지 않는다. 몸은 삶을 탈존적으로 살아나갈 때 도구와 기술을 필요로 한다.

12 맺음말: 사람이 사는 4차 산업혁명

사회를 발전시켜 그 구성원인 인간을 행복한 미래로 인도하려는 정책은 양적 사유와 물리적 방법론이 지배적이다. 여기에는 두 가지 이유가 있다. 우선 정책 구상과 실행의 객관적 과학성을 담보받기 위해서는 양으로 측정이 가능한 지표의 마련이 불가피하다. 둘째, 인간의 삶이 빈곤에 처해 있을 때는 일단 기본적인 물질적 욕구를 충족시키는 것이 삶의 질을 확보하는 필수요건이다. 그리고 이 물질적 욕구는 물질적 대상에 관계한다는 점에서 양화의 가능성을 가지고 있다. 그러나 바로 이 두 가지 이유 때문에 양적 사유와 목표에만 집착한다면, 삶이 본래 탈존적 질적 현상이라는 사실을 왜곡하고 때에 따라서는 사회 구성원들이 미래에 맞이할 삶을 그 삶을 사는 인간들과는 관계없는 지표들의 유희로 전락시킬 위험이 있다. 우선 삶의 질을 객관적 담론의 형태로 연구하기 위해 양적 지표를 마련하는 것은 삶에서 양화가 가능한 부분에만 연구와 논의를 집중시키고 양화가 불가능한 삶의 본질적 부분은 무시하거나 제외 혹은 추방시킨다. 둘째, 빈곤의 상황에서 삶의 질을 확보하는 전략은 물질적 욕구충족을 급선무로 한다.

그러나 빈곤에 대한 객관적 기준의 설정은 불가능하며 인간의 삶에서 어디까지가 물질적 욕구인지 그 경계를 설정하기도 어렵다.(장 보드리야르, 라캉) 또 삶의 질과 물질적 욕구충족의 상관관계를 반증하는 사례도 종종 출현한다. 물질적 결핍으로 고통받을 것 같은 나라의 국민이 오히려 물질적 충족이 이루어진 나라의 국민보다 삶의 만족도가 높게 나타나는 경우가 그 예다. 물질적 욕구 충족을 통해 보다 행복한 삶을 추구하고 삶의 질을 증진시킬 수 있다는 것도 사실 인간의 삶을 이끌어 가는 가치관일 뿐이다.

그럼에도 이러한 사실이 충분히 인식되지 않은 상태에서 사회의 미래비전을 객관적, 과학적 담론의 틀에 구속시키고 또 그 삶이 가야 할 목적을 양화될 수 있는 물질적 욕구 충족 차원에서 논하면, 삶의 탈존적 존재방식은 심하게 훼손될 것이며, 그렇게 삶의 탈존적 방식이 악화된 사회에서는 아무리 양적으로 성장한 지표를 과시한다 해도 삶을 스스로 포기하는 자살자의 수가 증가할 수밖에 없다.

따라서 한 사회를 행복한 미래로 인도하기 위한 국가의 정책은 근본적으로 삶의 탈존적 존재방식을 최대한 보존하고 배려하고 증진시키는 방향을 끊임없이 유지해야 하며 또 유지하고 있는지 끊임없이 점검해 보아야 한다. 그렇지 않으면 사회를 발전시키기 위한 정책은 그 의도와 취지를 배반하여 극단적 경우에는 삶을 최악의 상황에 처하게 할 수 있다. 결국 미래를 향해 가는 진정으로 미래지향적인 국가나 정부는 노동생산성의 증가보다는 삶의 질 향상을 통한 인간의 탈존적 존재방식의 고양을 정책의 목표로 삼아야 할 것이다. 이러한 의미에서 4차 산업혁명 비전에 대한 현상학적 성찰이 절실하며, 독일의 4차 산업혁명의 근간이 되는 인도적 경제(humane economy)를 탈존적 인간 존재방식의 관점에서 다시 연구할 필요가 있다.

참고 문헌

BLOK, Anders / JENSEN, Torben E., *Bruno Latour: Hybrid Thoughts in a Hybrid World*, New York, Routledge, 2011 [블록, 아네르스, 옌센, 토르벤 엘고르, 『처음 읽는 브뤼노 라투르』, 황장진 역, 사월의책, 2017].

CARR, Nicholas, *The Glass Cage: How Our Computers Are Changing Us*, New York, W. W. Norton & Company, 2014 [카, 니콜라스, 『유리감옥』, 이진원 역, 한국경제신문사, 2014].

CORDEIRO, Jose, "인간의 경계: 휴머니즘에서 포스트휴머니즘까지", 『제1회 세계인문학포럼 발표자료집』, 2011, 325-334.

HAYLES, N. Katherine, *How We Became Posthuman. Virtual Bodies in Cybernetics, Literature, and Informatics*, Chicago, The University of Chicago press, 1999.

HEIDEGGER, M., *Grundbegriff der Metaphysik(GA 29/30)*, Frankfurt a.M., Vittorio Klostermann, 1983.

HEIDEGGER, Martin, 『이정표』, 이선일 역, 한길사, 2005.

LANGTON, C. "Artificial Life", *Artificial Life*, ed. by C. Langton, Redwood City, CA: Addison-Wesley, 1989.

MAZIS, Glen A., *Humans, Animals, Machines. Blurring Boundaries*, New York, SUNY Press, 2008.

SALTHE, Stanley N., *Evolving Hierarchical Systems*, New York, Columbia University Press, 1985.

VALERIE, Ahl / T. F. H. Allen, *Hierarchy Theory*, New York, Columbia University Press, 1996.

06

중국 전통철학의 일원론 체계: 천인합일 사상을 중심으로

이근덕

이근덕

수원교구 사목연구소장, 중국 북경대에서 철학박사 학위 취득, 수원가톨릭대학교 중국철학 외래 교수

서론

21세기 첨단과학과 기술의 발달은 더 나은 인류 미래를 위한 다양한 분야의 연구를 촉발하고 있다. 그 중에서도 인간의 본질과 직접 관련이 있는 유전공학, 신경과학, 인공지능 분야의 연구들은 기존의 가치관과 삶의 양식을 다시 숙고하게 만드는 새로운 결과들을 내놓고 있다. 그런데 이윤추구를 목적으로 하는 자본주의 사회는 이러한 연구가 갖는 윤리적 정당성에 대한 논의를 도외시한 채 그저 결과물이 가져다 줄 이윤에만 관심이 있다. 만일 개개인의 삶의 질을 높이고 사회활동의 기능을 향상하게 한다는 '기술 관료적 패러다임'[1]에 사로잡혀 아무런 여과 없이 이러한 연구들을 지속 발전시킨다면 향후 인류의 미래가 어디로 향할지는 아무도 장담할 수 없을 것이다.

이와 관련하여 교황청 문화평의회에서는 2017년 총회를 준비하면

1 참조: 프란치스코 교황, 회칙『찬미받으소서』, 한국천주교주교회의, 2015, 106-114항.

서 4차 산업혁명 시대를 맞이하고 있는 인류의 미래에 관한 대화의 장을 마련하고자 하였다. 그리고 이를 위한 준비 작업으로 각 나라에서 다음의 몇 가지 사항을 검토해 주기를 요청하였다.

첫째, 전통적으로 가치판단을 내리는 데 적용하고 있는 윤리적이고 인간학적인 범주에 대한 검토다. 이를 위한 질문으로 '과학연구를 증진하는 사람들이 이해하는 인간 존재의 의미는 무엇인가?' '그들의 탐구 방향에 영향을 주는 인간의 삶과 사회에 대한 개념은 무엇인가?' '이를 뒷받침하는 철학적, 인간학적 전제는 무엇인가?'를 제기하였고 이는 윤리적 접근을 결정하는 근본적인 근거가 된다고 보았다.

이와 관련하여 이미 각기 다른 종교적, 철학적 전통에서는 수 세기에 걸쳐 '인간이란 무엇인가?'라는 질문에 분명한 답을 내놓았다. 넓은 의미에서 서구 세계에서는 고대 그리스 시대 이래로 인간이란 개념은 이원 체계를 기반으로 형성되어 왔다. 정신과 육체, 주체와 객체가 그것인데, 플라톤(Plato)의 원형의 경우에는 이 두 가지 구성요소가 실제적 이원론이 되었고, 아리스토텔레스(Aristotle)의 원형에서는 두 가지 구분되는 실제가 결합되어 있다고 보았다. 교회는 아리스토텔레스의 이중 원형을 따르고 있으며, 인간에 관해, 인간의 능력에 관해 그리고 죽음 후 인간의 운명에 관해 성 토마스 아퀴나스(St. Thomas Aquinas)가 그것을 재정립하였다. 성서적 통합 인간학에 뿌리를 둔 이 원형은 개인의 인격, 자율성, 개인의 책임, 빼앗을 수 없는 존엄성과 같은 기본 개념들의 발전을 이루었다.

반면 동양의 철학 전통은 일반적으로 인격에 대해 그리고 인간과 자연의 연결에 대해 전체적, 일원론적 차원을 강조한다. 특히 동양 사상은 관계적 관점에서 인간을 고찰하는 경향이 있다. 그리고 그것은 천인합일(天人合一), 물아일체(物我一體), 순기자연(順其自然), 성속일여(聖俗一如) 등의 초월적 차원으로 승화되어 나타난다. 여기에서 우리가 주목해야 할 새로운 논의의 과제는 동, 서양의 종교적, 철학적 전통에 따라 인간 존재가 갖는 일원적 혹은 이원적 차원, 책임감, 존엄성, 불멸성에 대해 '이 시대를 함께 살아가는 사람들에게 의미 있는 방법으로 어떻게 지속해서 이야기할 수 있는가?'라는 것이다.

둘째, 이러한 변화들이 나타나고 있는 문화적 상황에 대한 검토다. 이는 다양한 연구 접근과 다른 학문 분야와의 제휴를 통해 견해 차이를 상호 조명함으로써 한편으로는 인류 미래에 대한 의문과 과학기술의 영향에 대한 광범위한 대중의 관심을 유발하고, 다른 한편으로는 이러한 연구들이 과학자들에게만 국한된 영역이 아니라는 인식을 조성하여 연구 방향의 결정기준이 기술적이거나 경제적인 기준에 국한되지 않도록 도움을 주고자 하는 것이다.

무엇보다도 우선하여 검토해야 하는 문화적 상황은 인간의 본성이 재설계되고 있다는 것이다. 이는 곧 의학과 유전공학이 제공하는 육체의 변형 가능성과 관련된 문제다. 전통적으로 본성이란 자연적 존재에 필연으로 본래부터 내재하는 운동 원리로 이해되어 왔다. 따라서 본성은 존재와 본질에 있어서 보증인이 되는 절대자(창조주) 안에 그 기반을 갖는다. 그러므로 본성은 하느님의 의지에 의한 정확한 순서를 가진 만큼 결정론적 특성을 취한다. 이런 관점에서 인간도 창조주와 밀접한 관계에 놓이고 그분의 계획에서 대상이 된다.

하지만 오늘날에는 사람들이 보편적으로 공유하는 본성의 원형은 없다. 오히려 인간과 인간의 본질적 특성에 대한 새로운 정의가 필요하다. 특히 유전공학의 발전은 트랜스휴머니즘, 포스트휴머니즘, 새로운 종(種)의 분화 등을 새로운 문화적 상황으로 예견케 하고 있다. 과연 이들의 정체성, 사회적 지위, 유대감, 윤리적 기준의 정당성은 무엇이 될 것인가? 또한 신학적으로 우리는 다음의 문제들을 숙고해야 한다. '하느님의 구원계획에서 이러한 변화가 무엇을 의미하는가?' '인간에게 인간이 개입하는 것은 하느님께서 인간에게 부여하신 창조사업의 협력과 임무의 일부인가? 아니면 하느님을 대체할 대상을 모색하는 우리의 교만을 드러내는 남용인가?' '신학적으로 이러한 것들이 어떻게 통합될 수 있는가?'

다음으로 검토해야 하는 문화적 상황은 인간의 인격과 뇌의 상관관계 그리고 영혼의 존재에 관한 신경과학 분야의 새로운 윤리적 도전들이다. 이와 관련하여 제기되는 질문들은 다음과 같다. '인간의 생물학적, 생리적 조직층이 어떤 식으로 인격을 설명하고 지배하는가?' '어떤 식으로 인간이 뇌와 동일시될 수 있는가?' '인간이란 뇌에 의해 결정되는 존재라는 생각을 어느 정도 깊이로 할 수 있는가?' 이는 인간의 정체성에 관한 근본적인 의문을 불러일으키는 쟁점들이다. 곧, 인간의 정신과 육체의 관계, 신앙심의 근원, 선택하고 느끼고 믿는 인간 행위의 의미, 정보가 뉴런에 기반을 둔 것이라는 발견의 함의와 자유의지에 관한 물음 등이 그것이다. 과연 이러한 지식이 그리스도교 전통의 인간학과 어느 정도 조화를 이룰 수 있는지 우리는 진지하게 숙고해보아야 한다.

마지막으로 검토해야 하는 문화적 상황은 인공지능의 등장으로 말미암은 기계 발전에 의한 사회적, 경제적 변화다. 이와 관련하여 제기되는 질문들은 다음과 같다. '노동의 미래에서 기계화는 어떤 의미가 있는가?' '전통적 형태의 일자리를 잃은 사람들은 그들의 삶의 가치와 목적을 어떻게 찾을 것인가?' '기계를 개발하고 계획하고 소유할 사람들과 일터에서 쫓겨날 사람들 사이에 사회적, 경제적 불평등이 증대하는 것은 불가피한가?' 이는 법적이고 윤리적 차원의 의문을 불러일으키는 쟁점들이다. 곧 자율 시스템의 프로그램을 결정하는 과정에서의 법적이고 윤리적인 책임, 예상 가능한 시나리오를 찾고 최적의 대응 방식을 도출하는 알고리즘의 프로그램을 결정하는 과정에서의 법적이고 윤리적인 책임, 그리고 그런 기계의 행위에 대한 최종적인 법적, 윤리적 책임을 누가 질 것이고 그에 따른 보상은 어떻게 할 것인가에 대한 문제다.[2]

한국교회는 교황청 문화평의회에서 제기한 문제들의 시의성을 직시하고 보다 성실한 답변을 마련하기 위하여 각 분야의 전문가들로 구성된 연구모임을 결성하고 구체적인 논의를 진행하기로 하였다. 본 논고는 이러한 연구의 하나로 작성된 것이며 첫 번째 논의주제인 전통적으로 가치판단을 내리는 데 적용하고 있는 윤리적이고 인간학적인 범주에 대한 검토 중에서 동양의 철학적 전통이 갖는 일원론적 차원을 살펴보는 것을 목적으로 한다. 그 방법은 중국 전통철학의 천인합일 사상을 중심으로 할 것이다.

1 천인합일의 이중적 의미

천인합일은 중국 문화가 갖는 주요한 특징 중의 하나다. 천인합일

2 참조: 교황청 문화평의회, 2017년 『총회의안 질의서』, 2017.

사상은 중국의 원시 문화 중에서 자연숭배 혹은 천지(天地)숭배, 곧 천지가 만물의 근본이라는 사상과 깊은 관련을 맺는다. 동시에 조상숭배 사상과도 관련을 맺고 있다. 그렇다면 자연숭배란 무엇인가? 원시 부족 사람들은 자연계의 산이나 강, 나무 등에 모두 신령이 있다고 여겼다. 그리고 이러한 신령들은 구체적으로 형상화되었으며 생명의 근원으로 숭배되었다. 여기에서 숭배되는 하늘은 자연의 천(自然之天)이다.

조상숭배는 무엇인가? 중국 원시 부족 사람들은 자신의 부족을 이루는 데 아주 중요한 공헌을 한 조상들이 사후에 하늘에서 자신의 후손들을 보살핀다고 여겨 이들을 숭배하였다. 이러한 사상은 현대에 이르기까지 계속 이어져 내려와 백성들 사이에서 여전히 조상들이 하늘에서 그들의 자손들을 보호해 주고 있다고 믿고 있다. 조상숭배에서 나타나는 하늘은 천명의 천(天命之天)이다. 천인합일의 천은 바로 이 자연의 천과 천명의 천이 하나로 결합되어 완성된다.

1.1. 사람과 자연의 천(天)의 합일

우선 사람과 자연의 천(天)의 합일은 어떠한 형태로 이해되는가? 그 중심에는 "자연에 순응"해야 한다는 사상이 자리하고 있다. 그런데 여기에서 말하는 자연은 그냥 일반적인 자연계를 가리키는 말이 아니다. 중국 전통문화에서 일반적인 자연계는 "천지 만물"이라는 표현으로 나타나며, '자연'이라는 말은 '본연(本然)' 즉 만물이 본래부터 지닌 본성을 의미한다. 그렇기에 자연에 순응한다 함은 바로 사물 각자의 본연의 상태 곧 자신의 본성에 순응하는 것을 말한다.

이러한 사상은 특히 도가(道家)의 사상에서 잘 드러난다. 도가사상의 선명한 특징 중의 하나는 자연에의 순응을 강조한다는 점이다. 예를 들어 『노자(老子)』에 이런 말이 있다. "만물의 자연스러운 본성에 따라 이를 도와 발전해 나가야지 자기 마음대로 본성을 거슬리 고치려 해서는 안 된다."[3] 일각에서는 도가의 무위자연 사상이 소극적이고 수동적이라는 인식이 있었다. 하지만 자세히 살펴보면 그 안에는 상당히 적극적이고 합리적인 면이 숨어 있다. 예를 들어 한대(漢代)의 『회남자(淮南子)』에서는 '무위(無爲)'를 다음과 같이 해석한다. "무위란 그 자리에 가만히 서서 전혀 움직이지 못하게 하는 것이 아니라 자기 마음대로 사물을 고치려 들지 말라는 것이다."[4] 소위 말하는 무위자연이란 개인의 사사로운 의지나 욕망으로 자연의 본래 규율을 좌지우지하려 들지 말라는 것이다. 오히려 무위자연은 더 적극적으로 자연의 이치에 따라서 일을 도모하고 완성하며, 자연스러운 발전추세에 맞추어 주동적으로 밀고 나가야 함을 말한다.

그렇다면 유가(儒家) 사상은 어떠한가? 유가사상 역시 자연에 순응할 것을 강조한다. 우리는 중국 고대 역사에서 우(禹)임금의 치수(治水) 이야기를 잘 알고 있다. 본래 순(舜)임금은 곤(鯀)을 파견하여 당시의 홍수를 다스리도록 하였다. 그런데 곤(鯀)이 선택한 방법은 제방을 쌓아 홍수의 범람을 막는 것이었다. 그런데 물이 범람하는 곳을 막으면 막을수록 오히려 상황은 더욱 악화하였다. 그래서 순임금은 곤(鯀)을 파면하여 죽이고 그 아들인 우임금을 파견하여 다시 홍수를 다스리게 하였다. 우임금이 선택한 방법은 물이 흐르는 형세에 맞추어 그 물길을 터주어 홍수가 빠져나가도록 하는 것이었다. 마침내 홍수는 다스려졌고 우임금은 그 업적을 인정받아 순임금을 이어 왕위에 오르게 된다.

---

3 "以輔萬物之自然而不敢爲." 『老子』 64장.

4 "無爲者, 非謂其凝滯而不動也, 以其言莫從己出也." 『淮南子』 「主述訓」.

이후 유가에서는 우임금의 치수법을 자연에 순응한 가장 모범적인 사례로 들어 '자연에 순응'하는 것에서 '유위(有爲)'와 '무위(無爲)'가 통일되고 있음을 보여 주고 있다. 이에 대하여 맹자는 다음과 같이 말한다. "천하 사람들이 말하는 본성이라는 것은 곧 개개의 사물들 안에 이미 드러나 있는 일종의 현상이요 상황일 따름이다. 그리고 이 현상들은 모두 자신에게 이로운 것을 추구하는 방향으로 움직인다. 그런데 어떤 사람들은 자신의 사욕으로 말미암아 인위적으로 꾀를 부려 사물의 본성에 간섭하여 일을 그르치니 타인들의 눈살을 찌푸리게 한다. 만일 우임금이 홍수를 다스린 것처럼 사물의 본성에 순응하는 지혜를 발휘한다면 사람들이 이를 혐오할 까닭이 없다. 우임금이 홍수를 다스린 방법은 바로 억지로 일이 되게 하려고 조장하거나 미리 기대하지 않는 순응의 지혜였다. 만일 그대의 지혜가 이러한 본성에 순응하는 것과 맞닿아 있다면 그 지혜가 얼마가 위대하겠는가!"[5] 이처럼 도가사상이든 유가사상이든 모두 하나같이 천인합일의 핵심은 바로 자연 만물이 본래 가지고 있는 본성에 순응하는 것이라고 말하고 있다.

1.2. 사람과 천명의 천(天)의 합일

다음으로 살펴보아야 하는 것은 천명으로서의 하늘과 합일을 이루는 문제다. 여기에서의 핵심은 '자신의 덕행을 드높이는 데 민첩한 것'이다. 이러한 관념은 주(周)나라 초기에 기원한다. 주나라 사람들은 이전의 왕조인 하(夏)나라와 은(殷)나라가 왜 멸망하게 되었는지 성찰하면서 자신의 임금에게 덕행 수련을 게을리해서는 안 된다고 강조한

5 "孟子曰, 天下之言性也, 則故而已矣. 故者, 以利爲本. 所惡於智者, 爲其鑿也. 如智者若禹之行水也, 則無惡於智矣. 禹之行水也, 行其所無事也. 如智者亦行其所無事, 則智亦大矣!" 『孟子』「離婁下」.

다. 『상서(尙書)』「소고(召誥)」에서는 이렇게 말하고 있다. "우리는 하나라와 은나라의 경험 교훈을 잊어서는 안 된다. 하나라와 은나라의 국운이 다한 것은 하늘이 그저 그만큼의 운명을 주었기 때문이라고 말해서는 안 된다. 하나라와 은나라는 자신들의 덕행을 닦는 데 게을리했기 때문에 일찍 망하게 된 것이다."[6] 여기에서 이야기되는 하늘의 명은 영원한 것이 아니다. 만일 덕행이 있다면 오래 지속할 것이요, 덕행이 없다면 곧 멸망할 것이다. 앞에서 이야기했듯이 여기에서 말하는 천명은 조상숭배 사상에서 연유한다. 자신의 조상들이 하늘에서 굽어보고 보호해 준다는 것이다. 그런데 천명은 영원무궁한 것이 아니다. 그렇다면 영원한 보장이 없는 천명이 어떻게 보호해 준다는 것일까? 그래서 당시에 또 하나의 관념이 생겨난다. 곧 하늘은 친족이 없으니 오직 덕이 있는 자를 보우해 줄 따름이라는 것이다. 나의 자손 여부를 떠나서 덕이 있는 자를 하늘은 돕는다는 관념이 생겨난 것이다.

고대의 천자는 하늘로부터 명을 받은 사람이다. 천자는 하늘의 아들임을 표시한다. 그러므로 하늘로부터 명을 받는 것은 당연하다. 그렇다면 이 하늘은 의지가 있는 인격적인 하늘인가? 아니면 일종의 신화화된 하늘인가? 이것은 관건이 되는 중요한 문제다. 『맹자(孟子)』「만장(萬章)」 상편에 이런 이야기가 있다. "만장이 맹자에게 물었다. '요임금이 순임금에게 천하의 왕위를 물려주었다고 하는데 어찌 된 일입니까? 아니 요임금이 사사로이 천하를 순임금에게 준 것입니까?' 맹자가 답하였다. '어찌 그렇게 말하는가? 천하는 사사로이 물려줄 수 있는 것

6 "我不可不鑒於有夏, 亦不可不鑒於有殷. 我不敢知曰, 有夏服天命, 惟有歷年; 我不敢知曰, 不其延. 惟不敬厥德, 乃早墮厥命. 我不敢知曰, 有殷受天命, 惟有歷年; 我不敢知曰, 不其延. 惟不敬厥德, 乃早墮厥命." 『尙書』「召誥」.

이 아니다. 요임금이 천명을 받아 천하를 수여한 것이지 자기 마음대로 순임금에게 준 것이 아니다.' 제자가 또 물었다. '그렇다면 하늘은 어떻게 그 의지를 표현한단 말입니까? 어떤 방법으로 순임금에게 왕위를 물려주라고 알려 주는 것입니까? 하늘이 요임금에게 명령을 반포하는 것입니까?' 맹자가 제자에게 말하였다. '그것이 어찌 가능하겠는가? 하늘은 말이 없는 법이다.' 제자가 이어서 물었다. '하늘이 말하지 않는다면 어찌 요임금이 순임금에게 천하를 물려준 것을 천명이라고 할 수 있습니까?' 맹자가 말하였다. '이는 두 가지 일로써 살펴볼 수 있다. 하나는 요임금이 순임금을 시켜 하늘에 제사를 지내는 의식을 주관하도록 한 후에 하늘이 반응을 하는지 살펴보는 것이다. 곧 이상한 자연현상이 나타나는지 아닌지 살펴보는 것이다. 만일 이상한 자연현상이 나타나지 않는다면 이는 곧 하늘이 그를 받아들였음을 의미한다. 또 하나는 순임금에게 백성을 위한 일을 맡아서 진행하게 하는 것이다. 그리하여 백성이 그를 좋아하고 지지하는지 아닌지 살펴보는 것이다. 만일 백성이 모두 좋아하고 지지한다면 이는 곧 백성이 그를 받아들였음을 의미한다. 만일 하늘이 그를 인정하고 백성이 그를 인정한다면 그는 왕위를 계승할 수 있는 것이다. 그렇기에 『서경(書經)』에서 이르기를 하늘은 백성의 눈을 통해 보고, 백성의 귀를 통해 듣는다고 한 것이다.'"[7] 맹자의 분석을 통해 볼 수 있듯이 백성의 뜻이 바로 천명의

---

7 "萬章日 :「堯以天下與舜, 有諸?」 孟子日 :「否。天子不能以天下與人。」「然則舜有天下也, 孰與之?」 日 :「天與之。」「天與之者, 諄諄然命之乎?」 日「否。天不言, 以行與事示之而已矣。」 日 :「以行與事示之者如之何?」 日 :「天子能薦人於天, 不能使天與之天下 ; 諸侯能薦人於天子, 不能使天子與之諸侯 ; 大夫能薦人於諸侯, 不能使諸侯與之大夫。昔者堯薦舜於天而天受之, 暴之於民而民受之, 故日 : 天不言, 以行與事示之而已矣。」 日 :「敢問薦之於天而天受之, 暴之於民而民受之, 如何?」 日 :「使之主祭而百神享之, 是天受之 ; 使之主事而事治, 百姓安之, 是民受之也。天與之, 人與之, 故日 : 天子不能以天下與人。舜相堯二十有八載, 非人之所能為也, 天也。 堯崩, 三年之喪畢, 舜避堯之子於南河之南。天下諸侯朝覲者, 不之堯之子

근거다. 천명이란 그저 백성의 뜻을 드러내 보여 주는 일종의 의례적 형식일 뿐이다. 바로 여기에 천명의 진정한 함의가 담겨 있다. 그러므로 관건이 되는 것은 백성이 지지하고 받아들이는지 아닌지인 것이다.

중국 문화에서 '하늘'이라는 개념은 가장 근본이 되고 중요한 것을 표현하는 데 쓰인다. 예를 들어 "백성은 먹는 것을 하늘로 여긴다."라고 했을 때 이는 먹는 문제가 생존을 유지하는 데 가장 중요한 일이라는 말이다. 그러므로 '하늘'은 꼭 어떤 신비스러운 존재만을 가리키는 것은 아니다. 만일 임금이 백성을 하늘로 여기지 않고, 백성이 먹을거리를 하늘로 여기지 않으면서 그저 온종일 하늘에 대고 절을 하며 돌보아 주기를 청한다면 이는 불가능한 것이다. 그렇기에 중국 전통문화에 사람의 일이 귀신의 일보다 급하며, 백성의 뜻이 귀신의 뜻보다 중요하다는 관념이 생겨났고 또한 동시에 어진 군주라면 항상 경계해야 할 덕목으로 내려오게 된다.

『예기(禮記)』에 하, 은, 주 삼대의 문화특징을 살펴보면 하나라와 은나라는 모두 귀신을 아주 중시하였다. 그런데 주나라에 와서는 비록 하나라와 은나라의 문화를 계승하고는 있지만 조금 다른 점이 있다. 우선 예를 존중하고 실제적인 시혜를 중시하며, 둘째 귀신을 공경하고 섬기지만 멀리하고, 마지막으로 백성의 일을 가까이하여 충심을 다해 임한다는 것이다. 공자는 이러한 주나라의 문화전통을 계승하였다. 그래서 『논어(論語)』의 많은 곳에서 이와 유사한 내용을 발견하게 된다. 공자의 제자인 계로(季路)가 공자에게 귀신을 어떻게 섬겨야 하는지를 물

而之舜; 訟獄者, 不之堯之子而之舜; 謳歌者, 不謳歌堯之子而謳歌舜, 故日天也。夫然後之中國, 踐天子位焉。而居堯之宮, 逼堯之子, 是簒也, 非天與也。《太誓》 日: 『天視自我民視, 天聽自我民聽』, 此之謂也." 『孟子』「萬章上」.

었을 때 공자는 제자를 엄숙하게 나무라며 "사람 섬기는 일도 아직 능하지 못한 주제에 귀신 섬기는 것을 물어서 무엇에 쓰겠는가!"[8]고 답하였다. 또한 다른 제자인 번지(樊遲)가 지혜 있는 사람의 태도에 관해 물을 때 공자가 답하기를 "지혜 있는 사람이라면 마땅히 백성이 해야 할 도리를 힘써 행하고 귀신을 공경하되 멀리해야 한다."[9]고 하였다. 언제나 백성의 일이 가장 우선시 되었으니 이것이 바로 중국 전통문화에서 정치 권력이 종교 권력보다 더욱 중요하게 여겨진 이유 중의 하나다.

그러므로 사람과 천명의 합일이란 귀신과 합일을 이룬다는 것이 아니라 사람은 그저 자신의 덕행을 높임으로써 비로소 주변의 지지와 도움을 얻을 수 있음을 강조한 것이다. 천인합일의 사상에서 그것이 자연과의 합일이든 천명과의 합일이든 언제나 인간이 주도적인 지위를 차지하고 있음을 명심해야 한다.

2 『역전(易傳)』에 나타나는 '천인합일' 사상

천인합일 사상을 철학적으로 풀어낸 대표적인 경전은 『주역』이다. 그 중에서도 『역전(易傳)』에서 우리는 천인합일 사상이 어떻게 이해되고 전개되는지를 찾아볼 수 있다.

2.1. 천, 지, 인, 삼재의 합일

『주역(周易)』 「설괘전(說卦傳)」에서는 괘(卦)가 형성되는 이치를 다음과

8 "未能事人, 焉能事鬼." 『論語』 「先進」.

9 "務民之義, 敬鬼神而遠之." 『論語』 「雍也」.

같이 설명하고 있다. “옛적에 성인이 『역(易)』을 지으면서 장차 사람들이 성명(性命)의 이치에 순응하며 살아가게 하고자 하였다. 그래서 성인은 하늘의 도리를 세워 음(陰)과 양(陽)으로 나누고, 땅의 도리를 세워 유(柔)와 강(剛)으로 나누며, 사람의 도리를 세워 인(仁)과 의(義)로 나누었다. 이는 곧 천, 지, 인의 삼재(三材)를 아울러 둘로 나눈 것이다. 그러므로 이로써 여섯 개의 효(爻, 가로 그은 획: – --)가 자리하여 하나의 괘를 이루게 된다.”10 주역에서 하나의 괘는 여섯 개의 효(爻)로 이루어져 있다. 그 중에서 제일 상단에 있는 두 개의 효는 하늘(天)을, 하단에 있는 두 개의 효는 땅(地)을, 중간에 있는 두 개의 효는 인(人)을 각기 상징한다. 이로써 천, 지, 인의 삼재가 합일되어 하나의 괘를 구성하고 있음을 나타낸다. 또한 하늘과 땅의 도리인 음양(陰陽)과 강유(剛柔)는 자연계를 구성하는 기본질서이면서 동시에 인간의 사회질서인 인의(仁義)와 서로 유비 관계를 맺으며 상호작용을 하게 되는데, 이때 인(仁)은 음유(陰柔)와, 의(義)는 양강(陽剛)과 서로 유비를 이룬다. 그러면서도 본질에서는 천지의 도를 벗어나지 않는다.

2.2. 생생지위역(生生之謂易)

주역에서 바라보는 자연계의 변화는 끊임없는 생성의 과정이다. 따라서 주역에서 말하는 변화[易]에는 충만한 생명의 의지가 담겨 있다. 또한 형이상학적 관점에서 볼 때 인간의 존재는 천지자연이 갖는 생명의 의지[德]를 체현해 내는 최고의 적임자다. “생명을 낳고 또 낳는 것

---

10 “昔者聖人之作易也, 將以順性命之理, 是以立天之道還曰陰與陽, 立地之道還曰柔與剛, 立人之道曰仁與義, 兼三材而兩之, 故易六畫而成卦.” 『周易』「說卦傳」.

을 일컬어 역(易)이라 한다."[11] "천지에 대덕(大德)이 있으니 바로 생명을 살리는 것이다."[12] 하늘이 갖는 이러한 생명의 의지는 인간의 적극적인 참여를 통해 비로소 완성된다. 그런데 여기에서 이야기되는 인간의 적극적인 참여는 그가 본성적으로 하늘로부터 부여받은 '성명의 이치(性命之理)' 혹은 '성명의 덕(性命之德)'이 있기에 가능하다. 이는 맹자에 의해서 '성선(性善)'으로 규명된 인간의 천부적 도덕성과도 같은 맥락에서 이해할 수 있다.

2.3. 수덕(修德)

그렇다면 천지자연이 갖는 생명 순환의 질서[易]에 인간은 어떤 모습으로 참여해야 하고 또 완성해야 하는가? 주역에서는 천지의 순환질서를 사시(四時)의 운행과 견주어 설명하고 있다. 주역의 건괘(乾卦)는 강건함으로 생명을 창조하는 양기(陽氣)의 힘찬 움직임의 과정을 묘사하고 있는데, 이는 원(元), 형(亨), 이(利), 정(貞)으로 대표된다. 그리고 이들 각각은 사시의 움직임과 대입되어 춘(春), 하(夏), 추(秋), 동(冬)의 순환질서로 설명되어진다. 사계절의 변함없는 순환질서는 생명을 살리고자 하는 천지자연의 성실함 그 자체다. 인간은 이러한 천지자연의 성실함에 참여하고 완성하기 위하여 부단한 노력을 기울여야 한다. 즉 원(元)=인(仁), 형(亨)=예(禮), 이(利)=의(義), 정(貞)=정(正)의 덕목으로 안으로는 부단히 자신을 수양하여 하늘로부터 부여받은 '성명의 덕'을 극진하게 하고(內聖), 밖으로는 하늘의 성실함을 본받아 사회의 질서를 유지함으로써(外王) 하늘의 덕과의 합일(合天德)을 이루는 것이다.

---

11 "生生之謂易." 『周易』 「繫辭傳上」.

12 "天地之大德曰生." 『周易』 「繫辭傳下」.

2.4. 성덕대업(盛德大業)

천지자연의 성실한 순환질서는 세상의 모든 만물을 "날마다 새롭게 하여 더욱 번성하게 하니 이것이 바로 성덕대업(盛德大業)이다."[13] 그런데 왜 하늘은 이러한 자신의 성덕대업을 인간의 참여를 통해서 실현하고자 하는 것일까? 여기에는 하늘이 인간에게 천명을 부여함으로써 인간이 선(善)을 지향하게 하려는 목적을 두고 있다는 『역전(易傳)』의 사상이 깔려 있다. "음양이 순환하는 질서를 일컬어 도(道)라 한다. 그리고 이를 잘 계승하여 이어 나가는 것은 선(善)이요, 이를 완성하여 천인합일의 경지에 이르는 것은 성(性)이다."[14] 인간은 하늘로부터 부여받은 본성의 선한 목적에 따라 자신을 수양하고, 나아가 그 덕으로 세상 만물을 새롭게 하며 풍요롭게 해야 하는 사명을 지니고 있다. 바로 여기에서 천인합일 사상이 갖는 인간의 도덕적 합목적성이 잘 드러난다.

2.5. 성인(聖人), 군자(君子), 대인(大人)

인간이 추구해야 하는 도덕적 합목적성의 완성은 천인합일의 경지에 이르는 것이다. "무릇 성인은 천지의 성덕(性德)과 합일을 이루고, 일월의 밝음과 합일을 이루며, 사시의 운행과 합일을 이루고, 귀신의 길흉과 합일을 이룬다. 하늘보다 앞서도 하늘이 이를 거스르지 않으며, 하늘보다 뒤쳐져도 하늘의 때를 받든다. 하늘조차도 이를 거스르지 않는데 하물며 인간이나 귀신 따위가 감히 어찌할 수 있겠는가!"[15] 소위

---

13 "富有之謂大業, 日新之謂盛德." 『周易』「繫辭傳上」.

14 "一陰一陽之謂道, 繼之者善也, 成之者性也." 『周易』「繫辭傳上」.

15 "夫古人者, 與天地合其德, 與日月合其明, 與四時合其序, 與鬼神合其吉凶, 先天而天弗違, 後天而奉天時. 天且弗違, 而況於人乎, 況於鬼神乎!" 『周易』「乾卦 · 文言傳」.

천, 지, 인 삼재가 하나를 이루어 서로 통한다(三材之通) 함은 곧 인간의 주체적이고 능동적인 참여를 최고의 경지까지 드높인다는 것을 의미한다. 즉 하늘의 건도(乾道)가 지니는 강건함(健)의 덕목과 땅의 곤도(坤道)가 지니는 돈후(敦厚)함의 덕목을 두루 겸비하여 천지가 이루는 생명순환의 질서에 적극적으로 참여함으로써 천지와 더불어 셋을 이루는 것이 인간이 추구해야 하는 성인의 도인 것이다.

결론

지금까지 '인간이란 무엇인가?'라는 인간의 본질에 대한 질문의 답을 중국 전통철학의 일원론적 차원에서 천인합일 사상을 중심으로 살펴보았다. 전통적으로 동양 특히 중국문화권에서는 인간에 대한 성찰에 있어서 자연, 본연, 하늘, 도(道) 등으로 대표되는 절대 존재와 조화를 이루는 전체적이고 일원적인 차원의 접근법을 사용하고 있다. 여기에서 인간은 주도권을 쥐고 능동적으로 참여하는 주체다. 비록 유교(儒敎) 성리학(性理學)에서 이기이원론(理氣二元論)의 주장이 강하게 대두되기는 하였지만, 이것 역시도 인간의 본성이 하늘과 맞닿아 있다는 이론적 정당성을 확보하기 위한 것이지 인간의 존재 자체를 이원적 차원에서 성찰하고자 한 것은 아니다. 오히려 동양의 철학 전통은 음(陰)과 양(陽)의 조화, 성(聖)과 속(俗)의 합일 등 전체적 차원에서 화합과 일치를 통한 상생의 길을 모색하는 것에 관심을 두고 있다. 그리고 인간은 그 안에서 조화의 주체로서 절대 존재와의 합일을 통해 주도적 지위를 견지(堅持)해야 하는 당위적 존재로 규명된다.

그런데 최근 유전공학, 신경과학, 인공지능 등 과학기술 분야의 발전은 인간의 본성과 정체성에 대한 기존의 철학적이고 신학적인 정의들에 대해 근본적인 의문을 제기하고 있다. 나아가 사회경제적 차원에서 인간이 갖는 주도적 지위에 대해서도 법적, 윤리적 책임에 대한 논란이 분분한 실정이다. 인간이 인간에 의해 자신의 본성과 정체성 그리고 주도적 지위까지 의심당하는 자기모순이 이 시대에 역설적으로 진행되는 것이다. 그리고 그 중심에는 기술 관료적 패러다임이 자리하고 있다. 만일 기술 이성이 승리하여 현재의 인류를 능가하는 새로운 존재가 등장한다면 인간은 이들에게 주도권을 빼앗긴 채 열등한 존재가 갖는 노예 신세를 면하기 어려울 것이다. 그러므로 인류는 이러한 자가당착에 빠지지 않으려면 자신이 갖는 정체성과 주도권을 견지(堅持)하고자 하는 노력을 한시도 게을리해서는 안 될 것이다. 그런 의미에서 동양의 일원론적 전통이 이야기하는 인간에 대한 해석은 과학기술에 종사하는 이들뿐만 아니라 법적이고 윤리적인 결정을 내리는 이들에게도 향후 인류 미래를 위한 판단과 선택을 하는 데 있어서 중요한 기준이 되어 줄 수 있을 것이다.

프란치스코 교황(Pope Francis)은 이 시대 인류가 직면하고 있는 이러한 상황을 잘 적시하고 있다. "현대 인간 중심주의는 모순적이게도 현실보다는 기술 이성을 앞세우게 되었습니다. 이러한 인간은 더 이상 자연을 타당한 규범이나 살아가는 거처로 여기지 않습니다. 인간은 자연을 아무런 전제 없이 있는 그대로 물건을 만들려는 자리와 재료로 여기며, 그 결과로 어떤 일이 발생하든 관심이 없습니다. 그래서 세상의 고유한 가치가 떨어지게 됩니다. 인간은 이 세상에서 제자리를 되찾지 못하면 자기 자신을 제대로 이해하지 못하고 결국 스스로 모순된 행동을 하고 맙니다. 인간이 그 본래의 선한 목적을 따라 사용하도록 땅이 하느님에 의하여 그에게 주어졌을 뿐 아니라, 인간도 인간 자신에게 하느님에 의하여 주어졌으며, 이러한 이유로 인간은 자신이 타고 나는 자연적이고 윤리적인 구조를 존중해야 합니다."[16]

16 프란치스코 교황, 회칙 『찬미받으소서』, 한국천주교주교회의, 2015, 115항.

참고 문헌

1. 교황 문헌

프란치스코 교황, 회칙 『찬미받으소서』, 한국천주교주교회의, 2015.

2. 교회 문헌

교황청 문화평의회, 총회 의안 "인류의 미래: 인간학에 대한 새로운 도전", 교황청 문화평의회, 『4차 산업혁명과 인류의 미래』, 수원가톨릭대학교출판부, 2019, 147-158.

3. 단행본

顧寶田, 『尙書譯注』, 吉林文史出版社, 1996.

余敦康, 『周易現代解讀』, 華夏出版社, 2006.

程樹德, 『論語集釋』, 中華書局, 1990.

焦循, 『孟子正義』, 中華書局, 1987.

朱謙之, 『老子校釋』, 中華書局, 1984.

3

신학 분야

한민택

박찬호

정희완

곽진상

07

기초신학의 관점에서 본 유발 하라리의 『호모 데우스』와 그리스도교 신학의 과제

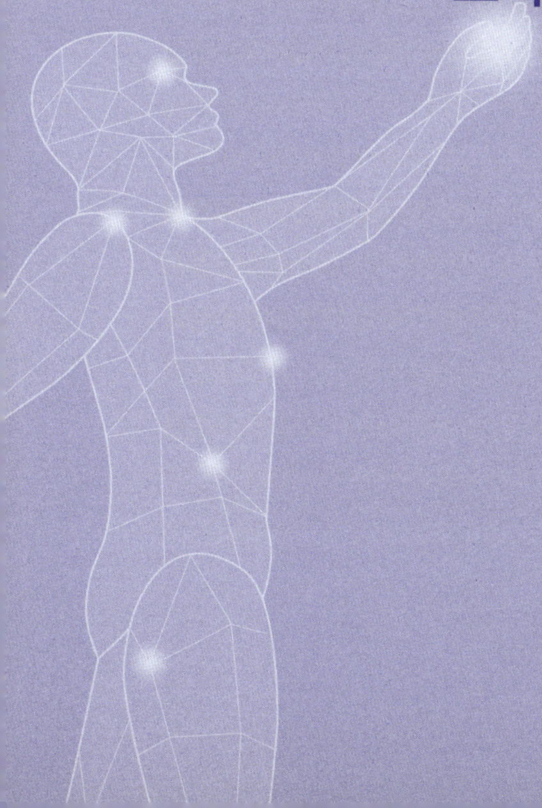

한민택

한민택

이성과신앙연구소장, 프랑스 파리가톨릭대학교에서 기초신학 박사학위 취득, 수원가톨릭대학교 기초신학 교수

서론

4차 산업혁명 시대는 어떤 모습일까? 인공지능, 자율자동차, 유전자 가위, 만물인터넷 등을 통해 혁명적인 변화가 도래할 것이라 예견하는 사람도 있고, 그것이 얼마나 삶의 조건을 바꿀지 의구심을 품는 사람도 있다. 21세기 과학기술의 혁명적 발전으로 인류의 모습은 어떻게 변화할까? 그리고 그것이 교회에 미치는 영향은 어떤 것일까? 과학기술의 발전은 어떤 면에서 교회와 신학과 관련을 맺는가? 무슨 이유로 교회와 신학은 세상의 변화에, 특별히 과학기술의 발전에 귀를 기울여야 하는가?

본고에서는 유발 하라리의 『호모 데우스(*Homo Deus*)』[1]를 통해 이에 답하고자 한다. 이 책을 선택한 이유는 저자가 4차 산업혁명을 특징짓는 신기술들을 상세하게 다루고 있으며, 그것이 지니는 과학기술적 의미

---

1 유발 하라리, 『호모 데우스』, 김명주 역, 김영사, 2017. 이하 HD로 표기.

뿐 아니라 인간학적이고 윤리적이며 종교적인 의미까지 다루고 있기 때문이다. 저자는 순전히 진화론적, 기술적 측면에 머물지 않고 종교와 과학의 관계를 재설정하며 신기술이 가져올 변화의 종교적 측면까지 염두에 두고 미래를 예견하고 있다.

새로운 과학기술 혁명이 교회와 신앙에 어떤 도전으로 다가오는지는 아직 분명하지 않다. 우리 자신이 그 변화의 물결 속에 살고 있기 때문에, 충분히 거리를 두고 그것의 인류학적, 인간학적, 종교적, 신학적 함의를 따져 보기가 쉽지 않다. 본고에서는 『호모 데우스』와의 대화를 통해 21세기 과학기술의 혁명적 발전이 갖는 신학적 의미를 가늠해 보고자 한다. 과학기술의 혁명이 어떠한 변화를 의미하는지 아직 명확히 드러나지 않았기에, 이에 대한 신학적 연구 영역의 개략적인 '지도'를 그려 보려는 것이다. 본 연구가 『호모 데우스』만을 분석의 대상으로 하기에, 연구가 지니는 협소함과 개인적 성격을 지적하지 않을 수 없다. 다만 본고를 통해 과학기술 혁명이 교회의 미래에 매우 중요한 도전으로 다가왔음을, 나아가 유발 하라리가 기성종교들을 향해 비판하는 것처럼,[2] 교회가 이 변화의 물결을 쇄신의 전기(轉機)로 삼지 않는다면, 가톨릭교회는 21세기 신기술에 의한 위협을 넘어 인류와 동행하지 못하는 종교 단체로 전락하고 말 것임을 역설하고자 한다. 먼저 책의 개략적 내용을 살핀 다음 거기서 제기되는 문제를 신학적으로 숙고할 것이다.

---

2 HD, 370-382.

1 유발 하라리의 『호모 데우스』의 개략적 소개

저서에서 저자가 시도하는 것은 인류의 미래에 대한 예측이다. 21세기 과학기술의 혁명적 발전이 인류를 어떠한 미래로 이끌 것인지 전망하려는 것이다.

1.1. 문제제기: '인류의 새로운 의제'

책은 3부로 구성되어 있으며, 제1장 '인류의 새로운 의제'는 책의 문제제기에 해당한다. 저자는 현재 인류가 스스로의 딜레마에 빠져 있다고 진단한다.[3] 인간 자신의 힘에 내재된 위험으로부터 인류와 지구를 보호하기 위해서는 지금 진행되고 있는 인류 역사의 흐름의 본질과 방향을 잘 이해할 필요가 있다는 것이다. 나아가 현재 지구의 생태 문제가 시급한 사안으로 대두되고 있지만, 그것에 머물지 않고 전혀 새로운 방향으로 목표를 찾아 전진할 것으로 전망한다. 곧, 인류가 지금까지 기아와 질병과 전쟁을 어느 정도 통제하는 데 이르렀다면, 이제는 유전공학, 재생의학, 나노기술 등의 혁명적 발전과 자본주의 경제력을 바탕으로 죽음과의 전쟁을 통해 인간을 업그레이드하여 신이 되려 할 것이라고 보는 것이다.[4]

> "전례 없는 수준의 번영, 건강, 평화를 얻은 인류의 다음 목표는, 과거의 기록과 현재의 가치들을 고려할 때 불멸, 행복, 신성이 될 것이다. 굶주림, 질병, 폭력으로 인한 사망률을 줄인 다음에 할 일은 노화와 죽음 그 자체를 극복하

---

3 참조: HD, 99.

4 참조: HD, 69.

는 것이다. 사람들을 극도의 비참함에서 구한 다음에 할 일은 사람들을 더 행복하게 만드는 것이다. 짐승 수준의 생존투쟁에서 인류를 건져 올린 다음 할 일은 인류를 신으로 업그레이드하고, '호모 사피엔스(Homo Sapiens)'를 '호모 데우스'로 바꾸는 것이다."[5]

저자는 새로운 미래를 창의적으로 상상하고 준비하기 위해서는 인류 역사를 새로운 눈으로 돌아볼 필요가 있으며, '불멸, 행복, 신성'이라는 새로운 의제가 나오게 된 배경을 알아야 인류의 미래 예측이 가능하다고 본다. 그는 이 모든 이야기를 서구의 '인본주의'의 형성과 발전 과정으로부터 설명하고자 한다.[6] 인간을 신으로 업그레이드하고자 하는 시도가 인본주의의 논리적 귀결인 동시에 인본주의 자체의 결함을 드러낸다는 것이다. 이 통찰에 기반하여 책의 세 부분이 구성되는데, 먼저 제1부에서 저자는 호모 사피엔스가 어떻게 다른 동물들과의 차별화 과정에서 세계를 정복하게 되었는지를 살피고, 이어서 제2부에서는 호모 사피엔스가 인간 자신을 신봉하는 인본주의가 탄생하게 된 경위를 소묘한 다음, 마지막으로 제3부에서는 인본주의를 실현하려는 그 시도 자체가 인본주의를 파멸에 이르게 할 것인지 예측을 시도한다.

1.2. '호모 사피엔스, 세계를 정복하다'

저자는 호모 사피엔스가 지구 생태계에 막대한 영향을 끼친 원인으로 농업혁명과 과학혁명을 든다. 먼저 농업혁명으로 인간과 동물의 관

---

5 HD, 39.

6 참조: HD, 100-102.

계에 새로운 국면이 시작되었는데,[7] 동물의 대량 멸종과 함께 '가축'이라는 새로운 형태의 생물을 지구상에 탄생시켰다는 것이다. 사피엔스는 이러한 행동을 정당화하기 위해 우주론적 신화에 기반을 둔 유신론적 종교들을 이용했다고 보며, 이를 저자는 '농업계약'이라고 부른다. 이 계약에 따르면 인간은 신으로부터 다른 동물들을 통제하고 착취할 권한을 부여받은 대신, 신과 자연과 동물에 대한 특정한 의무를 이행해야 했다. 유신론적 종교에 기반을 둔 농업계약으로 인간은 신성한 존재가 되어 우주의 중심에 자리하게 되었고, 반면 동물과 식물은 인간과 신의 관계에서 희생양이 되어 버린 것이다.

하라리는 두 번째 혁명, 곧 근대 과학과 산업의 등장으로 인간과 동물의 관계는 또 한 번의 중요한 변화를 맞았다고 본다.[8] 과학혁명이 신을 객석으로 밀어내 이제 세계는 인간의 1인극으로 바뀌었다는 것이다. 그에 의하면 농업혁명이 유신론적 종교들을 탄생시켰다면, 과학혁명은 신을 인간으로 대체한 인본주의 종교를 탄생시켰다. 유신론적 종교가 농업을 정당화했다면, 과학에 의해 힘을 부여받은 인간은 공장식 축산 농장을 정당화한다.

여기서 저자는 인간과 동물의 관계에서 중요한 물음을 제기한다. 인간 생명에 특별한 가치를 부여하는 이유는 무엇이며 인간의 지능과 능력은 어디에서 오는가? 이 질문에 저자는 전통적인 일신교의 대답인 '불멸의 영혼' 때문이라는 주장에 동의하지 않는다.[9] 다른 동물과 달리 인간이 불멸의 영혼을 지니고 있다는 과학적 증거가 전혀 없을뿐더러,

---

7 참조: HD, 106-139.

8 참조: HD, 139-144.

9 참조: HD, 146-187.

분리되지도 변하지도 않는 영원히 지속하는 영혼이라는 개념이 진화론과 모순되기 때문이라는 것이다. 저자는 인간의 우월성의 근거로 종종 드는 '의식적인 마음'이나 '자의식' 또는 '도구 제작과 지능' 또한 그에 대한 답이 될 수 없다고 본다. 반면 저자가 인류의 우월성의 근거로 제시하는 것은 여럿이서 소통할 수 있는 능력, 유연하고 효과적으로 협력할 수 있는 능력이다.[10] 또한 이러한 소통과 협력을 가능케 하는 근거로 '상상의 질서에 대한 인간의 믿음'을 든다. 곧, 객관적 실재와 주관적 실재를 넘어선 상호주관적 실재(돈, 법, 신, 제국 등)를 통해 인간은 서로 소통하고 의미의 그물망을 엮을 수 있으며, 이러한 능력을 통해 세계를 지배할 수 있게 되었다는 것이다. 인류의 미래를 예측하기 위해 생명과학만으로는 불가능하며, 세계에 의미를 부여하는 인간의 상상에 의해 만들어진 허구들까지 분석할 필요가 있다고 저자는 보는 것이다.

1.3. '호모 사피엔스, 세계에 의미를 부여하다'

제2부에서 저자는 '허구의 힘'에 대한 고찰에서 시작한다. 21세기 역시 신기술을 통해 허구의 힘이 강화될 것이기 때문이다. 저자에 의하면 먼저 농업혁명은 상호주관적 그물망의 연결과 강화에 물질적 기초를 제공하였다.[11] 농업혁명의 신화 보존과 대규모 협력을 위해 인간 뇌의 데이터 처리 능력으로는 부족했는데, 문자와 돈의 발명을 통해 그 한계를 극복할 수 있었으며, 세금징수, 복잡한 관료제 조직, 거대한 왕국 건설이 가능케 되었다는 것이다. 성직자와 왕과 신을 융합해 파라

10 참조: HD, 187-216.
11 참조: HD, 218-247.

오를 창조하였으며, 이 상상의 파라오가 이집트를 지배하게 된 것이다. 여기에 문자의 발명으로 사회 전체를 조직화할 수 있게 되었나고 본다. 이 문자의 발명이 사회 전체의 조직화를 가능케 하였는데, 허구적 실체의 출현을 도와 사람들을 조직화할 뿐 아니라 실재를 재편하고 더 나아가 허구적 실체의 존재를 더욱 쉽게 믿도록 만들었다는 것이다. 바로 이 허구가 인간 사이의 협력을 도우며 협력의 목표까지도 결정한다고 본다. 그에 의하면 인간의 협력 시스템은 허구적 실체의 목표와 이익을 위해 사용된다.

저자는 과학혁명 이후에도 이러한 허구적 실체에 부과하는 힘이 지속될 것으로 전망한다.[12] 적어도 몇몇 신화와 종교는 더 강한 힘을 발휘할 것으로 예견하는 것이다. 여기서 저자는 종교를 다시 정의하는데, 그에 따르면 종교는 미신이나 영성과는 다르며, 초자연적 힘이나 신에 대한 믿음과도 다르다. 종교는 사회적 기능으로, '인간의 사회구조에 초인적 정당성을 부여하는 어떤 것'이다. 복종해야 하며 바꿀 수도 없는 도덕법 체계에 대한 믿음이며, 그로써 인간의 규범과 가치를 정당화하고자 한다. 이를 통해 종교와 과학의 관계를 재검토한다. 보통 둘을 '앙숙'의 관계 혹은 전혀 무관한 별개의 세계로 보지만, 그것은 종교를 오해한 소치다. 그에 의하면 종교는 '윤리적 판단' '사실적 진술' '실질적 지침'으로 구성되어 있다. 그런데 과학이 사실적 진술 부분에 개입할 수 있고, 윤리적 논쟁에 기여할 수 있는 여지가 있다 하더라도, 과학이 종교를 대치할 수는 없다고 본다. 과학만으로 대규모 사회질서를 유지하는 것은 불가능하기 때문이다. 근대사를 과학과 종교의 투쟁

---

12 참조: HD, 248-276.

역사로 보는 경우가 많은데, 저자는 반대로 둘이 서로 다른 진리를 지지하기 때문에 둘 사이의 타협과 공존뿐 아니라 협력까지도 가능하다고 본다. 종교는 질서에, 과학은 힘에 관심을 두기 때문이다. 더 나아가 저자는 근대사를 과학과 인본주의라는 특정 종교 사이의 계약 과정으로 간주한다. 그에 의하면 둘 사이의 근대적 계약은 곧 깨질 것이며, 새로운 형태의 계약이 들어설 것이다. 오늘의 이러한 흐름을 제대로 이해하기 위해서는 근대의 계약이 어떻게 수립되었는지 살필 필요가 있다는 것이다.

저자에 의하면 근대성은 일종의 계약이며,[13] '인간은 힘을 가지는 대가로 의미를 포기하는 데 동의한다는 것'이 그 계약의 골자다. 신에 의해 주어진 우주 전체의 장대한 계획을 포기하는 순간 인간은 자기 스스로 할 수 있는 모든 것을 찾아 나선다. 저자는 근대 이후 인간에게 힘을 계속 추구하게 한 원동력으로 '과학의 진보와 경제 성장의 동맹'을 든다. 경제가 침체되었던 이전 시대와는 달리 미래에 대한 신뢰가 커지고 자금 조달을 통한 신용거래가 확산되면서 성장에 대한 믿음이 곁들여져 경제가 급속도로 발전하게 되었다. 경제성장은 '더 많이'라는 교의를 바탕으로 근대 이후 사회를 지배하게 되었으나, 생태계 붕괴라는 인과응보를 맞기도 하였다. 인류는 한편으로는 과학 진보와 경제 성장의 속도를 높여야 하며, 다른 한편으로 생태계 붕괴를 넘어서야 하는, '이중의 경주'로 인한 긴장과 혼돈 속에 내몰려 있다. 근대가 힘을 얻는 대가로 인해 이 상황에까지 이르렀음에도 그 흐름이 여전히 건재할 수 있는 이유는 무엇일까? 저자는 근대사회를 붕괴로부터 구

---

13 참조: HD, 277-305.

한 것이 바로 인본주의라는 '혁명적 종교'라고 본다.

저자에 의하면 근대 계약은 인간에게 힘을 부여하는 대신 '장대한 우주적 계획'에 대한 믿음의 포기를 뜻한다.[14] 그러나 인간은 신으로부터 주어진 '장대한 우주적 계획'으로부터 의미를 찾는 대신 인간 자신에게서 의미를 찾았다. 인본주의라는 종교에서 인간은 신의 역할을 맡는다. 중세에는 신이 의미와 권위의 원천이었다면, 근대에는 의미의 원천이며 최고의 권위는 인간 자신이며 인간의 자유의지다. 이제 모든 분야에서 인간 자신의 목소리, 개인 감정이 권위의 원천이요 가치 평가의 기준이 되었다. 더 나아가 인본주의에서 지식의 기준은 경험과 감수성을 통해 획득된다고 본다. 행동보다 느낌과 경험에 주목하는 인본주의적 관점은 예술이나 전쟁 등을 바라보는 인식까지 변화시켰다. 저자에 의하면 인본주의 역시 확산과 진화 과정에서 분열을 겪는데, 크게 세 분파로 나뉜다. '자유인본주의'(자유주의)는, 인간은 유일무이한 개인이며 저마다의 감정이 중요하다고 주장하는 '정통파'이고, '사회주의적 인본주의'(사회주의 세력과 공산주의 세력을 아우르는)는 중점을 자신의 감정이 아닌 타인에게 두며, '진화론적 인본주의'는 다윈주의 진화론의 토대 위에서, 갈등은 박수칠 일이며 우월한 이의 경험이 보다 가치 있고 필수적인 것이라고 본다. 저자에 의하면 인본주의는 20세기에 들어와 세 분파 사이의 치명적인 '종교전쟁'을 치르게 된다. 세 번의 전쟁과 냉전을 거치며 자유주의는 두 분파를 물리치고 확실한 우위를 점하게 되었다. 오늘날 '개인주의, 인권, 민주주의, 자유시장이라는 자유주의 패키지'를 대신할 만한 대안이 보이지 않는다. 언젠가 낡은 것으로 드

---

14 참조: HD, 306-384.

러날 자유주의의 대안을 찾기 위해 오늘의 신기술을 이해하고 그에 대한 대응책을 마련해야 한다. 21세기 신기술 중 생명공학과 컴퓨터 알고리즘의 힘을 더 잘 이해해야 한다. 앞으로 몸과 뇌를 설계할 줄 아는 사람과 그렇지 못한 사람, 창조와 파괴를 주관하는 신성을 획득한 사람과 그렇지 못한 사람으로 나뉠 것이다. 자유인본주의의 이상들은 역설적으로 포스트 인본주의 기술들을 통해 인본주의의 근간을 흔들 것으로 저자는 본다.

1.4. '호모 사피엔스, 지배력을 잃다'

저자는 21세기 과학이 자유주의의 근간을 흔들고 있다고 진단한다.[15] 저자에 의하면 지난 세기의 과학적 연구 결과에 따르면, 인간에게는 불명의 영혼도, 자유의지도, 불변하는 자아도 없으며, 다만 물리적, 화학적 법칙의 지배를 받는 유전자, 호르몬, 뉴런만이 존재한다. 먼저 자유의지가 존재한다는 진술은 최근의 생명과학의 연구 결과들과 맞지 않는다. 인간이 어떤 욕망을 갖거나 특정 행위를 하도록 하는 것은 뇌의 전기화학적 과정들(결정론적이거나 무작위적)의 과정이지, 자유의지를 따르는 것이 아니다. 정확히 말해 욕망을 선택하는 것이 아니라, 욕망을 따라 행동한다. 자유의지가 없다는 것은 약물, 유전공학, 뇌 자극을 통해 유기체의 욕망을 조작하고 통제할 수 있음을 의미한다. 나아가 과학은 개인주의에 대한 믿음도 약화시킨다. 과학에서 볼 때 단 하나의 자아 혹은 불변하는 자아 정체성 역시 환상이며 신화일 뿐이다. 단 하나의 자아란 존재하지 않으며, 인간은 나눌 수 있는 존재

15 참조: HD, 386-419.

다. 인생에 의미를 부여하는 '이야기하는 자아' 역시 상상 속의 허구적 이야기일 뿐이다.

저자는 이러한 최신의 과학적 발견이 의미하는 바를 파악하는데,[16] 자유주의의 근간을 위협할 세 가지 점으로 제시한다. 첫째, 인간은 경제적, 군사적으로 쓸모가 없는 존재로 전락할 것이다. 지능이 의식에서 분리되고, 컴퓨터 알고리즘이 인간을 대치할 것이며, 성능을 높이지 못하는 인간은 무용지물이 될 것이기 때문이다. 그 결과 전능한 알고리즘을 소유한 소수 엘리트 집단의 손에 부와 권력이 집중되고 전례 없는 사회적 불평등을 야기할 것이며, 대규모 실업이 발생할 것이다. 둘째, 미래 시스템에서 인간의 가치가 여전히 인정되지만, 개인의 가치는 무용지물이 될 것이다. 나보다 더 나를 잘 아는 알고리즘이 등장하는 순간 권한이 개인에게서 알고리즘에게로 넘어갈 것이며, 개인의 권한과 자유가 박탈될 것이기 때문이다. 결국 자유주의의 주요 개념인 단일한 자아, 자유의지는 포기해야 할 것이며, 알고리즘은 주권자로 진화할 것이다. 유기체를 알고리즘으로 정의내리는 순간, 유기물과 무기물 사이의 벽이 허물어져 생물학적 격변이 일어날 것이며, 개인은 종교적 판타지에 불과한 것으로 드러날 것이다. 셋째, 기술적으로 업그레이드된 일부 사람들이 소수 엘리트 집단을 이룰 것이며, 인류는 생물학적 계급으로 쪼개질 것이다. 결국 자유주의 이념의 근간이 무너질 것인데, 특별한 육체적, 정서적, 지적 능력을 지닌 초인간의 출현으로, 모든 인간은 평등한 가치와 권한을 갖는다는 생각을 무너뜨릴 것이기 때문이다.

16 참조: HD, 420-480.

저자는 이러한 흐름 속에서 새로운 종교가 탄생할 것으로 보는데, 기술 인본주의와 데이터교가 그것이다. 이 두 종교는 새 시대의 구원을 약속함으로써 세계를 정복할 것으로 내다본다. 먼저 보수적 성격의 기술 인본주의는 유전공학, 나노기술, 뇌와 컴퓨터를 연결하는 인터페이스의 도움으로 '호모 데우스(훨씬 우수한 인간 모델)' 곧 초인간을 창조할 것이다.[17] 여기서 관건은 '마음의 업그레이드'인데, 이를 통해 아직까지 밝혀지지 않은 경험과 의식 상태에 도달하고자 한다. 문제는 이 영역의 지도를 갖고 있지 않다는 점이다. 이 지도 부재라는 문제로 인해 경제, 정치적 시스템이 필요로 하는 마음의 능력들이 향상되는 반면, 다른 능력들은 저하되어 결국 인간은 다운그레이드 될 것이다. 또 다른 위협은 기술의 진보로 욕망 자체를 재형성하고 조작하는 일이 발생할 것이라는 사실이다. 인간이 자신의 의지를 설계하고 재설계할 수 있게 되면, 의지를 모든 의미와 권위의 원천이라 간주할 수 없게 된다. 결국 기술 인본주의가 봉착할 해결 불가능한 딜레마는, 자신이 신성시하는 인간의 의지를 제어할 기술을 얻게 될 때, 그것으로 무엇을 할지를 알지 못한다는 점이다.

또 다른 기술종교는 인본주의 자체의 근거를 없애 버릴 것인데, 더 이상 욕망과 경험이 아닌 정보를 의미와 권위의 원천으로 삼을 것이다. '데이터교'라는 신흥종교의 주장은 우주가 데이터의 흐름으로 이루어져 있고, 현상이나 실체의 가치는 데이터 처리에 기여하는 바에 달려 있다는 것이다.[18] 이 종교의 모태가 되는 뿌리는 컴퓨터 과학과 생물학이다. 시스템에서 가장 중요한 것은 가능한 한 많은 정보가 자유

17 참조: HD, 481-502.

18 참조: HD, 503-542.

롭게 흐르는 것이다. 여기서는 개별 유기체뿐 아니라 사회, 경제, 정치 등 모두가 데이터 처리 시스템으로 간주된다. 인류의 전체 역사 역시 데이터 처리 시스템의 효율을 높이는 방향으로 전개되었다. 인류가 단일한 데이터 처리 시스템이라면 그 산물은 '만물인터넷(Internet of Everything)'으로, 우주적 규모의 데이터 처리 시스템으로 확장되면 어디서나 존재하며 모든 것을 통제하고 인간을 그 안으로 흡수하는 '신'과 같이 될 것이다. 이 종교에서 지고의 가치는 정보의 흐름에 있으며, 인간은 이 거대한 시스템 안에서 작은 칩이 되어 간다. 시스템과 연결되는 것이 의미의 원천이다. 인간 중심적 세계관에서 데이터 중심적 세계관으로의 이동은 하나의 '종교혁명'이 되어 세상을 변혁할 것이다. 따라서 21세기의 가장 긴급한 과제는 데이터교의 교의에 대한 비판적 검토다.

2 신학적 분석

하라리는 현대의 과학기술 발전의 세부적 내용과 그 의미를 다루면서, 그 안에 담긴 철학적, 인간학적, 윤리적, 종교적 문제를 날카롭게 지적하였다. 물론 그의 접근방식이 매우 독특하고 창의적인 동시에 많은 논쟁거리를 남기는 것은 사실이다.[19] 그러나 그가 행한 분석들 특별

19 『호모 데우스』에 대한 개신교계의 신학적 대응으로 다음을 참조할 것: 김선일, "과학혁명 시대와 복음의 소통 가능성: 유발 하라리의 종교 전망에 대한 대응", 『한국실천신학회 정기학술세미나 자료집』, 2018년 2월, 221-251; 김성원, "유발 하라리(Yuval Harari)의 '호모 데우스(Homo Deus)론'에 관한 분석 비평연구", 『조직신학연구』 28권, 2018년, 42-76; 왕대일, "유발 하라리의 『사피엔스』와 『호모 데우스』의 인간이해에 대한 해석학적 진단- 호모 사피엔스, 호모 데우스, 호모 렐리기오수스", 『Canon&Culture』 12권 1호, 2018년 4월, 235-255. 가톨릭계에서는 최근 송용민 신부가 '새로운 문명 시대에 인류가 맞이해야 할 종교성의 재규정'이

히 인간 자신의 본성까지 변화시킬 수 있다고 믿을 정도의 기술 수준이 향상했음을 알리는 내용은 신학자뿐 아니라 그리스도인 모두에게 경각심을 일으키기에 충분하다.

저자는 현재 진행 중인 과학기술 분야의 발전상을 바탕으로 인류의 역사를 진화론적 측면뿐 아니라 인문학적 측면에서 재독(再讀)하고자 하였으며, 종교적인 측면까지 다루었다. 비록 그의 종교관이 그리스도인이 보기에 매우 편협한 편견에 기반을 둔 것이라고 판단되지만, 그와 직접적인 논쟁을 하기에 앞서 그의 기본 입장과 의도를 정확히 파악하는 것은 중요하다고 본다. 하라리는 기술 인본주의자도 아니며 데이터교의 추종자는 더더욱 아니다. 책의 논증을 분석해 볼 때 그는 현재의 인류 편에 서서, 지금 진행 중인 과학기술의 발전으로 비롯되는 불확실한 미래를 예견하고, 그 위험성을 드러내어, 지금 인류에게 중요한 결단을 내려야 한다고 주장하는 입장을 취한다. 이 책에서 독자는 미래에 대한 불확실성, 인류 자신에 대한 불확실성 속에 고뇌하고 있는 한 동시대인을 만나는 것이다.

2.1. 비판적 숙고

하라리가 제기하는 문제가 지니는 신학적, 교회적 함의를 숙고하기에 앞서, 그의 입장에 대한 비판적 성찰을 하고자 한다. 먼저 하라리가 자신의 저서를 통해 의도한 바를 명확히 파악해 보자.

란 측면에서 하라리의 『호모 데우스』를 다루었다. 참조: 송용민, "종교의 위기 속에 '종교'는 여전히 유효한가? -'유발 하라리'의 종교 비판에 대한 신학적 성찰-", 『누리와 말씀』 제43호, 2018년 6월, 5-37. 한편 가톨릭대학교 철학과 신승환 교수는 『호모 데우스』를 '무의미하고 맹목적인 담론'으로 평가하며 그러한 담론이 미칠 악영향을 경고하고 있다. 참조: 신승환, "4차 산업혁명 시대와 '포스트 휴머니즘'", 『한국그리스도사상』 제25집, 2017, 103, 각주 17.

가. 하라리의 '예언적' 메시지

하라리를 자유의지와 의식과 자아를 부정하는 실험실의 연구가로 보기보다는, 그 연구들이 갖는 함의를 날카롭게 분석한 역사학자로 보는 편이 옳을 것이다. 그는 인류의 역사를 순전히 진화론적으로만 읽지 않고, 인문학적 통찰을 곁들여 분석한다.[20] 그에게 인류의 역사, 특별히 근대사를 읽는 키워드는 거대한 협력을 가능케 하는 허구를 만드는 인류의 능력이다. 종교 역시 허구의 영역에 속하는데, 그에게 종교란 허구에 대한 믿음을 통해 사회질서를 유지하고 대규모 협력을 조직하는 기능이며, 그는 근대사는 인본주의라는 종교와 과학 사이의 계약 과정으로 이해한다.[21] 이제 곧 둘의 계약은 깨지고 새로운 종교 곧 포스트 인본주의 종교가 들어와 21세기의 과학과 새로운 계약을 체결할 것이라는 내용이 저자가 예견하는 핵심이다.

그는 특별히 인류가 마주한 딜레마에 주목한다. 그의 예견이 실현될 것인지는 확실치 않지만, 인본주의가 자신 안에 파멸의 불씨를 안고 있다는 지적은 설득력 있게 다가온다.

> "인본주의는 떠오를 때부터 몰락의 씨앗을 품고 있었다. 인간을 신으로 업그레이드하려는 시도는 인본주의의 논리적 결론인 동시에 인본주의에 내재된 결함들을 드러낸다."[22]

저자는 인류에 내재한 결함을 지적함으로써, 현재 딜레마에 빠진 인

20 참조: HD, 214.
21 참조: HD, 256, 275.
22 HD, 100.

류에게 살 길을 찾으라고 한다. 인류가 갖고 있는 힘 그 자체가 인류에게는 번영과 동시에 몰락을 가져올 수 있기 때문이다.[23]

"인류는 지금 전례 없는 기술의 힘에 접근하고 있지만, 그것으로 무엇을 해야 하는지 잘 모른다. 다가올 몇십 년 동안 우리는 유전공학, 인공지능, 나노기술을 이용해 천국 또는 지옥을 건설할 수 있을 것이다. 현명한 선택이 가져올 혜택은 어마어마한 반면, 현명하지 못한 결정의 대가는 인류 자체를 소멸에 이르게 할 것이다. 현명한 선택을 하느냐 마느냐는 우리에게 달려 있다."[24]

현 인류가 빠진 딜레마는, 인간을 업그레이드하고, 마음과 욕망까지도 통제하고 조작할 수 있는 기술을 얻게 될 때, 그것을 갖고 무엇을 할지 알지 못한다는 것이며, 이러한 흐름을 멈추게 할 '브레이크'조차 존재하지 않는 것이다. 그가 주장하는 것은 자유의지나 자의식, 개인의 경험 등이 허구의 산물이라는 사실적 진술이 아니라, 불멸과 행복과 신성을 추구하는 오늘의 신기술이 인본주의의 근간을 뒤흔들고 있으며, 방향을 선회하지 않는다면 우려하는 상황, 곧 거대한 시스템 안에서 자유의지, 자의식, 인간 경험 등이 무시되고 인간의 마음과 욕망을 조작하고 통제하는 시스템 안에서 인간은 소외되고 더없는 정체성의 위기를 맞게 될 것이라는 사실이다. 인류가 맞닥뜨린 딜레마를 주의 깊게 살핌으로써 미래를 바꿔 보자는 것이 저자의 핵심 주장이다.[25]

---

23 HD, 38.
24 HD, 10-11.
25 HD, 87.

나. 문제의 윤리적 측면

하라리가 문제의 윤리적 측면을 도외시하고 전적으로 과학기술적 차원에서 접근하는 것처럼 보이지만, 실제로 그의 문제의식에는 윤리적 측면이 매우 강하게 담겨 있다. 생태적 불평등을 만들고 일부 엘리트 집단이 대다수의 인류를 지배하는 방향으로 인류의 역사가 흘러간다면, 그것은 과학기술 자체의 문제라기보다 그것을 사용하는 인간의 윤리적 문제인 것이다. 저자가 제기하는 문제의 핵심은 과학기술 자체라기보다 과학기술을 고안하고 사용하는 연구가의 사고와 손이며, 그 뒤에서 흐름을 주도하는 거대 자본가들의 마음이다. 또한 이는 '구조적 악'에 대한 지적이기도 하다. 저자는 시스템 그 자체의 내적 논리로 인해 인류가 큰 딜레마에 봉착하게 될 것으로 내다보았다. 인류 스스로 이해하지 못하는 거대한 시스템이 구축될 때 우리의 자유의지와 상관없이 우리는 모두 그 안에서 부속품이 될 것이라는 지적이다. 그리고 그 과정은 이미 시작되었다고 한다. 이처럼 하라리는 과학기술 너머 윤리적 차원의 문제를 제기하고 있다.

> "인공지능이 대부분의 인지과제에서 인간을 능가하면 직업시장에 어떤 일이 일어날까? 경제적으로 쓸모없어진 사람들로 구성된 대규모의 새 계급은 정치에 어떤 영향을 미칠까? 나노기술과 재생의학이 80세를 새로운 50세로 만들면 사람들 사이의 관계, 가족, 연금기금에 어떤 일이 일어날까? 생명공학이 맞춤아기를 탄생시키고, 빈부격차를 유례없는 수준으로 벌릴 때 인간사회에는 어떤 일이 일어날까?"[26]

26 HD, 372-373.

그런데 이와 같은 논증과정의 분석을 통해 볼 때, 하라리는 자신이 제기하는 윤리적 문제에 대한 합리적 진단과 그에 대한 실천적 대안을 제시하지는 않는 것으로 드러난다. 서구의 인본주의가 자기 안에 지닌 문제의 '주의 환기' 정도에 머물고 있는 것이다. 불멸을 추구하는 인류, 죽음에 대항하는 인류, 탐욕과 권력의 결탁, 이러한 흐름을 막을 수 없도록 하는 거대한 자본과 권력의 흐름, 그리고 인간이 스스로 통제할 수 없을 정도로 급격하고 복잡하게 진화하는 시스템…. 하라리는 이러한 문제를 '죄'나 '악'과 결부시켜 진단하지 않는다. 현실이나 역사의 흐름을 파악하기 위해 신이나 악이나 죄와 같은 윤리적, 종교적 개념을 끌어들이는 것은 그 자신에게 금지된 일이기 때문이다. 그러한 이유로 그는 문제의 근본 실체를 명확히 짚어내지도, 해결책을 제시하지도 못하고 있다. 그를 위대한 역사학자나 미래학자보다는 현대 신기술을 현란하게 활용하는 '비즈니스맨'으로 간주하는 것은 너무 지나친 것일까?

다. '역사를 읽는 관점'으로서의 신앙

저자가 제기하는 문제는 모든 인류의 과제이며, 특별히 종교의 과제이기도 하다. 그러나 그가 기술한 대로 이해되는 인류의 딜레마에 대한 답을 그 스스로 제시하지 못하고 있다. 그것은 역사와 종교에 대한 그의 편협한 혹은 왜곡된 인식 때문인 것으로 보인다. 그의 접근 방식은 인류의 역사를 한눈에 볼 수 있게 해 주는 이점이 있지만, 철학과 종교의 통찰을 배제함으로써 더 근본적인 차원에서 인류 역사의 흐름을 이해하지 못하는 치명적인 결함도 안고 있다. 경제발전과 과학기술의 발전이 기아와 질병과 전쟁을 어느 정도 해결한 것은 분명하지만, 그러한 문제들이 인간의 윤리적, 종교적 차원과 전혀 무관하다고는 말할 수 없다. 여전히 지속되는 기아와 전쟁, 새롭게 생겨나는 여러 질병 등의 근본 원인은 경제 침체나 과학기술 발전의 미비라기보다는 인간의 무절제한 개발과 소비, 그로 인한 생태계 파괴 행위, 그 이면에 존재하는 욕망과 권력의 결탁으로 인한 막대한 부의 축적, 가난하고 힘없는 이들의 노동력을 착취하고 경제발전의 사각지대로 내몰거나 노예로 만들어 버리는 탐욕과 악의 결탁에서 비롯된 것이기도 하다.

여기서 역사를 읽는 '또 다른 시선'으로서 신앙의 필요성이 대두될 수 있다. 하라리가 오해하듯이 창조와 구원에 관한 성경과 교회의 가르침은 유아기적이고 허무맹랑한 허구의 이야기가 아니라, 인류의 역사를 읽고 그 역사의 인식에 접근하는, 과학기술이나 진화론과는 전혀 다른 하나의 방식이다. 그리스도 신앙은 인류의 역사를 그리스도 사건으로부터 바라본다. 그 신앙에 따르면 인류의 역사는 구원의 역사, 곧 예수에 의해 선포되고 실현된 하느님 나라의 실현 과정에 자리한다. 구원의 역사는 창조와 함께 이미 시작되었으며, 인류는 구원의 완성을 향해 가고 있고, 역사의 종말에 완성될 것이다. 또한 신앙은 인류의 역사를 창조와 구원 질서를 거슬러 인간이 하느님과 자기 자신과 생태계를 향해 저지르는 죄의 역사로 읽는다. 구원의 역사는 그러한 죄의 흐름에 맞서 창조 질서의 회복을 향해 가는, 죄와 악에 의한 근원적 속박에서 인간의 자유와 해방을 되찾아가는 역사다. 이처럼 그리스도교적 관점에서 인류의 역사는 자유로운 인간이 저지른 범죄의 역사인 동시에 인류를 구원하시는 하느님이 인간과 이루는 구원의 역사다. 죄와 악의 실재는 4차 산업혁명 시대에도 사라지지 않을 것이며, 그 반대로 더 교묘한 방식으로 은밀하게 자신의 세력을 넓힐 것이다.

인류 역사를 읽는 이러한 신앙의 관점 뒤에는 역사 안에서 인류와 함께한 교회의 깊은 통찰과 체험이 자리하고 있다. 은총과 원죄에 관한 성경과 교의 진술은 신화적인 상념으로 물든 유아기적 망상이 아니라 교회 자신의 체험을 바탕으로 인류의 역사를 읽는 하나의 비전이며 전망이다. 은총 교의는 인간 스스로 자신을 구원할 수 없으며 구원은 오로지 하나님께 달려 있다는 통찰을 전해 준다.[27] 원죄 교의는 단순히 첫 인류의 범죄가 바이러스처럼 후손을 감염시켜서 우리에게까지 전해졌다는 동화와 같은 이야기가 아니라, 인간이 죄로 기우는 성향을 갖고 있으며, 그 죄 안에 모든 인류가 연대되어 있고, 죄가 서로에게 악영향을 끼치며, 그것의 책임은 악과 결탁한 인간 자신에게 있다는 것이다.[28] 그럼에도 하나님은 인간 구원을 결코 포기하지 않는다는 인류를 향한 기쁜 소식과 희망적인 메시지가 담겨 있다. 인류가 탄생한 시점에서 시작하여 실제로 일어난 일을 그대로 기술한 것이 아니라, 윤리적, 종교적 차원에서 인간 자신의 본성과 처지에 대한 인간 스스로의 체험과, 신앙으로부터 부여받은 희망을 담고 있는 것이다. 교회는 오늘도 그 희망을 새로운 언어로 표현하고 구체화해야 할 사명을 부여받는다.

하라리가 간과한 것은 인간의 나약함과 죄로 기우는 성향, 그리고 악과의 결탁을 통해 조성되는 죄의 현실이다. 인류의 역사는 죄와 폭력과 갈등으로 점철되어 있으며, 그 뿌리에는 악과 결탁한 인간의 탐욕이 자리한다. 악의 유혹에 넘어간 인간의 탐욕이 하느님처럼 되려는 꿈을 꾸도록, 타인과 세상을 탐욕의 대상으로 삼도록 종용하는 것이다. 또한 저자는 인류의 역사가 해방과 자유를 향한 투쟁의 역사라

---

27 참조: 기스벨트 그레샤케, 『은총 - 선사된 자유』, 심상태 역, 성바오로출판사, 1979.

28 참조: 조규만, 『원죄론 -인류의 연대성, 죄의 보편성-』, 가톨릭대학교출판부, 2000.

는 것 역시 간과하였다. 역사는 말한다, 자유는 쟁취된 결과물이나 막연한 이상이 아니라 역사의 매순간 인류가 끊임없이 투쟁하며 보호하고 보살펴야 할 것이란 것을. 누구의 역사관이 허구이고 누구의 역사관이 실제인가? 분명한 것은, 신앙이 마주하는 것은 허구적 세계나 가르침이 아니라, 지금 여기 존재하는 역사적이며 구체적인 실재로서의 인간이라는 점이다. 죄를 짓는 인간이며, 그로 인해 서로 유대되어 악의 세력 속에 속박되어 있는 인류 전체다. 그리고 그리스도를 통해 그 속박으로부터 구원과 해방의 땅으로 초대된 인류다. 그런데 죄와 악만큼 인간 삶을 '실제적으로' 속박하는 것이 있을까? 거기서부터 근본적으로 자유롭게 해 주는 하느님 나라만큼 '실제적인' 것이 있을까? 하라리가 역사를 이해하는 전망에서는 가난한 이들, 고난받고 상처 입으며 소외된 이들, 불의와 폭력으로 생을 달리한 이들, 자유와 해방과 정의를 부르짖는 이들, 죄와 악을 고발하는 이들, 정의와 타인을 위해 자기 목숨을 바친 이들의 이야기는 철저히 외면당하고 있다. 인류의 역사는 과학기술과 종교 사이의 계약의 역사라기보다 인류의 역사에 존재하는 죄와 악의 현실, 폭력과 억압의 현실에 맞서 자유와 인격, 인간의 존엄을 찾아가는 역사로 읽어야 그들의 고통스러운 삶과 죽음, 그들이 꾸었던 꿈과 희망이 의미를 부여받을 수 있을 것이다.

라. '호모 데우스'의 '신성(神性)'

역사를 읽는 관점에서 신앙은 하라리가 언급한 21세기 기술과학의 '불멸'과 '신성' 추구를 비판적 시각으로 바라본다. 저자에 의하면 인류는 죽음을 상대로 투쟁할 것이며, 신이 되고자 한다. 저자는 이를 신으로의 '업그레이드'라고 불렀다. 여기서 신(神)이라는 말로 저자는 성경의 전능한 유일신이 아닌, 그리스 신들이나 힌두교 천신들, 곧 특정한 초능력을 지닌 존재로 이해한다고 밝힌다.

> "그들은 생명체를 설계하고 창조하는 능력, 변신 능력, 환경과 날씨를 통제하는 능력, 마음을 읽고 원거리에서 의사소통하는 능력, 초고속으로 움직이는 능력 그리고 죽음을 피하고 영원히 사는 능력을 갖춘 존재였다."[29]

'신성'을 말하면서 그가 떠올리는 신의 표상은 신화적 신, 인간 세계에서 인간과 경쟁하며 인간보다 뛰어난 능력을 지닌 존재들이다. 신성을 획득한다는 것은 이 존재들처럼 특정한 능력을 획득한다는 것을 의미한다. 사랑하고 증오하는 등의 마음의 능력까지 업그레이드할 것이라는 말이다. 그런데 만약 그의 말처럼 '신처럼 창조하고 파괴하는 힘'이 주어진다면 인간은 어떤 존재가 될까? 자기 자신이 어떤 존재인지 그 한계를 잊은 채 형제(인간이건 생태계이건)를 탐욕을 채우기 위한 도구로 삼아 파괴하고 착취하는 폭군처럼 행세하는 망가진 인간이 되지 않을까? 하라리는 그러한 위험에 경각심을 불러일으키려 한 것은 아닐까?

그런데 하라리 자신은 '호모 데우스'라는 표현으로 설명한 이러한 현상의 본질이 무엇인지 진단하지도, 그에 대한 대안을 제시하지도 못하고 있다. 신에 대한 앞의 표상들 앞에서 종교 비판가는 인간의 욕망을 초월적 존재에 투영한 투사를 보지만, 신앙인은 스스로 하느님처럼 되려는 인간의 오만함과 탐욕을, 그리고 그것이 만들어 낸 '우상'을 본다. 성경이 우상을 경계하는 이유는, 인간을 신과 통교하게 하는 것이

29 HD, 74-75.

아니라, 인간 스스로 자신이 만든 상에 자신을 가두어 놓기 때문이며, 그로써 인간 자신을 소외시키기 때문이다. 성경의 그러한 통찰 이면에는 인간의 피조성과 불완전성, 나약함과 한계에 대한 체험과 통찰이 담겨 있다. 인간 삶에는 넘지 말아야 할 선이 있다는 것, 그 한계를 넘었을 때는 인간 스스로 통제할 수 없는 불행이 닥친다는 진리에 대한 체험이 있다. 신과 같은 능력을 획득하려는 욕망은, 창세기 저자가 고발한 것처럼 인간에게 불행과 죽음을 자초할 뿐이다. 인간이 신이 되려고 하면 할수록 인간은 스스로의 진리로부터 멀어지기 때문이다.

'신성'을 획득하려는 인류에 관한 하라리의 조망은 진정한 의미에서의 인간 발전이 무엇인지 묻도록 한다. 그리스도 신앙은 인간 스스로 자신의 몸과 마음에 개입하여 가져오는 물리적, 기술적 '향상'이 아닌, 자신의 존재를 개방하는 능력, 하느님과 타자와 통교하고 사랑할 수 있는 능력, 자신을 버리고 사랑으로 자신을 내어놓을 수 있는 능력에서의 발전이라고 말한다. 그리고 그것은 기술적으로 혹은 인간이 자기 스스로에 개입하여 얻을 수 있는 차원의 것이 아니다. 그리스도교에서 이야기하는 '신화(神化)'는 하라리가 지적한 인류의 '불멸'과 '신성'의 추구와 전혀 다른 차원의 것이다. 그것은 '힘'에 대한 그릇된 상념에서 벗어나, '사랑의 권능'[30]에 자신을 내맡기는 것이다. 신화는 그리스도처럼 되는 것에 있다. 그분을 만나 함께 길을 걷고 그분 사랑으로 감화되고 그분과 하나 되며, 지상 여정 안에서 그분의 사랑의 권능이 활동하시도록 자신을 낮추고 비우는 것에 있다. 사랑과 자유 안에서, 자신을 버리고 생명을 나누는 것에서, 타인을 형제로 받드는 것에서 완전해지

---

30 참조: 앙리-제롬 가제, "예수께서는 오늘날에도 우리의 주님이신가?", 김건태 외 5인 역, 『이성과 신앙』 30호, 2005년 9월, 53-54.

는 것이다. 그리스도인은 신이 되려는 탐욕을 넘어, 사랑으로 자신의 삶을 내어놓음으로써 하느님과 인간과 생태계에 봉사하고자 하며, 그 초월적 삶으로 동시대 사람들을 초대하고자 한다. 바로 거기에 인간의 진정한 발전이 있다고 확신한다. 그런데 그것은 인류가 걸어온 길과 전혀 무관하지 않다. 성령께서는 인류의 역사에 현존하시며 인간의 마음과 문화에 끊임없이 좋고 아름답고 진실한 것을 찾도록 영감을 불어 넣으며 인도하신다. 인류는 성령의 도우심으로 진리를 향한, 인간과 세상의 자유와 해방을 향한 다양한 길을 모색한다. 교회는 인류의 역사에서 진정한 인간 발전과 완성을 향해 함께 걷는 동반자인 것이다. 이렇게 볼 때 신앙은 하라리가 말하는 대로 허구에 대한 믿음이나 유아기적 환상이 아닌, 인간을 인간이게끔 하고 죄와 탐욕에서 해방시키며 인간을 근본적인 자유로 인도하는 가장 '인간적'인 행위인 동시에 '신적'인 행위다.

마. 과학과 종교

과학과 종교의 관계에 대한 하라리의 관념 역시 비판적으로 검토되어야 한다. 그는 종교가 질서에 관심이 있고, 과학은 힘에 관심이 있어서, 둘 모두 존속하기 위해 반드시 서로 필요하다고 하였다.[31] 둘 사이의 계약 관계를 바탕으로 근대사를 이해하였고, 새로운 시대의 새로운 계약이 도래할 것이라 예견하였다. 과연 그럴까? 성급한 결론은 금물이지만, 종교와 과학에 대한 그의 편협한 관념으로 인해, 그 답은 부정적이다. 우선 과학에 관한 그의 이해를 점검해 보자. 그는 가상의 질서

31 참조: HD, 275.

를 믿도록 하는 것이 종교의 역할이라고 하였다. 그에게 종교적 믿음의 대상은 실제가 아닌 허구다. 그런데 사실은 실험실의 연구자들 역시 가설의 세계, 허구의 이야기 세계 속에 살고 있다고 보아야 한다. 그들의 실험은 그들이 설정한 가설의 틀 안에서 행해진다. 나아가 그들은 실험을 통해 도출된 결과를 '믿는다'. 그들이 입증하는 것은 '실재하는' 것이라기보다 그들이 설정한 가설일 뿐이며, 그 결과를 받아들이는 것에는 믿음이 작용한다. 일례로 '이야기하는 자아'와 '경험하는 자아'의 구분 역시 인간 자신이 만들어 놓은 것일 뿐 실제로 두 개의 자아가 따로 분리되어 존재한다는 것을 입증할 방법은 없다. 그들은 가설을 입증하는 실험을 할 뿐이며, 과학자들은 그러한 실험 결과를 통해 그들이 설정한 가설을 '믿을' 뿐이다. 과학이 현실 세계를 대상으로 한다고는 하지만, 그것은 어디까지나 현실에 접근하는 하나의 방법일 뿐이며, 과학적으로 밝혀낸 것 역시 전문가들 사이의 합의와 믿음의 차원에 속하는 것이다. 시간이 지나고 기술이 발전하며 이전의 가설은 새로운 이론에 자리를 내주게 된다. 그러므로 과학자들의 실험 역시 현실 세계를 이해하고 해석하는 하나의 방법일 뿐, 그것이 절대불변하고 유일한 단 하나의 방법일 수는 없다.

다음으로 저자의 종교 관념을 살펴보자. 하라리는 허구에 대한 믿음을 통해 대규모 협력이 가능하며, 종교는 허구에 대한 믿음을 담당하여 질서를 유지시키는 역할을 한다고 보았다. 그런데 그 믿음이란 과연 어떤 것인가? 믿음이 허구의 질서에 대한 것이기에 과학적 지식과 비교할 때 확실성이 떨어지는, 입증할 수 없는 지식이라고 보는 것인가? 그것은 믿음을 지식의 확실성의 척도로 볼 때만 가능한 이해다. 그러나 불확실한 지식에 대한 믿음만이 믿음은 아니다. 인간 경험을 통해 살펴볼 때 믿음에는 여러 차원이 있다.[32] 어떤 사실을 믿기도 하지만, 인격적 실재를 믿기도 한다. 이 경우 믿음은 인격에 대한 '신뢰'의 성격을 지니며, 신뢰를 통해 두 인격적 실재 사이의 관계와 친교가 가능케 된다. 더 나아가 온 삶이 관건이 되는 차원에서의 믿음도 있다. 그때 믿음은 자신의 실존을 정초시킬 대상을 향해 온 삶을 내거는 '투신' 행위로 이해된다. 그리스도 신앙에서 말하는 하느님께 대한 믿음은 인격적 신뢰를 넘어, 세상 만물을 창조하고 다스리시며 인간과 통교를 바라시는 하느님께 존재의 근거를 두고 온 삶을 내거는 전인격적이며 실존적인 투신 행위다.[33]

허구의 질서에 대한 믿음을 종교로, 실제 사실에 대한 지식을 과학으로 구분하는 것은 너무 편협한 방법이다. 과학의 세계 역시 믿음이 존재하며, 종교의 세계 역시 현실 세계에 대한 체험이 바탕이 된다. 오히려 허구와 실제라는 그의 구분 자체가 너무 자의적인 것은 아닐까? 무엇이 허구와 실제를 구별하는가? 하라리는 '고통'을 느끼는가 안 느끼는가로 허구와 실제를 구분할 수 있다고 설명한다.[34] 말하자면 감각할 수 있는 것만이 실제라는 것이다. 그런데 하라리가 믿던 안 믿던, 인간은 육적인 존재인 동시에 정신적이고 영적인 활동을 할 수 있는 존재다. 감각적이지 않다고 하더라도 인간의 생각과 의식, 영적인 감수성은 허구가 아닌 현실에 속하는 것이다. 인간의 문화만큼, 인간이 세상과 관계를 맺기 위해 사용하는 은유와 상징만큼 인간 삶의 현실을 반영하는 것이 있을까? 상징과 은유, 이야기와 상상을 전혀 배제한 실

32 참조: 발터 카스퍼, 『현재와 미래를 위한 신앙』, 심상태 역, 분도출판사, 1979, 77-86.
33 참조: 제2차 바티칸 공의회, 「계시헌장」 5항.
34 참조: HD, 246.

제가 과연 존재할까? 그들 없이 과연 실재에 다다를 수 있는 방법이 있을까?

하라리는 종교가 사라지지 않을 것이며, 오히려 '데이터교'와 같은 새로운 종교가 대두될 것이라고 예견한다. 인간 사회에는 질서를 유지하고 방향을 제시할 무언가가 필요하기 때문이라는 것이다. 그런데 그러한 판단의 근거는 무엇인지 밝히지 않고 있다. 그의 고찰에는 무엇보다 인간 자신에 대한 철학적, 종교적 고찰이 결여되어 있다. 종교를 인간의 본성과 결부시켜 이해하는 것이 아니라 순전히 사회 내 기능으로 해석하는 것은, 인본주의를 대신할 새로운 종교가 21세기를 지배할 것이라는 예견을 위한 논거로 삼기 위해서다. 그는 인간의 이해보다는 시스템의 이해를 위해, 혹은 만들어 놓은 시나리오를 정당화하기 위해 인간과 종교와 인류의 역사를 자기 식으로 '재단'한다. 그런데 미래를 예견하기 위해서는, 오히려 인간 자신에 초점을 맞추어야 하지 않을까? 그래야 현 시스템을 다각적으로 분석, 점검하고 새로운 시스템을 창의적으로 만들 수 있지 않을까? 인류가 사회 질서 유지를 위해 종교를 이용해 왔다고 말하는 것보다, 과학기술의 혁명적 발전이라는 새로운 도전 앞에서 제도요 영성으로 이해되는 종교가 인류의 진정한 발전을 위한 새로운 영감을 불어넣어야 한다고 말하는 것이 합리적이지 않을까? 실제로 종교는 인류 역사에서 인간 삶의 조건 향상을 위한 영감을 불어넣으며 자신의 역할을 해 왔다. 인간을 인간이게끔 하기 위한 길, 자유와 해방, 자비와 나눔의 사회를 건설하는 데 기여해 왔다. 물리적 악뿐 아니라 윤리적 악과 싸우는 인류에게 창의적인 영감을 불어넣어 왔다. 인간은 종교적, 영적 존재이기 때문에 과학기술 혁명의 시대에도 종교는 존속할 것이며, 자신의 역할을 새롭게 찾을 것이다. 그러나 많은 조건의 변화가 있을 것이다. 종교는 인류 발전의 흐름을 직시하고, 그 안에서 모든 인간이 종교적 존재로서 삶을 영위할 수 있도록, 그리하여 인류의 진정한 발전을 향해 동행하는 주체로 변모해야 할 것이다.

2.2. 과학기술의 혁명 앞에 선 신학과 교회의 과제

하라리가 기술하는 인류 미래에 대해서는 생각을 달리할 수 있겠지만, 그가 지적하는 신기술의 인간학적, 종교적 함의는 신학적으로도 진지하게 숙고할 필요가 있다. '포스트 인본주의 기술들'[35]이 이미 현대인의 삶 안으로 깊이 들어와 인식뿐 아니라 생활방식까지 변화시키고 있기 때문이다. 제4차 산업혁명이라 불리는 시대의 새로운 과학기술은 구체적 인간 삶의 영역에서, 특별히 종교와 신앙의 영역에서 어떠한 변화를 가져올 것인가? 어떤 문제가 대두될 것이며, 거기에 교회와 신학은 어떻게 대응해야 할 것인가?

가. 변화의 본질

하라리는 기아와 질병과 전쟁을 상대로 싸우던 인류가 이제 죽음을 상대로 싸움을 벌이고 신성을 획득하려고 노력할 것이라고 예견하였다. 심지어 몸과 마음의 능력에서 초인간이 되려고 할 것이라고 내다보았다. 이러한 흐름은 결국 인간을 거대한 시스템 속의 부속품으로 전락시킬 것이며 인본주의는 파멸에 이를 것이라고 경고하였다. 인간의 욕망에서 비롯된 이러한 흐름의 심각성은 그것을 멈추게 할 제어장

---

35 HD, 383.

치가 없다는 것이라고 하였다. 그 스스로 지적하듯 모두 '가능성' 속의 이야기일 뿐 실제로 그대로 진행될 것이라고 보기는 어렵지만,[36] 인류의 역사에 어떤 중대한 변화가 시작되고 있는 것만은 분명해 보인다. 그 변화가 어떤 것인지 신학적으로 가늠하기에 앞서 기술의 현란함 뒤에 감추어진 속임수에 대해 숙고할 필요가 있다.

인간이 죽음과 싸워 '신성'을 갖게 되고, 마음과 욕망까지도 통제할 수 있을 것이라는 저자의 예견 앞에서 실소와 두려움이 교차하는 것이 사실이다. 그렇지만 그것은 어디까지나 과학기술을 이용하는 인간의 상상 속 이야기일 뿐, 신기술로 인간 존재의 본성 자체를 인위적으로 변화시킬 수 있을 것인지에 대해서는 진지하게 되물을 필요가 있다. 하라리의 예견대로 포스트 인본주의의 기술을 등에 업은 인간은 자연과 인간에 깊숙이 개입하여 인간을 개조시키는 등 놀라운 일들을 시도할 것이다. 그러나 과연 그것으로 인간 존재의 본성 자체가 변하는 것인가? 그것이 진정한 의미에서 '인간 발전'이라고 할 수 있는가? 오히려 그러한 기술 획득을 통해 드러나는 것은 속기 쉽고 조작되기 쉬운 인간의 나약한 본성이 아닐까? 힘과 기술의 지배 구조에 기반을 둔 시스템 속에서 작은 부속품으로 전락하고 말 나약한 인간의 적나라한 모습이 아닐까?

기술의 현란함 뒤에 감추어진 무언가가 있다. 믿도록 하는 무언가가 숨어 있다. 그것은 성경이 '유혹'이라고 부르는 것이 아닐까? 과학기술 그 자체는 중립적인 것처럼 보이지만, 사실 모든 것이 그의 사용자에 달려 있다. 과학기술 분야에서 일어나는 모든 일도 결국 상상과 믿음

36 참조: HD, 542. "이 책에서 제시한 모든 시나리오는 예언이라기보다는 가능성으로 받아들여야 한다."

의 차원에 속한다. 그리고 그 뿌리에는 인간의 욕망이 자리한다. 욕망을 통제하려는 거대한 자본과 정치의 결탁이 자리한다. 인간이 아무리 기술을 향상시킨다고 할지라도, 결국 욕망이 상상으로 만들어 낸 세상이 기술로 현실화되는 것일 뿐, 인간 자신의 본성에서 일어나는 일은 아닌 것이다. 기술 발전으로 인간이 '신성'을 획득할 수 있다고 할 때, 그것은 영원히 죽지 않으려는 인간이 욕망을 통해 만들어 놓은 상상 속의 이야기일 뿐, 그것으로 인간의 본성을 변화시키는 것은 아니다. 아무리 자신의 능력을 향상시킨다 하더라도, "사람이 사람을 결코 구원할 수 없으며 하느님께 제 몸값을 치를 수도 없다."(시편 49,8)는 시편 저자의 말처럼 힘과 기술이 인간에게 구원을 가져다줄 수 있는 것은 아니다. 그럼에도 인간이 끊임없이 불멸을 추구하는 것은, 인간의 타고난 나약한 본성을 부정하고 하느님처럼 되는 것이 가능하다고 믿게 하는 유혹자가 존재하기 때문이다. 인간 스스로 인위적으로 창조 질서에 개입하여 통제하고 조작해도 된다는 폭력적인 이념이 자리하기 때문이다. 하라리가 지적하는 포스트 인본주의 기술들에는 그렇게 믿도록 착각하게 하는 무언가가 있다. 그러나 그것은 착각을 일으키는 속임수일 뿐, 그 뒤에는 부정직한 이념을 믿도록 욕망을 부추기는 유혹자가 자리한다.

하라리의 주장을 논리적으로 따르다 보면 결국 인류 스스로 자신 안에 존재하는 '파멸의 불씨'를 찾아야 한다는 결론으로 귀결된다. 현 생태계를 위험에 빠뜨린 서구의 인본주의는 그 스스로 안에 파멸의 불씨, 곧 인간 자신을 신으로 업그레이드하고 자신의 생물학적, 역사적 조건과 한계에서 벗어나 불멸과 신성을 추구하는 욕망이 자리한다는 것이다. 만약 그것이 인류의 생존과 미래를 위협한다면, 하라리는 현재의 인본주의를 넘어서는 새로운 이념을 찾자고 강력히 호소하는 것이다. 바로 이 지점에서 신학은 하라리와 대화에 나설 수 있다. 신학 역시 인류와 생태계를 근본적으로 위협하는 인류 문명의 '기술 관료적 패러다임'과 그릇된 인간 중심주의의 한계와 위험성을 인지하고 있기 때문이다.[37] 그러나 신학은 그릇된 인간 중심적 인본주의의 폐단을 직시하는 동시에, 인간이 지구상에서 지니는 특별한 의미와 지위를 인정한다.[38] 무력으로 지구를 개발하고 착취하는 것이 아니라 지구와 생태계를 돌보고 보살피는 것에서 인간은 자신의 특별한 자리를 발견한다. 신학 역시 기술 관료 중심의 흐름에 맞서 근대의 과도한 인간중심주의를 넘어설 수 있는 새로운 이념, 새로운 사유와 실천의 창출에 기여해야 한다.[39]

나. 변화된 삶의 조건, 변화된 신앙 조건

앞서 포스트 인본주의 기술이 인간의 본성 자체를 변화시킬 수는 없을 것이라고 하였다. 변화가 있다면 인간 삶의 조건일 것이며, 그에 상응하는 신앙의 조건일 것이다. 그렇다면 그것은 어떤 변화일까?

근대의 역사성에 대응했던 신학의 역사에서 그 힌트를 얻을 수 있을 것이다. 근대의 역사비판적 방법론은 그리스도교 신학과 신앙에 매우 큰 도전이었다. 성경 연구에 역사적 비판을 적용하면서 문제로 대두된 것은 성경 진술의 역사적 개연성과 더 나아가 그 진술의 신적 기원이

---

37 프란치스코 교황의 회칙 『찬미받으소서』가 이러한 입장을 대표한다. 참조: 회칙 『찬미받으소서』, 한국천주교주교회의, 2015년, 101-136항.

38 회칙 『찬미받으소서』 65-75항.

39 회칙 『찬미받으소서』에 나타난 탈근대적 성격에 대해 참조: 신승환, "「찬미받으소서」의 탈근대 철학적 특성", 『사목연구』 37호, 2016년, 111-133.

었다. 이 물음 앞에서 신학자들은 성경이 중립적인 역사 문헌이 아니라 초대 교회 공동체의 신앙 체험을 담은 독특한 유형의 작품임을 인지하게 되었다.[40] 그럼에도 성경의 진술이 순전한 허구라는 의미는 아닌데, 왜냐하면 역사적 인물 나자렛 예수와 그에게 일어난 사건을 신학적 사고를 통해 재구성한 것이기 때문이다. 다시 말해 성경은 역사적 인물 예수에 대한, 역사적 비판의 방법과는 대조되는 또 다른 방식의 접근인 것이다. 이처럼 역사적 비판의 도입이 가져온 결과는 성경의 신적 기원에 대한 불확실성이 아니라, 성경 진술의 고유한 특수성에 대한 재발견이었다. 근대로 인해 변화된 조건에서 신앙인은 이전과 다른 방식으로 성경을 대하게 되었으며, 신앙 또한 다른 방식으로 살게 되었다.

이것을 21세기 신기술 혁명의 시대에 적용해 본다. 근대의 역사비판적 방법론이 성경의 신적 기원에 의문을 제기하였다면, 21세기 신기술은 무엇을 문제시하고 있는가? 이에 답하기 위해 먼저 포스트휴머니즘 기술이 제기하는 인간학적 문제를 떠올려 보자. 하라리의 말대로 과연 신기술이 불멸하는 영혼, 자유의지, 자의식 등이 실제로 존재하지 않는 허구라는 것을 증명해 낸 것일까? 그렇지는 않다고 본다. 전술한 것처럼 그것은 과학자들이 갖고 있는 가설의 세계가 어떤 것인지를 드러낸 것일 뿐이다. 그럼에도 하라리의 지적에 귀 기울여야 하는 이유는, 기술의 발전에 따라 이전과 같이 순전히 형이상학적 추론에만 의거해서 인간에 대해 이야기할 수 없기 때문이다. 하라리의 말대로 생태계를 위기로 몰아넣은, 그리고 신성을 추구하며 인류를 파멸로 몰고 갈

40 참고: 앙리 부이야르, "호교론의 의미", 한민택 역, 『이성과 신앙』 60호, 2016년 여름, 517-518.

서구의 인본주의 이념에서 벗어나기 위해서는, 인간과 세상에 대해 이야기하는 다른 방식이 필요한 것이다. 이는 신학에서도 마찬가지다. 21세기 신기술이 인간의 영혼, 자유의지, 자의식 등을 그 자체로 부정하는 것은 아니라 할지라도, 신학에서 그러한 개념을 통해 하느님과 인간에 대해 이야기할 때, 근대의 인본주의의 이념을 그대로 물려받은 것은 아닌지 비판적으로 물어야 하는 것이다. 특별히 근대 인본주의의 인간학적 전제에 대한 21세기 신기술의 문제제기는 20세기 신학이 이룬 '인간학적 전환'에 대해 비판적으로 숙고하도록 한다. 지난 세기 신학은 근대의 도전에 응하며 신학의 방법에서 근본적인 방향전환을 이루었고, 이는 제2차 바티칸 공의회를 통해 구체화되었다.[41] 이를 통해 교회가 자신을 이해하고 세계를 바라보는 눈을 새롭게 갖게 된 것이다. 지난 세기 신학의 전반적 흐름을 '인간학적 전환'으로 표현할 수 있는데, 이는 신학이 지금 여기 현실 안에 실존하는 인간을 향해 돌아섰음을 의미한다. 계시 진리를 수용하는 인간, 진리가 현실화되고 실현되는 인간에게 초점을 맞추기 시작한 것이다. 기초신학에서는 인간의 경험을 숙고의 출발점으로 삼는다. 경험이 그리스도 메시지 해석에서 조건으로 작용하기 때문이다.[42] 다시 말해 자신의 경험에 비추어야만 인간은 계시 사건을 이해하고 자발적으로 수용할 수 있기 때문이다. 말하자면 하라리가 말한 '경험과 감수성'이라는 인본주의의 키워드를

---

41 참조: 모린 설리반, 『제2차 바티칸 공의회로 가는 길』, 이창훈 역, 성바오로출판사, 2012, 9-69. 설리반은 세 가지 패러다임의 전환을 지적하는데, 고전주의적 세계관에서 역사적 세계관으로, 연역적 방법에서 귀납적 방법으로, 호교론적 접근에서 '토대적' 접근으로의 전환이 그것이다.

42 참조: 앙리 부이야르, "인간경험은 기초신학의 출발점", 김수복 역, 『신학전망』 19호, 1972년, 50-60.

신학이 받아들인 셈이다. 그런데 20세기 신학의 이러한 인간학적 전환은 계시 진리를 경험에 비추어 생각할 수 있도록 해 주었지만, 동시에 '인간학적 환원'[43] 곧 계시 진리를 인간 경험의 수준으로 끌어내릴 위험에 노출시키기도 하였다. 그러므로 오늘의 신학은 과감히 물어야 한다. 20세기 신학에서 하느님과 신앙과 인간에 대해 이야기하는 방식은 근대의 인본주의의 그늘에 머물러 있는 것은 아닌가? 신학에서 이야기하는 자아, 의식, 욕망, 경험, 자유 등은 신학적으로 근거지어진 것들인가, 아니면 근대의 인본주의로부터 비판 없이 수용한 것들인가? 신앙을 계시에 대한 자발적 응답이며 전인격적 의탁이요 자유로운 행위라고 말할 때[44] 이는 막연한 인본주의적 이상에 사로잡혀 있는 것은 아닌가? 인간에 대해 이야기하는 신학의 전통적 방식, 곧 인간을 하느님의 모상대로 창조된 존재로 정의하고, 육체, 정신, 영혼으로 나누어 설명하던 방식은 여전히 유효한가?[45]

근대의 역사적 비판이 성경의 신적 기원에 의문을 제기하였다면, 21세기 신기술은 신앙 체험의 진위 자체에 의문을 제기하는 것으로 보인다. 진화론적 세계관은 신의 개입 자체를 부정하기 때문이다. 가령 뇌과학의 연구 결과는 우리에게 묻는 듯하다. 우리의 믿음은 뇌의 착각에 의한 반응일 뿐 실제로 하느님 체험이란 존재하지 않으며, 우리의

---

43 참조: 앙리 부이야르, "기초신학의 현행 과제", 한민택 역, 『이성과 신앙』 51호, 2012년 여름, 230.

44 참조: 제2차 바티칸 공의회, 「계시헌장」 5항.

45 대구가톨릭대학교의 정희완 신부는 과학의 발달로 인해 하느님의 모상으로서의 인간, 영혼과 육체라는 인간에 대한 전통적 이원론적 이해, 심지어 신에 대한 믿음까지 논쟁의 대상으로 제기되고 있다고 파악한다. 참조: 정희완, "과학의 도전에 직면한 신학의 과제: 하나의 전체적 조망", 『가톨릭 사상』 45호, 2012년, 23-28. 정 신부는 이 글에서 현대 과학의 사유방식에서 출발하여 과학의 발달이 제기하는 신학적 주제들과 그로 인한 신학의 자기이해의 변천에 이르기까지 과학과 신학의 관계에 대해 매우 의미 있는 연구를 행하고 있다. 참조: 같은 글, 1-36.

믿음은 허구에 대한 환상은 아닌가? 모든 것을 물질의 차원에서 설명하려는 과학 기술로 하느님의 존재나 신앙 체험의 진위를 밝혀낼 수 있는 것은 아니다. 그렇지만 인간이 자유와 욕망, 심지어 마음까지 통제하려는 시도는 신학적 성찰에서 숙고해야 할 중요 사안으로 보인다. 자유와 욕망과 감정의 조작이 가능하다는 것, 모든 것을 뇌의 반응으로 설명할 수 있다는 것이 신앙 체험 그 자체를 부정하는 것은 아닐지라도, 신앙 체험 조작이 가능하다는 것을 말해 주기 때문이다.[46] 모든 것이 착각이고 조작일 수 있다고 의심할 수 있는 것이다. 이는 역설적으로 인간이 얼마나 속기 쉬운 나약한 존재이며, 인간의 체험이 얼마나 모호한 것인지 밝혀 주는 것이기도 하다. 21세기 신기술은 인간의 삶의 조건을 향상시키기 위해 고안되었지만, 반대로 인간의 한계와 나약함을 적나라하게 드러내 보여 준다. 우리는 여기서 근대의 인본주의가 인간의 자유와 이성, 자의식 등을 이상주의적으로 대하지는 않았는지, 나아가 신학 역시 인간과 신앙에 대한 이해에서 낙관적 이상주의에 빠져 있지는 않았는지 묻게 된다. 과학기술이 역설적으로 밝혀낸 인간, 지금 여기 존재하는 인간이란 우주를 비행할 수 있고 유전자 조작으로 자신의 진화적 조건을 개선할 수 있는 존재인 동시에, 갖가지 조작과 속임수에 노출되어 있는, 가상과 현실을 구분하지 못하는, 한계 지어진 존재다. 그러므로 신학은 하느님 체험이 어떤 면에서 허구나 조작이 아닌 실제이며, 현실의 삶에서 어떻게 구체적으로 검증될 수 있는

46 실제로 신천지(신천지예수교증거장막성전)와 같은 신흥종교단체는 신도를 모으기 위해 '모략전도'라는 방법을 통해 조작된 체험을 강요하고 자유를 박탈하는 방식을 사용한다. 참조: 한민택, "한국 그리스도교계 신흥 종교의 종말론에 관한 신학적 고찰 -'신천지예수교증거장막성전'을 중심으로-", 『가톨릭 신학과 사상』 74호, 2014년 12월, 68-136.

지 제시할 수 있어야 한다. 나아가 신앙 행위가 인위적인 것이 아닌 전적으로 자유로운 행위임을 그리고 인간의 근본적인 진리에 맞닿아 있는 진실한 행위임을 밝힐 수 있어야 한다.

다. 인간의 정체성 위기

현대인에 대한 신기술의 막대한 영향을 고려해 볼 때, 21세기는 그 어느 때보다 인간 정체성의 위기 시대가 될 것이며, 신학은 이에 응답하라는 초대를 받고 있다. 하라리는 현 인류의 '존재론적 불안'[47]을 지적하였다. 그가 문제를 제기하는 방식에는 이러한 불안감, 곧 자신이 어디로 가고 있으며 어떤 미래가 자신을 기다리고 있는지 두려워하는 인류의 불확실성이 배어 있다.[48] 그것은 모든 것을 통제하려는 인류의 꿈으로 인해, 넘지 말아야 할 한계를 이미 넘어버린 것에 대한 불안감이 아닐까?

하라리는 유기체적 한계를 뛰어넘으려는 신기술에서 자유와 개인을 무가치하고 무의미한 것으로 간주하는 도구의 발전과 시스템의 진화를 문제로 지적하였다.[49] 지난 세기 인간은 전통과 권위를 잃고, 진리와 가치 판단의 기준을 잃었으며, 상대주의에 빠져 다양한 심리적, 정신적 질병을 겪어야 했다. 이제 금세기의 과학기술의 발전으로 수명을 연장하고 마음과 욕망까지 조작할 수 있다고 믿음으로써 인간은 자신의 정체성까지 잃어버릴 위험에 처하게 되었다. 인간의 자유의지와

---

47 "근대 이후 문화는 역사상 가장 위력적이고, 쉼 없이 조사하고 발명하고 발견하고 성장한다. 동시에 과거의 그 어떤 문화보다 큰 존재론적 불안에 시달린다." HD, 280.

48 특히 HD, 72-86.

49 HD, 419.

개인의 자의식을 무시하고 통제하려는 기술과 시스템의 흐름은 실제로 개인들의 자유를 상당히 제한하고 개인의 가치를 전락시킨다. 종교를 불필요한 것으로 혹은 순전히 개인적이고 내면적인 것으로 축소하는 사회적 분위기에서 현대인은 종교적 존재로서의 정체성 실현에 큰 어려움을 겪는다. 자신이 어디에서 와서 어디로 가는지 하는 물음은 공허한 철학적 물음이 아니다. 인간이 세상을 살아가면서 삶의 의미를 추구하고 부여하는 방식이다.

베네딕토 16세(Benedict XVI) 교황은 기술적 사고방식에 내재한 사유의 위험을 지적한 바 있다. 기술 사고로 인해 인간이 진리의 기준을 '이룰(만들) 수 있고 이루어야 할 것'에 두면서, 인간이 궁극적으로 추구해야 할 진리가 "존재의 진리도 아니며 인간이 겪은 사실들의 진리도 결국 아니고, 세계 변혁의 진리요 세계 형성의 진리, 즉 미래와 행동에 관련된 진리"가 되어 버렸다는 것이다.[50] 이러한 기술 중심의 사고에서 결국 인간 자신이 어떤 존재인지는, 자신이 원하는 것에 달려 있게 되었다는 것이다. 그리고 그 변화의 함의를 다음과 같이 지적한다.

> "이제는 자신을 신으로 창조하는 것마저 더 이상 불가능하지 않을 듯한 형편이 되었다. '말씀'으로서, 뜻으로서 태초에 있는 신이 아니라, '이루어야 할 일'로서, 성취 가능성으로서 종말에 있는 신으로서다. 과연 이것은 오늘날 이미 구체적으로 인간학의 문제 제기 양상에까지 파급되고 있다."[51]

이 지적을 통해 교황은 유발 하라리보다 먼저 '호모 데우스'를 예견

50 요셉 라칭거, 『그리스도 신앙 어제와 오늘』, 장익 역, 분도출판사, 2009(1974), 66.
51 같은 책, 68.

한 셈이 되었다. 하라리의 『호모 데우스』는 자신의 정체뿐 아니라 자신이 목표로 삼는 것에 대해서조차 확신을 잃어가고 있는 21세기 인간의 자화상이다. 모든 것을 통제할 수 있다는 확신이 역설적으로 인간 자신을 무한한 불확실성 속으로 밀어 넣고 있는 것이다.

인간의 기대와 달리 기술의 발전은 인간의 자유를 제한하고, 인간 자신과 개인의 가치를 소멸시키는 방향으로 흐르고 있다. 이는 초월적, 영적 존재로서의 인간이 '내재성 안에서 초월의 삶'의 방식을 창출하지 못해 내재적 세상에서 스스로 소외되고 마는 인류 자신의 딜레마다. 자신의 삶과 문화 영역에서 종교적, 초월적 삶의 방식을 발견하지 못해 정체성을 잃은 이들은 지속적으로 증가할 것이다. 내재적 경험 세계에서 초월적 삶의 가능성을 이야기하기 위해 '자유'는 매우 시급한 주제로 드러난다.[52] 인류가 초월적 존재로서 자신의 삶을 영위할 수 있도록 인간의 자유를 보살피고 보장하는 방향으로 나아갈 필요가 있다. 여기서 자유란 서구의 인본주의가 추구한 개인주의적 자유가 아니라 인간의 진리와 상관하는 자유, 인간 인격의 완성과 관계된 자유, 타자와의 관계에서 자신의 정체성과 역할을 발견하는 과정에서 체득되는 자유를 의미한다. 특별히 죄와 악의 현실로부터의 구원과 해방의 길, 진정한 의미에서 인간 완성의 길인 자유를 의미한다. 이 분야에서 종교 특별히 그리스도교는 기여할 몫이 크다. 그리스도 신앙은 자유를 주고 해방하는 신앙이기 때문이며, 그 길을 예수 그리스도에게서 발견하기 때문이다. 여기서 말하는 자유란 한계 지어진 자유, 죄와 악의 현실과의 영적 투쟁을 통해 신앙 여정에서 조금씩 완성에 이르는 자유

52 그레사케 신부 역시 현대의 은총론의 출발점을 '자유'에서 찾고자 하였다. 참조: 그레사케, 앞의 책, 139-160.

다. 종교나 신앙은 결코 개인의 인격이나 자유의 소외를 의미하지 않는다. 오히려 진정한 의미에서 인간을 해방시키고 인격을 완성시키는 자유의 길로 인도한다.

프랑스의 기초신학자 앙리 부이야르(Henri Bouillard)는 인간의 공통 체험 특히 우연성, 죄책감, 덧없음 등에서 출발하여 그리스도의 메시지를 의미 있는 것으로 제시하는 기초신학의 방법을 제시한 바 있다.[53] 21세기 신기술의 발전과 인간 삶의 개선을 고려해 볼 때, 그러한 철학적, 종교적 체험에서 직접적으로 출발하는 것은 무리가 있어 보인다. 오히려 이 시대의 인간 정체성 위기에서 출발하는 것은 어떨까? 기초신학적 고찰에 의하면, 신앙 진술이 그 본래의 의미를 부여받는 곳은 신앙 체험에서다. 그런데 신앙이 인간의 주체가 되어 가는 과정과 밀접히 연결된 것이라면, 주체의 되어감 혹은 주체성의 형성이야말로 넓은 의미에서 그리스도교 메시지가 의미를 부여받는 곳이다. 정체성의 위기로부터 인간을 신앙의 인격적 주체로 형성시키는 것에서 오늘의 기초신학은 매우 중요한 역할을 부여받는다. 물론 여기서 기초신학은 타 신학 학문 특별히 신학적 인간학과 윤리신학의 도움을 받아야 한다.

라. 유용성 중심의 세계관을 극복한 새로운 윤리 창출의 필요성

인간의 정체성 위기 극복을 위해 유용성 중심의 과학기술적 사고를 뛰어넘는 새로운 사유와 실천 방식을 창출할 필요가 있다.

하라리의 저서 전반의 논리에는 '발전에 유용한 것이 선한 것이다' 라는 전제가 깔려 있다. 유용성 중심의 세계관이며 목적론적 세계관이

53 앙리 부이야르, "기초신학의 현행 과제", 216.

다. 비의식적 알고리즘이 인간을 대치할 것이라는 예견은 세상이 유용성을 중심으로 움직일 때만 가능한 판단이다. 인공지능이 바둑에서 인류의 최고수를 이긴다면 어떤 일이 일어날까? 인류가 바둑 두는 것을 그만 두고 인공지능에게 바둑을 맡길까? 그런데 그런 일은 일어나지 않았다. 알파고가 한국의 바둑기사 이세돌을 이길 수 있었던 것은 바둑이라는 게임의 규칙 자체가 철저히 이기기 위한, 돌의 효율과 유용성에 중심이 맞춰졌기 때문이다. 이종관 교수는 이 대국에서 아자황의 역할에 관심을 기울이며, 인공지능 시대의 인간상에 대해 숙고하였지만,[54] 논자는 대국이 끝난 후 고뇌하는 이세돌에게 관심을 기울이고자 한다. 대국에 임했던 인공지능이 '오프라인'이 되어 대국을 함께 되짚어 보는 '복기'를 할 수 없는 상황에 처한 외로운 고뇌하는 인간이었다. 그러나 바둑은 게임이기 이전에 '수담(手談)' 곧 손으로 나누는 대화다. 바둑은 게임의 룰을 뛰어넘는 무엇이다. 바둑에는 승패를 넘어서는 무언가가 있다. 복기를 통해 바둑을 되돌아보며 패착이 무엇인지 파악한 다음 패자는 자리를 훌훌 털고 일어날 수 있다. 보다 나은 미래를 꿈꿀 수 있기 때문이다. 바둑은 유용성에만 모든 것이 달려 있는 게임이 아니다. 바둑을 두는 것은 인간이기 때문이다. 알파고는 바둑을 이겼지만, 매너에서는 졌다. 복기를 하지 않았기 때문이다. 인공지능은 유용한 도구로 인간 대신 바둑을 둘 수는 있지만, 인간을 대신할 수는 없다.

비의식적 알고리즘이 인간 이성을 대신할 것이라고 하라리가 예견하였지만, 인간 이성이 비의식적 알고리즘으로 환원되는 것은 아니다. 인간 이성에는 '알고리즘'이라는 방식으로 설명하지 못하는 측면이 있

---

54 이종관, 『포스트휴먼이 온다』, 사월의책, 2017, 12-13.

다. 하라리가 인공지능을 통해 이성과 의식 사이가 분리되었다고 말하지만, 사실은 그렇지 않다. 인간 이성에는, 나아가 인간 삶에는 유용성 중심의 세계관 혹은 목적론적 세계관을 뛰어넘는 전혀 다른 차원이 존재한다. 존재 사이의 만남이 이루어지고 관계가 맺어지는 곳, 자유와 자유가 만나고 인격과 인격이 만나는 곳, 인격적 신뢰가 이루어지고 존재의 나눔이 이루어지는 영역이 있다. 바로 사랑의 세계이며 믿음의 세계다. 그곳은 '말씀'의 교환이 이루어지고 무상(無償)의 관계가 형성되며, 존재가 일깨워지고 인격이 형성되며 자유가 탄생하는 곳이다. 인간의 정체성이 형성되는 곳이다. 그곳에서는 '만물인터넷'과는 전혀 다른 차원의 통교가 이루어진다. 인간이 시공간을 초월하여 모든 인간과 통교하고, 세상 만물과 영적 교감을 나눈다.[55] 말씀과 사랑으로 창조가 이루어지는 곳이다. 말씀이 모든 것을 만들어 내고, 사랑이 모든 것의 의미를 만들어 내는 세계다. 그곳에서는 존재의 유용성이 아닌 존재 그 자체가 의미요 목적이 된다. 존재와 생명의 나눔이 가능하고, 존재의 포기와 비움이 실현되며, 하느님의 영의 현존과 활동에 존재가 개방된다. 바로 그곳에서 인간은 영적이며 초월적 존재로서 자기 자신을 실현시킨다. 믿음이 만들어 내는 이 세계는, 인간이 삶을 건설하고 결단을 내리며 투신하는 것이 관건인 세계다. 믿음이 생겨나고 성장하는 곳이다. 믿음은 맹목적인 복종이 아닌, 삶에서 은총의 비전을 채택하는 것이다. 이성은 이 믿음의 차원에서도 작용한다. 믿음은 의지적 행위인 동시에 이성적 행위이기 때문이다. 믿음은 인식의 한 차원이며, 알고리즘과 전혀 다른 차원의 합리성을 가진다.[56] 그것은 유용성이

55 대표적으로 프란치스코 성인을 들 수 있겠다.

56 참조: W. 바이너르트, "신학적 인식의 주관적 원리로서 신앙", 이제민 역, 『신학전망』 134호,

아닌 무상성에 중점을 둔 합리성이다. 거기서는 상처 입은 인간이 회복하고, 죄 지은 인간이 용서받는다. 믿음의 이성은 세상 만물이 '새롭게 창조'된다는 말을 이해한다. 물리적 세계에서 전혀 돌이킬 수 없는 일들이 은총의 공간에서는 가능한 것임을 안다. 이는 비의식적 알고리즘이 결코 알 수도, 모방할 수도 없는 영역이다. 인공지능은 인격적 관계를 맺을 수도, 영적인 교감과 식별을 할 수도 없기 때문이다. 그것은 '모방'만으로는, 경험의 축적과 빅데이터로는 불가능한 것이다. 비의식적 알고리즘이 모든 것을 해결할 수는 없다. 기술의 능력이 미치지 못하는 인간 삶의 전혀 다른 차원이 존재한다. 진정한 의미의 기적은 물질적 세계에서가 아니라 이 믿음의 영역에서 일어난다. 물리적 기적은 믿음의 회복이라는 기적의 외적으로 드러난 표징일 뿐이다. 인류가 기술에만 의존한다면, 영적, 초월적 존재로서의 능력을 점점 더 잃을 것이다.[57] 특별히 영적인 감수성과 식별력을 잃을 것이다. 모든 것을 데이터화하려는 의도에는 함정이 있다. 데이터화할 수 없는 것이 있다. 인간이 그렇고 인류의 역사가 그렇다. 인간과 인류의 역사는 데이터 이상의 무엇이다. 인간은 역사를 통해 자기 자신을 발견하고 정체성을 형성하며 새로운 가능성과 미래를 만들어 간다.

유용성 중심의 세계관을 넘어 '무상성 중심의 세계관'을 채택할 수 있을 때 인류의 균형 잡힌 발전이 이루어질 것이다. 무상의 선물이 열어 주는 차원과 거기서 일어나는 믿음의 힘에 눈을 뜰 필요가 있다. 모든 능력에서 인공지능이 인간을 능가하는 시대가 도래할 때 인간의 가치는 어디에서 찾아야 할까? 이 흐름을 거스르기 위해 존재 그 자체로

2001, 38-63.

57 이 부분에서 하라리의 지적은 일리가 있다. 참조: HD, 492-497.

가치가 드러날 수 있는 새로운 윤리가 창출되어야 할 것이다. 이 관점에서 그리스도교는 '존재의 무상성'에 기반을 둔 윤리를 제시할 수 있을 것이다.[58] 경제적, 군사적으로 '유용한' 인간만이 유용한 것이 아니다. 진정한 유용성은 있음 그 자체와 존재 사이의 상호 통교에 있다. 상대를 고귀한 인격으로 대하는 것에 있다. 그것은 근대 인본주의의 이념이 아닌, 그리스도와의 깊은 인격적 만남을 통해 체험되고 체득된, 인간 자신에 대한 진리이며 세상에 대한 진리다. 그리스도교는 육화하신 하느님이신 예수 그리스도와의 만남을 통해 얻은 체험과 영감을 바탕으로, 모든 인간이 진정한 인간 발전에 참여할 수 있도록 새로운 사유와 윤리적 삶의 원리, 나아가 그것을 실현시킬 구체적 실천 방식과 제도까지 제시해야 할 것이다. 그리스도인의 하느님은 '유용한' 하느님, '알라딘의 램프'와 같은 하느님이 아니다. 인간이 되어 오신 하느님, 인간의 나약함을 온전히 자신의 것으로 하신 하느님이시다. 그분이 '유용'하다면, 경제적, 군사적 차원에서가 아닌 은총이라는 전혀 다른 차원에서일 것이다. 타인을 위한 존재인 그분은 생명을 나누어 주는 것으로 지구를 살리고 우주를 살리며 세상을 새롭게 창조한다. 은총이라는 무상의 선물로 인해 모든 것이 창조되는 세상이 펼쳐진다. 은총을 입은 이, 곧 예수 그리스도를 만난 이에게 모든 존재는 거저 주어지는 선물로 다가온다. 그는 알고리즘이 아닌 하느님의 눈으로 인간을 바라본다. 포도원 주인의 비유에서처럼,[59] 모든 이에게 역할이 맡겨질 것이며, 하는 일 없이 하루 대부분을 보낸 실업자의 고통스러운 시간까지 셈해 줄 것이다. 세상 그 누구도 '유용'함으로 평가받지 않고,

58 참조: 프란치스코 교황, 회칙 『찬미받으소서』 69항.

59 참조: 마태 20,1-16.

있는 그 자체로 받아들여지는 은총의 세계, 하느님 나라가 펼쳐진다면 말이다.

인간의 진정한 발전은 수명 연장에 있지 않다. 신기술의 시대에 더욱 계발되어야 할 것은 인간의 종교적 특성, 영적이며 초월적 특성이 아닐까? 타자와 공감하는 능력, 영적 교감 능력, 사랑하는 능력, 타인의 처지를 자신의 것으로 하는 능력 말이다. 인간뿐 아니라 세상 만물이 존재 그 자체로 가치를 인정받는 사유와 윤리의 창출에 인간 발전의 기준이 자리해야 한다. 그리스도인은 이 부분에서 인류의 발전을 위해 기여할 몫이 크다. 세상 내 인간 실존에서 은총이라는 초월적 삶의 방식을 창출하고자 하기 때문이다. 복음으로 선포하는 하느님의 다스리심이 먼 훗날 종말에나 있을 실재가 아닌, 지금 여기 현존하는 실재임을 믿고 고백하며 실제로 그렇게 살고자 하기 때문이다.

마. 기초신학의 과제

하리리의 도발적인 예견은 그동안 행해 오던 신학 방식, 하느님과 신앙과 인간에 대해 이야기하던 방식을 점검하도록 한다. 교회가 그리스도의 메시지를 선포하는 방식은 과연 현대인에게 현실성 있게 다가오는가?

젊은이를 중심으로 한 대규모의 교회 이탈 현상은 교회가 전하는 메시지가 현실과 동떨어져 있을 뿐 아니라, 그들이 경험하는 현실과 모순되어 보이기 때문은 아닐까? 그들이 접하는 현실은 주로 하라리가 소묘하는 진화론적 세계관과 과학기술적 세계관을 통해 체험된다. 반면 성경이나 교리 내용은 현실 세계와는 전혀 동떨어진 내용으로 들린다. 성경의 언어가 지니는 모호함, 교리 표현과 내용의 비현실성, 현대인의 체험과 물음과 상관없어 보이는 교리와 성경 내용, 기복신앙적 신앙생활 행태, 신앙과 실제 삶과 체험 사이의 관련성 미흡, 신앙 안에서 인격의 변화와 삶의 실질적 변화의 부재 체험, 수동적이며 피상적인 신앙 수용, 현대인의 과학기술적 세계관과 관련이 없어 보이는 신앙 내용 … 오늘날 교회가 겪는 신앙의 위기는 그리스도교 진리 그 자체라기보다는, 진리에 대해 이야기하고 실천하는 방식의 위기다. 오늘날 사람들의 의식 수준에 맞추어 체험 영역에서 검증할 수 있는 것으로, 그들의 눈에 매력적인 것으로, 나아가 삶을 투신할 만한 것으로 신앙 진리를 제시하지 못한다면 신앙의 위기 현상은 악화될 것이다. 사실 신앙이라는 것 자체가 전적인 투신을 요구하는, 매력적이면서도 끝까지 따르기 쉽지 않은 여정인 것이다.

이러한 상황에서 기초신학에 맡겨진 임무는 매우 크다. 믿지 않는 이들을 상대로 신앙하는 이유를 합리적으로 타당성 있게 제시하는 학문이 기초신학이기 때문이다.[60] 현시대의 흐름을 염두에 두고 기초신학에 맡겨진 새로운 과제를 두 방향에서 가늠해 볼 수 있을 것이다.

1) 먼저 내재적 세상에서 초월의 삶의 방식을 살지 못하는 현대인의 딜레마를 떠올린다면, 기초신학의 우선적 과제는 일상의 영역과 신앙의 영역, 과학의 영역과 신학의 영역 사이의 관계를 수립하는 일일 것이다.[61]

---

60 기초신학의 정의와 역사에 관하여 참조: 르네 라투렐르, 리노 피시켈라, "기초신학", 김석태 역, 『복음과 문화』 8호, 2004, 235-264.

61 부이야르는 "세속의 사상과 신에 관한 사상 사이의 관계를 수립하고, 우리의 일상적 체험과 신학자가 말하는 보이지 않는 실재 사이에 다리를 놓는 것"으로 기초신학의 역할을 정의하였다. 참조: 앙리 부이야르, "기초신학의 현행 과제", 216.

둘 사이의 관계 수립을 위해 먼저 두 영역의 근본적인 차이점에서 출발하자. 베네딕토 16세 교황은 『그리스도 신앙 어제와 오늘』에서 '지각-작위'의 관계와 '태도-이해'의 관계 사이의 구분을 통해 기술 사고와 대조되는 신앙의 근본적인 특수성에 대해 서술한 바 있다.

> "신앙의 과정이란 창작 가능성을 위주로 하는 사고의 특징인 지각-작위의 관계에 속하는 것이 아니고 그와는 전혀 다른 태도-이해의 관계 안에서 표현되어야 할 것이다."[62]

곧, 신앙이란 물질적 세계와 생물학적 영역을 담당하는 기술 사고와 근본적으로 다른 차원에 속해 있다는 것이다. 그렇다고 기술 사고가 관할하는 세속의 영역과 신학이 맡는 신비의 영역이 서로 전혀 무관한 것은 아니며, 둘 사이의 관계를 수립하는 것은 오늘날 특별히 중요하다. 한편으로 근본주의에 빠지지 않기 위해서, 다른 한편으로 그리스도 신앙을 현실에서 구체화하기 위해서, 나아가 과학기술의 발전과 교회의 하느님 나라 확장 사이의 변증법적 관계를 수립하기 위해서다.

가톨릭 신학은 전통적으로 둘의 관계 수립을 위해 '자연적 신 인식'이라는 개념을 인정하였다. 과거에 주로 자연 신학에서 사용한 이 개념은 '신 존재 증명'의 형태로 무신론을 극복하기 위한 논거로 사용되었다. 칼 바르트(Karl Barth)에게 신랄한 비판을 받은 이 개념은 가톨릭 신학자 앙리 부이야르를 통해 새롭게 해석되었다.[63] 그는 이 개념을 신

62 요셉 라칭거, 앞의 책, 71.

63 이에 대해 논자의 다음 저서를 참조할 것: Han Min Taeg, *La connaissance naturelle de Dieu chez Henri Bouillard (1908-1981). Approche historiaue et théologique* [프랑스 기

앙 인식의 '전이해' 내지 가능성의 전제조건으로 간주하였다. 곧, 모든 사람은 자연적으로 하느님에 대한 인식을 내재적으로 갖고 있는데, 이 인식을 통해 성경의 하느님을 자신의 하느님으로 인식하고 고백할 수 있다는 것이다. 자연적 신 인식을 통해 그리스도를 통해 실현된 계시와 인간의 체험이 서로 연결되며, 성경과 오늘의 신앙인 사이의 유비 관계가 형성될 수 있다. 여기서 기초신학 역시 새로운 역할을 부여받는데, 성경과 교의 진술에 담긴 그리스도 신앙 체험을 읽어내고 오늘의 역사적 체험과 새롭게 연결시키는 것, 그러한 재해석 행위를 통해 역사적 인물 나자렛 예수에게 일어난 계시 사건을 오늘 우리 안에 현재화되는 사건으로 제시하는 것이 그것이다.[64]

그런데 이러한 논증방식이 지금도 여전히 유효할 것인지는 의문이다. 세속화가 가속화되고 실천적 무신론이 정신을 지배하는 지금, 인간이 본래적으로 갖고 있는 것으로 간주되는 자연적 신 인식에 직접 호소하는 것은 무리가 있어 보인다. 또한 신앙 진술의 체험과 오늘의 역사적 체험을 연결시키는 것 역시 신앙의 고유하고 역사적, 역동적인 과정을 따르기보다 인위적으로 신앙 체험에 개입한다는 인상을 준다. 21세기 세속화된 사회, 종교와 신앙이 전혀 현실적인 것으로 보이지 않는 상황에서, 현대인에게 신앙의 길을 새롭게 제시하기 위해서는 신에 대한 암묵적인 인식에서보다는 인간의 구체적 체험에서 출발하는 것이 좋을 것이다. 특히 인류의 보편적 체험인 '믿음'이 적절한 출

초신학자 앙리 부이야르 사상에 있어서 '자연적 신 인식'에 관한 역사적, 신학적 고찰], Paris, Cerf, 2016.

64 참조: Claude Geffré, *Croire et interpréter. Le tournant herméneutique de la théologie* [믿고 해석하기. 신학의 해석학적 전환], Paris, Cerf, 2001, 20.

발점으로 보인다. 여기서 말하는 믿음은 종교적 차원을 포괄한 전인격적 차원으로, 인식의 한 방식뿐 아니라 삶에 대한 이해와 태도로 이해되는 믿음이다. 베네딕토 16세 교황이 지적하듯 믿는 이건 믿지 않고 의혹이나 불신을 품는 이건 누구나 제 나름대로 믿는다.[65] 사실 자연적 신 인식은 모든 인간이 본래적으로 믿는 존재, 믿기 위해 존재한다는 것을 전제로 한다. 인간은 믿음 없이 인간으로 존재할 수 없다. 믿음이야말로 인간이 존재하는 가장 기본적인 방식이다. 믿음이라는 처신에서 인류는 하나로 연결되어 있다. 무신론자라 하더라도 어떤 형태로든 믿는 것이다.[66] 또한 믿음의 차원에서는 자신의 삶과 세계를 구축하는 것이 관건이 된다. 사람은 믿음을 통해 자신의 삶과 세계를 건설하고, 그 세계 안에서 믿는 존재로서 자기 자신을 실현시킨다. 그리고 그 믿음의 가장 깊은 차원에는 자신의 타고난 피조성과 한계, 우연성에 대한 인식, 죄와 악의 현실에 속박되어 있는 자아에 대한 인식과 더불어 그곳으로부터 해방을 의미하는 구원을 향한 열망이 자리한다.

이렇게 포괄적으로 이해된 믿음이 오늘날 과학과 신학의 세계를 연결할 수 있는 장소로 보인다. 그곳에서는 삶에 관한 은유적 표현이 본래의 의미를 부여받는다. 삶이 바위 위에 지어졌는가, 모래 위에 지어졌는가? 삶이 성공으로 끝나는가, 완전히 망해 버리는가? 또한 죄와 악과 같은 윤리적 개념이 의미를 부여받는 곳이기도 하다. 자신의 존재와 삶이 철저히 폐쇄된 곳, 타인과의 관계가 철저히 절연된 곳, 폭력

---

65 참조: 요셉 라칭거, 앞의 책, 49.

66 여기서 말하는 믿음은 모든 사람, 심지어 무신론자라 할지라도 인간의 본질과 완성을 실현하는 존재라고 말한 부이야르의 지적과 맥을 같이 한다. 인생에 관한 어떠한 분명한 견해를 갖고 있다는 그 자체로 그가 믿고 있는 존재임을 드러내는 것이다. 참조: 앙리 부이야르, "인간 경험은 기초신학의 출발점", 53.

이 지배하는 곳, 그 누구와의 통교도 이루어지지 않는 곳, 두려움과 공포, 원한과 분노, 좌절과 절망이 지배하는 곳, 바로 그곳이 죄와 악의 현실이다. 그 반대는 하느님 나라의 현실로, 개방과 통교, 기쁨과 환희가 가득한 곳, 사랑이 지배하는 곳이다.

이 영역에서는 과학기술이 해결할 수 없는 전혀 다른 차원의 물음이 제기된다. 곧, 자신의 삶을 어떤 기반 위에 건설하는가? 누가 나에게 '구원'을 줄 수 있는가? 과연 자기 자신이 삶의 기반이 될 수 있는가, 아니면 다른 무엇 혹은 누군가에게서 그 기반 곧 구원의 보증을 발견해야 하는가? 그 믿음의 동기가 실체인가 허상인가? 과학자는 나름대로 자신의 믿음에 확신을 갖고 세계를 구상하며 미래를 향해 나아가며, 신앙인 역시 나름대로 믿음을 갖고 현실에서 자신의 삶을 영위해 나간다. 그런데 과연 누가 그 믿음의 진위를 결정할 것인가? 이 차원에서 과학자도 신앙인도 책임 있는 답을 내리기 위해 근본적인 결단을 내려야만 한다.

이러한 측면에서 볼 때 하라리가 시도한 허구와 현실 사이의 구분 그 자체는 허구로 드러난다. 그는 감각을 통해 허구와 현실을 구분할 수 있다고 보았다. 그런데 과연 감각할 수 있는 것만이 인간 실존에서 현실일 수 있을까? 과학기술 분야에서 이루어지는 탐구도 결국 믿음의 영역에 속하지 않는가? 과학기술을 탐구하고 이용하는 것도 사람이며, 그도 자신의 활동을 통해 자신의 세계를 구축하고 그 안에서 자신의 믿음을 실현하는 것이다. 허구와 실제는 감각을 통해 구분되는 것이 아니라 믿음의 근거와 대상이 무엇(누구)인지에서, 그것이 진리인지 아닌지에서 결정난다. 40일 동안 광야에서 단식한 예수에게 사탄은 돌이 빵이 되라고 유혹하였다. 컴퓨터와 3D 프린트를 통해 혹시 돌을 빵으로 만드는 기술을 획득할 수 있을지 모르겠다. 돌을 빵으로 만드는 것이 가능하다는 것은 과학자의 믿음이지만, 그것이 인간 존재의 근본적인 물음에 대한 궁극적인 답을 주는 것은 아니다. 기술은 이 물음에 답하지 못한다. 그것은 철학의 문제요 신학의 문제이기 때문이다. 신앙인의 눈에, 그것이 감각할 수 있는 것일지라도, 돌을 빵으로 만드는 것만큼 비현실적인 것은 없다. 호기심으로 혹은 욕망을 채우기 위해 인위적으로 세상의 자율성에 개입하는 것으로는 결코 인간을 구원하는 하느님 나라를 실현시킬 수 없음을 경험으로 알기 때문이다.

2) 21세기 문화적 상황에서 세속의 영역과 신앙의 영역을 연결하기 위해 근대 이래 그리스도교의 핵심을 지칭하는 '계시' 개념을 비판적으로 검토할 필요가 있어 보인다.[67] 계시 개념은 고전 호교론이 근대의 이신론자를 상대하는 과정에서 전면에 부각되기 시작하였다. 그런데 신화론적인 성경과 성전의 진술이나 이성이 아닌 다른 외부적인 것으로부터 부과되는 것을 거부하는 세속화 시대에 계시 개념이 여전히 그리스도교의 핵심 개념으로 자리할 수 있을지는 의문이다. 제2차 바티칸 공의회를 통해 계시 개념에서 획기적인 발전을 이루었다 할지라도,[68] 계시는 여전히 하느님을 과거 지향적 비전 안에서 신화론적으로 이해하도록 할 위험에 노출되어 있다. 공의회 이후 신학이 신앙의 그

67 계시 개념 재고의 필요성에 대해 참조: François Nault, "Révélation sans théologie, théologie sans révélation" [신학 없는 계시, 계시 없는 신학], Philippe Bordeyne et Laurent Villemin (éd.), *Vatican II et la théologie. Perspectives pour le XXIe siècle* [제2차 바티칸 공의회와 신학. 21세기를 위한 전망], Paris, Cerf, 2010, 127-149.

68 이에 관하여 참조: 곽진상, "제2차 바티칸 공의회의 「계시헌장」과 한국 신학의 과제", 『누리와 말씀』 제33호, 2013 여름, 145-189.

리스도 중심성을 회복하는 과정에서 역사적이고 실천적인 방향으로 정향되어 왔다면,[69] 공의회의 계시 개념은 삶의 차원에서 이해된 '하느님 나라'라는 실천적 개념을 통해 보완되어야 할 것으로 보인다. 성전(聖傳, Traditio) 곧 교회가 자신의 온 삶을 통해 '전달'하는 계시는 다름 아닌 지금 여기서 체험되는 '그리스도의 복음'이요 그리스도를 통해 인간의 역사 안에 실현되는 '구원 현실'[70]이기 때문이다.

베네딕토 16세 교황은 신적 계시가 지닌 '실정성(實定性)' 내지 '그리스도적 실정주의(Positivismus)'로 인해 현대인에게 야기하는 곤혹스러움을 언급한 바 있다. 이는 그리스도교에서 신에 대해 이야기하는 '직접적'인 방식에 관한 것으로, 역사 안에 신-인간으로 오신 신을 신앙의 대상으로 삼음으로써, 신이 '역사의 한 점'으로 '왜축'됨으로써 현대인에게 어려움을 자아낸다는 것이다.[71] 프랑스의 기초신학자 제프레(Claude Geffré) 신부 역시 그리스도 계시의 본래적 특성인 역사성으로 인해 그 보편성이 끊임없이 문제시되고 있음을 지적하였고,[72] 심상태 몬시뇰 또한 자신의 저서 곳곳에서 이 문제를 예리하게 제기하고 있다.[73] 베네딕토 16세 교황은 성경의 비전에서, 제프레 교수는 해석학적 전망에서, 심 몬시뇰은 '역사의 신학'의 노선에서 나름대로 계시와 역사의 관계 문제를 해결하기 위한 신학을 전개하였지만, 계시라는 개념 자체

---

69 참조: 한민택, "'신앙의 합리성' 연구에 있어 제2차 바티칸 공의회 「계시헌장」의 기여", 『이성과 신앙』 53호, 2012년 겨울, 42-49.

70 참조: 김광식, "전승이란 무엇인가?", 『가톨릭 신학과 사상』 5호, 1991년, 117-144, 여기서는 118-125.

71 참조: 요셉 라칭거, 앞의 책, 56-58.

72 참조: 클로드 제프레, "계시신학요론 I", 이병호 역, 『신학전망』 72호, 1985년, 35-36.

73 참조: 심상태, "신앙의 역사성과 보편성", 심상태, 『그리스도와 구원』, 성바오로출판사, 1981, 17-35.

가 지닌 '외부로부터 부과되는' 성격과 그것이 맺는 역사와의 관계가 현대인에게 여전히 걸림돌로 다가오는 것이 사실이다. 계시가 언제나 과거의 역사와 결부되어 있으며, 또한 "어떠한 새로운 공적 계시도 바라지 말아야"[74] 하기에, 그리스도인의 하느님은 성경이 전하는 과거의 사건 속에 숨어 계신 존재로만 인식될 수 있는, 지금의 나와는 직접적으로 상관없는 분으로 오인될 수 있는 것이다. 이 시대 사람들이 실제로 살며 겪는 어려움과 삶의 모호함과 거기서 제기하는 문제와 결부시켜 신앙과 하느님 체험에 대해 이야기하기가 쉽지 않은 것이다.

현대인의 신앙 조건은 변화하였다. 현대인은 경험의 차원에서 검증할 수 있는 것만 받아들이고자 한다. 스스로 생각해 보고 수긍해야 믿을 수 있다고 판단한다. 이러한 입장은 그릇된 것이 아니라, 오히려 신앙의 신비 안으로 더 깊이 들어가도록 하는 계기가 될 수 있다. 여기서 신학은 물을 수 있어야 한다. 과연 신앙의 진술은 검증 가능한 것인가? 하느님 체험은, 가상인가 현실인가? 그것을 검증할 수 있는가? 검증한다고 할 때 어떤 차원의 검증을 의미하는가? 신학은 이 물음에 답하기 위해 노력해야 한다.

오늘의 사람들에게 하느님과 신앙에 대해 현실적으로 이야기하기 위해, 성경의 '현실주의'에서 영감을 얻을 필요가 있다. 성경은 과거의 사건에서 목격되는 하느님이나 종말에야 자신의 모습을 드러낼 하느님에 대해서만 이야기하지 않는다. 지금 여기서 인간 역사 안에 함께 계시며 활동하시는 하느님에 대해 이야기한다. 성경에 등장하는 인물들 역시 완벽한 신앙을 살았던 사람이 아닌, 불확실성 속에서 삶의 고

74 「계시헌장」 4항.

뇌와 번민 속에서 구원과 진리를 찾아가는 인간들이다. 성경은 인간의 나약함과 한계, 인간 삶의 어두움이나 모호함, 신앙의 어려움에 대해 눈을 가리지 않는다. 바로 그 적나라한 인간 삶의 현실에서 예수의 '하느님 나라' 복음이 선포되었음을 증언한다. "때가 차서 하느님의 나라가 가까이 왔다. 회개하고 복음을 믿어라."(마르 1,15) 신약은 그 전체가 예수의 이 첫 복음선포의 실현으로 요약될 수 있다. 신약성경에 의하면 하느님 나라는 예수의 출현과 더불어 '지금 여기서' 발생하는 구원 사건이다. "그러나 내가 하느님의 영으로 마귀들을 쫓아내는 것이면, 하느님의 나라가 이미 너희에게 와 있는 것이다."(마태 12,28) "가거라, 네 믿음이 너를 구원하였다."(마르 10,52) 하느님의 다스리심은 예수라는 인격을 만나는 순간, 그와 인격적 관계를 맺고 그를 따르는 제자가 되어, '새로운 모세'인 스승과 함께 걸으며 죄와 악의 속박에서 벗어나 '약속의 땅'인 자유와 해방의 나라로 나아가는 길에서 구체적으로 실현된다. 거기서 예수의 제자는 죽음과 어두움, 공포와 두려움이 아닌, 불신과 의심, 원한과 분노, 폭력과 갈등이 아닌 자비와 사랑, 자유와 평화, 기쁨과 환희를 주는 주님께 자신의 마음을 기대고 신뢰를 둠으로써 자신에게서 하느님의 다스리심이 현실화되는 것을 목격한다.

하느님 나라에서 역시 '삶'이 관건이 된다. 하느님 나라는 정치적, 군사적 혁명으로 이루어지는 나라가 아니다. 그러나 하느님 나라만큼 현실적인 것이 없다. 각자의 삶이 성공하느냐 파멸에 이르느냐가 관건이기 때문이다. 나의 전 실존을 온전히 믿고 맡길 대상을 찾고 궁리하는 과정에서 일어나는 일이기 때문이다. 삶이 건설되는가, 파괴되고 망가지는가는 '향주덕' 곧 '믿음, 희망, 사랑'의 존재 유무에 의해 좌우된다. 복음서는 죄와 악의 현실로 인해, 자신의 타고난 나약함과 한계와 우연성으로 인해 믿음과 희망과 사랑이 박탈당해 그 삶이 철저히 무너진 사람이 예수 그리스도를 만나 믿음과 희망과 사랑을 선물로 부여받음으로써 삶을 어떻게 회복하게 되는지, 한 인격적 주체로 어떻게 다시 태어나는지, 자신의 삶을 하느님의 말씀이라는 든든한 바위 위에 어떻게 구축하는지 보여 준다.

삶의 차원에서 이해된 하느님 나라 개념을 통해 계시를 이해할 때, 성경 저자와 등장인물 그리고 오늘의 신앙인 사이에 유비 관계가 형성된다. 21세기 하느님의 나라는 신앙이라는 처신을 통해 내 안에서 실현되는 '내재적 세상 안에서 초월의 실존 양식'으로 이해될 수 있다. 신앙인에게는 역사적 실존에서, 세상 안에서의 인격의 되어감에서 교회를 통해 예수라는 역사적 인물과의 만남이 삶의 운명을 결정짓는 사건이 된다.[75] 그 만남을 통해 관계가 형성되고, 2,000년 전 실현되었던 새로운 삶 곧 하느님의 나라가 지금 여기서 교회의 신앙을 통해 현실화된다. 그리고 그 만남은 모든 이에게 열려 있다. 변화하는 문화 현상에서 다양한 방식으로 접하는 인간 자신의 한계와 우연성, 폭력과 갈등 등으로 인한 자신의 속박 상태와 무너진 삶에서 벗어나, 전혀 새로운 실존 양식, 지금 여기서 가능한 용서와 화해, 자유와 사랑을 향한 여정이 펼쳐진다. 사랑으로, 말씀과 현존으로 존재가 일깨워지고 삶이 회복되며 사랑으로 새로운 생명이 탄생하는 곳과 그 사랑으로 삶이 밝혀진 사람에게는 타인과 모든 사물이 거저 주어지는 선물로 다가온다. 교회 안에서 말씀과 성사, 그리고 신앙이라는 삶의 방식의 채택을 통해 하느님 나라는 지금 여기 내게서 발생하는 사건이 된다. 성경과 성

75 참조: 베네딕토 16세 교황, 회칙 『하느님은 사랑이십니다』 1항.

전은 지금 내게 신앙으로 가능한 하느님 나라라는 초월적 삶의 방식을 중재하는 역할을 한다. 이로써 예수가 선포한 하느님 나라 복음은 "믿는 사람이면 누구에게나 구원을 가져다주는 하느님의 힘"(로마 1,16)으로 드러날 것이다. 그리고 지금 세상이 겪는 모든 종류의 고통과 속박은 "하느님의 자녀들이 누리는 영광의 자유"(로마 8,21)를 기다리는 피조물의 탄식과 진통으로 드러날 것이다. 성령께서 그 안에서 탄식하시며 우리의 몸이 속량되기를 기다리신다. 내재적 세상에서 초월적 삶의 방식을 채택한 그리스도인은 그 안에서 부름받은 존재로 자기 자신을 체험할 것이다. 그리고 성령의 동반을 통해 이 세상 모든 만물과 통교하며 하느님 나라의 우주적 실현을 위해 자신의 삶을 봉사하는 일꾼으로 살아갈 결심을 할 것이다. 이처럼 21세기 과학기술의 혁명은 그리스도인이 자신의 궁극적인 소명을 깨닫고 실천할 수 있는 더없이 좋은 기회로 다가온다.

결론

4차 산업혁명이라는 미지의 세계를 접하며 약간의 현기증과 두려움과 함께 출발하였다. 『호모 데우스』라는 도발적이며 과감한 미래 예견을 접하며 과학기술 혁명의 실상을 어렴풋이나마 파악할 수 있었다. 저자와의 대화는 교회와 신학으로 하여금 자신만의 고유하고 폐쇄된 공간에서 벗어나 이 시대의 사람들이 살고 있는 현실세계에 눈을 뜨도록 도와주었다.

하라리의 미래 예견은 그의 말대로 인류가 밟아온 길을 돌아보고, 덜

레마에 빠진 인류의 미래를 새롭게 만들어 가자는 제안이었다. 한 마디로 서구의 인본주의의 한계에 대한 문제제기였으며 나름의 방향제시이기도 하였다. 물론 그의 문제제기, 대안제시에서 별다른 독특함이나 현실적 해결책을 발견할 수 없었던 것은 아쉬움으로 남는다. 그러나 그가 지적한 현대 과학기술 뒤에 숨겨진 이념들에 귀를 기울이도록 해 준 것은 매우 긍정적인 기여로 평가할 수 있다. 특별히 오늘날 그리스도교가 역사의 진화에 창의적 영감을 불어넣지 못하고 있다는 지적은 곱씹어 볼 만한 내용이다. 그리스도교가 인류 역사의 이 시점에 제시할 수 있는 '새로움'은 과연 어떤 것인가? 곰곰이 생각해 볼 문제다.

한국에서는 이미 '트랜스휴머니즘'과 '포스트휴머니즘'에 대한 소개와 다양한 논의가 한창 진행 중이다. 인문학에서는 서구의 인본주의를 넘어서는 새로운 인본주의를 구상하는 노력도 목격된다.[76] 교회와 신학 또한 이러한 흐름에 관심을 갖고 귀를 기울여야 할 것이다.

하라리의 현란한 언변 뒤로 날카로운 진단과 문제제기와 대안을 찾아볼 수 없었던 것처럼, 현대 과학기술의 현란함 뒤로 인간의 나약함과 한계가 더 강하게 드러난 것은 매우 역설적이다. 인간은 자신을 파멸에 이르게 할 수 있는 힘을 가진 동시에 그 힘에 짓눌려 마멸할 수 있는 나약한 존재인 것이다. 교회는 인간의 이러한 딜레마에 빠진 인류와 함께 살 길을 모색해야 한다. 그러기 위해 이론적이고 이상적인 이념이나 계명을 제시할 것이 아니라, 먼저 삶의 현실 속으로 들어가, 21세기 신기술의 그늘 밑에서 상처 입은 인간을 돌보고 싸매 주며 그와 함께 은총의 길, 초월적 삶의 길을 찾아야 한다.

---

76 참고: 이종관, 『포스트휴먼이 온다』, 제1장 트랜스휴머니즘과 새로운 인간 존재론, 19-118; 신승환, 앞의 글, 91-123.

이제 교회의 복음선포와 그 실천이 현대인의 의식과 사고와 삶에 현실성 있게 다가가고 있는지 진지하게 물어야 한다. 권위주의적 운영, 현실과 동떨어진 교리교육, 처세술에 치우친 심리적 케어(care) 지향의 설교, 의무감에 뿌리박힌 신앙생활, 수동적이고 폐쇄적인 자세 등은 교회를 예수로부터 멀어지게 하며, 예수와 전혀 상관없는 종교 단체로 전락시킬 수 있다.

가톨릭교회는 제2차 바티칸 공의회를 기점으로 세상과의 대화를 위해 전적으로 돌아섰다. 프란치스코 교황은 공의회의 정신을 계승하며 교회의 선교적, 사목적 쇄신을 제안하고 있다. 특별히 그는 하느님 백성의 다양한 체험에 주의를 기울인다. 구체적 현실 속에 사는 신자들의 '신앙 감각'에 근거를 둔 식별은 교도권에 큰 영향을 줄 수 있고 주어야 한다. '공동합의성'(Synodalitas)[77]의 의미는, 여러 부류의 성직자와 신자를 모아 놓고 '위에서' 이미 결정한 내용을 통보하는 것이 아니라, 성령의 도우심 아래 그들의 다양한 체험에 진지하게 귀를 기울이고 거기서부터 출발하여 교회와 인류의 열린 미래를 함께 만들어 가자는 것이다.

오늘의 교회가 살 수 있는 길, 인류의 미래에 기여할 수 있는 길은, 예수께서 그러하셨던 것처럼 사람들의 가장 구체적인 삶의 현실로 들어가는 것이다. 구체적인 체험을 접하고 신앙을 다시 생각하고 새로운 실천을 창출하는 것이다. 본고가 그러한 방향전환을 위한 작은 기여가 되기를 바란다.

---

77 참조: 교황청 국제신학위원회, 「교회의 삶과 사명에서의 시노달리타스」, 2018년 5월 4일 출간; 이에 관한 박준양 신부의 특별기고문도 참조할 것: 『가톨릭신문』 제3095호, 2015. 5. 20, 10, https://m.catholictimes.org/mobile/article_view.php?aid=294843.

참고 문헌

1. 교회 문헌

『제2차 바티칸 공의회 문헌』, 한국천주교중앙협의회, 2008[3].

교황 베네딕토 16세, 회칙『하느님은 사랑이십니다』, 한국천주교주교회의, 2006.

교황 프란치스코, 회칙『찬미받으소서』, 한국천주교주교회의, 2015.

2. 단행본

GEFFRE, Claude, *Croire et interpréter. Le tournant herméneutique de la théologie* [믿고 해석하기. 신학의 해석학적 전환], Paris, Cerf, 2001.

GRESHAKE, Gisbert, *Geschenkte Freiheit. Einführung in die Gnadenlehre*, Freiburg i. Br., Herder Verlag, 1977 [그레샤케, 기스벨트,『은총 – 선사된 자유』, 심상태 역, 성바오로출판사, 1979].

HAN, Min Taeg, *La connaissance naturelle de Dieu chez Henri Bouillard (1908–1981). Approche historique et théologique* [프랑스 기초신학자 앙리 부이야르 사상에 있어서 '자연적 신 인식'에 관한 역사적, 신학적 고찰], Paris, Cerf, 2016.

HARARI, Yuval Noah, *Homo Deus: A Brief History of Tomorrow*, London, Vintage, 2016 [하라리, 유발,『호모 데우스』, 김명주 역, 김영사, 2017].

KASPER, Walter, *Einführung in den Glauben*, Mainz, Matthias-Grünewald-Verlag, 1972 [카스퍼, 발터,『현재와 미래를 위한 신앙』, 심상태 역, 분도출판사, 1979].

RATZINGER, Joseph, *Einführung in das Christentum: Vorlesungen über das apostolische Glaubensbekenntnis*, München, Kösel-Verlag, 2000 [라칭거, 요셉,『그리스도 신앙 어제와 오늘』, 장익 역, 분도출판사, 2009

(1974)].
SULLIVAN, Maureen, *The Road to Vatican II: Key Changes in Theology*, New York, Paulist Press, 2007 [설리반, 모린, 『제2차 바티칸 공의회로 가는 길』, 이창훈 역, 성바오로출판사, 2012].
이종관, 『포스트휴먼이 온다』, 사월의책, 2017.
조규만, 『원죄론 -인류의 연대성, 죄의 보편성-』, 가톨릭대학교출판부, 2000.

3. 논문

BEINERT, Wolfgang, "Der Glaube als subjektives Prinzip der theologischen Erkenntnis", BEINERT, Wolfgang (Hg.), *Glaubenszugänge. Lehrbuch der Katholischen Dogmatik*, Bd. 1, München / Wien / Zurich / Paderborn, Verlag Ferdinand Schöningh, 1995, 74–92 [바이너르트, 볼프강, "신학적 인식의 주관적 원리로서 신앙", 『신학전망』 134호, 2001년, 38–63].
BOUILLARD, Henri, "Le sens de l'apologétique", BOUILLARD, Henri, *La logique de la foi*, Paris, Aubier, 1964, 15–38 [부이야르, 앙리, "호교론의 의미", 한민택 역, 『이성과 신앙』 60호, 2016년 여름, 493–523].
________, "Human Experience as Starting-Point for Fundamental Theology", *Concilium* 1/6, June 1965, 42–49 ["인간경험은 기초신학의 출발점", 김수복 역, 『신학전망』 19호, 1972년, 50–60].
________, "La tâche actuelle de la théologie fondamentale", Institut catholique de Paris, *Recherches actuelles II*, Paris, Beauchesne, 1972, 7–49 [부이야르, 앙리, "기초신학의 현행 과제", 한민택 역, 『이성과 신앙』 51호, 2012년 여름, 191–241].
GAGEY, Henri-Jérôme, "Jésus, un Seigneur pour notre temps", 수원가톨릭대학교 개교21주년 기념 학술대회 발표문, 2005년 4월 25일 [가제, 앙리-제롬, "예수께서는 오늘날에도 우리의 주님이신가?", 김건태 외 5인 역, 『이성과 신앙』 30호, 2005년 9월, 39–58].
GEFFRE, Claude, "Esquisse d'une théologie de la Révélation", Paul Ricœur et al., *La Révélation*, Bruxelles, Facultés universitaires Saint-Louis, 1977, 171–205 [제프레, 클로드, "계시신학요론 I", 이병호 역, 『신학전망』 71호, 1985년,

33-51; "계시신학요론 II", 이병호 역, 『신학전망』 72호, 1986년, 56-73].

LATOURELLE, René / FISICHELLA, Rino, "Teologia fondamentale", *Dizionario di teologia fondamentale*, Assisi, Cittadella, 1990, 1248-1263 [라투렐르, 르네, 피시켈라, 리노, "기초신학", 김석태 역, 『복음과 문화』 8호, 2004년, 235-264].

NAULT, François, "Révélation sans théologie, théologie sans révélation" [신학 없는 계시, 계시 없는 신학], Philippe Bordeyne et Laurent Villemin (éd.), *Vatican II et la théologie. Perspectives pour le XXIe siècle*, Paris, Cerf, 2010, 127-149.

곽진상, "제2차 바티칸 공의회의 「계시헌장」과 한국 신학의 과제", 『누리와 말씀』 제33호, 2013년 여름, 145-189.

김광식, "전승이란 무엇인가?", 『가톨릭 신학과 사상』 5호, 1991년, 117-144.

김선일, "과학혁명 시대와 복음의 소통 가능성: 유발 하라리의 종교 전망에 대한 대응", 『한국실천신학회 정기학술세미나 자료집』, 2018년 2월, 221-251.

김성원, "유발 하라리(Yuval Harari)의 "호모 데우스(Homo Deus)론"에 관한 분석 비평연구", 『조직신학연구』 28권, 2018년, 42-76.

송용민, "종교의 위기 속에 '종교'는 여전히 유효한가? -'유발 하라리'의 종교 비판에 대한 신학적 성찰-", 『누리와 말씀』 제43호, 2018, 6, 5-37.

신승환, "「찬미받으소서」의 탈근대 철학적 특성", 『사목연구』 37호, 2016, 111-133.

심상태, "신앙의 역사성과 보편성", 심상태, 『그리스도와 구원』, 성바오로출판사, 1981, 17-35.

왕대일, "유발 하라리의 『사피엔스』와 『호모 데우스』의 인간이해에 대한 해석학적 진단 -호모사피엔스, 호모 데우스, 호모 렐리기오수스", 『Canon&Cuture』 12권 1호, 2018년 4월, 235-255.

정희완, "과학의 도전에 직면한 신학의 과제: 하나의 전체적 조망", 『가톨릭 사상』 45호, 2012, 1-36.

한민택, "'신앙의 합리성' 연구에 있어 제2차 바티칸 공의회 「계시헌장」의 기여", 『이성과 신앙』 53호, 2012년 겨울, 5-58.

______, "한국 그리스도계 신흥 종교의 종말론에 관한 신학적 고찰 -'신천지예수교 증거장막성전'을 중심으로-", 『가톨릭 신학과 사상』 74호, 2014년 12월, 68-136.

08

4차 산업혁명과 인간의 자유에 대한 윤리신학적 고찰

박찬호

박찬호

독일 프라이부르크대학교에서 윤리신학 박사학위 취득, 수원가톨릭대학교 윤리신학 교수

서론

1990년대 초반, 논자가 전동타자기를 처음 접했을 때의 충격을 아직도 잊을 수 없다. 무엇보다 오타를 쳤을 때 버튼 하나만 누르면 자동으로 지우는 기능은 정말 놀라운 것이었다. 그로부터 약 이십여 년이 지난 지금 우리는 굳이 손을 쓰지 않고 말만 해도 글자가 써지고, 문법에 따라 자동으로 문장 교정이 이루어지며, 버튼 하나만 누르면 알아서 번역까지 되는 시대에 살고 있다. 이러한 자동화 물결은 우리 삶의 구석구석까지 파고들어 이제는 내 몸 상태에 따라 집 안의 온도와 습도가 자동으로 조절되고, 내 취향에 따라 음악이나 식생활도 알아서 선택되고 실행되는 것이 가능하게 되었다. 이렇게 우리는 직접 선택을 하지 않아도 우리에게 필요한 것이 자동으로 제공되는 시대, 곧 4차 산업혁명의 시대를 살고 있다.

물론 학자들 사이에서는 4차 산업혁명을 일종의 허상이나 유행어 정도로 여기는 이들도 있지만[1], 어찌 되었든 우리가 과학기술과 생명공학의 급속한 발전을 바탕으로 혁신적인 변화의 시기에 살고 있는 것만은 분명하다. 그러나 분명하지 않은 것은 이러한 급속한 변화가 장차 어떤 모습으로 우리 사회에서 구체화될지 하는 것이다. 한편에서는 4차 산업혁명을 이끄는 주요 기술, 예컨대 빅데이터를 바탕으로 한 인공지능 관련 기술과 사물인터넷, 3D 프린팅, 유전자편집 기술에 기초한 합성생물학 등의 기술이 인류에게 엄청난 기회를 줄 것이라고 예상하는 이들이 있는 반면, 다른 한편에서는 이러한 기술이 유례없는 부와 권력의 편재를 초래할 뿐 아니라 인간의 존재 자체에 큰 위협이 될 것이라는 비관적인 전망을 내놓는 이들도 있다. 그러면 이러한 상황에서 신학이 수행해야 할 역할은 무엇일까? 특히 부정적인 전망의 중심에 서 있는 윤리적인 쟁점들 중에서 우리가 특별히 주목해야 할 부분은 무엇일까?

이와 관련된 윤리신학적 문제제기는 "4차 산업혁명은 인간의 존엄성을 증진시킬 것인가?" "4차 산업혁명 시대의 사회정의는 어떤 모습이어야 하는가?" "인공지능의 출현과 함께 윤리적 주체의 개념은 변화되어야 하는가?" "4차 산업혁명은 그리스도교적 발전 개념과 합치하는가?" 등이 될 수 있을 것이다. 이 외에도 더 많은 물음을 던질 수 있

1 슈밥의 4차 산업혁명론에 대한 대표적인 비판은 미국의 경제사학자 로버트 고든에 의한 것으로, 그는 인공지능과 로봇 등의 소위 4차 산업혁명의 핵심기술이 이미 3차 산업혁명 시기부터 존재하던 기술이며, 향후 '혁명'이라는 단어에 어울릴 만큼 큰 폭의 생산성 향상이 기대되지도 않으므로 현재의 흐름을 혁명으로 칭하는 것은 부적절하다고 여겼다. 참조: 김석관, 『4차 산업혁명의 기술 동인과 산업 파급 전망』, 과학기술정책연구원, 2017, 23-26. 그 밖에도 참조: 홍성욱, "왜 '4차 산업혁명론'이 문제인가?", 황서현(편), 『제4차 산업혁명이라는 유령』, Humanist, 2017, 28-53; 이정모, "4차 산업혁명을 바라보는 여러 가지 시선", 한기호(편), 『4차 산업혁명이라는 거짓말』, 북바이북, 2017, 129-154; 박재용, 『4차 산업혁명이 막막한 당신에게』, 뿌리와이파리, 2018, 7-13.

겠지만, 본고에서 논자는 윤리적 행위의 전제가 되는 '자유' 문제에 집중하고자 한다. 4차 산업혁명은 과연 인간을 더욱 자유로운 존재로 인도할 것인가?

이 물음에 대한 답을 찾기 위해 논자는 우선 4차 산업혁명의 핵심기술들을 개괄하고 이를 비판적으로 분석할 것이며(1장), 인간의 행위에 윤리성을 부여하는 자유의 의미와 차원에 대한 논의를 거쳐(2장), 이를 바탕으로 현시대의 4차 산업혁명의 흐름 안에서 그리스도교적 자유가 갖는 의의를 조명하고자 한다(3장).

1 4차 산업혁명을 이끄는 핵심 기술

4차 산업혁명을 이끄는 기술들을 개괄하기 위해 논자는 4차 산업혁명이라는 개념의 아버지라고 할 수 있는 클라우스 슈밥(Klaus Schwab)의 분류를 따라 물리학, 디지털, 생물학의 세 분야로 나누어 다룰 것이다.[2]

1.1. 물리학 기술

슈밥은 물리학과 관련된 4차 산업혁명의 기술을 크게 네 가지로 꼽는데, 그것은 자율주행자동차와 드론으로 대표되는 무인운송수단, 컴

2 참조: 클라우스 슈밥, 『제4차 산업혁명』, 송경진 역, 새로운현재, 2016, 35-53. 학자에 따라 4차 산업혁명의 동인이 되는 기술을 요소기술 수준(미시), 시스템 수준(중간), 트랜드 수준(거시)의 세 개의 층위로 나누고, 요소기술 수준을 다시금 핵심기술(사물인터넷, 클라우드 컴퓨팅, 빅데이터 분석, 인공지능, 로봇), 주변기술(가상현실, 드론, 블록체인, 3D 프린팅, 신소재), 적용분야 기술(유전자편집, 줄기세포, 신경과학, 신재생에너지)로 나누기도 한다. 참조: 김석관, 앞의 책, 52-58.

퓨터 화면상의 물체를 적층가공 기술을 사용하여 실재로 만들어 내는 3D 프린팅, 인공지능 기술을 기반으로 한 첨단 로봇공학, 그리고 더욱 가볍고 강하며 재생이 가능한 신소재다.

우선 자율주행자동차(autonomous vehicle)는 자동차에 정보통신기술을 융합하여 "스스로 주행환경을 인식하고 위험요소를 판단하여 경로를 변경하는 등 운전자(또는 탑승자)의 경로 조작을 최소화하여 운행되는 자동차"[3]를 뜻한다. 그리고 기술적 발전 단계에 따라 자율주행자동차는 4단계 혹은 5단계로 분류되기도 한다.[4] 초경량 무인비행장치인 드론(drone) 역시도 과거에 군사용으로 개발됐지만 최근 민수용으로 수요가 급증하고 있으며, 주변 환경의 변화를 감지하고 그에 맞추어 반응하는 자율비행기능과 결합되어 의학, 기상관측, 미디어, 배송 등의 다양한 분야에서 정확성과 효율성이 크게 향상될 것으로 예측되고 있다. 그러나 이러한 무인운송수단의 발달과 자율주행은 적잖은 윤리적 문제들을 야기할 수 있다. 예컨대 자율주행자동차나 드론이 주행 도중 사고를 일으켰을 경우 책임소재의 문제를 명확히 하기 어렵고, 해킹 등으로 인한 GPS 등의 정보 노출로 인한 사생활 침해의 우려도 있으며, 무엇보다도 가치판단과 선택이 요구되는 긴박한 갈등상황에서 과연 자율주행 알고리즘이 적절하게 대응할 수 있는가 하는 윤리적 문제

---

3 차동진, 이경렬, "자율주행차의 등장과 교통형법적인 대응", 『형사정책연구』 29권 1호, 한국형사정책연구원, 2018, 111.

4 자율주행자동차는 운전자의 개입 정도에 따라 4단계 - 1.선택적 능동제어단계, 2.통합능동제어단계, 3.제한적 자율주행단계, 4.완전 자율주행단계 - , 혹은 5단계 - 1.운전자만이 전적으로 운행하는 단계, 2.특정 기능의 보조를 받아 운전자가 운행하는 단계, 3.부분적인 자동화 단계, 4.상당부분 자동화가 진척된 단계, 5.완전한 자동화 단계 - 로 분류된다. 참조: 계경문, "4차 산업혁명 시대의 무인 이동체를 둘러싼 법적 문제점 연구", 『한국전자파학회논문지』 28권 7호, 2017년, 520.

는 심각하게 고려해야 할 사안이다.[5]

3D 프린팅은 간단하게 정의하면 "만들고자 하는 형상을 컴퓨터 소프트웨어를 통해 3차원으로 모델링하고 이를 프린터로 전송하여 소재를 쌓으면서 3차원 물체를 만들어 내는 기술"[6]이다. 최초의 3D 프린팅 기술은 일반적으로 1984년 미국의 엔지니어 척 헐(Chuck Hull)에 의해 개발된 SLA(Stereo Lithography Apparatus) 방식, 곧 액체 상태의 폴리머 합성수지를 뿌려 얇은 막을 생성하고 이 얇은 막을 한 층씩 쌓아 가면서 입체적인 물체를 만드는 적층형 방식으로 알려져 있다.[7] 물론 당시에는 3D 프린팅이라고 명명되지 않았지만, 적층형 제조방식은 3D 프린터 업계에서 가장 많이 사용되는 주요 기술로, 원재료를 줄여가는 전통적인 제조방식과는 다른 신기술이다. 3D 프린팅은 액세서리, 의류, 항공기 부품, 인공뼈까지 다양한 분야에서 활용되고 있고, 이제 각 개인이 직접 디자인하거나 설계도를 내려 받아 가정에서 제품을 만들어 사용하

---

5 변순용은 자율주행자동차의 윤리적 문제와 관련하여 밀러(J. Millar)의 '터널 딜레마'를 소개한다. 곧 "당신은 편도 1차선의 산길 도로를 따라 운행하고 있는 자율주행자동차 안에 있으며, 전방에 있는 1차선의 좁은 터널에 진입하려고 하고 있다. 이때 한 어린이가 길을 건너려 하다가 길 한가운데에서 넘어진다. 이 차량은 둘 중 하나를 선택해야 한다. 아이를 치여 죽게 하거나 터널 옆의 양 벽면 중 하나로 돌진하여 스스로를 죽여야 한다. 차가 어떤 선택을 할까?" 이 딜레마는 둘 중 한 사람의 생명을 선택해야 하는 상황에서 '누가 그것을 결정해야 하는가?' 하는 물음과 함께 '우리는 그 판단을 자동차에게 기꺼이 맡기겠는가?' 하는 중요한 물음을 던진다. 참조: 변순용, "자율주행자동차의 윤리적 가이드라인에 대한 시론", 『윤리연구』 112호, 한국윤리학회, 2017년, 206-207.

6 김현창, "3D 프린팅이 사회 · 경제에 미치는 영향에 관한 연구", 『디지털융복합연구』 13권 7호, 한국디지털정책학회, 2015년, 24.

7 SLA(Stereolithography Apparatus) 방식 외에도 가열된 노즐을 통해 필라멘트를 녹여 층층이 쌓아 올리는 FDM(Fused Deposition Modeling) 방식과 레이저를 이용하여 가루 형태의 원료를 원하는 부분만 레이저로 소결(열이 가해진 분말이 결합, 응고되는 현상)시켜 층을 쌓아 나가는 SLS(Selective Laser Sintering) 방식이 있다. 참조: 양대승, "4차 산업혁명 시대에 있어서 삼차원 프린팅의 도전과 저작권의 대응", 『법학논총』 35권 1호, 한양대학교 법학연구소, 2018년, 188.

는 시대가 열린 것이다.[8] 그런데 3D 프린팅 역시도 사회적, 윤리적으로 우려할 만한 요소가 다분하다. 예컨대 권총과 같은 총기류를 프린트하여 범죄에 이용할 수도 있고, 디자인과 관련된 지식재산권과 특허권 침해가 문제될 수 있으며, 검증되지 않은 설계도면의 유통과 프린팅한 제품의 사용으로 인해 안전상의 문제가 발생할 수 있다.[9]

첨단 로봇공학과 관련하여 슈밥은 자동차 생산 등 특정 산업에만 국한되었던 로봇이 다양한 분야의 기술 발달로 "주변 환경을 더 잘 이해하고 그에 맞춰 대응도 하며, 가사 등 보다 폭넓고 다양한 업무를 수행할 수 있게 되었다."[10]고 지적한다. 산업용 로봇과 인간의 경계가 명확히 분리되어 있던 과거와 달리 로봇은 점차 의료, 홍보, 가사 등 인간 삶의 사적인 영역에까지 침투하고 있으며, 이러한 흐름은 장차 "편재형 로봇공학(pervasive robotics)"[11], 곧 로봇이 어디에나 존재하는 시대로 향할 전망이다. 그리고 과거에는 사람이 입력한 일을 실행하는 도구였던 로봇은 인공지능을 겸비하고 생물학적 구조를 차용함으로써 뛰어난 적응성과 유연성을 갖춘 개인별 맞춤 로봇으로 진화할 것으로 예상된다.[12] 이러한 로봇공학의 발전이 경제적 측면에서 생산성 증대를 가

---

8 닐 거쉰펠드는 적층가공이 기존의 절삭가공과는 차원이 다른 새로운 것임을 인정하면서도 – 예컨대 절삭가공은 자동차의 자축과 그 자축이 통과하는 베어링을 따로 제조해야 하지만, 적층가공은 하나의 기계로 베어링과 자축을 동시에 만들 수 있다.– 3D 프린팅이 진정 혁신적인 이유는 제조방식보다는 "데이터를 사물로, 사물을 데이터로 바꾸는 능력"이라고 지적한다. 참조: 닐 거쉰펠드, "디지털 제조 혁명", 클라우스 슈밥 외 26인, 『제4차 산업혁명의 충격』, 김진희 외 2인 역, 흐름출판, 2017, 32-34.

9 참조: 김현창, "3D 프린팅이 사회 · 경제에 미치는 영향에 관한 연구", 26-29.

10 클라우스 슈밥, 『제4차 산업혁명』, 39.

11 다니엘라 러스, "로봇이 온다", 클라우스 슈밥 외 26인, 『제4차 산업혁명의 충격』, 120.

12 슈밥은 이를 자연 생물체의 특성과 원리를 산업 전반에 적용하는 '생체모방biomimicry'의 연장선상에서 설명한다. 참조: 클라우스 슈밥, 『제4차 산업혁명』, 39.

져오고, 사회적 측면에서 인간 삶의 질을 향상시킬 것이라는 데는 의심의 여지가 없다. 그러면 첨단 로봇공학의 발전은 우리에게 유토피아적인 삶을 약속할 것인가? 몇몇 학자들은 유토피아가 아닌 디스토피아적인 미래를 내다본다. 로봇이 인간의 일자리를 대치함으로 인해 늘게 될 실업률과 경제적 불평등에 대한 염려와 함께 프로그래밍 방식이 아닌 학습 방식(머신러닝)의 인공지능을 탑재한 로봇과 인간이 경쟁관계에 놓이게 될 때 초래될 수 있는 회의적인 결과에 대한 예측도 가능하다. 그래서 정해진 지시만 따르는 단순 "로봇 기기(robot appliance)"와 소위 기계 의식을 갖추고 있는 "로봇 행위자(robot agent)"의 구별을 명확히 해야 한다고 주장하는 이도 있다.[13] 어찌 되었건 인간은 사회적으로 점점 더 다양한 로봇 생태계와 상호작용하며 살아가게 될 것으로 보인다.

더욱 강하고 적응성이 뛰어나며 재생이 가능한 신소재의 개발은 첨단 기술의 발전을 가속화할 것이다. 예컨대 '탄소나노 삼형제'라 불리는 풀러렌(fullerene), 탄소나노튜브(carbon nanotube), 그래핀(graphene)은 촉망받는 미래의 신소재로 여겨지는데, 이들은 같은 무게의 어떤 물질보다도 강하면서도 열과 전기의 전도성이 뛰어나고 탄성이 크다. 특히 그래핀은 유연성과 적응성이 뛰어나서 본래는 평면 구조지만 공처럼 모으면 풀러렌이 되고, 둥글게 말면 탄소나노튜브가 되며, 차곡차곡 쌓으면 다시 흑연이 된다.[14] 이러한 신소재가 상용화되고 가격 경쟁력까지 갖춘다면 각종 산업의 판도를 뒤흔들 것이라고 슈밥은 예측한다.[15]

---

13 참조: 일라 레자 누르바흐시, "다가오는 로봇 디스토피아", 클라우스 슈밥 외 26인, 『제4차 산업혁명의 충격』, 204.

14 http://100.daum.net/encyclopedia/view/124XX35000015. 2018.08.02. 검색.

15 참조: 클라우스 슈밥, 『제4차 산업혁명』, 40.

1.2. 디지털기술

4차 산업혁명에 앞선 3차 산업혁명은 컴퓨터와 인터넷을 중심으로 한 디지털 혁명이라고도 일컬어진다. 반도체 기술의 발달로 컴퓨터의 성능이 향상되어 글로벌 네트워크로 연결할 수 있는 기기는 메인프레임 컴퓨터에서 개인용 컴퓨터로, 또 다시 이동 단말기까지 고성능화와 소형화가 이루어졌고, 이와 함께 '정보'가 경제는 물론 사회 전반에서 매우 중요한 가치가 되었다. 4차 산업혁명의 중심에도 디지털과 정보통신 기술이 자리하고 있기 때문에 혹자는 이를 3차 산업혁명의 단순한 연장일 뿐이라고 평가하기도 하지만,[16] 현재 일어나고 있는 변화의 속도와 범위 그리고 시스템에 미치는 충격을 고려할 때 우리는 이를 혁명적이라고 평가해도 무리가 없을 듯하다.[17] 특히 우리 주변의 모든 사물이 인터넷에 연결되어 '단말기'라는 개념조차 필요로 하지 않는 소위 사물인터넷(IoT, Internet of Things) 혹은 만물인터넷(IoE, Internet of Everything)은 새로운 혁명의 주동력이 되고 있다.

예컨대 인터넷으로 연결된 웨어러블 센서는 사람의 활동을 감지해 개인 코치 역할을 하여 건강유지에 필요한 정보를 제공해 주고, 냉장고는 식료품이 떨어지면 알아서 주문할 것이며, 집안의 조명과 난방은 거주자의 위치에 따라 스스로 작동을 조절하고, 거리의 가로등과 버스, 횡단보도 등이 모두 인터넷으로 연결된다면 오작동이나 사고의 확

---

16 참조: 이정모, "4차 산업혁명을 바라보는 여러 가지 시선", 한기호(편), 『4차 산업혁명이라는 거짓말』, 136.

17 "이전의 혁명들과 비교하면, 4차 산업혁명은 산술급수적이 아니라 기하급수적으로 전개되고 있다. 게다가 모든 나라에서, 거의 모든 산업을 충격에 빠뜨리고 있다. 혁명에 따른 변화의 폭과 깊이는 생산, 관리, 통제 전반에 걸쳐 전체 시스템의 변화를 예고한다." 클라우스 슈밥, "4차 산업혁명의 도전과 기회", 클라우스 슈밥 외 26인, 『제4차 산업혁명의 충격』, 18.

률은 급격히 떨어질 것이다.[18] 이렇게 사물인터넷 기술이 접목된 소위 '스마트' 제품은 우리 일상생활을 더욱 편리하게 바꿀 것이다. 그런데 이러한 스마트한 기기들의 확산이 우리 자신도 스마트하게 만들어 줄지는 의문이다.

사물인터넷과 함께 디지털 분야에서 가장 많이 언급되는 것은 빅데이터다. 빅데이터라는 용어를 만들어 낸 것은 2000년대 정보 폭발을 가장 먼저 경험한 천문학과 게놈 연구 분야였는데, 정보의 양이 너무 커진 나머지 검토할 데이터의 양이 컴퓨터의 메모리를 압도하게 되어 기술자들이 새로운 데이터 처리 기술을 개발하면서 빅데이터 개념이 생겨난 것이다.[19] 실제로 우리는 지금 과거와는 완연히 다른 정보의 시대를 살고 있다. 예컨대 2000년만 해도 전 세계에 저장된 정보의 4분의 3은 종이나 필름 같은 것에 기록되어 있었고 나머지 4분의 1만 디지털이었지만, 2007년에는 전체 정보의 단 7%만 종이나 책, 사진 등의 아날로그였고 나머지는 디지털이었는데, 그 데이터의 양이 300엑사바이트(exabyte)[20] 이상이었다고 한다.[21] 게다가 디지털 데이터는 아주 빠르게 증가해서 거의 3년마다 두 배가 된다고 하니 우리는 정말이지 데이터의 홍수 속에서 살고 있는 것이다. 그리고 이렇게 엄청난 데이터는 앞서 언급했던 사물인터넷을 통해 계속해서 수집되고 축적되고 우리도 모르는 방법으로 이용된다. 우리의 움직임이, 우리의 식습관이,

---

18 참조: 닐 거쉰펠드, JP 바쇠르, "사물인터넷-모든 것이 인터넷으로 연결된 세상", 클라우스 슈밥 외 26인, 『제4차 산업혁명의 충격』, 58-59.

19 참조: 빅토르 마이어 쇤버거, 케네스 쿠키어, 『빅데이터가 만드는 세상』, 이지연 역, 21세기북스, 2013, 18.

20 1엑사바이트(exabyte)는 10의 18승, 즉 백경을 뜻하는 접두어 'exa'와 데이터의 표시단위인 'byte'가 합쳐진 것으로 10억 기가바이트(gigabyte)에 해당하는 엄청난 데이터량을 뜻한다.

21 참조: 같은 책, 22.

우리의 취향이 데이터화되고 심지어 소통과 관계도 데이터화되어 남는다.[22] 상황이 이렇다 보니 "빅데이터는 사생활을 약화시키고 자유를 위협한다."[23]는 비판의 목소리가 나오기도 한다.

그러면 이렇게 수집된 많은 양의 데이터는 어떤 가치를 지니는가? 빅데이터 분야의 세계적인 권위자인 쇤버거(Viktor Mayer-Schönberger)는 "빅데이터의 핵심은 예측에 있다."[24]고 말한다. 곧, 빅데이터는 엄청난 양의 데이터를 모아 그 안에서 패턴이나 상관성을 찾아내어 새로운 판단이나 확률을 추론할 수 있는 것이다.[25] 실제로 작년에 있었던 대통령 선거 때, 모 방송사는 각 후보의 정책과 관심, 성향에 대한 정보뿐만 아니라 온라인 뉴스와 SNS, 인터넷 연관검색어 등의 데이터를 기초로 선거의 전망을 예측하는 이른바 '대선 빅데이터'를 운영하기도 했다.[26] 이렇게 많은 데이터는 그 자체로서가 아니라 데이터들의 조합과 패턴으로 축출되어야만 가치를 지니게 된다. 그런데 여기서 우리가 간과할 수 없는 사실은 빅데이터가 인과성(casuality)보다는 데이터 간의 상관성(correlation)에 기초한다는 것이다. 그리고 우리가 원인과 결과에 따른 논증과 검증이 아닌 단순한 상관성에 따른 예측과 빠른 결론에 익숙해지

---

22 몇 년 전 MIT 학생 몇 명이 페이스북 데이터를 이용해 '게이더'라는 소프트웨어를 만들었는데, 이것은 사람들의 친구관계를 통해 어떤 사람이 게이인지를 추측한다. 게이더는 한 사람의 동성애자 친구와 이성애자 친구의 비율만 알면 다른 정보 없이도 그의 성적 취향을 꽤 정확히 맞출 수 있었다. 또 이미 성적 취향이 알려진 사람들의 프로필을 학습한 후, 게이더는 소셜그래프만 보고도 78%의 정확도로 게이를 판별해 냈다고 한다. 참조: 크리스티안 루더, 『빅데이터, 인간을 해석하다』, 이가영 역, 다른, 2015, 231.

23 빅토르 마이어 쇤버거, 케네스 쿠키어, 앞의 책, 297.

24 같은 책, 27.

25 "아마존은 우리의 쇼핑 취향을, 구글은 우리의 브라우징 습관을 모니터하며, 트위터는 우리 마음속에 있는 것을 안다. 페이스북은 이 모든 정보와 함께 사회적 인간관계 정보까지 수집하고 있는 것 같다." 같은 책, 276.

26 http://www.ytn.co.kr/_ln/0101_201703171457594331. 2018.07.24. 검색.

게 되면, "'이유'는 모른 채 '결론'만 알게 되는"[27] 사회 분위기가 조성될 우려가 있다. 또한 데이터로 세상의 구조와 인간을 판단하려는 접근방식은 오랜 시간 인간에게 익숙해져 있던 세계관과 가치체계를 뒤흔들어 놓을 수 있다. 이러한 맥락에서 『호모 데우스(Homo Deus)』의 저자 유발 하라리(Yuval Noah Harari)는 인간의 경험을 데이터 패턴으로 여김으로써 권위와 의미의 원천을 파괴하는 '데이터교'가 장차 종교혁명을 가져올 것이며, 결국 "데이터교는 인간 중심적 세계관에서 데이터 중심적 세계관으로 이동함으로써 인간을 밀어낼 것"[28]이라고 단언한다.

1.3. 생물학 기술

데이터가 중심에 자리하는 것은 생물학 분야에서도 마찬가지다. 생명체의 유전 정보를 담고 있는 DNA의 염기서열 정보를 읽어낼 수 있는 기술이 개발되면서 인간의 유전정보 전체를 해독하려는 '인간 게놈 프로젝트'가 2003년에 공식적으로 완성되었고, 유전체의 해독 시간이 급격히 줄어듦에 따라 우리는 이제 개인이 자신의 유전정보를 쉽게 알 수 있는 "개인 유전체 정보시대"[29]를 맞이하게 된 것이다. 그런데 현재 우리가 살고 있는 유전체 정보시대를 특징짓는 것은 우리가 단순히 유전정보를 읽는 것이 아닌 새로 쓸 수도 있다는 것, 곧 "유전자를 '편집' 또는 '교정'하고 더 나아가 유전체를 인위적으로 다시 프로그래밍 할

---

27 빅토르 마이어 쇤버거, 케네스 쿠키어, 앞의 책, 19.

28 유발 하라리, 『호모 데우스』, 김명주 역, 김영사, 2017, 534.

29 송기원, "21세기 생명과학기술과 인간의 미래", 권호정 외 4인, 『호모 컨버전스』, 박태준미래전략연구총서 5, (주)아시아, 2016, 60.

수 있는 시대로의 전환"[30]을 가져온 '합성생물학(synthetic biology)'[31]이다.

슈밥이 주목한 합성생물학은 일반적으로 "자연 세계에 존재하지 않는 생물 구성 요소와 시스템을 설계하고 제작하거나, 자연세계에 이미 존재하고 있는 생물 시스템을 재설계하여 새로이 제작하는 분야"[32]로 정의된다. 합성생물학은 생물학이라는 명칭이 들어가 있지만, 생명에 대해 연구한다기보다는 "설계하고 만드는 것에 초점이 맞추어지는 공학에 가깝다"[33]고 할 수 있다. 또한 막대한 정보를 처리할 수 있는 컴퓨터, 나노 수준의 화학적 미세 조작 기술, 유전공학 등 다양한 과학기술과 결합된 융합학문의 특성을 갖는다.[34] 합성생물학은 이미 눈에 띄는 성과를 보이고 있으며 유용한 여러 가지 가능성을 제시하고 있다. 예컨대 말라리아 치료에 효과적인 '아르테미시닌(artemisinin)'은 자연적으로 얻을 수 있는 양이 매우 적어서 치료제 생산에 한계가 있었는데 합성생물학적 방법으로 대량생산할 수 있게 되었으며, 옥수수에서 뽑아낸 당을 합성생물학적 방법으로 변형시켜 만든 '소로나(sorona)'라는 바이오 섬유는 질기고 얼룩이 잘 묻지 않으며 제조과정에서 발생하는 온

---

30 우태민, 박범순, "인공적인, 너무나 자연적인: 포스트 게놈 시대 합성생물학과 트랜스휴머니즘", 『과학기술연구』 16권 2호, 한국과학기술학회, 2016년, 34.

31 합성생물학이라는 개념과 떼려야 뗄 수 없는 생명공학자 크레이그 벤터(J. Craig Venter)는 2010년 박테리아를 잡아먹는 일명 '파이-엑스174(Phi-X174)' 바이러스의 유전자 코드 정보를 바탕으로 만든 인공 DNA 게놈을 박테리아 세포 안에 삽입하여 세상에 없던 새로운 생명체를 만드는 데 성공하였는데, 그는 자신이 사용한 이 신기술을 '합성게놈학(Synthetic Genomics)'이라고 정의하기도 했다. 참조: 로리 개릿, "합성생물학", 클라우스 슈밥 외 26인, 『제4차 산업혁명의 충격』, 85-86.

32 송기원, 『생명』, 로도스, 2014, 132-133.

33 같은 책, 133.

34 참조: 방연상, 송기원, 이삼열, "합성생물학 시대에 신학 담론 위치", 『신학사상』 174권, 한국신학연구소, 2016년, 1-36, 159.

실가스 배출량도 적어 주목받고 있다.[35]

그러나 합성생물학의 기초를 이루는 유전공학의 성과가 무엇보다 기대되는 분야는 의학이다. 심장병이나 암 같은 수많은 난치병에는 유전적 요소가 있으므로, 각종 난치병에 관여하는 유전자 구성을 밝힘으로써 환자에 적합한 치료를 하거나 유전자편집을 통해 아예 발병의 가능성을 제거하는 것도 가능하기 때문이다.[36] 유전자의 특정 부분을 찾아내고 정교하게 잘라내는 기술인 '유전자 가위'가 개발되면서 유전체 DNA 정보를 의도적으로 자르고 붙이고 고치는 유전체 교정(genome editing)이 가능해졌고, 이로써 유전자 치료의 꿈은 현실이 되어 가고 있다. 이미 유전체 교정 기술을 이용하여 쥐의 배아에서 손상된 디스트로핀 유전자를 편집함으로써 근위축증을 치료하는 성과를 거두기도 했고, 후천성면역결핍증을 일으키는 HIV 바이러스에 저항할 수 있는 면역 세포를 만들어 병을 치료하기도 했다.[37] 그리고 이러한 기술은 장차 특정 유전적 특질을 지니거나 특정 질병에 대한 저항력을 갖도록 설계된 소위 '맞춤 아기'의 탄생을 가능하게 할 것이다. 실제로 2015년에 중국의 황진주 교수 연구팀이 유전체 교정 기술을 이용하여 인간배아의 유전자를 편집했다는 연구결과를 발표했는데, 이에 대해 다수의 학자들이 인간의 수정란에 이러한 기술을 적용하는 것을 금지해야 한다는 목소리를 내기도 했다.[38] 그러나 우리가 원하든 원하지 않든 인간 유전체를 특정 목적을 위해 재프로그래밍 하는 일은 질병 치료뿐만 아

35 참조: 송기원, "21세기 생명과학기술과 인간의 미래", 64-65.

36 참조: 클라우스 슈밥, 『제4차 산업혁명』, 46.

37 참조: 송기원, "21세기 생명과학기술과 인간의 미래", 68.

38 참조: 같은 책, 68-69.

니라 인간의 육체적 능력을 향상시키는 방향으로 전개될 것이고, 이것이 다름 아닌 '트랜스휴머니즘'이 추구하는 바이기도 하다.[39]

이렇게 생명에 대한 인간의 지배력을 급격히 강화한 이러한 생물학 기술의 발달은 그 파급력만큼이나 심각한 윤리적 논쟁을 불러일으키고 있다. 예컨대 유전자 조작이 인류와 환경에 장기적으로 어떤 영향을 미칠지 그 불확실성에 대한 우려와 이 기술의 혜택을 보는 이들과 그렇지 못한 이들 사이에 발생하는 분배정의와 공정성의 문제, 그리고 무엇보다 인간의 생명을 설계와 취사선택의 대상으로 여기는 것이 정당한지에 대한 논란이 뜨겁다.[40]

지금까지 4차 산업혁명의 핵심 기술들에 대해 간략하게 살펴보았다. 각 기술의 발전은 분명히 우리에게 큰 편의성과 혜택을 가져다줄 것이다. 그러나 우리가 주목해야 할 것은 4차 산업혁명의 과정은 각각의 기술이 개별적으로 발달하는 것이 아니라 서로 긴밀히 연결되고 융합하면서 전개될 것이고 이는 앞으로 엄청난 시너지 효과를 내리라는 점이다. 이미 뇌-컴퓨터 인터페이스(BCI)를 통해 근육의 움직임 없이 뇌의 신호만으로 주변 기기들을 움직일 수 있는 기술은 실효를 거두어 장애인들에게 큰 희망을 주고 있고, 머지않은 미래에 면역거부반응이 없는 신소재를 가지고 3D 프린팅 기술로 인간의 인공 장기를 만들어 치료할 날이 올 것이다. 이러한 기술 융합으로 인해 "4차 산업혁명이

39 참조: 우태민, 박범순, "인공적인, 너무나 자연적인: 포스트 게놈 시대 합성생물학과 트랜스휴머니즘", 『과학기술연구』 16권 2호, 49.

40 참조: 이상헌, "합성생물학과 윤리적 쟁점들", 『생명연구』 17권, 서강대학교생명문화연구원, 2010년, 183-192. 바로 이러한 점 때문에 슈밥도 생물학 기술이 사회적 규범과 규제를 만드는 데 가장 어려움이 많은 분야가 될 것으로 예상하기도 하였다. 참조: 클라우스 슈밥, 『제4차 산업혁명』, 48.

불러올 변화는 그간의 변화를 모두 합친 것보다 더 클 수도 있다."[41]

그러나 예상되는 변화와 혜택이 큰 만큼 사회적, 윤리적으로 심각하게 고민하고 연구해야 할 사항도 적잖이 있다. 아무리 훌륭한 기술이라도 그 기술이 인간의 어떤 의도와 결합되는지에 따라 결과는 달라질 수 있기 때문이다. 또한 기술을 인간을 위한 가치중립적인 도구로 여기는 도구적-인간학적 기술관이 아니라, 기술이 인간 삶의 전반을 좌지우지하고 규정하는 기술만능주의가 사회의 가치관을 지배할 경우 상황은 심각해질 수 있다.[42] 그렇게 되면 인간에게 자유 공간을 마련해 주었던 기술이 오히려 인간 자유에 큰 위협이 될 수도 있기 때문이다. 윤리적 행위의 전제가 되는 인간의 자유가 의문시된다면, 기술 발전은 더 이상 인간을 위한 것이라 말하기 힘들 것이다. 자유는 인간의 선택과 행위에 윤리성을 부여하는, 말하자면 인간이 인간답게 살아갈 수 있도록 해 주는 가치이기 때문이다.

2 인간의 자유

자유는 인간의 행위에 윤리성을 부과하는 가장 기초적인 조건이다. 인간 이성의 자유로운 선택의 여지가 배제된 곳에는 윤리적 판단의 대

41 윤성민, "인간 삶의 가치와 미래 과학기술의 과제", 권호정 외 4인, 『호모 컨버전스』, 77.

42 과학기술을 인간의 목적을 위한 수단으로 간주하는 도구 모델에서 기술은 하나의 사물로 간주되지만, 새로운 형태의 과학기술이 성장하면서 기술은 더 이상 하나의 사물이 아니라 사회적 토대 자체의 일부분이 되었다. 나아가 기술은 자연을 구성하고 환경을 재형성하는 것이 가능한 지점에 도달하게 되었다. 참조: 김환석, 『과학사회학의 쟁점들』, 문학과지성사, 2007, 168.

상이 되는 '인간적 행위(actus humanus)'[43]는 불가능하기 때문이다. 그래서 자유가 극도로 제한된 상태에서 강압적인 선택으로 초래된 악한 결과에 대해서는 책임이 면제되기도 한다. 예컨대 강도가 총을 들이대고 협박하는 상황에서 금고의 문을 열어 준 은행직원에게 손해의 책임을 물을 수는 없다. 그러므로 자유는 우리 행위의 윤리성과 함께 정당성을 부여하는 그 무엇이라 하겠다. 그런데 도대체 그 자유란 무엇인가?

2.1. 자유는 허상인가 실재인가?

자유란 무엇인가? 이 물음에 대해 수많은 철학자들이 숙고했지만 모든 사람이 만족할 만한 명쾌한 답은 아직 나오지 않은 것 같다.[44] 우리 스스로에게 같은 질문을 던져도 크게 다르지 않을 것이다. 그래서 철학자 셸링(Friedrich W. J. Schelling)도 "사람들은 누구나 자유의 느낌을 마음속에 생생하게 가지고 있겠지만, 자유라는 사태는 그것이 무엇인지 말로 정확히 표현해 보려고 하면 쉽게 손에 잡히는 것이 결코 아니어서"[45]라고 지적한 모양이다. 심지어 자유라는 말은 그 자체에 모순

---

43 윤리신학자 프란츠 뵈클레는 인간이 하는 모든 행동을 뜻하는 '인간의 행위(actus hominis)'와 인간이 온전히 인식하고 자유롭게 선택하여 행한 '인간적 행위(actus humanus)'를 구분하고, 후자를 인간이 그것에 대해 책임을 질 수 있는 윤리적 행위로 규정한다. 참조: F. 뵈클레, 『기초윤리신학』, 성염 역, 분도출판사, 1975, 56-57.

44 예컨대 둔스 스코투스는 자유를 "의지의 완성태"라고 정의했고, 홉스는 "저항의 부재"로, 로크는 "특정한 행동을 하거나 삼가는 힘"으로, 칸트는 "도덕 법칙에만 따르고 그 밖의 모든 것으로부터 독립하는 것"으로, 라이프니츠는 "지성의 자발성"으로, 헤겔은 "변형된 필연성"으로, 하이데거는 "존재하는 것을 존재하는 것으로 드러내는 데 참여하는 것"으로, 스피노자는 "자유로운 사람은 이성의 명령에만 따라서 사는 사람이다."라고 정의했다. 이렇듯 다양한 철학자들의 정의는 대체로 자유를 일종의 능력으로 보는 견해와 이성에 의한 지배로 보는 견해로 갈리는 듯하다. 참조: 모리스 크랜스턴, 『자유란 무엇인가』, 황문수 역, 문예출판사, 1995, 31-33.

45 프리드리히 셸링, 『인간 자유의 본질에 관한 철학적 탐구』, 김혜숙 역, 지식을만드는지식, 2012, 10.

성을 내포하고 있는 것처럼 비춰지기도 한다. 예컨대 누군가 재력과 권력을 겸비하여 무엇이든 하고 싶은 것을 다 한다고 해서 그를 자유로운 사람이라 할 수는 없을 것이다. 왜냐하면 그런 사람은 쉽게 욕구의 노예가 될뿐더러 무엇보다 자유는 방종과 달리 "인간의 의지에 대한 비이성적 지배의 부재"[46]를 뜻하기도 하기 때문이다. 반대로 지극히 제약된 공간에서 정해진 일과에 따라 일생을 살아가는 수도자가 세상의 그 누구보다도 자유로울 수 있는 것이다.

자유라는 말이 갖는 이러한 모호성으로 인해 자유라는 존재 자체를 부정하는 이들도 있다. 곧, 인간은 자신이 자유롭다고 느낄 뿐 실제로 인간에게 자유는 없다는 것이다. 이러한 주장의 근거로 제시되는 대표적인 이름이 벤자민 리벳(Benjamin Libet)이다. 신경생리학자인 리벳은 1979년 인간의 행위와 관련하여 의지의 결정 시점과 뇌에서 일어나는 신경의 움직임 사이에 어느 정도의 시간적 차이가 있는지를 조사하기 위한 실험을 했는데, 결과는 놀랍게도 의지의 결정보다 뇌신경의 움직임이 더 먼저 일어나는 것으로 나타났다.[47] 이는 곧 인간의 행위를 결정하는 것이 의식적인 자아가 아닌 뇌임을 말하는 것이고, 이 실험과

---

46 모리스 크랜스턴, 앞의 책, 37.

47 '리벳 실험(Libet Experiment)'으로 알려진 이 실험은 인간이 일정한 동작을 하고자 하는 의지를 일으키는 시점과 뇌신경이 반응하는 시점, 그리고 운동근육이 움직이는 시점을 측정하는 것으로, 몇 명의 피실험자를 의자에 앉게 하고, 그들의 오른손과 왼손에 버튼을 쥐어준 다음 그들이 누르고 싶을 때 버튼을 누르라고 한다. 그리고 피실험자의 근육에 측정기를 달고, 두뇌에는 뇌파검사기를 통해 뇌파를 측정한다. 그리고 의지를 일으킨 시점을 측정하기 위해 2.56초에 광점이 원 한 바퀴를 도는 시계를 만들어 피실험자들 앞에 보여 주고 나중에 그들이 버튼을 누르려고 작정했을 때의 광점의 위치를 말하도록 하여 광점의 위치에 해당하는 시간을 측정하는 것이다. 그 결과 근육의 움직임 약 0.2초 전에 의지의 결정이 있었고, 약 0.5초 전에 뇌파가 감지되었다. 곧 뇌파가 의지의 결정보다 약 0.3초 먼저 일어난 것이다. 다른 과학자들에 의해 거듭된 실험에서도 동일한 결과가 나왔다. 참조: 권수현, "원하는 것을 행하는가? 행하는 것을 원하는가?", 『철학연구』 33권, 2007년, 257-258.

분석이 정당하다면 우리는 뇌가 내린 결정을 인지하는 것을 두고 자유의지에 따른 결정이라고 착각하는 꼴이 되는 것이다. 한 마디로 "우리는 우리가 원하는 것을 행하는 것이 아니라, 우리가 행하는 것을 원할 뿐이다."[48] 그러면 정말로 그런가?

우선 리벳의 실험 절차와 해석에 문제점이 있다고 지적하는 학자들이 있다. 예컨대 실험에 사용된 시계를 원형이 아닌 디지털로 했을 때 결과가 달라지며, 음향 신호를 주는 등 여건을 달리 했을 때 피실험자들이 의지의 결정 시점을 다르게 추정하는 등 다른 결과가 나온 것이다. 또한 리벳이 가정한 준비전위(readiness potential, 근육의 움직임 전에 감지되는 뇌파)가 꼭 손가락의 움직임이 없더라도 발생한다는 것이 발견되어 뇌 활동이 움직임의 준비과정에만 국한된 것이 아님도 밝혀짐으로써, 리벳의 실험 자체의 정당성에 의문이 제기되기도 했다.[49] 그러나 이러한 신경생리학적인 반론보다 중요한 것은 인간의 자유가 과연 과학적으로 검증이 가능한 대상인가 하는 것이다.

현대의 적잖은 심리학자들은 리벳보다 한 발 더 나아가서 인간의 자유 자체를 부정한다. 인간의 모든 행동은 인과법칙에 따라 설명될 수 있고, 인간의 행위란 그저 외부에서 들어오는 자극을 뇌가 감지하고 해석하여 일정하게 반응하게끔 하는 메커니즘을 따를 뿐이라는 것이다. 그러나 이러한 주장은 중요한 사실을 간과하고 있다. 그것은 자유 개념이 "행위의 '참여자 관점'에서 열리는 정신과정과 행위의 '관찰자

48 Wolfgang Prinz, "Der Mensch ist nicht frei. Ein Gespräch", Christian Geyer (Hg.), *Hirnforschung und Willensfreiheit*, Frankfurt a. M., 2004, 20-26, 22(권수현, "원하는 것을 행하는가? 행하는 것을 원하는가?", 『철학연구』 33권, 2007년, 258에서 재인용).

49 참조: 박주용, 고민조, "자유의지에 대한 Libet의 연구와 후속 연구들", 『서울대학교 법학』 52권 3호, 서울대학교법학연구소, 2011년, 483-490.

관점'에서 기술되는 자연과정 모두를 포함"[50]한다는 사실이다. 마르크스주의자였던 존 루이스(John Lewis)가 자유를 "물질과 정신의 양면에서 인간의 선, 만족, 소망의 총체를 나타내는 명사"[51]로 정의한 것을 보더라도, 자유는 자연법칙처럼 관찰과 분석을 통해 온전히 파악할 수 있는 대상이 아닌 것을 알 수 있다. 자유는 육체적이고 물질적인 조건에서 살아가는 인간이 자신의 정신적 능력으로 하는 선택을 가치 있게 만드는, 말하자면 "가치의 근거"[52]라고도 할 수 있다. 이러한 의미에서 칸트는 인간의 자유를 "그의 의지의 인과법칙"[53]이라고 표현한 것이다.

이렇게 자유는 우리가 외적인 관찰이나 개념적 분석을 통해 파악이 가능한 것이 아니다. 자유를 이해하기 위해서 우리는 현실에서 자유로운 선택과 결정을 하며 살아가는 각 개인의 본성과 성향, 신념, 그리고 그가 처한 환경 등을 종합적으로 고려해야 한다. 그러므로 자유는 모든 사람에게 동일한 형태로 주어져 있는 것이 아니라 여건과 상황에 따라 종종 다른 양상으로 나타난다. 이와 관련하여 윤리신학자들은 전통적으로 자유의 세 가지 차원을 언급한다.

2.2. 자유의 세 가지 차원

우리의 경험이 말해 주듯이 우리는 늘 동일한 범위의 자유를 누리고 살지는 않는다. 외적 환경이나 시대적 상황이 우리의 자유를 제약하기

---

50 Jürgen Habermas, "Freiheit und Determinismus", *Zwischen Naturalismus und Religion*, Frankfurt a. M., 2006, 173(권수현, 앞의 글, 276에서 재인용).

51 모리스 크랜스턴, 앞의 책, 71.

52 같은 책.

53 "Die Kausalität seines eigenen Willens(BA 109)", Immanuel Kant, *Grundlegung zur Metaphysik der Sitten*, Suhrkamp Studienbibliothek 2, Frankfurt a. M., 2007, 91.

도 하고, 내적 갈등이나 죄의식이 우리의 자유를 위축시키기도 한다. 그런데 앞서 언급했던 바와 같이 수도자나 수감자와 같이 외적인 제약을 받은 이들이 내적으로는 자유로울 수 있고, 반대로 외적으로는 무엇이든 할 수 있는 이들이 내적으로는 지극히 부자유스러운 경우도 있다. 이러한 자유의 아이러니는 우리를 자유의 세 가지 차원에 대한 논의로 이끈다.

자유의 첫 번째 차원은 우리가 어떤 선택이나 결정을 할 때 외적 제약이나 물리적 강요를 받지 않고 행동할 수 있는 '행위의 자유(Handlungsfreiheit)'다. 이는 우리가 일상적으로 자유를 말할 때 가장 먼저 연상하는 것으로, 우리가 원하는 것을 타인의 강압 없이 실제 행동에 옮길 수 있는 자유를 말한다. 그래서 행위의 자유는 "소극적인 의미로 강압과 물리적 강요로부터의 자유(Libertas a coactione)"[54]로 정의되기도 한다. 우리의 행위는 종종 법이나 관습, 신분, 성별, 건강 등 여러 가지 사회적, 육체적 요인에 의해 제약을 받기도 하지만, 현대 민주사회에서 우리는 기본적인 행위의 자유를 가지고 있다. 그런데 만약 누군가에게 최소한의 행위의 자유가 주어져 있지 않다면, 우리는 그에게 윤리적 책임을 물을 수도 없을 것이다. 선택의 가능성이 배제되어 있는 상황에서는 행위의 윤리성을 논할 수 없기 때문이다. 그러므로 "최소한의 행위의 자유는 모든 윤리의 전제조건이다."[55]

자유의 두 번째 차원은 '의지의 자유(Willensfreiheit)'다. 첫 번째 차원의 자유가 윤리적 행위의 외적인 조건과 관계된다면, 두 번째 차원인 의지의 자유는 행위의 내적인 조건, 곧 행위자가 스스로를 규정할 수 있

---

54 Eberhard Schockehoff, *Theologie der Freiheit*, Freiburg, 2007, 108.

55 같은 책, 109.

는 능력과 관련된다. 우리가 외적으로 그 어떤 강압도 받지 않는다고 해서 전적으로 자유롭다고 할 수는 없다. 우리의 선택이 순수한 자유의지(Liberum arbitrium)에서 말미암은 것일 때에만 우리는 온전한 의미에서 자유롭다고 할 수 있을 것이다. 무의식중에 나의 선택에 영향을 줄 수 있는 충동이나 욕구 혹은 성향 등을 직시하고 이러한 것들로부터도 자유로운 결단이야말로 의지의 자유의 면모라 하겠다.[56] 그러므로 행위의 자유가 소극적인 의미의 자유라면, 의지의 자유는 주체의 내적인 역동성이 중심에 있는 적극적인 의미의 자유라고 할 수 있겠다. 그러면 의지는 모든 것에서 자유로운가?

아리스토텔레스(Αριστοτέλης)는 행위의 자발성에 대한 통찰에서 다음과 같이 말한다. "바람은 목적에 더욱 관계하지만, (합리적) 선택은 목적에 이바지하는 것들에 관계한다."[57] 인간의 바람은 목적에 관여하고, 그 목적을 추구하는 데 작용하는 의지 역시 목적과 밀접히 관련된다. 그런데 목적에 이바지하는 것들, 곧 목적을 달성하기 위한 수단의 선택에 있어서 의지는 비교적 자유롭지만, 목적 자체에 있어서는 자유롭지 못하다. 왜냐하면 "모든 행위와 선택은 어떤 좋음(ἀγαθον)을 목표로 하는 것"[58]이기 때문에 의지는 '좋음'을 선택하지 않을 수 없는 것이다. 의지는 개별적인 상황에서 늘 좋음을 선택하고, 의술에서의 좋음과 병법에서의 좋음이 다르듯이 각각의 행위가 추구하는 목표는 다르지만, 모든 개별적인 목표는 또 다른 목표를 이루기 위한 수단이 되고 결국에 가서는 가장 완전한 목표, 곧 "언제나 그 자체로 선택

---

56 참조: 같은 책, 110.

57 아리스토텔레스, 『니코마코스 윤리학』, 이창우 외 2인 역, 이제이북스, 2008, 87.

58 같은 책, 13.

될 뿐 결코 다른 것 때문에 선택되는 일이 없는"[59] 궁극적 목표인 "행복(εὐδαιμονία)"[60]으로 귀결된다는 것이 아리스토텔레스의 통찰이다. 누구나 행복을 그 자체로 바라지 다른 무엇 때문에 행복을 추구하지는 않기 때문이다. 그래서 예로부터 행복은 "선한 삶의 실천을 통해 도달할 수 있는 최고선이자 모든 선을 한데 모아 놓은 선, 좋은 삶으로 이끄는 자족적인 힘, 그리고 덕의 완성"[61]이라고 일컬어진 것이다. 행복, 곧 최고선에서 인간의 의지는 자유로울 수 없으며, 그 이유에 대해 아리스토텔레스의 철학을 신학적으로 재해석한 토마스 아퀴나스는 이렇게 말한다. "선은 추구할 욕구를 움직인다."[62] 말하자면 선은 인간을 끄는 힘을 가지고 있어서 마치 식물이 태양을 향해 자라나듯 인간으로 하여금 선을 향한 선택을 하고 행동하게 한다는 것이다. 이를 신학적으로 표현하자면, 선 자체이신 하느님의 모상인 인간에게 선의 씨앗이 심어져 있고, 인간은 자신에게 주어진 자유의지로 피조물 안에 내재하는 선을 감지하고 선택하여 점차 최고선에 가까워지게 되는 것이다. 결국 인간의 의지는 선과 악의 중간에서 임의로 무엇인가를 원하고 선택하는 능력이 아니라 개별적인 상황에서 주어지는 선을 파악하고 추구할 수 있는 능력을 말하는 것으로, 인간은 의지의 자유를 통해 "선을 향한

59 같은 책, 27.

60 전통적으로 '행복'으로 번역되는 에우다이모니아(εὐδαιμονία)는 아리스토텔레스가 「니코마코스 윤리학」을 저술하기 전부터 통상적으로 사용되었으며, 어원적으로는 '유쾌한 천사'('에우'는 '좋은'을 '다이몬'은 '정령')를 뜻한다. 에우다이모니아를 성취한 사람은 그의 삶이 그러한 천사에 의해서 축복을 받은 사람이다. 참조: 크리스토퍼 원, 『아리스토텔레스의 니코마코스 윤리학 입문』, 김요한 역, 서광사, 2011, 40.

61 Günther Bien, Art. "Glück", *Lexikon für Theologie und Kirche*, Bd. 4, Walter Kasper (Hg.), Freiburg, 1995, 757.

62 Thomas Aquinas, "Bonum movet appetitum ad prosequendum", *Summa Theologiae*, Ia IIae, q. 84, a. 4.

자신의 원초적인 정향성을 실현하는 것"[63]이다. 의지에 대한 이러한 이해와 함께 우리는 자유의 세 번째 차원인 '존재의 자유(Wesensfreiheit)'에 이르게 된다.

'초월적 자유(Libertas transcendentalis)'라고도 불리는 존재의 자유는 이것이나 저것을 선택할 수 있는 자유를 초월하여 선 자체(das Gute)에 확고히 정향되어 있어 선택 자체가 무의미해지는 차원을 말한다.[64] 이러한 최고 차원의 자유의 상태를 설명하기 위해 고대 그리스 철학은 "아우타르케이아(αὐτάρκεια: 자족, 자립)"[65]라는 개념을 도입했다. '아우타르케이아'는 스스로 충만하여 부족함이 없고 그래서 완전한 의미에서 자유로운 상태를 뜻하는 것으로, 선의 특성이자 궁극목적인 행복의 특성이기도 하다. 이를 인간의 행위와 자유의 관계에 적용하면 다음과 같다. "인간은 자신의 행위가 선 자체에 정향되어 있을 때 진정으로 자유롭다. 왜냐하면 오직 선만이 그를 자신의 존재의 충만함으로, 곧 그의 본래의 존재로 인도하기 때문이다."[66] 곧, 인간은 본연의 순수한 자기 존재에 이를 때 부족함이나 위험도 없이 그 자체로 충족하게 되어 더 이상 무엇을 선택할 필요성이 사라지게 된다는 것이다. 마치 성경이 전

63 Eberhard Schockehoff, *Theologie der Freiheit*, 127.

64 존재의 자유는 '근본자유'나 '초월적 자유', 혹은 '진정한 자유'라고 일컬어지기도 하는데, 현대 신학에서는 이를 '선택의 자유(Freiheit der Entscheidung)'보다 높은 차원으로 넘어간다는 의미에서 '확고한 자유(Freiheit der Entschiedenheit)'라는 표현을 쓰기도 한다. 참조: ibid., 128.

65 희랍어 'αὐτος(자신, 스스로)'와 'ἀρκεω(방어하다, 충족하다)'가 결합되어 '스스로 충족함, 자체로 부족함이 없음'을 의미하는 'αὐτάρκεια'는 사물이나 생명체, 인간, 그리고 폴리스와 같은 공동체 등과 결합되어 외부의 도움 없이 스스로 자립할 수 있는 상태를 지칭하는 용어로 쓰이다가 소크라테스 이후로 그 어떤 부족함이나 아쉬움도 없는 참행복의 상태를 지칭하는 개념으로 격상되었다. 참조: Joachim Ritter (Hg.), *Historisches Wörterbuch der Philosophie*, Bd.1, Basel-Stuttgart, 1971, 685-686.

66 Eberhard Schockehoff, *Theologie der Freiheit*, 130.

하는 최초의 인간이 낙원에서 그 무엇도 선택할 필요 없이 그저 하느님과 함께하는 것만으로 아무런 부족함 없이 충만한 삶을 살았던 것처럼 말이다. 신학자 과르디니(Romano Guardini)는 이러한 정황을 다음과 같이 표현한다. "인간은 본연의 자기 존재에 완전히 도달할 때 비로소 자유롭다."[67] 그러므로 존재의 자유는 하느님으로부터 부여받은 내 존재의 의미를 성취함으로써 누리는 자유라고 할 수 있으며, 이 자유의 차원에서는 아이러니하게도 최고선이신 하느님에게 강하게 예속되면 예속될수록 더 큰 자유로 나아가게 된다. 윤리신학자 헤링(Bernhard Häring)의 말대로 "이 자유는 본성상 선을 위한 자유다. 이 자유는 악의 가능성에서 거리를 두면 둘수록, 그리고 선에 견고하게 묶이면 묶일수록 더욱 진실해지고 강해진다."[68] 성 바오로(St. Paul) 사도가 "피조물도 멸망의 종살이에서 해방되어, 하느님의 자녀들이 누리는 영광의 자유를 얻을 것입니다."(로마 8,21)라는 고백에서 역설한 자유가 바로 인간이 죄로 인해 일그러진 존재에서 벗어나 태초에 창조된 본연의 존재에 이름으로써 누리게 될 자유인 것이다.

지금까지 자유의 세 가지 차원에 대해 살펴보았다. 여기서 세 가지 차원이라 함은 서로 다른 세 종류의 자유를 말하는 것도 아니고, 시간이 흐름에 따라 차례로 겪게 되는 순차적인 자유의 단계를 뜻하는 것도 아니다. 외적인 제약을 받지 않는 행위의 자유와 원하는 것을 추구할 수 있는 의지의 자유, 그리고 선의 충만함에 사로잡혀 선택 자체가 무의미해지는 존재의 자유의 구분은 우리의 성숙도에 따라 다양해지는 자유의 의미를 묘사한 것으로 보는 것이 타당하다. 또한 모두가 세

---

67 Romano Guardini, *Auf dem Wege*, Mainz, 1923, 20.

68 Bernhard Häring, *Frei in Christus*, Bd. I, Freiburg, 1989, 125.

번째 차원의 자유에 도달할 수 있는 것도 아니고, 누군가 높은 차원의 자유에 도달했다고 해서 낮은 차원으로 다시 떨어지지 않는다는 보장도 없다. 자유는 완성된 과정이나 잃어버릴 수 없는 상태로 우리에게 주어진 것이 아니다. 그러므로 "자유를 향한 능력을 가만히 잠재워 두지 않고 삶의 각 단계에서 자유를 새롭게 확인하고 확신하는 사람만이 스스로를 자유롭다고 단언할 수 있는 것이다."[69]

자유에 대한 이러한 이해를 바탕으로 이제 4차 산업혁명의 시류와 그리스도인의 자유는 어떤 관계에 있고 그 전망은 어떠한지에 대해 살펴보겠다.

3 4차 산업혁명과 인간의 자유

앞서 자유와 관련한 리벳의 실험결과에 대한 논의에서 우리는 인과법칙을 기초로 하는 자연과학과, 상대적이고 개별적인 선을 추구하는 인간의 자유에 관한 논증이 서로 불편한 관계에 있음을 보았다. 이 진술이 정당하다면 과학의 발달은 인간의 자유에 대한 논의를 축소시킬 것이고 인간에 대한 생물학적 지식이 늘어나면 늘어날수록 자유에 대해 말하는 것 자체가 터부시될 수도 있어 보인다. 그러면 첨단 과학이 급속하게 삶의 구석구석에 스며들고 있는 4차 산업혁명의 시대에 인간의 자유는 어떤 의미를 지닐까?

69 Eberhard Schockehoff, *Theologie der Freiheit*, 156-157.

3.1. 과학기술의 발달은 인간을 자유롭게 하는가?

앞서 제1장에서 4차 산업혁명을 선도하는 핵심기술들에 대해 살펴보았다. 학자들의 견해에 따르면 4차 산업혁명이 이전까지의 산업혁명들보다 "파괴적"[70]인 이유는 변화의 속도가 상상할 수 없을 정도로 빠를 뿐만 아니라, 각 분야의 첨단 기술들이 융합되고 초(超)연결되어 변혁의 대상이 인간 자신에게까지 확대되고 있다는 데 있다. 실제로 4차 산업혁명에 대한 논의가 이루어지는 곳에서는 자연스럽게 '트렌스-, 포스트휴먼'에 대한 언급이 등장한다.[71] 이러한 맥락에서 한국포스트휴먼학회 회장인 백종현 교수는 이렇게 말한다.

> "종전의 3차 산업혁명까지는 산업 분야에서 일어난 '혁명'이 인간의 삶의 질과 양식을 전반적으로 급격하게 변혁시켰음을 뜻했다면, 의생명과학기술을 또 하나의 요소로 가질 제4차 산업혁명에서 '혁명'은 인간 개념 자체를 본질적으로 뒤흔들 가능성이 높다."[72]

특히 요즘 세계적으로 큰 관심과 함께 우려를 자아내고 있는 인공지능과 로봇기술의 급속한 발달은 '이성적 존재인 인간'의 정의와 범주를

---

70 클라우스 슈밥, 『제4차 산업혁명』, 29.

71 김건우는 대표적 트렌스휴머니스트라고 할 수 있는 철학자 보스트롬(Nick Bostrom)을 인용하며, 트랜스휴먼을 "노화를 제거하고 인간의 지적, 육체적, 심리적 능력을 향상시키는 기술을 개발하고 확대함으로써 인간조건을 근본적으로 향상시킬" 시도의 결과로 정의하고, 포스트휴먼은 "현생 인류가 종을 더 이상 대변할 수 없을 정도로 철저히 변화되어 이제는 인간이라 할 수 없는 존재"라고 정의한다. 참조: 김건우, "포스트휴먼의 이해", 한국포스트휴먼학회(편), 『포스트휴먼 시대의 휴먼』, 아카넷, 2017, 30-31.

72 백종현, "'제4차 산업혁명' 시대, 인문학의 역할과 과제", 『철학사상』 65권, 서울대학교철학사상연구소, 2017년, 121.

어디까지로 해야 할지에 대한 문제제기를 일으키기도 한다. 그러면 과학기술의 도움을 받아 인간이 누릴 수 있는 재화 선택의 폭을 획기적으로 늘릴 뿐만 아니라 나아가 자유로운 선택의 주체인 인간 스스로를 개선하는 소위 "인간향상(human enhancement)"[73]은 인간에게 더 큰 자유를 가져다줄 것인가?

이 질문과 관련하여 '기술의 자율성(Autonomous Technology)' 개념에 주목할 필요가 있다. 엘륄(Jacques Ellul)이 주창한 기술의 자율성은 "현대 기술의 발달 과정에서 기술적인 효율성이 가장 중요한 가치가 되어 기술 발전이 그 자체의 자율적 동력을 가진 것처럼 팽창하고 있는 상황을 비판한 것"[74]으로, 현대 사회가 기술의 속성인 효율성 위주로 발전할 경우 사람의 판단은 무시되고 결국 기술은 사람의 통제를 벗어나 스스로 진화하게 될 것이라는 예측으로 이어진다. 이러한 예측을 바탕으로 그는 "기술 사회가 인간의 자유를 침해하는 성격을 가진다고 보았다."[75] 실제로 인공지능은 기술의 자율성을 어느 정도 구현한 것으로 보이고, 인공지능이 기계학습을 통해 자율적으로 배우고 결정하는 것이 인간의 결정보다 우월할 수 있다는 것이 2016년에 있었던 이세돌과 알파고의 대국에서 입증되었다.[76] 그런데 알파고의 승리보다 더

---

73 "인간향상이란 다양한 기술공학적 수단을 통해 인간의 인지적, 정서적, 신체적 능력을 통상적 범위를 넘어서는 수준까지 향상시키는 것을 말한다." 참조: 천현득, "인간향상 기술을 통한 포스트휴먼 되기: 인간 본성은 여전히 쓸모 있는 개념인가?", 한국포스트휴먼학회(편), 『포스트휴먼 시대의 휴먼』, 100.

74 손화철, "지속가능한 발전과 제4차 산업혁명 담론", 한국포스트휴먼학회(편), 『제4차 산업혁명과 새로운 사회 윤리』, 아카넷, 2017, 105.

75 같은 책.

76 2016년 3월 9일부터 15일까지 서울에서 이세돌 9단과 알파고의 대국이 진행되었다. 총 5국으로 치러진 경기에서 알파고는 4승 1패로 승리했다.

인상 깊었던 장면은 그 대국에서 알파고가 지시하는 대로 바둑돌을 놓는 아자황의 모습이었다. 구글 딥마인드의 프로그래머인 그가 자신의 의지와는 무관하게 마치 아바타처럼 인공지능의 명령을 실행에 옮기는 장면은 우리의 미래를 상징적으로 묘사하는 것처럼 보였기 때문이다. 이처럼 기술의 발달은 필연적으로 인간의 자유와 충돌할 수밖에 없을 것이고, 기술은 더 이상 인간의 도구가 아닌 인간이 적응해야 할 대상이 될 가능성이 크다.[77]

인간을 포함한 모든 존재자를 수치화(데이터화)하고 서로 변환 가능한 에너지 정도로 여기는 현대 과학과 기술의 존재이해가 극대화하고 있는 4차 산업혁명의 물결 속에서 인간의 자유가 설 공간은 점점 좁아지는 듯하다. "인간 행동에 관한 전례 없는 양의 데이터를 수집하고 해석하는 로봇 기술은 실제로 정보에 대한 접근과 선택의 자유 모두를 위협한다."[78] 과학기술이 인간에게 무한한 가능성과 삶의 자유를 가져다주리라는 소박한 근대주의의 꿈은 실상 그 반대 방향으로 전개될 가능성이 커 보인다. 그리고 "'정신과정'을 관찰 가능한 '생리학적 조건'으로 설명해 낼 수 있다는 환원론적 과학주의의 새로운 자신감"[79]이 사회의 저변에 자리매김하고 있는 한 이러한 흐름은 피할 수 없을 것이다. 이러한 상황에 대해 프란치스코 교황(Pope Francis)은 "삶은 점차 기술의 영향을 받는 상황에 종속됩니다. 기술 자체가 삶의 의미 해석

77 손화철은 현대인들이 기술의 발달을 비가 오거나 진화 과정이 진행되는 것 정도로 무비판적으로 인식한다고 지적하며, 이제 사람들은 자연의 변화에 적응하듯이 기술의 변화에 적응하기 위해 노력하고 있다고 진단한다. 참조: 손화철, "지속가능한 발전과 제4차 산업혁명 담론", 한국포스트휴먼학회(편), 『제4차 산업혁명과 새로운 사회 윤리』, 106.

78 일라 레자 누르바흐시, "다가오는 로봇 디스토피아", 클라우스 슈밥 외 26인, 『제4차 산업혁명의 충격』, 199.

79 권수현, 앞의 글, 254.

에 근원이 되는 것으로 여겨집니다."[80]라는 분석과 함께 우려를 표명했고, 이미 반세기 전에 과르디니는 다음과 같이 진단했다. "인간은 사물을 지배하는 능력은 갖추었지만 자신의 능력을 지배하는 능력은 아직 갖지 못했다. […] 현대인은 자기 능력의 엄청난 증가에 아직 준비되지 않았다."[81] 이처럼 과학기술의 발달이 인간의 자유를 위축시키리라는 정당한 예상에 직면하여 우리가 놓치고 있는 것은 무엇이며 또 추구해야 하는 것은 무엇일까?

3.2. 4차 산업혁명 시대를 사는 그리스도인의 자유

앞에서 자유의 세 가지 차원에 대해 간략히 살펴보았다. 과학기술의 혁신적인 발전과 융합을 동력으로 하는 4차 산업혁명이 진행될수록 인류가 이전에 상상할 수도 없었던 큰 선택의 폭과 행위의 자유를 누리게 될 것은 분명해 보인다. 의학기술의 발달은 신체적으로 제약을 받던 이들에게 활동의 자유를 줄 것이고, 가상현실기술은 우리에게 방대한 체험의 신세계를 선사할 것이다. 그러나 우리가 물어야 할 것은 과르디니가 지적했듯이 우리의 능력이 폭발적으로 증가한 만큼 우리가 준비되었는가 하는 것이다. 더욱이 과학기술이 "우리를 둘러싼 물리적 세계의 일부가 되는 것에서 멈추지 않고, 우리 자신의 일부가 될 것"[82]으로 예측되는 시대에 우리는 우리의 의지와 존재가 지향하는 더 깊은 차원의 자유에 대해 물어야 할 것이다. 우리의 생물학적 능력이 강화되고 정신적인 측면까지 데이터화되고 최적화된다면, 우리는 더

80 프란치스코 교황, 회칙 『찬미받으소서』, 110항.

81 Romano Guardini, *Das Ende der Neuzeit / Die Macht*, Mainz-Paderborn, 1986, 76.

82 클라우스 슈밥, 『더 넥스트』, 김민주, 이엽 공역, 새로운현재, 2018, 26.

욱 충만하고 행복한 삶을 살게 될 것인가?

존재의 자유와 관련된 이 물음은 앞서 보았듯이 필연적으로 종교적인 차원으로 연결된다. 인간은 의식하든 의식하지 않든 행복의 가장 큰 특징인 충만함, 혹은 자족성을 얻기 위해 매순간 자기에게 좋아 보이는 상대적인 선을 선택하며 살아가는데, 선 자체이신 하느님은 인간에게 존재의 충만함을 선사하여 더 이상의 선택을 무의미하게 만들어 버린다.[83] 바로 이러한 경지가 그리스도인들이 갈망하는 구원이고 이 구원의 상태를 교회는 '영원한 생명'으로 표현하기도 한다. 그런데 영원한 생명은 다름 아닌 4차 산업혁명의 주축을 이루는 과학기술들이 추구하는 바가 아닌가? 생명공학자들이 합성생물학과 유전자 가위 기술을 통해 인간 강화에 전력하는 이유가, 물리학자들이 신소재와 인공지능의 융합을 통해 인간과 유사하면서도 인간의 능력을 뛰어넘는 존재를 창조하고자 하는 의도가, 그리고 전 세계에 무소부재한 통제력과 영향력을 갖는 사물인터넷과 빅데이터에 사람들이 열광하는 이유가 그것이 아닌가! 이러한 기술들이 추구하는 바는 인간의 한계를 뛰어넘는 것이고, 궁극적으로는 인간의 한계를 가장 여실히 드러내는 죽음을 이겨 내는 것으로 보인다.[84] 말하자면 인간이 스스로 불사불멸하는 신

83 아우구스티노의 고백 - "당신을 향해 저희를 만들어 놓으셨으므로 당신 안에 쉬기까지 저희 마음이 안달을 합니다. […] 당신께서 모든 것을 채워 주시는데 당신 전체로 모든 것을 채우십니다."(아우구스티누스, 『고백록』, 성염 역, 경세원, 2016, 55-57) - 은 삶 전체를 통해 하느님을 찾고 오직 하느님 안에서 온전한 충만함을 얻을 수 있는 인간의 숙명에 대한 고백으로 이해할 수 있다.

84 『호모 데우스』의 저자 유발 하라리도 기술을 통해 죽음을 이겨 내고자 하는 현대인들의 모습을 다음과 같이 묘사한다. "21세기의 인간은 불멸에 진지하게 도전할 것이다. 노화와 죽음과의 싸움은 인간이 그동안 해 온 기아와 질병과의 싸움을 계속 이어가는 것이고, 이 시대의 문화가 지고의 가치로 여기는 인간 생명의 가치를 증명하는 일이다. […] 현대인에게 죽음은 해결할 수 있고 해결해야만 하는 기술적 문제다." 유발 하라리, 앞의 책, 40-41.

처럼 되고자 하는 욕망이 과학기술에 대한 전폭적인 지지의 이면에 자리하고 있는 것이다.

그러면 인간이 신처럼 되고자 하는 것이 잘못인가? 이 질문을 듣는 순간 적잖은 이들은 구약의 바벨탑을 떠올릴 것이다. 그러나 인간의 그러한 바람 자체는 질타받을 만한 것이 아니다. 모든 그리스도인의 궁극적인 목적도 그리스도처럼 되는 것이 아닌가! 그러면 과학기술을 통해 하느님처럼 되고자 하는 것과 신앙인이 그리스도처럼 되고자 하는 것의 차이는 무엇인가? 이 물음에 대한 해답의 실마리는 '자기수용'에 있다.

예컨대 부모가 유전자공학의 성과를 아픈 아이의 치료에 이용하는 데서 멈추지 않고 건강한 아이를 더욱 강화하고자 하거나, 나아가 유전학적으로 완벽한 아이를 갖고자 하는 것은 샌델(Michael J. Sandel)의 표현대로 "선물로서 삶의 의미를 놓치는 일"[85]이다. 이는 주어진 것에 대한 불만의 표시로 "세상에 맞추기 위해 본성을 바꾸는 것은 자율권을 포기한 극단적 형태"[86]로 볼 수 있는 것이다. 행복의 기준을 자신이 아닌 세상의 상대적이고 가변적인 가치체계에 두기 때문이다.

반면에 그리스도처럼 된다는 말의 의미는 결함이 없는 완전한 존재이지만 인간의 유한성을 취한 그리스도의 모범을 따르는 것, 곧 인간이 주어진 자신의 한계를 수용하는 것을 전제로 한다. 이러한 한계성의 수용은 인간에게 더 크고 깊은 자유를 선사한다. 유한성과 결핍은 인간에게 고유한 것으로,[87] 이러한 한계의 체험과 수용은 그를 이전의

85 마이클 샌델, 『생명의 윤리를 말하다』, 강명신 역, 동녘, 2011, 101.

86 같은 책, 144.

87 철학자이자 사회학자인 아놀드 겔렌(Arnold Gehlen)은 인간을 결핍존재(Mängelwesen)

굴레에서 자유롭게 하여 존재의 심연으로 인도한다. 그 전형적인 예를 우리는 바오로 사도에게서 만난다.

그리스도인들을 박해하기 위해 다마스쿠스로 가는 길에서 그리스도를 체험한 바오로는 앞이 보이지 않게 되는 극단의 한계를 체험한다. 그리고 그 한계의 체험과 그러한 그를 수용한 성 하나니아스(St. Ananias)의 결단이 그의 존재를 변혁시켜 그를 그리스도화한 것이다. 바오로는 이렇게 온전히 그리스도화한 자신의 모습을 다음과 같이 묘사한다. "이제는 내가 사는 것이 아니라 그리스도께서 내 안에 사시는 것입니다."(갈라 2,20) 바로 이것이 그리스도처럼 된다는 말의 진의이고, 이렇게 그리스도와 온전한 일치를 이룰 때 비로소 인간은 충만한 '존재의 자유'에 이르게 되는 것이다.[88] 결국 그리스도인이 추구하는 자유는 자기강화나 외적인 제약에서 벗어남을 통해서가 아니라 자기수용과 그리스도와의 인격적인 결합을 통해 성장하고 깊어지는 것이다. 그리스도와의 인격적인 결합은 내 삶의 중심을 그리스도에게 양도하는 용기를 요구하고, 이 용기는 "우리가 그리스도와 함께 죽었으니 그분과 함께 살리라고 우리는 믿습니다."(로마 6,8)라는 확고한 믿음에서 흘

로 정의한다. 즉 철저히 본능에 따라 행동하는 동물들과 달리 인간은 결핍된 본능을 갖고 있는데, 바로 이것이 인간에게 자유로운 선택과 문명을 가능하게 했다는 것이다. 그러므로 결핍과 불완전성은 인간에게 고유한 것이자 그를 특별하게 하는 요소인 것이다. 참조: Arnold Gehlen, *Der Mensch. Seine Natur und seine Stellung in der Welt (Studienausgabe der Hauptwerke)*, Wiesbaden, 1986, 37.

88 로마노 과르디니는 구약의 율법주의적인 구원관에 갇혀 있던 바오로가 그리스도 체험을 통해 자기굴레에서 해방되어 그리스도화됨으로써 취하게 된 새로운 존재방식을 설명하기 위해 '내 실존적 관계(Inexistenz-Verhältnis)'라는 개념을 도입한다. 곧 그리스도와의 만남을 통해 그리스도가 바오로의 실존 안으로 파고들어 새로운 중심을 형성하였고, 그 안에 있는 그리스도의 영이 물리적인 것으로부터 영적인 것까지 영향을 미치게 된다는 것이다. 참조: 박찬호, "'이제는 내가 사는 것이 아니라 그리스도께서 내 안에 사시는 것입니다.' – '그리스도적 실존' 개념을 중심으로 한 로마노 과르디니의 신앙 이해", 『이성과 신앙』 54호, 2013년 여름, 111–112.

러나온다. 그러므로 인간을 가장 확실하고 보편적으로 제한하는 '죽음'을 의식적으로 수용함으로써 더 크고 깊은 자유로 나아가리라는 희망이 그리스도교가 믿고 고백하는 구원의 원리인 것이다. 이러한 의미에서 독일의 저명한 성서학자 니더빔머(Kurt Niederwimmer)는 다음과 같이 말한다.

> "진정 자유로운 사람은 바로 죽을 수 있는 사람이다."[89]

참된 자유는 인간의 한계를 부정하고 끝없이 확장시키려는 노력을 통해서가 아니라 인간의 유한성을 겸허하게 수용하고 절대적인 가치를 추구하려는 노력을 통해 도달할 수 있다. 이러한 방식으로 "자기 목숨을 구하려는 사람은 목숨을 잃을 것이고, 나 때문에 자기 목숨을 잃는 사람은 목숨을 얻을 것이다."(마태 16,25)라는 역설적인 진리가 현실에서 구현되는 것이다.

결론

우리는 지금 "사람이 기술을 만들지만, 기술 역시 사람을 만든다."[90]는 말이 피부로 느껴지는 시대에 살고 있다. 4차 산업혁명은 분명 우리

---

89 Kurt Niederwimmer, "Frei ist, wer sterben kann", *Der Begriff der Freiheit im Neuen Testament*, Berlin, 1966, 214.

90 손화철, "포스트휴먼 시대의 기술철학", 한국포스트휴먼학회(편), 『포스트휴먼 시대의 휴먼』, 291-292.

의 삶을 편리하고 효율적으로 변화시키겠지만, 그 혁명의 창끝이 우리 자신을 향할 가능성이 크다는 것도 부인할 수 없는 사실이다. 이와 더불어 첨단 과학기술이 우리에게 폭넓은 선택의 자유를 가져다주겠지만 동시에 삶 전체의 의미와 관련된 깊은 차원의 자유를 향한 우리의 여정과는 반대되는 방향으로 발전하리라는 예측도 정당해 보인다.

이러한 현 상황에서 "인간이 만들었고 발달시켜 인간을 위해 존재하는 과학과 기술은 인간과 인간의 도덕적 가치에서 목적과 한계를 발견한다."[91]는 교도권의 통찰은 중요한 점을 시사한다. 과학기술이 인간 삶의 여건을 개선하는 데 도움이 되는 것은 사실이지만, 말 그대로 도움으로서 의미를 갖는 것이지 그것이 인간 존재의 의미와 가치판단의 기준이 될 수는 없는 일이다. 그러므로 우리는 현재의 흐름이 인간을 '향한' 혁명이 아닌 인간을 '위한' 혁명이 될 수 있도록 지속적으로 관심을 갖고 지켜보아야 하며, 필요하다면 다수의 바람과 일치하지 않는 불편한 목소리를 내야 할 것이다. 이것이 참자유를 향한 정도이기도 하다. 인간이 자유롭다 함은 그저 바라는 것을 행하는 것이 아니라 "마땅히 행해야 할 것을 비로소 개시할 수 있는 힘 곧 당위(當爲) 실천의 역량을 가짐"[92]을 뜻하기 때문이다.

완전성을 추구하는 것은 인간의 본성이자 정당한 목적이다. 그러나 완전성을 추구하는 과정에서 인간의 유한성과 결핍 역시 인간의 본성에 속한다는 사실을 우리는 쉽게 간과하고 있지는 않은지 살펴보아야 할 것이다. 4차 산업혁명의 시대를 살면서 우리는 한 생명과학자의 말대로 "인간의 존엄성은 '유한성'과 '불완전성'에서 나오는 것이며 결핍

91 교황청 신앙교리성, "생명의 선물", 정재우 역, 『인격주의 생명윤리』 7권 1호, 2015년, 84.

92 백종현, 앞의 글, 123.

을 포함한 개개의 개성이 개체를 특별하게 해 준다는 것"[93]을 상기할 필요가 있다. 물론 충분히 치유하고 개선할 수 있는 고통과 불편을 그대로 감내하자는 것은 아니다. 다만 치유와 개선을 위한 기술의 발달이 인간의 무한한 욕망으로 인해 돌이킬 수 없는 심각한 결과로 이어지지 않도록 경계해야 할 것이다. 자신에게 결핍된 부분을 채우기 위해 도구를 만들어 사용하기 시작한 인간이 바로 그 도구에 의해 존재적인 변화를 경험하게 되는 소위 "호모 파베르(Homo Faber)의 역설"[94]에 빠지지 않고 인간이 주인의 자리에 머물기 위한 노력과 생각의 전환이 요구된다. 그러기 위해 우리는 다음과 같은 질문을 던져야 할 것이다.

"우리가 할 수 있다고 해서 다 해도 되는가?"

'연결과 융합'을 동력으로 하는 4차 산업혁명이 진정 인간을 위한 혁명이 될 수 있도록 과학자와 기업인들, 그리고 그들을 비판적인 시선으로 바라보는 이들의 연결과 융합, 곧 대화와 상호 보완의 노력이 필요한 시점이다.

---

93 송기원, 『생명』, 291.

94 손화철, "지속가능한 발전과 제4차 산업혁명 담론", 한국포스트휴먼학회(편), 『제4차 산업혁명과 새로운 사회윤리』, 120.

참고 문헌

1. 교회 문헌

교황청 신앙교리성, "생명의 선물", 정재우 역,『인격주의 생명윤리』7권 1호, 2015, 81-112.

2. 단행본

ARISTOTELES, *Ethica Nicomachea* (비판본: Bywater, Ingram, Aristotelis Ethica Nicomachea, recognovit brevique adnotatione critica instruxit I. Bywater, Oxford, Clarendon Press, 1894) [아리스토텔레스,『니코마코스윤리학』, 이창우 외 2인 역, 이제이북스, 2008].

AUGUSTINUS, Aurelius, *Confessiones* (비판본: Verheijin, Lucas, Sancti Augustini Confessiones libri XIII, Turnholti, Brepols, 1981) [아우구스티노,『고백록』, 성염 역, 경세원, 2016].

BOECLKE, Franz, *Grundbegriffe der Moral*, Aschaffenburg, Pattloch Verlag, 1966 [뵈켈레, 프란츠,『기초윤리신학』, 성염 역, 분도출판사, 1975].

CRANSTON, Maurice, *Freedom: a new analysis*, London, Longmans, Green, 1953 [크랜스턴, 모리스,『자유란 무엇인가』, 황문수 역, 문예출판사, 1995].

GEHLEN, Arnold, *Der Mensch. Seine Natur und seine Stellung in der Welt (Studienausgabe der Hauptwerke)*, Wiesbaden, Aula-Verlag, 1986.

GUARDINI, Romano, *Auf dem Wege*, Mainz, Matthias-Grünewald-Verlag, 1923.

HARARI, Yuval Noah, *Homo deus: a brief history of tomorrow*, London, Harvill Secker, 2016 [하라리, 유발 노아,『호모데우스 - 미래의 역사』, 김명주 역,

김영사, 2017].
HÄRING, Bernhard, *Frei in Christus*, Bd. I, Freiburg, Herder-Verlag, 1989.
KANT, Immanuel, *Grundlegung zur Metaphysik der Sitten*, Suhrkamp Studienbibliothek 2, Frankfurt a. M., Suhrkamp, 2007.
MAYER-SCHöNBERGER, Viktor / CUKIER, Kenneth, *Big data: a revolution that will transform how we live, work, and think*, London, Murray, 2013 [마이어 쇤버거, 빅토르, 쿠키어, 케네스, 『빅데이터가 만드는 세상』, 이지연 역, 21세기북스, 2013].
NIEDERWIMMER, Kurt, *Der Begriff der Freiheit im Neuen Testament*, Berlin, Töpelmann, 1966.
RUDDER, Christian, *Dataclysm: who we are when we think no one's looking*, New York, Crown Publishers, 2014 [루더, 크리스티안, 『빅데이터 인간을 해석하다』, 이가영 역, 다른, 2015].
SANDEL, Michael. J., *The case Against Perfection*, Cambridge, Massachusetts, Harvard University Press, 2007 [샌델, 마이클, 『생명의 윤리를 말하다』, 강명신 역, 동녘, 2011].
SCHELLING, Friedrich Wilhelm Joseph, *Philosophische Untersuchungen über das Wesen der menschlichen Freiheit und die damit zusammenhängenden Gegenstände*, Frankfurt a. M., Suhrkamp, 1975 [셸링, 프리드리히, 『인간 자유의 본질에 관한 철학적 탐구』, 김혜숙 역, 지식을만드는지식, 2012].
SCHOCKENHOFF, Eberhard, *Theologie der Freiheit*, Freiburg, Herder-Verlag, 2007.
SCHWAB, Klaus, *The Fourth industrial revolution*, World Economic Forum, New York, Currency, 2016 [슈밥, 클라우스, 『제4차 산업혁명』, 송경진 역, 새로운현재, 2016].
________, *Shaping the fourth industrial revolution*, World Economic Forum, New York, Currency, 2018 [슈밥, 클라우스, 『제4차 산업혁명 더 넥스트』, 김민주, 이엽 역, 새로운현재, 2018].
SCHWAB, Klaus, et al., *The Fourth Industrial Revolution*, Foreign Affairs Special Collection, New York, Currency, 2016 [슈밥, 클라우스 외 26인,

『제4차 산업혁명의 충격』, 김진희 외 2인 역, 흐름출판, 2017].
THOMAS AQUINAS, *Summa Theologiae, Latin text, English translation, introduction, notes, appendices & glossaries*, Eyre & Spottiswoode, London, and McGraw-Hill Book Company, New York, vol. 26, 1964.
WARNE, Christopher, *Aristotle's Nicomachean ethics*, London, New York, Continuum, 2006 [원, 크리스토퍼, 『아리스토텔레스의 니코마코스윤리학 입문』, 김요한 역, 서광사, 2011].
권호정 외, 『호모 컨버젼스』, 박태준미래전략연구총서 5, ㈜아시아, 2016.
김석관, 『4차 산업혁명의 기술 동인과 산업 파급 전망』, 과학기술정책연구원, 2017.
김환석, 『과학사회학의 쟁점들』, 문학과지성사, 2007.
박재용, 『4차 산업혁명이 막막한 당신에게』, 뿌리와이파리, 2018.
송기원, 『생명』, 로도스, 2014.
한국포스트휴먼학회(편), 『제4차 산업혁명과 새로운 사회 윤리』, 아카넷, 2017.
한국포스트휴먼학회(편), 『포스트휴먼 시대의 휴먼』, 아카넷, 2017.
한기호 편, 『4차 산업혁명이라는 거짓말』, 북바이북, 2017.

3. 논문

계경문, "4차 산업혁명 시대의 무인 이동체를 둘러싼 법적 문제점 연구", 『한국전자파학회논문지』 28권 7호, 2017년, 519-527.
권수현, "원하는 것을 행하는가? 행하는 것을 원하는가?", 『철학연구』 33집, 2007년, 253-283.
김현창, "3D 프린팅이 사회 · 경제에 미치는 영향에 관한 연구", 『디지털융복합연구』 13권 7호, 한국디지털정책학회, 2015년, 23-31.
박주용, 고민조, "자유의지에 대한 Libet의 연구와 후속 연구들", 『서울대학교 법학』 52권 3호, 서울대학교법학연구소, 2011년, 477-510.
박찬호, "'이제는 내가 사는 것이 아니라 그리스도께서 내 안에 사시는 것입니다.' - '그리스도적 실존' 개념을 중심으로 한 로마노 과르디니의 신앙 이해", 『이성과 신앙』 54호, 2013년 여름, 81-132.
방연상, 송기원, 이삼열, "합성생물학 시대에 신학 담론 위치", 『신학사상』 174집, 한국신학연구소, 2016년, 1-36.

백종현, "'제4차 산업혁명' 시대, 인문학의 역할과 과제", 『철학사상』 65권, 서울대학교 철학사상연구소, 2017년, 117-148.
변순용, "자율주행자동차의 윤리적 가이드라인에 대한 시론", 『윤리연구』 112호, 한국윤리학회, 2017년, 199-216.
양대승, "4차 산업혁명 시대에 있어서 삼차원 프린팅의 도전과 저작권의 대응", 『법학논총』, 35집 1호, 한양대학교 법학연구소, 2018년, 185-214.
우태민, 박범순, "인공적인, 너무나 자연적인: 포스트 게놈 시대 합성생물학과 트랜스휴머니즘", 『과학기술연구』 16권 2호, 한국과학기술학회, 2016년, 33-63.
이상헌, "합성생물학과 윤리적 쟁점들", 『생명연구』 17집, 서강대학교생명문화연구원, 2010년, 173-196.
차동진, 이경렬, "자율주행차의 등장과 교통형법적인 대응", 『형사정책연구』 29권 1호, 한국형사정책연구원, 2018년, 109-145.
홍성욱, "왜 '4차 산업혁명론'이 문제인가?", 황서현(편), 『제4차 산업혁명이라는 유령』, Humanist, 2017.

4. 사전류

Lexikon für Theologie und Kirche, Bd. 4, Walter Kasper (Hg.), Freiburg, 1995.
Historisches Wörterbuch der Philosophie, Bd. 1, Joachim Ritter (Hg.), Basel-Stuttgart, 1971.

5. 인터넷 사이트

http://www.ytn.co.kr/_ln/0101_201703171457594331. 2018.07.24. 검색.

09

과학기술 혁명 시대와 그리스도교: 종교와 신학의 전망 안에서

정희완

정희완

미국 버클리 예수회 신학대학원에서 박사학위 취득, 대구가톨릭대학교 교의신학 교수

들어가는 말

모든 사람들이 다 실감하고 있는 것은 아니지만, 전문가와 학자들이 오늘날 과학기술 혁명이 가져올 미래의 삶에 대해 이야기하고 있다. "4차 산업혁명" "과학기술 혁명" "포스트휴머니즘" "트랜스휴머니즘"이라는 용어들이 언론매체에 자주 등장하고 있다. 그 정확한 실체가 무엇인지 아직 의견이 분분하지만, 과학기술의 혁명적 발전은 당대의 현실과 그리고 미래적 전망에 대한 다양한 담론들을 산출하고 있다.

사물인터넷(internet of things), 로봇공학(robotics), 합성생물학(synthetic biology)이라 불리는 새로운 기술에 대한 이야기들을 쉽게 들을 수 있다. 과학기술의 혁명적 발전은 정보기술의 영역과 생명공학의 영역에서 비약적으로 이루어지고 있다. IT혁명과 바이오테크놀로지는 일반 대중의 상상을 훨씬 넘어서 있다. 정보기술과 생명공학의 혁명적 발전은 후기 자본주의 시스템과 맞물려 인간 삶의 전방위 영역에서 많은 도전과 문제점을 낳고 있다. 이 과학기술 혁명이 문명과 세계를 어떤 방향으로 끌고 갈 것인지, 그리고 이 과학기술 혁명의 도전에 어떻게 대응할 것인지는 아직 열린 질문으로 남아 있다.

어떤 현상에 대한 담론들 안에는 그 담론을 발생시키고 유포시키는 주체들의 관점과 이해관계가 포함되어 있다. 과학기술 혁명이라는 현상을 "4차 산업혁명"이라는 용어를 통해 접근하는 사람들과, "과학기술 혁명"이라는 표현 그 자체로 접근하는 사람들과, 과학기술 혁명이 야기하는 인문적 문제점을 강조하는 "포스트휴머니즘"과 "트랜스휴머니즘"이라는 명칭을 통해 이해하는 사람들 사이에는 과학기술 혁명에 대한 전망과 대응방식의 차이가 있다. 거칠게 말하면 "4차 산업혁명"이라는 명칭을 선호하는 사람들은 경제와 산업이라는 관점에서 과학기술 혁명의 현상에 접근한다. 이들은 4차 산업혁명을 21세기에 이루어지는 세계화(globalization)의 과정으로 여긴다. 무엇보다 이들은 4차 산업혁명이 산출하는 경제적 이익을 선점하려는 욕망이 강하다.[1] "과학기술 혁명"이라는 용어를 사용하는 사람들은 주로 미래학적 관점에서 현상을 파악하려는 경향이 강하다. 이들의 입장에 따르면, 인간과 자연의 관계에서 도구적 역할의 수단으로만 작동되었던 기술이 인간과 자연에 깊은 영향을 미치고 인류의 미래를 결정하는 핵심적 요소가 된다. 일종의 기술적 특이점(technological singularity)을 강조하고 있다.[2] "포스트휴머니즘"과 "트랜스휴머니즘"이라는 개념을 주로 사용하는 사람들은 인문학자들이다. 이들은 과학기술 혁명이 초래하는 변화의 밑바

1 일반적으로 이들은 다보스포럼을 주도하는 사람들이다. 참조: 클라우스 슈밥 외 26인, 『4차 산업혁명의 충격』, 김진희, 손용수, 최시영 공역, 흐름출판, 2016.

2 참조: 레이 커즈와일, 『특이점이 온다』, 장시형, 김명남 공역, 김영사, 2007; 리처드 왓슨, 『인공지능 시대가 두려운 사람들에게』, 방진이 역, 원더박스, 2017.

닥에는 인간이 무엇인지에 대한 근본적인 도전이 자리하고 있다고 생각한다. 인간과 인간성에 대한 전통적인 휴머니즘의 정의가 더 이상 통용되기 어려운 시대에 처해 있다고 이들은 생각한다. 과학기술의 혁명적 발전 과정 속에서 인간의 탈중심화 과정도 이루어지고 있다고 이들은 염려한다.[3]

과학기술의 혁명적 발전을 통해 발생하는 현대사회의 문제들과 미래적 전망에 대한 담론을 대중적 형식으로 전개한 사람은 유발 하라리(Yuval Noah Harari)다. 정보기술과 생명기술 분야의 혁명적 발전이 이 시대 사회에서 어떤 문제점들과 과제를 야기하는지, 정치와 경제와 사회적 체제와 구조를 어떻게 변화시킬 것인지, 그리고 그 변화가 초래할 위협과 위험이 어떤 것인지에 대해 조금은 암울한 전망을 하라리는 제시한다. 하라리는 또한 무엇보다 세계와 인간과 삶에 대한 설명과 이해를 제공해 왔던 종교와 철학마저도 과학기술의 혁명적 변화 앞에서 무기력해지고 있다고 경고한다.[4]

---

3 포스트휴머니즘과 트랜스휴머니즘이라는 개념은 서로 다른 뉘앙스로 사용된다. 물론 학자들마다 두 개념을 정의하는 방식이 조금 다르기도 하고 또 두 개념의 차이를 설명하는 방식도 조금 다르기는 하다. 하지만 이 논문에서는 두 개념의 차이와 그 뉘앙스를 강조하기보다는 종래의 휴머니즘(humanism)과 인간중심주의(anthropocenterism)의 사유방식과는 구별되는 새로운 관점의 인간관과 사유방식이라는 것을 강조하는 맥락에서 사용된다. 두 개념에 대해서는 참조: Max More and Natasha Vita-More (ed.), *The Transhumanist Reader: Classical and Contemporary Essays on the Science, Technology, and Philosophy of the Human Future*, Malden, Wiley-Blackwell, 2013; David Roden, *Posthuman Life: Philosophy at the Edge of the Human*, London, Routledge, 2015; 로지 브라이도티, 『포스트휴먼』, 이경란 역, 아카넷, 2015; 마크 오코넬, 『트랜스휴머니즘』, 노승영 역, 문학동네, 2018; 로랑 알렉상드르, 장 미셸 베스니에, 『로봇도 사랑을 할까』, 양영란 역, 갈라파고스, 2018; 이종관, 『포스트휴먼이 온다』, 사월의 책, 2017.

4 참조: 유발 하라리, 『호모 데우스』, 김명주 역, 김영사, 2017; 유발 하라리, 『21세기를 위한 21가지 제언』, 전병근 역, 김영사, 2018.

과학기술 혁명은 개인과 사회적 삶의 모든 자리에서 실제적 영향을 미치고 있다. 실제 삶에 대한 영향과 변화의 초래는 그 이전까지 인간과 사회의 실제 삶을 규정하고 통제하는 기존의 윤리적 규범들의 균열을 초래한다. 즉 사회적 삶을 규정하는 새로운 윤리적 규범을 요청하는 것이다. 과학기술 혁명이 초래한 삶을 살아가는 방식의 변화와 윤리적 규범의 변화는 당연히 삶과 세계에 대한 이해의 변화를 요청한다. 과학기술 혁명은 결국 삶과 규범(윤리, 도덕)과 세계관(자연과 인간과 세계를 이해하고 설명하는 방식)의 변화를 요청하고 있다. 과학기술 혁명이 요청하는 새로운 사회적 규범의 형성에 종교와 신학은 그 나름의 역할을 수행해야 한다. 더욱이 과학기술 혁명은 종교와 신앙의 삶 자체에도 변화와 도전을 야기한다. 즉 과학기술 혁명은 종교적 삶의 형식과 내용에 어떤 직접적인 영향을 미치기도 한다. 또한 과학기술 혁명이 내포하고 있는 세계관은 기존 종교가 갖고 있는 세계관과 충돌을 가져오기도 한다.

모든 종교는 인간과 자연과 세계에 대한 자기 나름의 이해와 설명 방식을 갖고 있다. 즉 모든 종교는 세계(인간과 자연을 포괄하는 넓은 개념으로서)를 이해하고 설명하는 자기 나름의 이야기 체계를 갖는다는 뜻이다. 물론 유신론적 종교는 인간과 자연과 세계를 신과의 관계성을 통해 이해하고 설명한다. 하나의 유신론적 종교로서 그리스도교는 자신의 세계관을 교리와 신학의 방식으로 표현한다. 그리스도교 신학은 학문적 방식으로 표현된 그리스도교의 세계관이라고 볼 수 있다. 신학 역사에서 과학과 종교(신학) 간의 문제는 서로 다른 두 세계관 사이의 논쟁과 토론이다. 사실 그리스도교의 학문적 세계관으로의 신학은 늘 도전을 받아왔다. 르네상스와 계몽주의 이후 신학은 인간 중심의 세계관인 인문학의 도전을 통해 학문적 중심의 세계에서 점점 변방의 자리로 몰리고 있다. 또한 자연과학의 비약적 발전은 인간과 세계에 대한 자연주의적 세계관의 증가를 초래했다. 근대 이후 신학이 인문사회과학의 도전을 받았다면 20세기 후반부터는 자연과학의 도전에 직면하고 있다고 볼 수 있다. 냉정하게 말하면, 오늘날 인간과 세계를 이해하고 설명하는 신학의 방식은 점점 그 영역이 축소되고 영향력이 약화되고 있다고 볼 수 있다.

영향력과 설득력에 있어서 변방으로 밀려나 있는 것이 신학의 현실이라 할지라도 신학은, 한 종교의 학문적 세계관으로서 자신의 이야기를 말해야 할 의무와 책임이 있다. 또 세상 속의 종교로서 그리스도교는 사회의 윤리와 도덕적 규범의 형성에 영향을 미치고 어떤 역할을 해야 한다. 현대사회의 핵심적 흐름인 과학기술 혁명에 대해 관심을 갖고 기술 혁명이 야기하는 도전에 응답하는 일은 신학과 종교의 당연한 의무와 책임이다. 하지만 지금까지 현실은, 신학과 종교가 과학기술 혁명에 대해 많은 관심을 기울이지도 못했고 능동적인 개입과 역할을 수행하지도 못하고 있다. 변명하자면, 신학과 종교는 자기만의 고유의 영역이 있고, 또 무엇보다 그 영역에서 자신의 역할을 수행해야 했기 때문이다. 그리고 신학과 종교는 사회적 현상에 대해 항상 즉각적 반응을 보이기보다는 다른 모든 영역의 반응을 수렴하면서 종합적으로 접근하는 태도를 보여 왔기 때문이다.

정직하게 말하면, 종교와 신학은 과학기술 혁명이 야기하는 문제들에 대한 이해가 아직 미약하다. 당연히 과학기술 혁명에 대한 신학과 종교의 이해와 설명을 보여 주는 담론들이 절대적으로 부족한 현실이다. 이 논문 역시 과학기술 혁명에 대한 담론들의 개략적인 지형도를 스케치하는 수준에서 그칠 것이다. 1장에서는 과학기술 혁명에 대한 사회적 담론들을 다룰 것이다. 과학기술 혁명이 경제와 사회적 측면에서 어떤 문제를 초래하는지, 정치와 정책적 측면에서 어떤 문제를 야기하는지, 인문적 성찰의 측면에서 무엇이 문제인지를 이야기할 것이다. 2장에서는 과학기술 혁명이 신학의 주제들에 어떤 도전들을 제기하는지를 살펴볼 것이다. 주로 신학적 인간학의 관점에서 설명할 것이다. 3장에서는 과학기술 혁명이 종교적 삶과 신앙적 삶에 실제로 어떤 영향을 미치고 있고 또 앞으로 미칠 것인지를 추론해 볼 것이다. 사실 이 영역에서는 아직 구체적이고 통계적인 조사가 전혀 이루어지지 않았다. 따라서 거의 인상비평에 가까울 것이다. 그저 학문적 추론의 형식으로 과학기술 혁명이 종교생활과 신앙생활에 미칠 영향을 간략하게 살펴볼 것이다.

1 과학기술 혁명에 대한 사회적 담론

과학기술 혁명에 대한 사회적 담론의 대부분은 기술혁명이 사회에 미칠 영향에 대해 부정적 전망을 제시하고 있다. 기술의 발전은 인간 삶을 풍요롭게 하고 새로운 방식의 삶을 제공할 수도 있다. 하지만 자본주의 시스템에서 그 혜택은 언제나 소수 계층에게 집중될 위험이 있다. 사회경제적 측면에서 보면 기술의 발전은 산업구조를 재편하고 노동과 시장의 변화를 초래해서 새로운 시장의 변화에 적응할 수 없는 계층들을 양산할 것이다. 또한 로봇공학의 발전은 인간의 물리적 노동의 유효성을 상실하게 할 위험이 있고, 인공지능의 발전은 인간의 지적 노동 역시 왜소화할 가능성을 낳는다. 기술의 발전은 일자리 상실과 인간의 소외로 귀결될 가능성이 더 많다. 정치사회적 측면에서 보면, 정보기술의 발전은 사생활을 침해하고 개인의 자유를 위축시키는 방향으로 작동될 위험을 낳는다. 정보기술을 선점하는 소수의 엘리트들이 대중을 통제하고 감시하는 통제사회로 이행될 위험을 내포하고 있다. 자본주의 경제체제와 맞물려 소수의 사람들에게 기술과 부가 집중되어 사회적 불평등의 문제를 더욱 심화시켜 정치적 갈등을 양산할 위험이 있다.[5] 인문적 측면에서 보면, 과학기술의 발전 특히 합성생물학의 발전을 통해 이루어지는 인간 증강(human enhancement) 현상은 인간에 대한 새로운 이해를 요청하며 윤리와 도덕의 문제를 야기한다. 또한 기술과 자본과 권력의 결합은 점점 심각한 문제를 낳고 있다.

1.1. 사회경제적 영역

다보스포럼 관계자들은 4차 산업혁명의 핵심 기술들이 인류의 경제적 삶을 향상시킬 것이라는 낙관적 전망을 제시한다. 3D 프린팅보다 훨씬 더 복잡하고 정교한 디지털 제조 기술의 혁신은 새로운 일자리를 제공하고 사람들에게 노동시간의 단축과 여가시간의 증가를 제공할 것이라고 주장한다.[6] 또한 휴대전화 보급의 확산을 통한 모바일 금

5 이에 대해 철학자 손화철은 다음과 같이 경고한다. “포스트휴먼 시대가 가지는 또 다른 특징은 엄청난 힘의 불균형이다. 과거의 기술들 역시 막대한 자본과 권력을 기반으로 해서 발전한 경우가 많았다. 그러나 포스트휴먼의 시대로 우리를 이끄는 핵심 기술들은 그 개발과정과 결과면에서 자본과 권력의 집중과 더욱 철저하게 결탁되어 있다. 이러한 상황에서 대다수의 비전문가들은 사용자로, 주변인으로, 관찰자로, 기술의 대상으로 점점 밀려나게 된다. 모두가 기술을 누리고 그 혜택을 받는 것 같다는 인상은 거의 망상에 가깝다.” 손화철, “서문: 포스트휴먼 사회를 그리다”, 한국포스트휴먼학회(편), 『포스트휴먼 시대의 휴먼』, 아카넷, 2016, 15-16.

6 닐 거쉰펠드, “디지털 제조 혁명”, 클라우스 슈밥 외 26인, 『제4차 산업혁명의 충격』, 김진희

융혁명은 경제개발을 추동할 수 있다고 설파한다.[7] 그러나 실제 현실은 그리 낙관적이지 못하다. 대부분의 학자들은 기술의 혁명적 발전이 노동과 일자리(직업) 문제에 심각한 도전을 제기할 것으로 추측한다. 자본의 탐욕스런 추동력 속에서 인간과 노동은 점점 소용없는 것으로 전락할 위험이 많다는 것을 대부분의 학자들은 시인한다.[8] "기계 학습과 로봇이 거의 모든 분야의 일을 바꿔 놓을 것이라는"[9] 전망에 이들은 동의한다. 과거의 기술들은 인간이 가진 두 가지 유형의 능력인 육체적 능력과 인지적 능력 가운데 육체적 능력을 대체하는 데 그쳤지만, 오늘의 기술은 인간의 인지적 능력마저도 대체할 수 있는 수준으로 발전하고 있다.[10] 일자리는 점점 로봇에게 아웃소싱되고, 인간은 노동 시장에서 쓸모없는 존재로 전락하고 있다. 물론 인간은 가치 있는 노동력을 제공하는 방식을 통해, 또는 투자하거나 가용할 수 있는 자본을 소유함으로써 경제적으로 중요한 존재로 남을 수 있다.[11] 하지만 가치 있는 노동력을 제공하기 위해서는 새로운 교육을 받아야 한다. 자본을 소유하지 못한 사람들은 교육 기회에서도 점점 소외되는 현실이다. 결국 소수의 엘리트와 부자들만 과학기술이 주는 혜택을 누리게 된다. 물론 기술과 인간 노동이 적절한 사회적 분위기와 정책적 배려들을 통해 공존의 실마리를 찾아갈 수 있다고 믿는 학자들도 있다. 이들은 일

외 2인 역, 흐름출판, 2017, 54-55.

7 제이크 켄들, 로저 부어하이즈, "모바일 금융 혁명", 클라우스 슈밥 외 26인, 『4차 산업혁명의 충격』, 72-84.

8 참조: 나이절 캐머런, 『로봇과 일자리』, 고현석 역, 이음, 2018.

9 유발 하라리, 『21세기를 위한 21가지 제언』, 44.

10 같은 책, 45.

11 에릭 브라뇰프슨, 앤드루 맥아피, "제2의 기계 시대의 노동", 클라우스 슈밥 외 26인, 『4차 산업혁명의 충격』, 157.

자리 공포는 과장되었다고 생각한다. 중요한 과제는 과학기술이 창출하는 부를 사회의 모든 계층에게 확산시키는 정책이라고 생각한다.[12] 또 한편으로 어떤 학자들은 기술만능주의 시대라 할지라도 인간의 사회지능과 창의지능, 공감능력, 직관, 민감한 식별력, 인격적 특성은 대체 불가이기 때문에 인간 존재는 기술혁명 속에서도 자신의 위치를 잃지 않을 것이라 주장한다.[13] 학자들마다 노동과 일자리에 대한 전망이 조금씩 다르다. 하지만 오늘날 우리가 접하고 있는 실제 사회의 경제적 풍경은 어두운 느낌이라고 말하면 주관적일까?

1.2. 정치사회적 영역

정보통신기술의 발전은 소셜 미디어의 확산을 낳고, 소셜 미디어의 확산은 정치 영역에서 혁신과 혁명을 가능케 하고 있다고 주장하는 학자들도 있다. 공공영역의 네트워크화를 통해 많은 사람들의 정치참여가 가능해지고, 디지털 네트워크를 통한 정치참여 확산은 민주주의의 발전을 가져올 것이라는 낙관적 전망을 제시하기도 한다.[14] 한편으로 정보통신기술의 발전은 오픈 소스나 P2P 같은 비자본주의, 비시장적인 생산과 소유와 교환에 추동력을 부여해서 신자유주의 체제마저도 뛰어넘을 수 있는 가능성을 제시한다고 주장하는 학자들도 있다. 이들 주장에 의하면, 기본소득의 보장과 복지에 대한 강화를 토대로 네트워크와 연결된 개인들이 경제 주체로 활동하는 일종의 포스트 자본주의

12 앨런 윈필드 인터뷰, "인공지능이 내일 당장 일자리를 없앨까요?", 『시사인』, 2018.8.28., 29.
13 리처드 왓슨, 앞의 책, 263-265.
14 클레이 셔키, "소셜 미디어의 정치적 힘", 클라우스 슈밥 외 26인, 『4차 산업혁명의 충격』, 206-229.

가 가능하다는 것이다.[15] 하지만 정치 영역에서도 낙관적인 전망보다는 우울한 전망이 더 강하다. 정보통신기술의 핵심적 모습인 인공지능과 데이터 알고리즘은 민주주의와 불화의 가능성이 더 크다. 데이터 알고리즘의 무서움을 고발하는 학자들은, 소수의 엘리트 계층이 데이터 알고리즘을 통해 선거와 정책에 대한 유권자들의 감정마저도 조종할 수 있다고 여긴다. 기존의 민주주의 체제는 이 데이터 알고리즘에 제대로 대응하지 못하고 있다. 개별적 대중들은 이 데이터 알고리즘이 어떻게 작동되는지 잘 파악하지 못한다.[16] 데이터의 집중과 독점, 데이터 처리능력을 통한 데이터 알고리즘을 파악하는 소수의 엘리트 계층이 여론을 조작하고, 보이지 않게 사생활을 통제할 수 있는 힘을 가질 수 있다는 것이다. 중앙집중형 정보처리 시스템은 필연적으로 소수와 특권계층의 독재체제를 가능하게 한다. 이것이 민주주의에 최대의 위협이 될 수 있다는 것이다. 따라서 단순히 데이터 알고리즘에 모든 것을 맡기는 것이 아니라 무엇이 최적인지를 결정하는 인간의 개입과 윤리적 선택권을 강화하고, 투명성을 확보하기 위해 '설명을 요구할 권리'를 강화하고, 정부나 기업이 수집한 데이터를 개인이 언제나 확인할 수 있는 개별적 접근권을 강화하고, 데이터의 분산처리를 강조하는 방식을 통해 민주주의의 비전을 유지해야 한다고 많은 학자들은 주장한다.[17] 하지만 이런 당위적 요청을 통해서 민주주의 체제의 유지가 가능할까? 현실은 점점 소수 계층(엘리트와 기업)이 빅데이터를 독점하는 방향으로 가고 있다고 말한다면 너무 음울한 전망일까?

15 폴 메이슨, "정보통신기술이 체제를 뛰어넘는다", 『시사인』, 2018.8.28., 31-32.
16 유발 하라리, 『호모 데우스』, 513.
17 천관율, "인공지능 시대 민주주의 운명은?", 『시사인』, 2018.9.4., 18-23.

1.3. 인문학적 성찰

과학기술의 발전은 인간에게 깊은 영향을 미친다. 인공지능으로 대표되는 과학기술의 발전 과정 속에서 기술이 인간이 사용하는 도구로 존재하는 것을 넘어 자율성마저도 갖는 상황이 되었다. 아직은 제한된 수준이지만 기술은 인간의 통제와 조정의 영역을 넘어 독립성과 자율성을 확보하는 것이 가능해졌다. 인공지능은 스스로 판단하고 결정하는 영역을 가지기도 하며 때로 그 결정이 인간의 결정보다 우월하기도 한 현실이다. 기술이 단순한 도구가 아니라 인간이 적응해야 하는 환경이 되고 일종의 자연처럼 작동되기도 한다.[18] 기술은 이제 "인간을 정의하는 에토스"[19]로 작동되는 수준으로 나아간다. 미래학자 게르트 레온하르트(Gerd Leonhard)의 말처럼, "기술과 인간성은 수렴하고 있으며 우리는 전환점에 있다."[20]

인간은 고유의 몸(신체)을 가진 존재다. 호모 사피엔스로서 인간은 생각하는 존재 그리고 지능을 가진 존재다. 인간은 자신을 자각하고 성찰할 수 있는 의식을 지닌 존재다. 몸과 정신(의식)을 지닌 인간은 생각할 수 있고 판단하고 분별하고 식별할 수 있는 지능을 가졌기 때문에 다른 생명체와는 구별되어 우주 안에서 우월한 위치를 차지하는 존재라고 여겨져 왔다. 이러한 전통적 인간관(또는 근대 휴머니즘의 인간관)은 과학기술 혁명의 과정에서 심각한 도전을 받고 있다. 트랜스휴머니즘과 포스트휴머니즘에 관한 담론들의 등장은 전통적 휴머니즘의 인간

18 손화철, "지속가능한 발전과 제4차 산업혁명 담론", 한국포스트휴먼학회(편), 『제4차 산업혁명과 새로운 사회윤리』, 아카넷, 2017, 105-107.

19 토머스 필벡, "포스트휴먼 자아", 이화인문과학원(편), 『인간과 포스트휴머니즘』, 이화여자대학교출판부, 2013, 24.

20 게르트 레온하르트, 『신이 되려는 기술: 위기의 휴머니티』, 전병근 역, 틔움, 2018, 34.

이해가 이제 한계에 도달하고 있음을 반증한다. 로지 브라이도티의 말처럼, "인간의 체현과 주체성은 현재 심각한 돌연변이를 일으키고 있다."[21] 인간은 인간의 몸과 감각과 마음에 대한, 즉 자기 자신에 대한 이해를 재구성해야 할 때가 온 것이다.[22]

단순하게 정리하면, 과학기술은 인간의 몸, 뇌(의식), 지능의 영역에서 도전과 문제를 제기하고 있다. 고유한 몸을 지닌 존재로서 인간은 장기와 신체 등을 기계장치로 교체한 사이보그의 등장으로 몸을 통한 정체성의 문제에 심각한 도전을 받고 있다. 물론 사이보그는 아직 현실화되기보다는 문학적 상상 속에서 이루어지고 있다. 하지만 사이보그의 문제는 몸과 체화(embodiment)에 대한 전통적 인간관에 균열을 내고 있다. 유전자정보를 교정하고 편집하는 크리스퍼 유전자 가위 기술로 대표되는 합성생물학의 발전은 인간의 몸이 주어지는 것이라기보다는 만들어지는 것으로 변화될 위험을 내포한다.[23] 또한 컴퓨터를 뇌 또는 중추신경계 부분에 직접 연결하는 두뇌 컴퓨터 인터페이스(Brain Computer Interfaces) 기술의 발전과, 생각과 감정과 기억과 능력을 포함하는 인간의 두뇌를 컴퓨터로 업로드하여 인간 두뇌의 신경생리학적 작동원리를 모형화하고 구현해 내는 전뇌 에뮬레이션(Whole Brain Emulation) 기술의 발전은 인간의 뇌와 의식의 문제에 대한 새로운 도전을 야기한다.[24] 이에 더불어 인공지능 분야의 비약적인 발전은 인간의 지능

---

21 로지 브라이도티, 앞의 책, 250.

22 참조: Andy Clark, "Re-Inventing Ourselves: The Plasticity of Embodiment, Sensing, and Mind", *The Transhumanist Reader*, 113-127.

23 참조: 김응빈 외 4인, 『생명과학, 신에게 도전하다』, 동아시아, 2017.

24 참조: 마이클 하우스켈러, "뒤죽박죽인 신체들: 성형 수술에서 정신 업로드까지", 이화인문과학원(편), 『인간과 포스트휴머니즘』, 41-60; 에드워드 윌슨, 『지구의 절반』, 이한음 역, 사이언스북스, 2017, 275-285.

보다 데이터와 알고리즘이 더 지혜로울 수 있다는 슬픈 현실을 낳는다. 인공지능은 점점 생명적 메카니즘으로 발전하고, 인공지능이 일종의 관계적 자율성을 가지는 비인간적 인격체로까지 나아갈 수 있다는 상상이 현실화되고 있다.[25]

인간의 신체 영역과 인지 영역에서 과학기술의 개입과 도전은 전통적 인간관에 심각한 균열을 야기한다. 과학기술의 도전에 대해 인문학자들은 인격과 인간 존엄성과 인간 자체에 대한 새로운 개념정립과 이해의 재구성을 통해 과학기술에 대한 인문적 성찰을 시도하고 있다. 과학기술 혁명의 밑바닥에 깔려 있는 물질적 환원주의에 대한 반박과 새로운 정신철학의 가능성을 모색하기도 한다.[26] 또한 인간을 이해함에 있어서 몸과 의식(지능)뿐만 아니라 감정과 정서를 강조하는 방향으로 인간의 고유성을 확보하려고 노력하기도 한다.[27] 하지만 오늘날 감정과 욕망마저도 자율성을 잃어버리고 조작과 통제의 범위 안에 있다는 것을 우리는 안다. 윤리학자들은 과학기술 연구와 연구자들에 대한 윤리적 개입과 과학기술의 사용에 있어서 윤리적 검증을 강조하기도 한다. 하지만 인문적 관점에서, 윤리적 관점에서 그저 "이렇게 저렇게" 해야 한다는 당위적이고 원론적인 진술과 요청만으로[28] 기술과 자

---

25 참조: 이중원(편), 『인공지능의 존재론』, 한울아카데미, 2018.

26 참조: 마르쿠스 가브리엘, 『나는 뇌가 아니다』, 전대호 역, 열린책들, 2018.

27 물리학자 맥스 테그마크는 인간은 호모 사피엔스(sapience)로 부르기보다는 이제 호모 센티언스(sentience)로 부르자고 제안한다. "사피엔스는 지능적으로 생각하는 능력이고 센티언스는 감각질을 주관적으로 경험하는 능력이다. 우리 인간들은 가장 똑똑한 존재인 호모 사피엔스로서 우리의 독자성을 형성해 왔다. 이제 더 영리한 기계들이 우리의 지능을 속속 추월하는 상황에서, 우리 자신의 브랜드를 호모 센티언스로 새롭게 하자고 제안한다." 맥스 테그마크, 『Life 3.0』, 백우진 역, 동아시아, 2017, 419-420.

28 신학자 방연상, "앞으로의 과학기술 공동체의 일원들은 과학, 공학, 기술의 유용성에 대해 반드시 다른 영역들과의 대화를 통해 그들의 작업을 진행해야 한다는 것이다." 방연상, "생명

본과 권력이 만들어 내는 이 디스토피아적 상황을 극복해 낼 수 있을까? 포스트휴먼 시대의 윤리는 과학자와 기술자와 정책입안자들에게 단순히 윤리적 규범을 제시하기보다는 사람들이 미래를 새롭게 설계할 수 있는 현명하고 적합한 시스템을 구축하는 데 무게중심을 두어야 한다.[29] 인간관과 윤리에 대한 새로운 상상이 필요하다.

2 과학기술 혁명에 대한 신학적 담론

신학은 신앙의 관점에서 세상의 모든 것에 대해 비판적으로 성찰할 수 있어야 한다. 당연히 현대의 핵심 흐름인 과학기술 혁명의 현상에 대해서도 신학적 전망으로 성찰하고 해석할 책임이 있다. 하지만 아직은 신학이 적극적이고 능동적으로 과학기술 혁명을 신앙적, 신학적 관점에서 분석하고 이해하는 일을 하지 못하고 있다. 어쩌면 과학적 세계관의 도전 속에서 자신의 고유 영역을 변증하기에도 바쁜 현실이다. 한 종교의 학문적 세계관으로서 신학은 역사 속에서 늘 세속의 세계관의 도전에 응답과 변증을 해야만 했다. 과학기술 혁명의 밑바닥에 깔려 있는 오늘날의 과학적 세계관은, 전통적인 교리와 신학이 제시해

을 기계로 보는 것에 반대한다: 신학의 눈으로 본 합성생물학", 김응빈 외 4인, 『생명과학, 신에게 도전하다』, 85; 철학자 박찬국, "과학기술은 인간의 욕망들을 이성적이고 건강하게 실현하려는 인간의 노력을 보조하는 방향으로 사용되어야 한다." 박찬국, "제4차 산업혁명과 함께 인간은 더 행복해질 것인가?", 한국포스트휴먼학회(편), 『제4차 산업혁명과 새로운 사회윤리』, 97; 철학자 손화철, "목적이 이끄는 기술 발전이 되어야 한다. 과학기술 개발의 정당성이 확보되어야 한다. 국제적인 기술 거버넌스 구축이 필요하다." 손화철, "지속가능한 발전과 제4차 산업혁명 담론", 126-127.

29 David Roden, *Posthuman Life: Philosophy at the Edge of the Human*, 8.

온 하느님과 인간과 공동체(교회)에 대한 이해에 심각한 도전을 야기하고 있다.

과학기술 혁명에 대한 신학의 이해는 학문의 영역에서 신학과 과학 또는 종교와 과학이라는 이름으로 논의되어 온 것의 연장선상에 놓여 있다고 볼 수도 있다. 단순하게 구분하면, 종래의 과학과 신학(종교)의 문제는 이론과 사유로서의 과학적 세계관과 종교적 세계관의 관계와 갈등과 충돌의 문제였다. 하지만 오늘날 (과학)기술이 제기하는 문제는 좀 더 구체적이고 실천적이고 현실적인 문제다. 과학(science)과 기술(technology)은 뉘앙스가 좀 다르다. 기술의 발전은 인간의 사회적 삶의 급진적인 변화를 초래하고 더 나아가 종교적 삶의 방식에 직접적인 영향을 미칠 수도 있다. 과학(이론)과 신학의 문제는 말 그대로 세계관과 이론의 문제다. 반면에 (과학)기술과 종교적 삶(종교생활, 신앙생활)의 문제는 실천적이고 윤리적인 문제를 포함한다. 물론 과학과 신학의 문제와 기술과 종교적 삶의 문제는 서로 연결되고 겹치는 부분도 많다.[30]

과학기술의 도전에 대한 신학의 역할은 단순히 기술의 오용과 남용에 대한 윤리적인 문제만을 다루는 것이 아니다. 기술의 사용은 기술을 사용하는 사람들의 생각마저도 바꿀 수 있다. 즉 인간의 사유의 방식과 내용마저도 바꿀 수 있다는 뜻이다. 사실 신학은 이 지점에서 우려와 걱정을 하고 있는 것이다.[31] 과학기술 혁명이 포함하고 있는 인간

30 물론 이 장에서 과학과 종교, 과학과 신학의 관계를 다루지는 않는다. 종교와 과학에 대한 일반적인 논의에 대해서는 참조: Philip Clayton (ed.), *The Oxford Handbook of Religion and Science*, Oxford, Oxford University Press, 2006.

31 Ronald Cole-Turner, "Transhumanism and Christianity", Ronald Cole-Turner (ed.), *Transhumanism and Transcendence: Christian Hope in an Age of Technological Enhancement*, Washington DC, Georgetown University Press, 2011, 200.

관과 세계관은 윤리적 문제를 야기하고 또한 동시에 종교의 근본적 토대를 흔들고 종교적 삶의 방식의 변화를 초래할 수 있다. 당연히 윤리적, 신학적, 실천적 대응이 필요하다. 윤리신학적, 교의신학적, 실천신학적 대응이 필요하다는 뜻이다.[32]

신앙은 경험에 의해 형성된다. 물론 인간의 경험은 동시에 신앙에 의해 형성되기도 한다.[33] 신앙과 경험은 긴밀히 연결되어 있다는 뜻이다. 과학기술 혁명의 시대에 사람들이 경험하는 것은 예전과 전혀 다르다. 과학기술을 통한 포스트휴먼적 경험은 하느님과 인간과 공동체에 대한 전통적인 신학적 설명과 이야기체계에 심각한 균열을 야기한다.

전통적으로 과학과 신학의 관계에서 신학의 핵심적 과제는 천체물리학의 발전과 관계된 우주론과, 생명과학의 발전과 관계된 진화론이 제기하는 질문들에 응답하는 일이었다. 신학은 특히 신론과 창조론의 영역에서 심각한 도전을 받았다. 신의 속성에 대한 전통적 설명방식과 세계 안에서의 신의 행동방식(divine action)에 대한 전통 신학적 설명들이 현대 과학의 세계관 앞에서 점점 설득력을 잃어 가고 있다. 존 호트(John Haught)와 낸시 머피(Nancey Murphy) 등의 신학자들이 과학에 대한 수용적 태도를 통해 새로운 설명방식을 찾으려 애를 쓰고 있지만,[34] 신학의 문법과 과학의 문법이 근본적인 영역에서 서로 달라 그 접점을

32 여기서는 교의신학적 관점에서의 대응만을 주로 다룰 것이다.

33 Frederick Ferre, *Hellfire and Lightning Rods: Liberating Science, Technology, and Religion*, Eugene, Wipf and Stock, 1993, 195.

34 참조: John F. Haught, *Resting on the Future: Catholic Theology for an Unfinished Universe*, New York, Bloomsbury, 2015; *Making Sense of Evolution: Darwin, God, and the Drama of Life*, Louisville, WJK, 2010; Nancey Murphy, *Bodies and Souls, or Spirited Bodies*, Cambridge, Cambridge University Press, 2006. 이들은 과학적 방법과의 공명을 통해 신학의 관점과 신학함의 방식에 대해 변화를 추구하고 있다.

찾기가 쉽지 않다.

과학기술 혁명은 무엇보다 인간에 대한 신학적 이해에 심각한 도전을 야기했다. 하느님의 피조물로서, 하느님의 모상으로서 인간의 인격과 존엄성을 강조해 왔던 신학적 인간학의 이해는 추상적인 것으로 취급받고 있다. 죽음과 소멸 앞에서 인간의 한계를 실감하던 사람들이 과학기술의 혁명적 발전을 통해 새로운 상상과 꿈을 꾸기 시작했다. 사람들은 단순한 노화방지와 생명연장에서 더 나아가 불멸의 꿈을 상상하기도 하고, 물질적 풍요의 확산은 사람들을 점점 물질적 쾌락을 추구하는 방향으로 나아가게 한다. 또는 생화학적 기제의 변화를 통해 몸과 마음을 재설계해서 쾌락의 지속을 강화하는 방향으로 세상은 점점 변하고 있다. 천국에서의 영원한 생명과 행복보다 지상에서의 지속적인 생명과 행복을 추구하는 방향으로 변하고 있다. 과학기술 혁명을 통해 인간은 점점 신처럼(godlike) 되어 가고 있다. 호모 사피엔스에서 호모 데우스로 변해가고 있다.[35] 물론 "21세기 인류가 불멸, 행복, 신성을 추구할 거라는 예측"[36]을 황당한 것으로 치부해 버릴 수도 있다. 하지만 과학기술의 혁명적 발전은 인간의 정체성과 미래에 대한 심각한 질문들을 낳고 있다.

생명연장과 불멸을 꿈꾸고 쾌락적 행복의 지속을 추구하는 21세기 사람들에게 그리스도교의 전통적 구원론적 설명은 점점 설득력을 상실하고 있다. 신학은 21세기를 살아가는 사람들에게 구원과 영원한 생명이 무엇을 뜻하는지 제대로, 올바르게 설명할 수 있어야 한다. 많은 학자들이 지적하듯이, 트랜스휴머니즘은 인간의 한계와 조건에서 벗

35 유발 하라리, 『호모 데우스』, 14-77.

36 같은 책, 86.

어나고자 하는 일종의 구원론적 세속신앙으로 드러날 수도 있다.[37] 어쩌면 그래서 더욱 이 시대의 신학은 인간이 구원된다는 것이 무엇을 의미하는지, 인간의 구원을 위해 무엇이 필요한지, 구원의 내용과 의미와 방식에 대한 새롭고 설득력 있는 설명을 제공해야 할 의무와 책임이 있다. 그저 트랜스휴머니즘은 세속적 구원이라는 우상적이고 위험한 것을 제공하는 황당하고 나쁜 것이라고 치부해 버리면 되는 것일까? 구원은 하느님이 주는 은총의 선물이지 인간이 스스로 만들어 낼 수 있는 인공의 것이 아니라고 주장만 하면 되는 것일까?[38] 트랜스휴머니스트들이 주장하는 인간 초월은 자연주의적 관점에서 설명하는 일종의 내적 초월(internal transcendence)이고 이것은 그리스도교 신학이 말하는 외적 초월(external transcendence)과 구별된다고 선언하기만 하면 되는 것일까?[39] 학문적 세계관으로서 신학이 이 시대에 구체적으로 어떤 역할을 하고 있는지에 대한 깊은 성찰이 필요하다.

과학기술 혁명의 과정에서 생겨난 사조로서 포스트휴머니즘 또는 트랜스휴머니즘이라는 개념 자체가 이미 그 안에 휴머니즘적 인간관에 대한 심각한 도전을 내포하고 있다. 말장난 같지만, 인간은 이제 그

37 Patrick D. Hopkins, "A Salvation Paradox for Transhumanism: Saving You versus Saving You", Calvin Mercer and Tracy J. Trothen (ed.), *Religion and Transhumanism: The Unknown Future of Human Enhancement*, Santa Barbara, Praeger, 2015, 79; Joseph Wolyniak, "The Relief of Man's Estate: Transhumanism, the Baconian Project, and the Theological Impetus for Material Salvation", *Religion and Transhumanism*, 63.

38 Brent Waters, "Whose Salvation? Which Eschatology?: Transhumanism and Christianity as Contending Salvific Religions", *Transhumanism and Transcendence: Christian Hope in an Age of Technological Enhancement*, 163–175.

39 Gerald McKenny, "Transcendence, Technological Enhancement, and Christian Theology", *Transhumanism and Transcendence: Christian Hope in an Age of Technological Enhancement*, 177–192.

저 휴먼이 아니라 포스트휴먼이며 트랜스휴먼이다. 이러한 인간관은 전통적으로 신학이 인간에 대해 주장해 온 많은 것들을 위태롭게 하고 있다. 인간이 된다는 것의 의미에 대해서, 인간의 죄와 도덕적 연약함에 대해서, 몸과 영혼의 관계성과 몸의 체화에 대해서, 인간의 자유와 자율성에 대해서, 관계성에 대해서, 인간의 완성과 희망에 대해서,[40] 신학이 설명해 온 지난날의 방식이 점점 효용성을 상실해 가고 있다고 말한다면 지나친 우려일까? 신학도 이제 새로운 상상을 해야 할 때가 온 것 같다.

3 과학기술 혁명이 종교에 미치는 영향과 도전

과학기술 혁명이 종교에 어떤 영향을 미치고 있는지에 관해서는 아직 뚜렷하고 활발한 논의가 이루어지지 않고 있다. 과학기술 혁명이 종교의 본질적 차원에서 어떤 도전을 제기하고 있는지, 종교의 역할과 기능적인 차원에서 변화를 초래하고 인간과 사회 안에서 종교가 종래와는 다른 방식의 역할과 기능을 수행하게 하고 있는 것인지, 아니면 종교적 삶의 실천방식의 변화를 초래하고 있는 것인지, 여전히 아직 명쾌하게 설명되거나 분석되지 않고 있다. 이에 대한 경험적이고 통계적인 연구가 이루어지고 있는 것도 아니다. 학자들은 저마다의 관점에서 과학기술 혁명이 종교에 미치는 영향과 변화에 대해 그저 피상적으로 언급하고 있는 상황이다. 사실 종교를 바라보는 방식과 관점에 따

40 여기에 대해서는 참조: *Religion and Transhumanism: The Unknown Future of Human Enhancement*. 이 책이 다루는 주제들이다.

라 과학기술 혁명이 종교에 미치는 영향들에 대한 설명도 달라질 것이다. 또 한편으로 과학기술 혁명과 거기에서 파생되는 포스트휴먼적 사유 체계 그 자체가 종교의 본질과 기능과 역할과 종교적 삶을 이해하고 설명하는 방식과 관점의 변화를 초래하고 있기도 하다.

3.1. 종교의 본질, 기능, 역할의 측면에서

일반적으로 종교는 그 본질적 측면에서 인간의 힘을 뛰어넘은 어떤 초월적 존재와의 관계성에서 출발한다. 계시종교와 자연종교라는 전통적 종교학의 구분을 뛰어넘어 종교의 본질에는 어떤 초월적인 것(그것이 인격적 존재든 아니면 비인격적 힘이든 간에)과의 관련성이 내포되어 있다.[41] 이러한 종교의 초월적 기원과 본질에 대한 논의들은 포스트휴먼적 사유에 익숙한 사람들에게는 부질없는 것으로 여겨진다. 종교의 초월적, 초자연적 기원과 본질을 부정하는 사람들은 철저하게 종교는 인간 필요의 산물로 여기는 경향이 있다. 종교는 죽음과 고통과 죄의식에서 해방되고자 하는 인간의 심리에서 출발되었다고 이들은 믿는다. 즉 종교의 발생학적 기원이 종교심이라는 심리적 측면과 사회적 정체성과 사회적 삶의 규칙과 규범을 제공하는 공동체적(집단적) 필요성이라는 사회기능적 측면에 있다고 생각한다.[42] 과학적 사유에 익숙한 이들은 종교를 하나의 '자연현상'으로 바라본다. 종교를 철저히 자연주의적으로, 물질주의적으로 이해하고 접근한다.[43] 한편으로 포스트휴먼

41 Christian Smith, *Religion: What It Is, How It Works, and Why It Matters*, Princeton, Princeton University Press, 2017, 3.

42 에드워드 윌슨, 『인간 존재의 의미: 지속가능한 자유와 책임을 위하여』, 이한음 역, 사이언스북스, 2016, 171.

43 오카모토 유이치로, 『지금 세계는 무엇을 생각하는가』, 전경아 역, 한빛비즈, 2018, 238-240.

적 사유에 익숙한 사람들에게 종교는 그저 사회적 현상의 하나에 불과하다. 종교는 사회를 조직하고 구성하는 데 사용되는 도구이며 또 사회질서를 유지하는 데 사용되는 도구라고 이들은 여긴다. 따라서 종교 역시 다른 사회적 단체처럼 하나의 계약이라고 이들은 생각한다.[44]

과학기술 혁명은 전통적으로 초월적인 것, 초자연적인 것으로 여겨졌던 것들을 과학과 기술로 대체하는 경향이 강하다. 포스트휴먼적 사유체계 안에서 종교는 그저 자연적이고 사회적인 현상으로 전락한다. 하지만 비록 학자들과 지식인들이 종교의 초월적인 측면을 경시하는 경향이 있다 하더라도, 종교적 삶을 살아가는 대중들은 여전히 초월적인 측면을 중요하게 여긴다. 사실 또 어떤 학자들은 초월적인 것은 내재적인 틀(immanent frame) 안에서 존재한다고 주장한다.[45] 한편으로, 포스트휴머니스트 또는 트랜스휴머니스트들 역시 사회 안에서 종교가 가진 역할과 기능을 무시하지는 않는다. 사실 일종의 문화적 사유체계로서 종교는 개인과 사회적 삶의 전방위 영역에서 영향을 미치고 있다. 정치와 윤리 영역뿐만 아니라 예술과 미학 영역에서도 종교는 영향력을 발휘한다.[46] 또한 종교의 심리적 기능과 사회적 기능은 이 시대에도 여전히 작동되고 있다. 종교의 심리적 기능을 인지적 측면에서 보면, 종교는 인간에게 하나의 세계관을 제공한다. 감성적 측면에서 보면, 종교는 가치와 판단의 기준을 제공한다. 실용적 측면에서 보면, 종교는 삶의 형식을 정당화하는 기능으로 작동되기도 한다. 종교의 사

44 유발 하라리, 『호모 데우스』, 256.

45 Manuel A. Vasquez, *More than Belief: A Materialist Theory of Religion*, Oxford, Oxford University Press, 2011, 323-324.

46 참조: Richard D. Hecht and Vincent F. Biondo III (ed.), *Religion and Culture: Contemporary Practices and Perspectives*, Minneapolis, Fortress, 2012.

회적 기능이라는 측면에서 보면, 종교는 개인의 사회화에 깊은 영향을 미치고 또 집단과 계층의 갈등을 조정하는 역할을 담당하기도 한다.[47] 더 나아가 모든 이데올로기가 사라진 시대에 종교는 사람들을 움직일 수 있는 가장 큰 동력임을 역설적으로 강조하는 경향도 있다.[48]

3.2. 종교적 삶(실천)의 측면에서

오랫동안 학자들은 종교를 초월적인 것에 대한 열망에서 파생된 어떤 믿음체계로 설명해 왔다. 이 믿음체계는 그 종교 안의 지식인들에 의해 체계화되고 종교 안의 권력자들에 의해 유지되고 지속되어 왔다. 하지만 오늘의 종교학자들은 종교를 단순히 이러한 인식론적 관점에서 접근하지는 않는다. 종교가 인식(믿음, 신념체계)의 문제라기보다는 실천(종교적 삶)의 문제라는 것을 강조한다. 물론 종교는 두 영역을 다 포함한다. 그렇지만 이 시대에는 실천 영역이 훨씬 더 강조되고 있다. 어느 종교사회학자의 지적처럼, "종교의 의미는 신학적 담론 안에서 발전되었다기보다는 (실천적) 수행 안에서 발전되었다."[49] 가톨릭 철학자 카푸토(John D. Caputo)가 강조하듯이, 종교는 의미론적 측면에서 작동되기보다는 실존적이거나 실용적인 측면에서 더 많이 작동된다. 신은 명제와 믿음체계에 의해 설명되고 명료해지기보다는 신의 이름

47 게르트 타이쎈, 『기독교의 탄생: 예수 운동에서 종교로』, 박찬웅, 민경식 공역, 대한기독교서회, 2009, 40-44.

48 저명한 정치철학자 로베르트 웅거는 현대사회에서 사회적 변화를 위한 실천적 힘을 끌어낼 수 있는 것은 종교라고 주장한다. 종교적 비전과 종교적 실천을 통해 단련된 주체들이 세상의 변화를 이끌어낼 수 있다고 웅거는 주장한다. 참조: Roberto Mangabeira Unger, *The Religion of the Future*, Cambridge, Massachusetts, Harvard University Press, 2014.

49 Martin Riesebrodt, *The Promise of Salvation: A Theory of Religion*, tr. Steven Rendall, Chicago, The University of Chicago Press, 2010, XIII.

으로 살아가는 사람들의 행위와 수행을 통해 검증된다.[50] 아마도 종교의 의미론적 차원을 강조하는 사람들은 지식인이거나 종교 권력자일 경우가 많다.

오늘날 학자들은 종교를 초역사적 본질을 가진 것으로 보지 않는다. 종교는 언제나 구체적 시간과 공간 속에서 존재해 왔다. 종교는 종교 지식인이나 종교 지도자들에 의해 유지되고 지속되어 왔다기보다는 보통사람들이 그들의 매일의 일상 속에서 실천하고 경험하고 표현하는 방식으로 지속되어 왔다. 또 실제로 일반사람들에 의해 실천되는 종교는 제도적 종교 안에서 여러 행위에 참여하는 방식으로 이루어지기도 하지만 일상적 삶의 모든 영역에서 그들의 신앙을 표현하고 경험하는 방식으로 더 많이 이루어진다. 살아 있는 종교는 일상의 삶 속에서 표현되고 고백되며 실천되고 수행되는 것이다.[51] 물론 하나의 종교적 신앙이 표현되고 고백되며 실천되고 수행되는 것이 개별적 차원에서, 공동체적 차원에서, 제도적(종교기관) 차원에서 이루어질 수 있다. 그리고 이 세 가지 차원은 긴밀히 연결되어 있기도 하다. 하지만 종교학의 역사에서 개별적 차원에 대한 관심과 탐구가 잘 이루어지지 않았다. 개별적 차원은 그저 제도적 차원의 작은 버전으로만 이해되어 왔다.[52] 오늘날 종교의 실천적 차원이 강조되는 상황에서 자연스럽게 개별적 차원으로 초점이 이동한 것이다.

종교적 실천은 다양한 영역에서 이루어진다. 종교적 실천은 한 종교

---

50 존 D. 카푸토, 『종교에 대하여』, 최생열 역, 동문선, 2003, 170-171.

51 Meredith B. McGuire, *Lived Religion: Faith and Practice in Everyday Life*, Oxford, Oxford University Press, 2008, 5-8.

52 Ibid., 185.

의 체계 안에서도 제의적 측면, 신화적 측면, 교리적 측면, 윤리적 측면, 경험적 측면, 사회적 측면, 물질적 측면 등의 다양한 영역에서 다양한 방식으로 이루어진다.[53] 종교적 실천의 영역을 이처럼 세분화해서 생각해 볼 수도 있지만, 조금 넓은 맥락에서 보면 종교적 실천은 세 가지 영역에서 이루어진다고 생각할 수 있다. 흔히 문화적 기호체계로서의 종교는 세 가지 요소를 포함한다. 신화와 제의와 에토스다.[54] 신화는 한 종교가 갖고 있는 이야기 체계다. 종교는 텍스트로 표현된다. 모든 종교는 세계와 인간과 신에 관한 자신만의 고유한 이야기 체계를 갖는다. 이 이야기들은 시간 속에서 점점 텍스트화되고 경전화된다. 또 이 텍스트는 교리와 신학이라는 담론을 포함하면서 확장된다. 종교를 실천한다는 것은 이 텍스트들을 받아들이고 이해하는 일이다. 종교에서 제의(ritual)는 핵심 요소다. 제의는 반복되는 행위다. 제의는 일상이 멈추고 신화가 말하는 그 무엇이 이루어지는 장(場)이다.[55] 종교생활을 한다는 것은 곧 제의에 참여하는 일이기도 하다. 종교적 실천은 무엇보다 제의라는 장에서 이루어진다. 또한 종교는 에토스를 포함한다. 종교적 실천은 일상의 삶 속에서 그 종교가 제시하는 다양한 윤리적 규범과 가치관을 실현하는 방식으로 수행된다.

신화와 제의와 에토스의 영역에서 수행되는 그리스도교의 종교적 실천에 과학기술 혁명과 포스트휴먼적 사유가 어떤 영향을 미치는지 정확히 알 수는 없다. 다만 인상비평적으로 추론하면, 그리스도교의

---

53 참조: Andrew Singlton, *Religion, Culture and Society: A Global Approach*, London, SAGE, 2014.

54 게르트 타이쎈, 앞의 책, 29-34.

55 제의에 관한 종교학적 이해에 대해서는 참조: 로이 라파포트, 『인류를 만든 의례와 종교』, 강대훈 역, 황소걸음, 2017; 캐서린 벨, 『의례의 이해』, 류성민 역, 한신대학교출판부, 2007.

신화들, 즉 성경과 교리와 신학을 통해 표현되는 그리스도교 담론들이 이 시대에 설득력 있는 모습으로 작동되는 것 같지는 않다. 그리스도교 담론들이 점점 시대에 뒤떨어진 모습으로 비춰지기도 하고, 낡고 고집스런 모습으로 비춰지고 있기도 하다. 그리스도교의 제의적 실천 역시 사람들에게 어필되는 방식으로 수행되고 있다고 여겨지지도 않는다. 그리스도교가 고수하고 있는 제의적 구성방식과 표현방식과 제의적 상징들이 포스트휴먼적 감성과 정서에 익숙한 세대들에게 전혀 매력적이지 않은 것 같다.[56] 또한 그리스도교의 에토스, 즉 그리스도교가 제시하는 윤리적 규범과 가치관들이 포스트휴먼 시대에 적합하지 않은 낡은 것으로 취급받고 있는 현실이다.[57]

오늘의 그리스도교 현실은 과학기술 혁명이 그리스도교에 미치는 영향과 그 파급력에 대해 아직 별다른 관심과 깊은 성찰을 보이지 않고 있다. 과학기술 혁명이 가져오고 있고 또 가져올 수 있는 변화와 속도를 제대로 감지하지도 못하고 오히려 더 나아가 옛 전통의 고수와 복귀를 주장하고 있는 상황이다.[58] 또한 표피적인 차원에서 과학기술을, 특히 디지털 미디어의 기술을 종교적 실천 안에서 일종의 도구적

56 송용민, "가톨릭 상징들, 여전히 유효할까", 『사목정보』 2018년 9-10월, 46-59.

57 조금은 다른 맥락에서 논의되는 것이지만 종교사회학자 한스 요아스(Hans Joas)는 당대 유럽사회에서 그리스도교 메시지는 4가지 차원에서 도전을 받고 있다고 분석한다. 첫째, 그리스도교가 제시하는 사랑의 에토스가 인식론적 측면과 가치관적 측면에서 당대 유럽인들에게 전혀 어필되지 않는다는 것. 둘째, 인격을 강조하는 그리스도교의 전통적 인간관이 당대 사회에서 전혀 작동되지 않는다는 것. 셋째, 종교와 영성이 점점 개별적 차원에서만 수용된다는 것. 넷째, 초월이라는 개념이 이제 더 이상 작동되지 않는다는 것. 요아스는 종교와 신앙이 점점 하나의 옵션(option)이 되고 있다고 설명한다. Hans Joas, *Faith as an Option*, tr. Alex Skinner, Stanford, Stanford University Press, 2014, 126-137.

58 송기원, "프롤로그: 조물주와 맞짱?", 김응빈 외 4인, 『생명과학, 신에게 도전하다』, 8.

수준으로만 사용하는 데 급급하고 있다.[59] 아직까지 그리스도교는 과학기술 혁명이 내포하고 있는 위험과 위협을 체감하지 못하고 있다는 인상이다.

나가는 말: 몇 가지 성찰

과학기술 혁명은 사람들이 살아가는 삶의 모습뿐만 아니라 사유의 방식마저도 바꾸고 있다. 과학기술 혁명은 물질적 변화와 정신적 변화를 동시에 초래할 수 있다. 과학기술 혁명이 인간의 미래를 어떻게 변화시킬 것인지, 여전히 예측이 어렵다. 어떤 이들은 낙관적 전망을 하고 어떤 이들을 비관적 전망을 제시한다. 과학기술 혁명에 대한 인문적 담론의 대부분은, 제어할 수 없는 방향으로 또 뒤따라갈 수 없는 속도로 나아가는 과학기술에 대해 우려를 표현하며 그저 인간의 역할을 강조하는 수준에서 끝나고 있다. 발전된 기술로 무엇을 할 것인지는 인간의 선택과 결정에 달렸다고, 과학기술 혁명의 방향을 결정하는 핵심적 요소는 인간이라는 명제들을 천명하는 것만으로 충분할까?

인문학자들이 흔히 주장하듯이, 과학의 한계는 인문적 사유의 부재, 철학적 성찰의 부재에서 나오는 것일까?[60] 과학자들은 탐험가와 비슷해서 발견(발명)에만 관심이 있어서 그 발견이 어떤 결과를 낳는지에 대해서는 무관심하기 때문에 철학적이고 인문학적인 성찰이 더 요청된

59 참조: Pauline Hope Cheong, others (ed.), *Digital Religion, Social Media and Culture: Perspectives, Practices and Futures*, New York, Peter Lang, 2012.

60 박일준, 『인공지능 시대, 인간을 묻다』, 동연, 2018, 31.

다는 탁월한 생물학자 에드워드 윌슨(Edward Wilson)의 주장처럼,[61] 그저 과학기술 혁명에 대한 인문적 성찰을 강조하면 과학기술 혁명의 위험에서 벗어날 수 있을까?

과학적 사유는 자유로울 수 있지만, 현실에서의 과학기술 연구는 권력(정치)과 자본(경제)의 영향에서 벗어날 수 없다. 하라리가 지적하듯이, "과학과 제국과 자본 사이의 되먹임 고리는 논쟁의 여지는 있을지언정 지난 5백 년간 역사의 가장 중요한 엔진"[62]이었다. 과학기술 연구는 경제적 관점에서 이익을 창출해 낼 때 더 많은 지원을 받을 수 있다. 최첨단 과학기술 프로젝트에는 언제나 경제적 논리가 숨어 있다.[63] 또한 과학기술 연구는 어떤 이데올로기적 정당성을 확보할 때 더 많은 정책적 지원을 얻어 낼 수 있다. 사회적 양극화 현상이 첨예해지는 후기자본주의 시대에, 정치적 힘과 자본의 힘을 소유한 소수 계층에 의해 과학기술 연구의 방향이 결정되고 그 혜택이 독점될 위험이 크다.

서구 휴머니즘은 그리스도교와 밀접한 관련을 갖고 있다. 탁월한 전위적 사상가 존 그레이(John Gray)가 지적하듯이, 휴머니즘은 그리스도교 사상의 세속적 버전이다.[64] 인간중심주의로서의 휴머니즘은 우주 안에서의 인간의 위치와 역할을, 인간의 인격과 인간 존엄성을 강조한다. 또 한계를 지닌 인간은 의미를 추구하고 목적을 지향함을 통해 완성으로 나아가려는 존재임을 강조한다. 어떻게 보면 세속적 진보와 종말론적 완성이 나란히 서 있다. 하지만 휴머니즘과 그리스도교의 이러

61 에드워드 윌슨, 『인간 존재의 의미』, 67; 『지구의 절반』, 280.
62 유발 하라리, 『사피엔스』, 조현욱 역, 김영사, 389.
63 참조: 폴라 스테판, 『경제학은 어떻게 과학을 움직이는가』, 인윤희 역, 글항아리, 2013.
64 존 그레이, 『하찮은 인간, 호모 라피엔스』, 김승진 역, 이후, 2010, 53.

한 공존은 포스트휴머니즘의 등장으로 균열을 맞고 있다. 첨단의 과학기술이 인간을 신의 위치로 올려놓아서 포스트휴머니즘이 그리스도교와 갈등을 초래하는 것이 아니다. 포스트휴머니즘은 인간을 신의 위치로 격상시키기보다는 기계를 또는 기술을 신의 위치로 격상시킨다. 존 그레이는 여기에 대해 서늘한 주장을 하고 있다. 처음부터 과학기술은 인류가 통제할 수 있는 무언가가 아니라 이 세계에 떨어진 일종의 사건이라는 것이다. 도구로서의 과학기술이 아니라 사건으로서의 과학기술이기 때문에 본성적으로 약한 인간은 그 사건을 감당할 수 없다는 것이다.[65] 과학기술의 혁명 속에서 인간은 마치 호모 데우스가 되는 것처럼 보이지만, 실상은 과학기술의 희생제물이 되어 간다.

과학기술 혁명에 대한 우울한 전망의 담론들은 괜한 호들갑일 수도 있고 미리 치는 설레발일 수도 있다. "2050년에 직업시장, 가족, 생태계가 어떤 모습일지, 어떤 종교적 · 경제적 시스템과 정치구조가 세계를 지배할지 실제로는 아무도 모른다."[66] 인공지능, 합성생물학, 나노테크놀로지, 데이터 알고리즘 등의 단어들을 숱하게 듣고 있지만 실제 과학기술의 첨단 현장에서, 또는 과학 실험실의 랩에서 어떤 일들이 벌어지고 있는지 우리는 알 수 없다. 그저 우리는 제 일상의 자리에서 여전히 사랑하고 싸우고 분노하고 기뻐하며 살고 있다. 개별자들이 세계의 흐름을 파악하고 이해하기가 전혀 불가능한 복잡계를 우리는 살고 있다. 기술혁명 시대의 예언자들의 소리만 여기저기서 음울하게 들릴 뿐이다.

---

65 같은 책, 28-31.

66 유발 하라리, 『호모 데우스』, 543.

역사 속에서 담론들을 둘러싼 싸움은 언제나 이성과 인식(인지, 지식)의 차원에서 벌어졌다. 당연히 언제나 지식인과 권력자들의 몫이었다. 과학기술 혁명이 초래하는 인간관, 세계관의 변화와 그에 대한 신학과 종교(교리) 차원에서의 반응은 결국 담론(이야기, 세계관)을 둘러싼 세속과 종교의 주도권 싸움이라는 특성도 있다. 즉 세계를 설명하는 이야기 체계의 생성과 형성을 둘러싸고 세속의 학자들과 권력자들과, 종교의 학자(신학자)들과 권력자들이 서로 주도권을 놓고 벌이는 경쟁이라는 측면도 있다는 뜻이다. 이러한 주도권 경쟁은 일반 대중에게 심각하게 와 닿는 문제가 아닐 수 있다. 사실 일반 대중은 어떤 문제를 감성과 정서 차원에서 또 일상적 삶의 차원에서 접근하는 경향이 강하다. 어쩌면 지금의 시점에서 종교에 대한 도전 가운데 더 심각한 것은 종교에 대한 과학기술 혁명의 도전보다는 종교의 세속화와 종교의 시장화(물질화)와 종교의 권력화(정치화) 현상들이 야기하는 도전들이 아닐까?

근대 이후 신학은 한 번도 시대를 먼저 읽어 낸 적이 없다. 신학은 인문학과 사회과학과 자연과학의 도움을 통해 시대를 읽어 왔다. 신학은 언제나 뒤에 서 있는 학문이다. 하지만 어쩌면 뒤에 서 있기에, 앞의 것들을 종합하며 신앙의 관점에서 시대의 움직임을 새로운 방식으로 읽어 내야 할 책임이 있다. 하지만 신학의 현실은 특히 한국 신학의 현실은 그 책무를 수행하기에는 너무 허약하다. 신학과 신학자들의 맹성(猛省)이 요청된다. 과학기술 혁명이 야기하는 문제를 신학적으로 읽어 내기에는 아직 신학의 역량이 많이 부족한 현실이다. 복잡한 시대를 읽어 내기 위해 신학은 언제나 다른 학문의 도움을 청해야 한다.[67]

67 Philip Gorski, "The Origin and Nature of Religion: A Critical Realist View", *Harvard Theological Review* 111/2, April 2018, 304.

사회적 현상과 문제에 대해 그리스도교가 개입하는 첫 번째 방식은 윤리와 도덕의 관점에서 접근하는 것이다. 과학기술 혁명이 야기하는 도전과 문제는 기존의 윤리적 규범의 범위를 넘어서는 경우가 많다. 과학기술 혁명은 윤리적 규범의 재정립을 요청하고 있다. 사회적 윤리규범의 형성에 그리스도교는 늘 참여해 왔다. 당연히 과학기술 혁명이 제기하는 윤리적 문제를 신앙의 관점에서 성찰하고 사회적 규범의 재정립에 그리스도교는 도움을 주어야 한다. 하지만 더 큰 문제는 과학기술 혁명과 그리스도교의 관계가 단순히 윤리와 도덕 차원에서만 머물지 않는다는 사실이다. 과학기술 혁명은 종교로서의 그리스도교의 존립 자체를 위협할 수 있다. 그리스도교의 교리와 신학은 세계관의 문제라는 차원에서 과학기술 혁명(과학기술 혁명이 내포하는 포스트휴먼적 · 트랜스휴먼적 세계관)과 경쟁을 해야 한다. 그리스도교는 첨단의 과학기술들과 일종의 플랫폼(platform) 경쟁을 해야 한다.[68] 그리고 그리스도교의 종교적 실천은 포스트휴먼적 삶의 방식과 또한 경쟁을 해야 한다. 탈종교화 · 세속화의 시대에 사람들은 종교 없는 삶을 말하고 살기도 하지만,[69] 종교는 어떤 형식으로든 살아남을 것이고 사람들은 새로운 형식의 종교적 실천을 하며 살아갈 것이다.[70]

종교가 현실에서 갖는 중요한 기능과 역할은 사람들에게 소속감과 정체성을 부여하는 것이다. 과학기술 혁명이라는 거대한 프레임 안에

68 사실 종교적 실천이라는 측면에서의 그리스도교의 일반적 논의는 고작 이 수준에 머물러 있다. 교회와 선교라는 관점에서, 정보기술과 네트워크 시스템의 확장과 그에 따른 사람들의 변화된 교류형식 때문에 집회로서의 교회적 기능이 상실되어 가는 것을 걱정한다. 참조: 이윤석, 『4차 산업혁명과 그리스도인의 삶』, CLC, 2018, 126-195.

69 참조: 필 주커먼, 『종교 없는 삶』, 박윤정 역, 판미동, 2018.

70 참조: Christian Smith, op. cit., 234-260.

서 점점 소외되고, 인공지능과 로봇 등에 의해 일자리에서도 밀려나는 사회계층의 정체성과 소속감의 문제가 점점 심각해지고 있다. 사회적 소속감과 직업적 소속감을 갖지 못한 소외 계층들은 종교를 통해 소속감과 정체성을 확보하려는 무의식적 욕구가 강하다. 사실 종교를 통한 정체성과 소속감의 획득의 문제는 세속화 시대, 전지구화 시대에도 밀려난 사람들이 택하는 삶의 생존방식이었다. 과학기술 혁명 시대에도 종교는 여전히 요청된다.

죽음, 생의 의미, 마음의 평화(감정과 정서의 문제), 공동체 의식, 소속감과 정체성의 획득 등 이런 문제들(즉 사람들이 종교를 통해 기대하고 바라는 요소들)이 존재하는 한 종교는 여전히 요청되고 존속된다. 물론 성찰을 업으로 살아가는 소수의 서늘한 지식인들은 종교 없이도 생을 살아간다. 이들은 "좋은 삶이란 진보를 꿈꾸는 데 있지 않고 비극적인 우연성을 헤쳐 나가는 데 있다"고 믿으며, "영적인 삶은 의미를 찾아 헤매는 삶이 아니라 의미에서 놓여나는 삶"이라고 확신하며, "그냥 바라보는 것을 목적으로 하는 삶"을 강조한다.[71] 하지만 그러한 삶의 태도는 소수의 지적 엘리트들에게나 가능하다. 대부분의 인간은 종교를 필요로 하고 요청한다.

세계를 변화시키는 것은 이야기와 담론이 아니다. 물론 새로운 대안적 이야기 체계를 만들어 내는 것은 중요하다. 하지만 새로운 이야기와 담론의 형성만을 지나치게 강조할 필요는 없다. 새로운 담론의 형성만으로 세상을 변화시킬 수는 없다. 이야기와 담론의 형성은 항상 후발적인 것이고 보조적인 것이다. 문학적 표현 같지만, 세상의 변화

71 존 그레이, 앞의 책, 246-252.

는 무엇보다 아픔과 슬픔에 대한 관찰과 성찰에서 시작되는지도 모르겠다.[72] 그리스도교식으로 말하면, 십자가 사건에 대한 성찰과 그 사건에 참여함으로써 변화가 시작된다는 뜻이다. 오늘의 그리스도교가 과학기술 혁명이 빚어내는 아픔과 고통들에 대해 얼마나 예민하게 반응하고 있는지, 과학기술 혁명의 과정 속에서 소외되고 밀려나는 사람들의 슬픔에 얼마나 공감하고 연대하는지, 이 시대의 교회는 늘 그 질문을 던져야 한다. 그리스도교 이야기 체계(신학, 교리, 교회 안의 담론)에 과학기술 혁명의 문제점에 대한 성찰이 얼마나 담겨 있는지, 그리스도교 제의가 과연 얼마만큼 과학기술 혁명의 과정에서 배제되는 사람들의 고통과 슬픔을 위로하는 구원의 힘이 되고 있는지, 그리스도교의 에토스(윤리규범)가 과학기술 혁명 시대를 살아가는 사람들의 일상의 삶에서 실제적으로 작동될 수 있는지, 교회는 늘 성찰해야 한다.

---

72 약간 다른 뉘앙스와 맥락에서 사용하고 있지만, 세상의 변화를 위한 실천이라는 측면에서 유발 하라리의 관점과 미국의 진보적 교육사상가 파커 파머는 비슷한 개념과 명제들을 제안하고 있다. 하라리는 고통에 대한 관찰과 탐구와, 관찰로서의 명상을 강조한다. 파머는 슬픔(비통함)에 대한 공감과 연대를 강조하며 그것을 가능하게 하는 마음의 습관을 키워야 한다고 강조한다. 참조: 유발 하라리, 『21세기를 위한 21가지 제언』, 404-481; 파커 J. 파머, 『비통한 자들을 위한 정치학』, 김찬호 역, 글항아리, 2012.

참고 문헌

CHEONG, Pauline Hope, others (ed.), *Digital Religion, Social Media and Culture: Perspectives, Practices and Futures*, New York, Peter Lang, 2012.

CLAYTON, Philip (ed.), *The Oxford Handbook of Religion and Science*, Oxford, Oxford University Press, 2006.

COLE-TURNER, Ronald (ed.), *Transhumanism and Transcendence: Christian Hope in an Age of Technological Enhancement*. Washington DC, Georgetown University Press, 2011.

FERRE, Frederick, *Hellfire and Lightning Rods: Liberating Science, Technology, and Religion*, Eugene, Wipf and Stock, 1993.

HAUGHT, John F., *Resting on the Future: Catholic Theology for an Unfinished Universe*, New York, Bloomsbury, 2015; *Making Sense of Evolution: Darwin, God, and the Drama of Life*, Louisville, WJK, 2010.

HECHT, Richard D. / BIONDO III, Vincent F. Biondo (ed.), *Religion and Culture: Contemporary Practices and Perspectives*, Minneapolis, Fortress, 2012.

JOAS, Hans, *Faith as an Option*, tr. Alex Skinner, Stanford, Stanford University Press.

McGUIRE, Meredith B., *Lived Religion: Faith and Practice in Everyday Life*, Oxford, Oxford University Press, 2008.

MERCER, Calvin / TROTHEN, Tracy J. (ed.), *Eligion and Transhumanism: The Unknown Future of Human Enhancement*, Santa Barbara, Praeger, 2015.

MORE, Max / VITA-MORE, Natasha (ed.), *The Transhumanist Reader: Classical and Contemporary Essays on the Science, Technology, and Philosophy of the Human Future*, Malden, Wiley-Blackwell, 2013.

MURPHY, *Nancy, Bodies and Souls, or Spirited Bodies*, Cambridge, Cambridge University Press, 2006.

RIESEBRODT, Martin, *The Promise of Salvation: A Theory of Religion*, trans. Steven Rendall, Chicago, The University of Chicago Press, 2010.

RODEN, David, *Posthuman Life: Philosophy at the Edge of the Human*, London, Routledge, 2015.

SINGLTON, Andrew, *Religion, Culture and Society: A Global Approach*, London, SAGE, 2014.

SMITH, Christian, Religion: *What It Is, How It Works, and Why It Matters*, Princeton, Princeton University Press, 2017.

UNGER, Roberto Mangabeira, *The Religion of the Future*, Cambridge, Massachusetts, Harvard University Press, 2014.

VASQUEZ, Manuel A., *More than Belief: A Materialist Theory of Religion*, Oxford, Oxford University Press, 2011.

ALEXANDRE, Laurent / BESNIER, Jean-Michel, *Les Robots font-ils l'amour? Le transhumanisme en 12 questions*, Malakoff, Dunod, 2016 [알렉상드르, 로랑 / 베스니에, 장 미셸, 『로봇도 사랑을 할까』, 양영란 역, 갈라파고스, 2018].

BELL, Catherine, *Ritual: Perspecitves and Dimensions*, New York, Oxford University Press, 1997 [벨, 캐서린, 『의례의 이해』, 류성민 역, 한신대학교 출판부, 2007].

BRAIDOTTI, Rosi, *The Posthuman*, Cambridge, Polity, 2013 [브라이도티, 로지, 『포스트휴먼』, 이경란 역, 아카넷, 2015].

BRYNJOLFSSON, Erik / McAFEE, Andrew, "제2의 기계 시대의 노동", 슈밥, 클라우스 외 26인, 『제4차 산업혁명의 충격』, 김진희 외 2인 역, 흐름출판, 2017, 133-148.

CAMERON, Nigel M. de S., *Will Robots Take Your Job?*, Cambridge, Polity, 2017 [캐머런, 나이절, 『로봇과 일자리』, 고현석 역, 이음, 2018].

CAPUTO, John D., On Religion, New York, Routledge, 2001 [카푸토, 존 D., 『종

교에 대하여』, 최생열 역, 동문선, 2003].

GABRIEL, Markus, *Ich ist nicht Gehirn*, Berlin, Ullstein Buchverlage, 2015 [가브리엘, 마르쿠스, 『나는 뇌가 아니다』, 열린책들, 2018].

GERSHENFELD, Neil, "디지털 제조 혁명", 슈밥, 클라우스 외 26인, 『제4차 산업혁명의 충격』, 김진희 외 2인 역, 흐름출판, 2017, 31–55].

GRAY, John, *Straw Dogs*, New York, Farrar, 2007 [그레이, 존, 『하찮은 인간, 호모 라피엔스』, 김승진 역, 이후, 2010].

HARARI, Yuval Noah, *Sapiens*, New York, Harper Perennial, 2014 [하라리, 유발 노아, 『사피엔스』, 조현욱 역, 김영사, 2015].

________, *Homo Deus*, New York, Harper Perennial, 2016 [하라리, 유발 노아, 『호모 데우스』, 김명주 역, 김영사, 2017].

________, *21 Lessons for the 21st Century*, New York, Spigel & Grau, 2018 [하라리, 유발 노아, 『21세기를 위한 21가지 제언』, 전병근 역, 김영사, 2018].

KENDALL, Jake / VOORHIES, Rodger, "모바일 금융 혁명", 슈밥, 클라우스 외 26인, 『제4차 산업혁명의 충격』, 김진희 외 2인 역, 흐름출판, 2017, 72–84.

KURZWEIL, Ray, *The Singularity Is Near*, New York, Penguin Books, 2006 [커즈와일, 레이, 『특이점이 온다』, 장시형, 김명남 역, 김영사, 2007].

LEONHARD, Gerd, *Technology vs. Humanity*, London, Fast Future Publishing, 2016 [레온하르트, 게르트, 『신이 되려는 기술: 위기의 휴머니티』, 전병근 역, 틔움, 2018].

MASON, Paul, "정보통신기술이 체제를 뛰어넘는다", 『시사인』, 2018.8.28., 31–32.

O'CONNELL, Mark, *To Be a Machine*, New York, Anchor, 2016 [오코넬, 마크, 『트랜스휴머니즘』, 노승영 역, 문학동네, 2018].

PALMER, Parker J., *Healing the Heart of Democracy*, San Francisco, Jossey-Bass, 2011 [J. 파머, 파커, 『비통한 자들을 위한 정치학』, 김찬호 역, 글항아리, 2012].

RAPPAPORT, Roy A., *Ritual and Religion in the Making of Humanity*, Cambridge, Cambridge University Press, 2016 [라파포트, 로이, 『인류를

만든 의례와 종교』, 강대훈 역, 황소걸음, 2017].

SCHWAB, Klaus, et al., *The Fourth Industrial Revolution*, Foreign Affairs Special Collection, New York, Currency, 2016 [슈밥, 클라우스 외 26인, 『4차 산업혁명의 충격』, 김진희, 손용수, 최시영 역, 흐름출판, 2016].

STEPHAN, Paula E., *How Economics Shapes Science*, Cambridge, Harvard University Press, 2012 [스테판, 폴라, 『경제학은 어떻게 과학을 움직이는가』, 인윤희 역, 글항아리, 2013].

TEGMARK, Max, *Life 3.0*, New York, Knopf Publishing, 2017 [테그마크, 맥스, 『Life 3.0』, 백우진 역, 동아시아, 2017].

THEISSEN, Gerd, *Die Religion der ersten Christen*, Kaiser, Gütersloher Verlagshaus, 2000 [타이쎈, 게르트, 『기독교의 탄생: 예수 운동에서 종교로』, 박찬웅, 민경식 역, 대한기독교서회, 2009].

WATSON, Richard, *Digital vs Human*, London, Scribe, 2007 [왓슨, 리처드, 『인공지능 시대가 두려운 사람들에게』, 방진이 역, 원더박스, 2017].

WILLSON, Edward O., *Harf-Earth: Our Planet's Fight for Life*, New York / London, Liveright, 2017 [윌슨, 에드워드, 『지구의 절반』, 이한음 역, 사이언스북스, 2017].

________, *The Meaning of Human Existence*, New York / London, Liveright, 2015 [윌슨, 에드워드, 『인간 존재의 의미: 지속가능한 자유와 책임을 위하여』, 이한음 역, 사이언스북스, 2016].

WINFIELD, Alan, 인터뷰, "인공지능이 내일 당장 일자리를 없앨까요?", 『시사인』, 2018.8.28., 29.

ZUCKERMAN, Phil, *Living the Secular Life*, New York, Penguin, 2014 [주커먼, 필, 『종교 없는 삶』, 박윤정 역, 판미동, 2018].

岡本裕一朗, いま世界の哲學者が考えていること, ダイヤモンド社, 2016 [유이치로, 오카모토, 『지금 세계는 무엇을 생각하는가』, 전경아 역, 한빛비즈, 2018].

김응빈 외 4인, 『생명과학, 신에게 도전하다』, 동아시아, 2017.

박일준, 『인공지능 시대, 인간을 묻다』, 동연, 2018.

이윤석, 『4차 산업혁명과 그리스도인의 삶』, CLC, 2018.

이종관, 『포스트휴먼이 온다』, 사월의 책, 2017.
천관율, “인공지능 시대 민주주의 운명은?”, 『시사인』, 2018.9.4., 18-23.
한국포스트휴먼학회(편), 『제4차 산업혁명과 새로운 사회윤리』, 아카넷, 2017.

10

4차 산업혁명과 그리스도교 인간학의 위기: 인간 본성에 관한 신학의 문제

곽진상

곽진상

수원가톨릭대학교 총장, 프랑스 파리가톨릭대학교에서 기초신학 박사학위 취득, 수원가톨릭대학교 교리교육학 및 교의신학 교수

서론

'이해를 추구하는 신앙(fides quarens intellectum)'[1]인 신학은 특정한 시간과 공간에서 제기되는 삶의 문제와 직면하여, 계시 진리를 바탕으로 그것의 기원인 원체험과 해석된 증거를 재해석하는 가운데 보편적이고 합리적인 해답을 추구한다. 벨기에 메헬렌-브뤼셀(Mechelen-Brussel) 대교구장이었던 고트프리트 다넬스(G. Danneels) 추기경은 2001년 5월 1일, 루뱅가톨릭대학교 개교 575주년 기념 학술대회 개막식에서, 신학 작업은 실험실에서 이루어지는 것이 아니라 "지리적으로 결정된 장소와 특정 시대의 문화 안에 자리 잡고 있다."[2]고 밝히면서, 신학 작업

---

1 참조: 켄터베리의 안셀모, 『모노로기온 & 프로슬로기온』, 박승찬 역, 대우고전총서 3, 아카넷, 2002.

2 Godfried Danneels, "Le rôle d'une Faculté de théologie. Réflexions d'un pasteur", *La théologie entre deux siècles, Bilan et perspectives*, Actes du colloque organisé à l'ocasion du 575e anniversaire de l'Université Catholique de Louvain, 2002, 11(G. Médevielle, "파리가톨릭대학교에서는 어떻게 신학을 가르치고 있는가?", 백운철 역, 『사목연구』 제15호, 2005년 12월, 285에서 재인용).

의 역사적 특성과 현실성을 강조하였다. 신학은 언제나 구체적인 시간과 장소를 고려하는 가운데 그리스도 진리에 대한 재해석을 통해서, 여전히 그 진리가 믿을 만한 가치가 있음을 신앙인과 비신앙인 모두에게 드러내야 할 소명이 있다.

눈에 보이고 객관적으로 증명할 수 있는 것에 더욱 큰 확실성을 두는 오늘날, 우리 사회 곳곳에서 4차 산업혁명을 운운하고 있다. 4차 산업혁명은 단지 과학기술의 혁명적 발전만을 의미하지 않고 미래의 산업동력이라는 경제 및 자본과 직결되어 있으며, 더 깊이 들어가 보면 사회 제도의 변화와 미래의 운명에까지 연결된 복잡성을 띠고 있다. 특히 인공지능과 나노기술, 생명과학 등이 융합된 휴머노이드 로봇이나 포스트휴먼(Posthuman)의 문제는 그동안 인류가 보편적으로 가지고 있던 인간에 대한 기본 개념을 흔들면서, 인간의 정체성 문제와 윤리 문제를 야기하고 있다.

이 논문은 4차 산업혁명 시대로 일컬어지는 오늘날 인간에 대한 다양한 질문들이 어떻게 제기되고 있는지를 살피면서 특히 인간을 인간으로 규정하는 본성(natura)의 문제를 조직신학적 입장에서 다룰 것이다. 이 논문이 제기하는 질문은 다음과 같다. 개인의 주체성과 무한한 자유를 특징으로 하는 모더니즘(modernism)을 기반으로 하여 탈제도, 탈전통, 다원주의적 상대주의로 더욱 첨예화되고 극단화되고 있는 포스트모더니즘(postmodernism)과 그와 맥을 같이 하는 포스트휴머니즘(post-humanism)의 시대 속에 살고 있는 교회는, 이 시대의 신앙인이든 비신앙인이든 모든 이가 보편적으로 이해할 수 있는 인간의 본성에 대해서 진술하는 것이 가능한가? 만일 가능하다면, 어떤 조건에서 가능한가?

교회가 현대 사회와 대화를 하기 위해서(참조: 「사목헌장」, 2-3항), 1장에서는 과학적 인간 이해의 기초가 되는 사회생물학적 인간 이해에서 출발하여 4차 산업혁명의 여러 분야에서 제기되는 인간 본성에 대한 전반적인 이해를 개괄하고, 2장에서는 특별히 '포스트휴먼'과 관련된 인간 본성의 문제를 조직적으로 파악할 것이다. 그로부터 신학에 제기되는 인간학적 물음들을 포착하여, 3장에서는 그러한 물음들에 그리스도교 인간학은 어떤 도움을 줄 수 있는지의 관점에서 그리스도교 고유의 인간 이해를 시도한다. 4장에서는 과학적 인간 이해를 통해 드러난 여러 가지 요소 가운데 그리스도교 인간학이 수용할 수 있는 요소들을 도출하고, 신학적 인간학이 더욱 발전시켜야 할 새로운 과제들을 제시할 것이다. 결론에서는 실천적 측면에서 4차 산업혁명에 직면한 교회가 어떤 자세를 취해야 하는지를 제언할 것이다.

1 4차 산업혁명과 인간 본성의 문제

4차 산업혁명의 개념들 가운데 핵심적 요소 중 하나가 '융합'이다.[3] 지식정보와 과학기술의 융합, 컴퓨터 공학과 생물학 및 의학의 융합 등 학제 간 융합이 4차 산업혁명의 키워드다. 과거에는 인간 본성에 관한 논의가 주로 철학과 신학의 고유한 분야에서 다루어졌다면, 현재에는 과학, 특히 진화생물학, 유전학, 뇌과학에서도 다루어지고 있고, 포

3 "제4차 산업혁명은 진행 속도와 범위 외에도 수많은 분야와 발견이 끊임없이 융합하고 조화를 이루는 독특한 습성을 지니고 있다." 클라우스 슈밥, 『제4차 산업혁명』, 송경진 역, 새로운 현재, 2016, 31; 손화철, "서문", 한국포스트휴먼학회(편), 『포스트휴먼 시대의 휴먼』, 아카넷, 2016, 15.

스트휴머니즘의 논의에서 중요한 자리를 차지하고 있다.

1.1. 사회생물학적 관점(윌슨)

인문과학(사회학)과 자연과학(생물학)의 접목을 시도하고 있는 사회생물학자 에드워드 윌슨(Edward O. Wilson)은 개미의 사회성 진화 연구로 유명하다. 그는 인간을 포함한 모든 생물의 사회적 행동에 대한 생물학적, 동물행동학적, 유전학적 원리를 '인간 연구에 적용'하고, 인간 본성에 대해 다음과 같이 단언한다.

> "나는 우리에게 이렇게 말해 줄 수 있을 만큼 증거가 많고 명확하다고 믿는다. 우리는 초자연적 지성체의 창조물이 아니라, 우연과 필연을 통해 나온 지구 생물권에 있는 수백만 종 가운데 하나라고 말이다. 우리가 다른 식으로 희망하고 소망한다고 할지라도, 우리에게 외부의 은총이 내리쬔다거나, 우리에게 명백하게 운명이나 목적이 부여되어 있다거나, 현생이 끝난 뒤 또 다른 삶을 얻는다는 증거는 전혀 없다."[4]

이 지적은 인간이 '하느님의 모상(Imago Dei)'으로 창조된 피조물이며, 지성적 실체로서 하느님과의 일치(구원)로 정향되어 있다고 고백하는 그리스도교의 전통적 인간 이해와 정면으로 충돌한다.

윌슨에 따르면, 현생 인류인 호모 사피엔스(Homo sapiens)는 다윈(Ch. Darwin, 1809-1882)이 밝힌 것처럼, 우연적 돌연변이와 자연선택이라는 진화의 산물이며, 인간과 가장 가까운 동물군인 구대륙 영장류(원원류,

---

4 에드워드 윌슨, 『인간존재의 의미』 [Edward O. Wilson, *The Meaning of Human Existence*, W.W. Norton & Company, 2014], 이한음 역, 사이언스북스, 2016, 195.

원숭이, 유인원, 인간)의 한 계통에서 오랜 시간과 수많은 우여곡절 끝에 환경에 적응하여 나온 자연종이다. 윌슨은 오랫동안 인간만이 지니고 있다고 생각했던 고유한 특징, 예컨대 언어, 문화, 사회 제도, 이타주의, 도덕, 종교 등은 영장류의 특징이라고 볼 수도 있고, 포유동물 전체의 특징이라고 볼 수도 있으며, 더 나아가서는 동물과 생물 전체의 특징일 수 있다고 주장한다. 인간의 고유한 특징이라고 이해했던 사회문화적 가치뿐 아니라 종교적 가치까지도 생물학적이고(생존과 번식) 학습된 유전적 진화의 결과로 본 것이다. "인간 본성을 형성하는 형질들은 인간 종이 진화해 온 기간만큼 적응을 거쳐 왔고, 그 결과 유전자들은 그 형질들의 발달 성향을 지닌 운반체 집단을 통해 퍼진다."[5] 또한 인간의 존엄성과 그 보편성은 신적인 기원과 무관하게 순전히 생물학적이고 유전학적인 이유에서 이해될 뿐이다. "나는 보편적 인권이 신의 명령(왕은 신권에 의해 통치하곤 했다)이나 미지의 초월적 근원에서 유래한 추상적 원리에 복종하기 때문이 아니라, 우리가 포유동물이기 때문에 그것에 기본적인 지위를 부여하고 싶어 하는 것이라고 믿는다."[6]

이와 같이 윌슨은 인간을 초자연적인 피조물이 아니라 하나의 생물 종으로서, "유전자와 환경 사이에 이루어진 상호작용의 산물"[7]로 보며, 인간의 고유한 본성을 외부의 초자연적 개입에 의해서 창조된 인격으로 보지 않고, 객관적으로 증명 가능한 '생물학적 유전학적 생태

---

5 에드워드 윌슨, 『인간 본성에 대하여』 [Edward O. Wilson, *On Human Nature*, President and Fellows of Havard College, 1978], 이한음 역, 사이언스북스, 2000, 63; 윌슨은 인간의 본성이 유전의 결과로 얻어진 것으로 본다. "유전적인 인간 본성은 우리의 선행 인류와 구석기시대 인류가 남긴 유전적 유산이다." 에드워드 윌슨, 『인간존재의 의미』, 201.

6 에드워드 윌슨, 『인간 본성에 대하여』, 272.

7 같은 책, 43.

학적 특징들의 총체'로 이해한다. 그리하여 마침내 인간 본성이 시간과 장소와 여러 환경 등의 조건 안에서 변할 수 있다는 점을 지적한다. "인간 종은 자신의 본성을 바꿀 수 있다."[8] 인간 본성은 생물학적 이유로, 곧 종족을 보존하고 발전시키는 생물학적 본성을 변화시켜 더 고도의 지성과 창조성을 향해 나아갈 것이다. 이제 끝없이 진보하는 인간의 본성은 결국 고정된 본성 자체가 없다고 진술하는 방향으로 나아간다.

1.2. 인공지능과 인간의 본성 문제

현대 과학과 기술은 한 치 앞도 예측할 수 없을 정도로 매우 빠른 속도록 발전하고 있다. 최근 컴퓨터 공학자들은 인공지능 기술 분야에서 놀라운 업적을 이루고 있다. 4차 산업혁명을 주도하는 인공지능(Artificial Intelligence)[9] 기술은 빅데이터(Bigdata)와 융합기술을 통하여 기계가 인간처럼 스스로 자기 학습을 통하여 판단하고 스스로 행동하게 하는 기술을 함축한다. 여기에는 인공신경망을 통한 딥러닝(Deep learning) 기술과 자율성이 중요한 특징을 이룬다. 최근 4차 산업혁명의 아이콘이 되고 있는 자율주행 자동차는 사람이 아니라 인공지능이 자기 학습을 통해 스스로 운전하는 것이다. 이 기술은 이미 실현 단계에 있고 고도로

---

8 같은 책, 284.

9 2016년 스탠포드 대학교에서 나온 "인공지능에 관한 100년간의 보고서(2015-2016)", "Artificial Intelligence and Life in 2030"에 따르면, "인공지능은 기계에 지능을 부여하려는 활동이며, 지능은 그것을 가진 대상이 환경 속에서 적절하게 환경에 부합하도록 앞을 내다보면서 벌어질 일에 대한 전망을 가지고(with foresight) 작동할 수 있도록 만드는 성질이다." "Artificial Intelligence and Life in 2030." One Hundred Year Study on Artificial Intelligence: Report of the 2015-2016 Study Panel, Stanford University, Stanford, CA, September 2016. http://ai100.stanford.edu/2016-report. 2016.10.06. 검색.

발전된 상용화를 눈앞에 두고 있다. 그런데 이러한 과학기술의 발전은 사회문화적으로 연결되어, 그전까지 생각하지 못했던 여러 가지 문제를 제기하게 만든다. 만일 자율자동차가 사고를 냈다면, 그 사고의 책임은 누구에게 물어야 하는가? 기계가 알고리즘에 의해서라도 최종 판단을 한 것이라면 누구를 행위자로 볼 것인가? 사람이 아닌 사물에 어떻게 책임을 전가할 수 있는가?[10] 지난해 우리나라에서는 '로봇기본법'이 국회에 발의되었다. 이 법안은 "최근 로봇이 기계장치의 수준을 넘어 정보를 스스로 학습하고 고차원적인 인간의 정보처리 능력을 구현하는 수준으로 진화하고 있다."고 지적하며, "로봇에 특정 권리와 의무를 가진 '전자적 인격체'로서의 지위를 부여"[11]해야 한다고 제안한다. 과연 인공지능이 '인격'일 수 있는가?

정보통신기술의 발전은 자아 정체성의 혼란을 가져온다. 디지털콘텐츠의 발전과 변화는 가상현실(Virtual Reality) 또는 증강현실(Augmented Reality)과 실제현실을 혼동하게 함으로써 자아 정체성의 혼란을 불러일으키고 비윤리적인 범죄까지 발생시키기도 한다.[12] 구체적인 시간과 장소에서 살아 있는 몸과 일치된 정신이 몸과 분리된 정신과 같은 인

---

10 로봇 윤리에 관하여 참조: 고인석, "로봇이 책임과 권한의 주체일 수 있는가", 『철학논총』 67집, 2012년 1월, 3-21.

11 안현준, "박영선 의원, 로봇기본법 발의", http://blog.naver.com/PostView.nhn?blogId=dolphin6010&logNo=221054721619&widgetTypeCall=true; 참조: 김태오, "인공지능 로봇에 대한 인간의 인격개념 사용문제", 『가톨릭신학』 31호, 2017년 겨울, 96.

12 2017년 3월 29일 발생한 인천 초등생 살인사건은 많은 이들에게 충격을 주었다. 17세 소녀가 8세 소녀를 유인해 살해하고 사체를 유기한 사건의 범인이 공범자를 가상현실 세계인 '캐릭터 커뮤니티'에서 만났다는 사실이 알려지면서 사이버공간의 커뮤니티에 대한 관심이 세간을 흔들었다. 이러한 커뮤니티를 통한 소통은 즐거움을 제공하기도 하지만 특히 정체성의 혼란을 겪는 청소년들에게는 자신이 택한 캐릭터와 자신 사이의 경계, 자신이 소통하는 캐릭터와 상대 인격 사이의 경계가 무너질 위험이 있다. 참조: SBS "그것이 알고 싶다" 1080회(2017.6.17.), http://allvod.sbs.co.kr/allvod/vodEndPage.do?mdaId=22000233307.

격이라고 말할 수 있는가? 이것은 인간 인격의 단일성 문제, 곧 인격의 단일성을 이루는 근거문제와 관련한다.

영혼과 육체의 결합 혹은 일치로 규정되는 인격의 단일성 문제는 포스트휴머니즘에서 더 첨예하게 제기되고 있다. 나노기술(Nano Technology)[13]과 융합생명공학기술의 발전은 포스트휴머니즘의 길을 한층 더 재촉하고 있다. 나노기술은 새로운 물질을 융합하고 만들 뿐 아니라 유전자를 인위적으로 조작하여 새로운 물질을 생산하거나 새로운 형질의 생명체까지 창출함으로써 "생물과 물질 사이의 경계를 무너뜨리고 있다."[14] 나노기술에서 인간의 몸은 실험과 재생산의 대상이 되며, 새로운 생명체의 도구로 사용되고 있다. 포스트휴머니즘 학자들은 무한한 기술의 발전과 인간의 유연성이 결합되어 "새로운 인간 종"까지 만들 수 있다고 확신한다. 그들은 컴퓨터 공학, 인지과학, 인공생명, 인공지능에 관한 기술을 융합하여 "인간보다 훨씬 업그레이드된 지적 능력을 자연인의 몸과는 다른 물리적 기반을 통해 실행하는 인공적 존재"[15]인 포스트휴먼(posthuman)이 생겨날 것으로 본다.

---

13 "나노기술이란 그리스어인 'nanos(난쟁이)'에서 유래되었으며, 10억분의 1을 나타내는 접두사로서 나노미터 크기에서 이루어지는 물리적 현상을 규명하고 이를 연구하는 기술이다." 나노기술의 발전은 나노 크기의 세계에서 발견되는 새로운 현상과 특성을 갖는 물질들을 연구하고, 이를 실생활뿐 아니라 생명공학, 화학, 전자, 기계 등에 활용하는 기술로 나아가고 있으며, 새로운 물질을 생산하고 있다.(예, 연꽃잎의 초발수(Superhydrophobic)를 이용한 자동차 및 건물용 페인트 생산, 풀러렌, 그래핀 등 탄소나노소재의 생산) 한창수, "나노기술과 기계공학", http://ksme.or.kr/UploadData/Editor/EmBody/201309/0EACF2AA006745EF9A47594146887B22.pdf. 2018.03.15. 검색.

14 Jean Michel Besnier, *Demain les post-humains: Le future a-t-il encore besoin de nous?*, Paris, Hachette littératures, coll. Haute tension, Paris, Fayard, 2009, 155.

15 이종관, "사이버스페이스와 포스트휴먼: 사이버 경제와 인간의 미래에 대한 현상학적 고찰", 『철학과 현상학 연구』 17집, 2001년, 281. 인공지능 학자 바이젠바움(J. Weizenbaum)은 1981년에 이미 이렇게 말했다. "인간은 이 세계에서 다만 일시적으로 지능을 이끌어 간 존재

포스트휴머니즘 인간학자들 가운데 선구자인 카트린 헤일스(Katerine Hayles)는 포스트휴먼을 인간화, 의식, 육체, 인간과 기계의 상호작용이라는 네 가지 관점에서 정의한다. 인간됨(incarnation)은 "역사의 우연적 사건"이고, 인간의 의식은 "부대현상(épiphénomène)"이며, 인간의 육체는 "인공물(prothèse)"이 되고, 인간 존재는 결국 "지능을 갖춘 기계와 우연적인 상호작용(interaction)"에 의해서 결정된 모듈(module)이다.[16] 아직은 현실화되지 않았지만, 나노기술과 생명공학과 칩 생산 기술이 서로 융합하여 컴퓨터가 인공 신경과 칩의 형태로 실용화되면, 그리고 그 칩을 인간 신체에 이식하면, 이 포스트휴먼은 자연인과 같은 살을 지닌 생체적 몸을 기반으로 하지 않을 수 있다. 그리고 얼마든지 복제가 가능하여 대체가능해지기 때문에 가상현실(사이버스페이스)에서 다른 존재자로 있을 수 있다. 그렇게 되면, 이종관이 지적하는 것처럼, "우리의 살이 있는 신체와 지속적인 상응관계에 있는 자아와 나의 정체성 역시 파열될 수밖에 없다."[17]

뿐만 아니라 포스트휴먼은 인간과 같은 생체적 몸에만 의존하지 않고 다른 물질(예, 실리콘)에 기반을 두어 삶을 지속할 수 있기 때문에, 더 이상 '죽음'을 생각하지 않아도 된다. "인공지능의 최절정인 포스트휴먼은 자신의 지적 능력을 여러 가지 상이한 물리적 기반을 바꾸어 가며 다운로드하며 지속시킬 수 있다. 더 중요한 것은 그러한 포스트휴

에 불과하다. 우리는 진화의 지평에서 우리의 후계자를 이미 보고 있다. 그것은 바로 실리콘 지능, 바로 컴퓨터다." J. Weizenbaum, "Denken ohne Seele", J. Joffe (Hg.), *Zeit- Dossier 2*, Muenchen, 1981, 136-140(이종관, 같은 글, 284에서 재인용).

16 Catherine Perret, "The New Flesh et autres fables: à quoi rêvent les post-humains?", *Cités* 55, mars 2013, 43.

17 이종관, "사이버스페이스와 포스트휴먼: 사이버 경제와 인간의 미래에 대한 현상학적 고찰", 280.

먼은 자연인이 살로 된 신체 외에는 다른 대체 가능성이 없기 때문에 맞이하게 되는 죽음으로부터 면제될 것이라는 사실이다."[18] 이제 인간의 몸(육체)은 실존(existentia)의 근거가 아니라 하나의 '장식물'일 뿐이다. 인간 실존의 조건으로서 살아 있는 몸은 더 이상 인격과 일치되지 않고 분리된다. 이제 슈밥이 말하는 것처럼, 현생인류(Homo sapiens)의 다음 목표는 "불멸, 행복, 신성"이 될 것이며 '호모 데우스(Homo deus)'로 바뀔 것이다. 사실 많은 인공로봇을 연구하고 개발하고 있는 과학자들은 인공지능을 통해서 인류가 극복해야 할 궁극적인 문제들, "힘든 노동이나 불필요한 고통, 질병, 빈곤, 환경 파괴, 노화 방지와 영생"에 이르기까지 해결할 수 있다고 본다. "인공지능 로봇이 인간에게 줄 유토피아적 가능성 때문에 인간은 지금도 위험을 무릅쓰고 기술 개발에 매진하고 있다."[19]

이와 같이 인간 본성에 관한 기존의 철학적 신학적 담론은 4차 산업혁명과 함께 생물학자 및 과학철학자들의 심각한 도전을 받고 있다. 인공지능, 로봇 기술, 향상된 인간을 위한 생물학적 공학적 융합기술(나노기술)을 주창하는 학자들이 주장하는 인간 본성 개념은 기존의 전통적 입장들과 대립한다. 인간 본성의 초자연적 기원과 목적, 자유, 의지, 도

---

18 Marvin Minsky, "Why Computer Science is the most important thing that has happened to the humanities in 5,000 Years", *Lecture Nara*, Japan, 1999(이종관, 같은 글, 284에서 재인용).

19 한재권, "로봇과 인공지능의 현황 및 전망", 『미디어와 교육』 6권, 2016년 6월, 51-52. 최근 인터넷 기업 구글이 인간 수명을 500년까지 늘리겠다며 추진한 비밀 연구 프로젝트의 첫 성과를 보도했다. 구글의 생명공학 계열사인 칼리코는 인터넷 국제학술지 *eLife*에 '벌거숭이 두더지쥐'가 수명이 다할 때까지 거의 노화가 진행되지 않는 동물로 밝혀졌다고 발표한 것이다. 이영완, "구글의 '인간 500세 프로젝트'", http://news.chosun.com/site/data/html_dir/2018/01/29/2018012900089.html.

덕성, 양심, 절대성, 보편성 등을 거부하고, 인간 본성의 우연성, 비고정성, 비목적성, 일시성 등을 주장하면서, 현재의 기준으로는 인간으로 분류할 수 없는 '포스트휴먼'의 실현에 온갖 노력을 기울이고 있다. 그렇다. 분명한 것은 여러 가지 과학기술의 등장과 함께 '인간'이라는 존재의 정의가 확장되고 있다는 사실이다. 인간 본성은 과학 안에서도 그것을 바라보는 관점(생물학, 화학)에 따라서 각기 다르게 정의되고 있다. 이 점은 포스트휴먼과 관련하여 더욱 결정적으로 드러난다.

2 포스트휴먼과 인간 본성

트랜스휴머니스트인 사불레스쿠(J. Savulescu)와 그의 동료들은 인간 향상을 위한 약물이 운동 경기에서 사용될 수 있도록 허용해야 한다고 주장하며, 그 이유로 "더 나은 상태가 되도록 선택하는 것이 곧 인간이라는 것"과 인간 종이 "변화 가능하고" 자신을 개선하려는 노력들이 "인간됨의 본질적 부분"이라는 점을 제시한다.[20] 그러나 '생명보수주의자'들은 인위적인 인간 향상이 인간 본성을 거스르고, 인간 본성의 변경이 인간의 존엄성이나 인권, 자율성, 도덕성 등을 훼손하기 때문에 인간 향상을 시도해서는 안 된다고 주장한다. 예를 들면 생명윤리학자 레온 카스(Leon Kass)는 "유성생식은 [⋯] 인간의 결정, 문화 혹은 전통에 의해서가 아니라 자연[본성]에 의해서 확립된 것이다. 유성 생식은 모든 포유류가 자식을 낳는 자연스러운 방식이다. 본성상 아이는

20 J. Savulescu, B. Foddy and M. Clayton, "Why We Should Allow Performance Enhancing Drugs in Sport", *British Journal of Sports Medicine* 38, 2004, 666-670.

두 명의 상호보완적인 생물학적 조상을 갖는다."[21]고 말한다. 따라서 자연적 본성에 어긋나는 것을 인위적으로 변경시키는 것에 반대한다.

이와 같이 인간향상 기술을 반대하는 생명윤리학자들이나 그것을 추구하는 트랜스휴머니스트들은 모두 '인간 본성'을 근거로 서로 대립되는 주장을 펴고 있다. 이러한 상황에서 과학철학자 천현득은 자신의 연구논문, "포스트휴먼 시대의 인간 본성"[22]에서 포스트휴먼 시대에 과연 과학적으로 알려진 사실들과 조화될 수 있는 인간 본성의 개념이 존재하는지, 또 그것이 규범적 차원에서 일정한 역할을 수행할 수 있는지에 대해 자문한다. 이제 우리는 저자가 제시하는 과학적 또는 '과학주의적' 인간 본성 개념들이 무엇인지 살펴보고, 또한 그것이 신학에 어떤 물음을 제기하는지를 살펴보자.

2.1. 본질주의적 인간 본성

천현득에 따르면, 최근 생물학, 유전학, 인류학 등에서 제기되고 있는 인간 본성에 관한 현대의 다양한 주장을 크게 두 축으로 분류할 수 있다.[23] 첫 번째는 '본질주의적' 관점이다. 이 관점에서 인간 본성이란

---

21 Leon Kass, "The Wisdom of Repugnance: Why We Should Ban the Cloning of Human", *New Republic* 216, 1988, 17-26.

22 천현득, "포스트휴먼 시대의 인간 본성", 『철학』 제126집, 2016년 2월, 157-183. 이 논문은 "인간향상 기술을 통한 포스트휴먼 되기: 인간 본성은 여전히 쓸모 있는 개념인가?"라는 제목으로 단행본에 재수록되었다. 한국포스트휴먼학회(편), 『포스트휴먼 시대의 휴먼』, 99-128. 본 논문에서는 후자의 단행본을 인용할 것이다.

23 본디 천현득은 세 가지 관점, 곧 '본질주의적 관점', '법칙론적 관점', '인과적 본질주의의 관점'을 제시하지만 본 논문에서는 크게 두 가지로 축약한다. 인과적 본질주의 관점에 대해서는 참조: 같은 글, 116-120.

인간이기 위해 소유해야 할 속성들의 총합을 의미한다. 여기서는 '모든 인간'과 '오직 인간'만이 갖는 속성들의 집합을 인간의 본성으로 이해하기 때문에, 인간의 본성을 이루는 개별적 속성은 인간 본성의 '필요조건'이다. 이 개별적 속성은 또한 본성의 일부를 이루기 때문에 '내재적' 특성을 갖는다.[24]

그러나 본질주의적 본성 개념은 최근 경험과학적 이해에서, 특히 생물학적 이해에서 받아들여지지 않고 있으며, 비판의 대상이 되고 있다. 다윈(Darwin) 이후 인간 종에 공통되고 또 고유한 인간의 본질이 존재한다는 생각은 더 이상 유지되기 어렵게 되었다. 왜냐하면 인간에게 있는 보편적인 속성을 인간이 아닌 다른 동물도 가지고 있고, 인간에게만 고유한 어떤 속성이 어떤 개별 인간에게는 발견되지 않기 때문이다.(월슨) 또한 '보편적인 공유'의 관념도 문제가 된다. 인간 본성에서 보편적이라는 관념은 그 본성 자체가 진화의 우연적 결과이기 때문에, 어느 한 시기에 그러한 속성 집합이 존재하더라도 그것이 영구적일 것으로 기대할 수 없다.

진화론적 탐구에서 파악된 우연적이고 변화하는 속성들의 집합으로서의 인간 본성 개념은 "인권과 같은 윤리적 차원에 개입하기가 어려울 것이다." 이런 측면에서 생물철학자 데이비드 헐(David Hull)은 "인간 본성의 존재와 그 중요성에 대해 계속적으로 제기되고 있는 주장들에 대해 의심의 태도를 견지할 수밖에 없다."[25]고 주장한다. 그에게 있

---

24 또한 본질주의적 본성 개념 속에는 내재적 특성 때문에, "관계적 속성은 인간 본성의 일부가 될 수 없다."는 것에 주의할 것이다. 같은 글, 105. 이 점은 그리스도교가 주창하는 인격주의적 관점에서의 본성 개념과 차이를 드러낸다.

25 David Hull, "On Human Nature", *Proceedings of the Biennial Meeting of the Philosophy of Science Association* (=PSA), University of Chicago Press, 1986, 3-13, http://links.

어서 진화의 우연성은 인권이나 다른 도덕적 담론의 기초를 제공해 줄 수 없다.

> "철학자들은 여러 세대에 걸쳐 인간이 본질적으로 동일하다고 주장해 왔다. 곧 동일한 본성을 공유한다는 것이다. […] 한 시기에 국한하여 보면, 특정 생물종은 하나 혹은 그 이상의 특성으로 특징지어질 수 있다. 이 특성들은 해당 종에 속하는 생물들에게 고유하게, 보편적으로 주어져 있다. 그러나 이러한 특성은 임시적이고, 우연적이며, 비교적 드문 일이다."[26]

이러한 입장에 대해서 천현득은 다음과 같이 판단한다. "인간 본성이 [생물학적 측면에서] 인간 종의 본성을 의미하는 한, 본질주의적 관점은 유지되기 어렵다."[27] 우연히 성립하는 보편적이고 고유한 속성 집합이나 전형적으로 공유되는 속성 집합으로서는 인간 종과 다른 종을 구별할 수 없고, 한 개체가 인간 종에 속하는지 아닌지도 결정할 수 없으며, 인간 행동 양식이나 성향을 설명해 주기도 어렵기 때문이다.

2.2. 법칙론적 인간 본성

두 번째는 본질주의적 본성개념에 대한 대안으로 제시되는 '법칙론적 관점'이다. 심리철학자 마셔리(Edouard Machery)에 따르면, "인간 본성이란 진화의 결과 인간들이 소유하는 경향이 있는 속성들의 집합이

---

jstor.org/sici?sici=0270-8647%281986%291986%3C3%3AOHN%3E2.0.CO%3B2-K.

26 David Hull, "On Human Nature", 3; Edouard Machery, "A Plea for Human Nature", *Philosophical Psychology* 21/3, 2008, 324.

27 천현득, 앞의 글, 110.

다."[28] 이 관점에서는 두 가지 조건을 채워야 한다. 첫 번째는 사람들이 공통적으로 가지는 속성이어야 하고, 두 번째는 그 속성이 진화의 결과이어야 한다. 첫 번째 조건은 모든 사람이 아니라 '대부분이 공유하는 경향'이라고 규정함으로써 본질주의적 관점보다는 완화된 조건이다. 인간 본성에 속하는 속성을 갖는 것은 인간 본성의 필요조건이지만 충분조건이 아니기 때문에, 계통적으로 인간 종에 속하면서도 인간 본성의 일부가 되는 어떤 속성이 결여될 수 있고, 인간 본성에 속하는 어떤 속성이 다른 동물과 일부분을 공유하는 경우를 허용한다. 예를 들면 만일 이성적 능력이 진화의 결과이면서 동시에 (모든 인간이 아니라) 대부분의 인간이 공유하고 있다면, 이것은 인간 본성의 일부일 수 있다는 것이다.[29] 이러한 관점에 따르면, 우리가 인간 종에 속하는 이유는 우리가 지닌 어떤 '내재적 속성'에 의해서가 아니라 우리가 계통적으로 인간의 자손이라는 사실에 있다.

이러한 관점은 본질주의적 관점의 한계를 넘어서지만, 진화와 문화 사이의 이분법을 전제하기 때문에 한계를 갖는다. 유전자-문화 공진화론자들은 둘 사이의 상호작용에 초점을 둔다. 그랜트 램지(Grant Ramsey)는 한 개인이 어떤 특정한 환경에 놓여 있을 때, 한 개인의 삶에는 다양한 결과를 가져올 수 있다고 말한다. 한 개인의 본성은 개인에게 "가능한 생활사들 안에 있는 형질다발의 패턴"으로 정의되고, 인간 본성은 "현존 인류의 가능한 생활사들의 총체 안에 있는 형질다발의 패턴"으로 규정된다.[30] 생활사를 이루는 특성들은 진화의 결과일 수도

28 Edouard Machery, "A Plea for Human Nature", 323.

29 천현득, 앞의 글, 112.

30 Grant Ramsey, "Human Nature in a Post-essentialist World", *Philosophy of Science*

있고, 사회적 학습을 통해 획득된 것일 수도 있다.(월슨) 여기서 본성을 이루는 형질다발성은 불변하는 것이 아니라 변하는 것이다. 이러한 관점은 인간 이해에 대한 서술적 기능을 담당하지만, "현존하는 인류가 어떤 존재인지, 인간이라는 존재의 특성은 무엇인지를 말해 주지 않는다. 다만 인류가 어떤 특성들을 가질 수 있는지를 이야기해 준다."[31]

이상의 인간 본성에 관한 두 가지 관점은 오늘날 4차 산업혁명의 인간향상 기술에 직면하여 어떤 역할을 할 수 있는가? 천현득은 "어떤 속성이 인간 본성의 일부라는 이유만으로 특정한 윤리적 함축을 도출하지 못한다는 점은 분명해 보인다."[32]고 말하면서 본질주의적 본성 개념의 한계를 지적하고, 그럼에도 인간 본성의 개념이 아무런 역할을 하지 못하므로 본성 자체를 제거해야 한다는 극단적 입장(뷰캐넌, 레벤스)[33]도 거부한다. 그러면서 그는 다음과 같이 제안한다. 우선 인간 본성에 관한 논의를 배제하자는 입장과 규범적 역할을 담당해야 한다는 입장 사이에서 한 가지 '공통분모', 곧 "인간 본성은 유연하지 않다는 점"을 중시해야 한다고 본다. 인간 본성의 "비가단성(unmalleability)"[34] 내지 비유연성(경직성)의 특성을 유지하면서,[35] 구체적인 수준에서 "어떤 것

80, 2013, 983-993; 천현득, 앞의 글, 114-115.

31 천현득, 같은 글, 115.

32 같은 글, 123.

33 뷰캐넌에 따르면, 인간 본성이란 "인류 공통의 진화적 발전 과정의 결과로서 대부분의 인간들이 지금 가지고 있는 고정 배선된(hard-wired) 특성들"이며, 이러한 본성개념으로부터는 어떤 도덕적 함축도 따라 나오지 않는다고 주장한다. Allen Buchanan, "Human Nature and Enchancement", *Bioethics* 23, 2009, 141-150; Tim Lewens, "Enchancement and Human Nature: The Case of Sandel", *Journal of Medical Etics* 35, 2009, 354-356; 천현득, 앞의 글, 121.

34 가단성(可鍛性)이란 외력에 의해 변형되는 금속의 성질을 말하며, 비가단성(非可鍛性)이란 쉽게 변형되지 않는 속성, 비유연성을 의미한다.

35 "무언가가 인간 본성의 일부라면 그것은 문화화, 교육, 또는 세뇌 교육 등에 의한 변경에 쉽사

이 변경하기 어려운지, 어떤 인지적, 신체적 능력이 향상 기술에 의해 변화할 수 있는지 등에 관한 정보를 알려 주는" 역할을 해야 한다고 제안하는 것이다.[36] 이어서 인간 본성에 관한 논의가 윤리적 규범에서 아무런 도움을 주지 않는다고 주장하는 것에 대항하여, 비록 어떤 속성이 인간 본성의 일부라는 이유만으로 특정한 윤리적 함축을 도출하지 못한다 하더라도, 인간 본성에 관한 성찰은 규범적 의사결정 과정에서 중요한 역할을 담당해야 한다고 주장한다. "의사결정 과정의 틀에서 보자면, 인간 본성 그 자체는 어떠한 도덕규범이나 원리를 제공해 주지 않지만 규범적 판단이 작동할 수 있도록 규범적 원리와 사실적 차원을 연결해 주는 역할을 한다."[37]

지금까지 우리는 현대 진화생물학자들과 생명철학자들의 논의를 통해서 인간 본성에 관한 탐구가 4차 산업혁명의 인간향상 기술에서 논쟁의 핵심 주제라는 것을 파악하게 되었다. 이들의 주장에 따르면, 인간 본성은 우연성, 역사성, 변화가능성, 비목적성의 특징을 갖는다. 순수 생물학적 입장에서 볼 때, 이 본성은 시간과 함께 변하기 때문에 인간 종에 해당하는 고유하고도 보편적인 본성 개념일 수 없다.[38] 그렇다면 진화생물학자들이 인간 본성 자체를 부정하거나 전통적 인간 본

리 순응하지 않으며 다양한 환경에 걸쳐 안정적이라는 생각이 [인간 본성에 관한] 상식적 관점이나 진화적 관점에 공통적이다." Allen Buchanan, ibid., 141; 천현득, 앞의 글, 124.

36 천현득, 같은 글, 125-126.

37 같은 글, 126.

38 생명철학자 마이클 기슬린(Michael Ghiselin)은 이렇게 적고 있다. "진화가 인간 본성에 대해 알려 주는 것은 무엇인가? 인간 본성은 미신이라는 것이다." Michael Ghiselin, *Metaphysics and the Origins of Species*, SUNY series in Philosophy and Bilogy, SUNY Press, 1997, 1(E. Machery, "A plea for Human Nature", 321에서 재인용).

성과 상충되는 속성들을 제시하는 상황에서 신학은 무엇을 말할 수 있는가? 신학적 인간 본성이해는 과학적 본성이해와 늘 양립할 수 없는가? 과학적 인간 본성이해가 신학작업에 기여하는 바가 전혀 없는 것인가? 양자 사이에서 어떤 특성이 양립할 수 있고, 또 어떤 특성이 양립할 수 없는가? 그리고 그 이유는 무엇인가? 천현득이 제안하는 것처럼, 생물학적으로 인간 본성의 개념이 규범적 역할을 하지 못한다 하더라도 인간 본성의 비가단성(비유연성)을 기반으로 규범적 역할을 해야 한다면, 신학은 이 부분에서 어떤 도움을 줄 수 있는가? 이러한 질문은 과학적 연구결과가 신학에 제공하는 물음을 존중하고 수용하는 가운데 그리스도교 신앙의 고유한 내용을 재확인하도록 촉구하며, 그것을 해석하고 표명하는 신학 자체에 대한 문제를 제기하게 한다. 신학의 입장에서 다음과 같은 질문이 제기될 수 있다. 만일 신학이 신앙인이든 비신앙인이든 "모든 사람에게 보편적인 신앙을 진술하는 것"이라면, 신학적 인간학은 오늘날 포스트휴머니즘의 인간 이해에 어떤 기여를 할 수 있는가?

3 그리스도교적 인간 본성의 이해

신학은 항상 그 대상을 논함에 있어 내재주의(Immanentisme)와 초월주의(Transcendantalisme), 내부주의(Intrinsécisme)와 외부주의(Extrinsécisme) 사이의 갈등 속에 있다. 내재주의와 내부주의는 그리스도의 계시 사건을 무시할 위험이 있고, 초월주의와 외부주의는 계시의 역사적 특성을 무시할 위험이 있다. 신학은 그 원천인 성경과 성전에 근거하여 시대의 사상적 조류에 맞서기도 하고 호응하기도 하지만, 근본적으로 계시 진리에 기초하여 그 고유성을 합리적으로 진술하고 해명한다. 그렇다면 인간 본성의 관점에서 그리스도 계시 사건은 우리에게 무엇을 알려 주었으며, 그 새로움이 오늘날 우리 사회가 겪고 있는 자연과 초자연의 분리, 이성과 신앙의 분리, 곧 과학과 신학의 분리 문제에 어떤 해결책을 줄 수 있는가? 과학의 대상인 자연과 신학의 대상인 초자연의 분리는 신학적으로 타당한가? 답부터 말하자면 아니다. 초자연적인 것(surnaturel)이 자연(nature)에 침투하여 모든 것을 변화시켰다는 것이 그리스도교 진리이기 때문이다. 우리는 이 진리를 과거 상호 대립으로 치달았던 이성주의적 신학과 달리, 하느님과 인간의 초월성에 대한 새로운 이해를 통해서 그리고 인간 본성의 '영적인 특성'을 통해서 제시해 보고자 한다.

3.1. 하느님과 인간의 초월성

교회는 항상 하느님의 초월성을 고백해 왔다. 그리스도교 전통에 따르면, 하느님의 초월성은 단순히 세상 밖에 존재한다는 의미로 이해되지 않고, 살아 있는 '신비'로서 세상 안에, 역사 안에, 특별히 인간의 내부에 현존하는 것으로 이해된다. 하느님이 세상 안에 존재한다 하더라도, 우리가 포착하고 소유할 수 있는 '대상'으로서가 아니라, 우리 위에 그리고 만물 위에, 또한 우리 안에 그리고 만물 안에 '신비'로 현존한다. 이것이 그리스도 계시를 통해 얻게 된 하느님의 진정한 초월성이다. 칼 바르트(K. Barth)나 폴 틸리히(P. Tillich) 등의 변증법적 신학은 위와 같은 대립 구도에서 한 측면만을 지나치게 강조하는 것에 대항하여, 초월과 내재, 자연과 초자연 사이의 이분법적 분리를 극복하지만, 자연적 질서와 초자연적 질서의 친밀한 관계에 대해 적극적으로 설명하는 데까지 이르지 못하는 것으로 보인다.

그러나 앙리 드 뤼박은 자연(이성)과 초자연적인 것(신앙)의 결정적 만남이 그리스도 계시에 의해 성취되었다고 이해한다. 이 계시가 인류에 가져다준 새로움은 자연(인간) 안에 초자연적인 것(은총)이 관통하여 들어와 스며들어 있으며, 동시에 자연을 움직이고 완성으로 이끈다는 것이다. 그리스도 계시는 하느님의 영의 관통으로서, 흔히 생각하는 정치적 혁명이나 문화적 변혁처럼 요란하지 않고, "인간 내부에 새로운 심연, 결정적 심연을 파헤치면서 이루는 변혁이다."[39]

> "자연과 초자연적인 것 사이에는 절대적 구별이 있고, 근본적인 이질성(hétéro-généité)이 있다. 이 점을 강조하는 것은 치명적인 혼돈과 우상숭배에 빠지지 않기 위해서는 좋은 일이다. 그러나 이러한 구별은 양자 사이의 *내적인 관계, 정향성, 목적*이 있다는 것을 방해하지 않는다. *자연은 초자연적인 것을 위하여 만들어졌고,* 초자연적인 것에 대해서는 어떤 권리도 갖지 못하지만 초자연적인 것 없이는 설명되지 않는다. 이로부터 중요한 결과가 도출된다. 모든 자연적 질서는, 인간뿐 아니라 인간의 운명까지지도 포함하여, 그것을 *움직이고 끌어당기는 초자연적인 것에 의해 이미 관통되어 있다.* 초자연적인 것이 거기에 없을 때, 이 부재는 또한 일종의 현존이다."[40]

---

39 H. de Lubac, *La foi chrétienne. Essai sur la structure du Symbole des Apôtres*, Œuvres complètes, t. V, Paris, Cerf, 2008, 12-13.

40 H. de Lubac, "Causes internes de l'atténuation et de la disparition du sens sacré", *Bulletin des aumôniers catholiques. Chantiers de la Jeuness* 31, 1942, 27-39; rééd. Paradoxes, coll. Œuvres complètes, t. XXXI, Paris, Cerf, 327-328. 이탤릭체는 우리가 강조하는 것이다.

그리스도 계시는 자연적 질서 안에 이미 초자연적인 것, 곧 신적인 것이 관통하여 스며들어 있으며, 그 초자연적인 은총이 자연적 질서를 -그것이 물리적 법칙이든 생물학적 법칙이든 진화의 법칙이든- 움직이고 끌어당긴다는 것을 확증해 준 사건이다. 이 점을 받아들일 때, 이제 과학과 신학은 서로를 배척하는 것이 아니라 하나의 실재를 바라보는 두 관점으로 이해될 수 있고, 그 실재에 대한 온전한 파악을 위해서 서로가 서로를 부르는 관계에 놓일 수 있다. 또한 과학은, 이미 초자연적인 것이 자연(본성) 속에 침투함으로써 비록 그것이 보이지 않고 그래서 대상적으로 증명할 수 없으며 마침내 부재하는 것처럼 보일지라도, 자신의 고유한 방법론에 따라 이 실재를 이해하고 있는 것임을 인정해야 한다. 다시 말해 경험론적 입장(인과론)을 취하는 과학은 이미 침투된 '영적 실재'를 제거하거나 사물화하지 않는 한, 자신의 고유한 영역에서 실재를 탐구하는 하나의 부분임을 스스로 인정해야 한다. 그러나 신학은 영적 실재와 그것의 나타남을 인정한다. 이러한 전제하에서 성경과 교부들이 이해한 인간 본성에 대한 진술을 이해할 수 있다.

성 아우구스티노(St. Augustine)는 하느님의 초월성(초자연적 은총)이 인간 본성(자연) 안에서 발견된다고 주장하면서도 그 초월성이 인간 내부에 갇혀 있는 것으로 보지 않았다. "하느님은 나의 가장 깊은 곳보다 더 깊이 계시며, 나의 가장 높은 곳보다 더 높이 계시다.(Deus, interior intimo meo, et superior summo meo)"[41] 하느님은 존재의 근거로 인간 안에 현존한다. "나의 하느님, 만일 당신께서 내 안에 계시지 않았다면, 나는

41 아우구스티노, *Confessions* III, 6, 11; "[인간의] 내부에는 들어 높여진 하느님, 영적으로 들어 높여진 하느님이 존재한다. 영혼은 오로지 자신을 초월하면서 그분께 다다를 뿐이다." 아우구스티노, *Soliloquia*, I, 1, n. 1; *In Psalmum* 130, n. 12 (PL 37, 1712).

존재할 수 없었을 것이며, 나는 아무것도 아니었거나 아니면 존재하지 않았을 것입니다. 내가 당신 안에 존재하지 않았을 때, 당신으로부터 모든 것이 나오고, 당신 안에서 그리고 당신을 통하여 모든 것이 존재합니다."[42] 성 베르나르도(St. Bernard) 역시 인간 본성 안에 살아 있는 하느님의 현존을 '존재'와 '운동'의 근거로 제시한다.

> "나는 나의 높은 곳으로 올라갔다, 그보다 더 높은 곳인 하느님 말씀의 나라에까지 올라갔다. 나는 갈구하는 탐구가로서 나의 가장 낮은 곳으로 내려갔다. 그러나 나는 그보다 더 낮은 곳을 발견하였다. 나는 밖을 보았다. 그러나 밖에 있는 모든 것을 넘어 그것을 발견하였다. 나는 내부를 들여다보았다. 나보다 더 깊은 것이 있다. 그리하여 나는 내가 읽었던 것의 진리를 인정하게 되었으니, 곧 우리는 그분 안에서 살고, 그분 안에서 운동과 존재를 갖는다는 진리를 인정하게 된 것이다."[43]

이처럼 하느님은 세상 만물 '안에' 그리고 동시에 세상 만물 '위에' 현존하는 신비적 실재다. 성 힐라리오(St. Hillaire)가 분명하게 말하는 것처럼 "하느님은 내부와 외부에 온전히 [계시며], 모든 것을 에워싸고 모든 것을 관통하여 스며들어와 모든 것 위에 그리고 모든 것 안에 [계시다]"[44] 여기서 우리는 과학적 탐구의 결과와 달리, 초월적 존재가 인간 안에 관통하여 스며듦으로써 현존한다는 사실, 그리고 양자는 전적

42 아우구스티노, *De speculo tractatus*, 6, c. 33.

43 베르나르도, *In Cantique*, Sermo 74 (PL 183, 1141).

44 힐라리오, *De trinitate*, I, VI. 우리의 주제와 관련된 교부들의 증언을 보려면 참조: H. de Lubac, *Sur les chemins de Dieu*, Œuvres complètes, t. I, Paris, Cerf, 2006, 109–117, 304–306.

으로 구별되지만 서로 분리될 수 없다는 사실, 영적인 힘에 의해서 일치를 이루고 있다는 사실을 강조하고 싶다. 그리스도교 "신앙은 우리를 관통하고 다스리며, 우리를 포괄하고 촉구하며, 우리를 심판할 뿐만 아니라 동시에 비추고 살게 하는 본질적 관계"[45]에 대한 신앙이다. 본질적(essential) 관계란 어원론적으로 보아 존재(esse)적 관계를 의미한다. 그런 한에서 초자연과 자연, 하느님과 인간은 불가분리적이다. 다시 한번 말하지만, 그리스도의 육화(incarnation)는 인간 안에 살아 계신 하느님과 존재론적으로 그리고 유기적으로 연결되어 있으며 불가분리적 일치를 이루고 있다는 사실을 알려 준다. 인간 안에는 제거할 수도 없으며, 다른 것으로 대체할 수도 없는 '영적인 것'이 내재한다. 과학은 이 점을 보지 못하고 의도적으로 외면한다.

3.2. 영적인 피조물로서의 인간 인격

인간이 '하느님의 모상'으로 창조되었다(창세 1,27)는 진리는 그리스도교 계시의 핵심이다. 성경과 성전과 교도권은 언제나 이 진리를 고백하며 가르쳐 왔다. 교회의 전통은 인간 본성의 보편성을 비결정적이고 임시적이며 증명할 수 있다고 말하지 않고, 하느님의 모상성을 인간의 본성으로 이해한다. 이 본성은 동일한 창조자에게서 유래하기 때문에 모든 인간이 "그 바탕에서 똑같다"는 것을 의미한다. 뿐만 아니라 이 모상성은 하느님을 닮도록(vision béatifique) 창조된 것을 의미한다.[46]

---

45 H. de Lubac, *Athéisme et sens de l'homme: Une double requête de Gaudium et spes*, Paris, Les éditions du Cerf, 1968, 21.

46 토마스 아퀴나스, *Summa theologiae*, IIIa, q. 9, a. 2, ad. 3; 앙리 드 뤼박, 『그리스도교 신비사상과 인간』, 곽진상 역, 수원가톨릭대학교출판부, 2016², 53.

"하느님께서는 인간을 신적인 목적을 이루도록 창조하셨다. 따라서 인간 안에는, 그 표현방식은 달라도, 이 목적을 실현하도록 인간을 준비시키는 어떤 것이 있어야 한다. 바로 이것이 이레네오(St. Irénée)나 오리게네스(Origènes) 그리고 다른 교부들이 표현하는 것으로서, 하느님께서 인간을 당신의 모습대로, 당신과 닮도록 창조하셨다는 교리다."[47]

하느님의 모상 신학은 제2차 바티칸 공의회 이전까지 크게 발전하지 못하다가 20세기 초 성경과 교부들, 그리고 위대한 스콜라 신학자들에 대한 깊이 있는 연구를 통하여 새로운 인식을 갖게 되었다.[48] 이 분야에서 독일의 칼 라너(Karl Rahner)와 프랑스의 앙리 드 뤼박(H. de Lubac)은 커다란 공헌을 하였다. 이 두 신학자는 모두 외부주의적 방식을 취한 스콜라 신학과 투쟁하였다. 라너는 토마스에 대한 재해석을 통해서, 드 뤼박은 교부들에 관한 연구를 통해서 스콜라 신학의 외부주의를 극복했다.

본디 '외부주의(extrinsécisme)'는 자연(natura)의 질서와 초자연(supernatura)의 질서를 분리하고(séparation), 자연의 세계 위에 초자연의 세계를 덮씌워 '2층으로 된 두 질서'를 고수한다.[49] 그리고 인간 본성 안에 있는 자

---

47 H. de Lubac, *Paradoxe et mystère de l'Eglise*, Paris, Aubier, 1967, 127. 드 뤼박은 여기서 니사의 그레고리오(Gregorius Nyssenus, 280경-374)를 언급한다. 그레고리오는 인간 안에 하느님으로부터 오는 구별되는 두 종류의 재산을 언급한다. 첫 번째 것은 '참여'를 통해 획득된 것이고, 두 번째 것은 진정한 의미의 선물을 말한다. *La création de l'homme*, c. 9 (PG, 44, 149B; SC, 6, 114).

48 국제신학위원회, 「친교와 봉사: 하느님의 모습으로 창조된 인간[인격]」, 2004, 21항, http://www.vatican.va/roman_curia/congregations/cfaith/cti_documents/rc_con_cfaith_doc_20040723_communion-stewardship_ko.html.

49 20세기의 외부주의에 대해서, H. de Lubac, *Athéisme et sens de l'homme*, 98. 이브 콩가르(Y, Congar)는 당시의 외부주의 신학에 대해서 다음과 같이 진단한다. "죄와 은총에 대한 외부주의는 근대 가톨릭시즘의 병이며[…], 본성이 가지고 있는 [하느님을 뵙고자 하는] 원의의 충만한 특성을 망각하게 했다." Y. Congar, "Le moment 'économique' et le moment

연적 목적과 하느님에 의한 초자연적 목적을 분리한다(이중목적론). 외부주의 신학은 초자연적인 것(은총)의 위대성을 보호하고 강조하기 위하여, 먼저 자연적 본성으로서의 '순수 본성(natura pura)'[50]이라는 개념을 상정하고, 그 위에 초자연적 은총이 추가적으로 주어짐으로써 자연 본성이 갖고 있던 자연적 목적에 초자연적 목적이 추가된다고 이해하였다. 그러나 드 뤼박은 이러한 외부주의 신학이 인간의 영적인 본질을 간과했기 때문에 생긴 것으로 보고, 창조 순간부터 인간 본성 안에 초자연적 목적이 주입된 것이라고 해석하였다. "영적인 피조물은 하느님과 직접적인 관계를 맺고 있다. 이 관계는 피조물의 기원에서부터 오는 것이다. 그리고 이것이 모든 것을 바꿔 놓는다."[51] 이와 같이 앙리 드 뤼박은 성경과 교부들의 해석을 따라, 인간이 하느님을 닮도록 창조된 영적인 피조물이라고 말한다. 하느님의 모상으로 창조된 인간은 창조의 순간부터 자기 본성 안에 "하느님을 뵙고자 하는 열망"[52]이 있고, 이 열망은 하느님의 은총에 의해 하느님과 일치함으로써 성취된다. 따라서 인간의 최종 목적(la fin ultime, la fin dernière)은 하느님과 닮는 것으로서 초자연적인 것이다. 바로 그러한 면에서 영적인 인간이다. 이와 같이 인간을 자연적 실재로서가 아니라 영적인 실재로 바라보는

'ontologique' dans la sacra doctrina", *Mélanges offerts à M.-D. Chenu*, Paris, Librairie philosophique J. Vrin, 1967, 175; H. de Lubac, *Athéisme et sens de l'homme*, 98; *Petite catéchèse sur Nature et Grâce*, Paris, Fayard, 1980, 28.

50 순수 본성이란 최초의 인간의 본성 이전에 아직 은총도 없고 죄도 없는 본성이다. 이것은 인간의 자연적 본성이 원죄로 말미암아 선한 본성을 잃게 되고, 그 훼손된 본성을 다시 회복하기 위해 추가적으로 필요한 하느님 은총의 위대성을 더욱 강조하고자 만든 추상적 개념이다. 이에 대해 참조: 곽진상, "앙리 드 뤼박의 신학사상에 나타난 그리스도교 인간 이해", 『가톨릭 신학』 16호, 2010년 여름, 12-18.

51 "Le mystère du surnaturel"[초자연성의 신비], *Recherches de Science Religieuse* 36, 1949, 107.

52 토마스 아퀴나스, *Summa theologiae*, Ia, q. 2, a. 1, ad. 1.

관점을 유지할 때, 그리고 창조의 순간에 이미 초자연적인 목적으로 부름받았다는 것을 견지할 때, 하느님과 인간 이해에 관한 외부주의적 오류를 극복할 수 있다는 것이다.

제2차 바티칸 공의회가 새롭게 보여 준 신학적 인간 이해는 인간에 대한 철학적 형이상학적 접근을 넘어, 그리스도와의 관계 안에서 조명한 것에 있다. 이제 인간학은 창조론의 관점에서만이 아니라 그리스도론과 관련된다.[53] 카를로 라우다치(C. Laudazi)도 이 점을 강조한다. 오늘날 인간의 존엄성을 부각시키기 위해서 "신학은 진정한 인간 이해의 지평에 도달할 수 있는 토대가 되는 중요한 실재를 가리킬 수 있어야 한다. 이 중요한 실재는 객관적인 특성을 지녀야 하며, 인간 본성이 갖는 피조성을 견고한 바탕 위에 정초할 수 있는 것이어야 한다. […] 그 실재란 다름 아닌 예수 그리스도이시다."[54] 따라서 만일 신학이 신적인 계시에 관한 학문이기를 바란다면 무엇보다도 먼저 그리스도와의 관계 안에서 인간을 연구해야 한다. 인간을 이해할 수 있고 인간의 운명을 발견할 수 있는 유일한 전망은 바로 그리스도이기 때문이다.

그렇다면 그리스도의 계시 사건은 하느님과 인간에 관하여 무엇을 계시해 주었는가? 그것은 앙리 드 뤼박이 명시적으로 지적하고 있는 것처럼, 다름 아닌 인격적인 하느님에 대한 계시이고, 인격적 인간에 대한 계시이며, 하느님과 인간 사이의 인격적 관계에 대한 계시다. 예수 그리스도 안에서 하느님의 계시는 "인간 존재가 인격적 존재라는 것이며, 동시에 […] 인간과 하느님 사이의 관계에 대한 계시다. 그

53 제2차 바티칸 공의회 이후 현대신학이 취하는 "그리스도론과 인간학의 연관성에 대한" 새로운 접근에 대해서, 참조. 국제신학위원회, 「친교와 봉사」, 23항.

54 카를로 라우다치, 앞의 책, 73.

런데 하나의 주제는 다른 하나의 주제를 부른다. 하느님께서 세-위격적(tri-personnel) 존재로 인류에 개입하시며 당신의 존재를 알려 주시면서, 동시에 우리를 인격적 존재로, 곧 은총과 사랑 안에서 그분께 응답할 수 있는 존재로 우리에게 알려 주신다."[55] 그리하여 제2차 바티칸 공의회는 "인간 존엄성의 빼어난 이유는 하느님과 친교를 이루도록 부름받은 인간의 소명에 있다"(「사목헌장」, 19)고 선언하며, 인간의 존엄성은 "바로 하느님 안에 기초를 두고 하느님 안에서 완성된다."(「사목헌장」, 21)고 단언한다. 인간은 자신이 가지고 있는 어떤 속성들로부터 존엄성을 갖는 것이 아니라, "인격인 한에서 그 자체로 자신의 고유한 의미를 지니고 있으며, 더 구체적으로는 자유를 통해서 자신을 실현함으로써 인격적인 존재가 되어 간다."[56]

그런데 인간 존엄성의 근거가 되는 인격으로서의 인간 이해는 스콜라 신학이 다시 취하고 있는 보에티우스(Boethius)의 정의로 만족할 수 없다는 것을 지적할 수 있다. 보에티우스에게 "인격은 이성적 본성의 개별적 실체(자립체)다.(Persona est rationalis naturae individua substantia)"[57] 이 정의는 인류의 사상사에서 인간 스스로 자신의 행동을 조절하는 고유한 자율성을 드러내는 데에는 중요한 논거가 되고, 이 점은 스콜라 신학에 의해서 계속 유지되어 왔다. 그러나 이 개념은 2009년 국제신학위원회의 문헌 「보편적 윤리를 위한 탐구: 자연법에 관한 새로운 시선」이

---

55 H. de Lubac, "Mystique et Mystère", *Théologies d'occasion*, Paris, DDB, 1984, 68.

56 G. Gozzelino, *Vocazione e destino dell'uomo in Cristo : Saggio di antropologia teologica fondamentale*, Torino, LDC, 1985, 147(카를로 라우다치, 『신학적 인간학』, 119에서 재인용).

57 Boethius, *Contra Eutychen et Nestorium*, c. 3 (PL 64, 1344): "Persona est rationalis naturae individua substantia." 참조: 보나벤투라, *In I Sent.*, dist. 25, a. 1, q. 2; 토마스 아퀴나스, Summa theologiae, Ia, q. 29, a. 1.

매우 예리하게 지적하고 있는 것처럼, '관계적 특성'이 보충되어야 한다. 이 문헌 67항은 "한편으로는"이라는 부사어 다음에 보에티우스의 인격 정의를 제시하고 그로부터 자율적 특성을 도출한 다음, "다른 한편"이라는 부사를 통해서, 인간 인격이 갖는 관계적 특성을 보충한다. "다른 한편, 인격은 관계 안으로 들어가는 능력으로 드러난다. 인격은 자신의 행위를 상호주체성의 질서 안에서 그리고 사랑의 친교 안에서 펼친다."[58] 사실 인격의 관계적 특성은 2004년 국제신학위원회의 문헌 「친교와 봉사」에서도 성경적 이해에 부합하는 중요한 요소로 지적되었다. "하느님께서는 이렇게 당신의 모습으로 사람을 창조하셨다. 하느님의 모습으로 사람을 창조하시되 남자와 여자로 그들을 창조하셨다." (창세 1,27) 이 증언은 인간을 "고립된 개인으로서가 아니라 인격으로", 곧 "본질적으로 관계적 존재"로 보고 있다는 것을 드러낸다. 하느님 모상의 관계적 특성은 두 측면에서, 곧 "인간의 존재론적 구조와 자유와 책임 행사의 기초를 마련해 주고 있다."[59]

이러한 지적은 극도의 자율성과 탈전통, 탈제도로 특징되는 오늘의 포스트모더니즘 시대에, 인간이 다만 자립적 주체로서 자율성만으로가 아니라 하느님, 타인, 그리고 세상과 관계를 맺는 사회적 존재로 부

58 "그리스도교 신학의 전통 안에는 인격에 대한 상호 보완적인 두 관점이 유지되고 있다. 한편으로는 스콜라 신학이 다시 취하는 보에티우스의 정의에 따라, 인격은 "이성적 본성의 개별적 실체(subsistantia, 자립체)다." 이 정의는 주체의 단일성을 상기시키는데, 곧 인격은 영적인 본성으로서 자의식 안에서 그리고 자유롭게 자신의 행동을 조절하는 것 안에서 존엄성과 자율성으로 드러난다. 다른 한편, 인격은 관계 안으로 들어가는 능력으로 나타난다. 인격은 자신의 행위를 상호주체성의 질서와 사랑 안에서 친교의 질서 안에서 펼친다." 국제신학위원회, 「보편적 윤리를 위한 탐구: 자연법에 관한 새로운 시선」, 2009, 67항.

59 국제신학위원회, 「친교와 봉사」, 2004, 10항.

각시킴으로써 사회와 문화 그리고 자연에 대한 책임을 의식하도록 촉구한다. 그렇다면 이제 인간 본성으로서 고유한 인격 개념은 개별적 자립체로서의 자율성만이 아니라 사회적 관계에 의해서 내적으로 그리고 근원적으로 구성된다는 것을 강조하는 데까지 나아가야 하지 않겠는가?[60] 이런 관점에서 진화론의 관점도 수용할 수 있지 않을까? 혹시 오늘날 유전공학의 발달로 사람이 인공적 기술을 통해 기계적으로 태어난다 해도, 자신의 탄생 이전에 이미 가족과 사회, 그리고 문화 안에서 태어나고 성장한다는 사실을 받아들여야 하지 않겠는가? 또한 탈전통과 탈규범적 상황에서 교회 공동체는 교회 밖의 사람들이나 교회 안의 신자들에게 어떤 외압적 규율을 제공하는 제도로서가 아니라, 이미 사랑과 친교의 인격적 소명을 깨닫고, 이를 실현하며 실제로 살고 있는 공동체로서 증거하는 것을 요청하는 것이 아닌가? 신학 역시 이성적 증명의 신학이 아니라 증거의 신학이 되기를 요청받는 것은 아닌가?

4 오늘날 신학적 인간학을 위한 제언

인간 본성에 관한 과학적 탐구가 신학에, 특히 신학적 인간학에 새롭게 숙고하도록 촉구하는 요소들이 있다면 그것은 무엇일까? 그것은 첫째로 인간 본성에 대한 '본질주의적 관점의 한계'를 인식하는 것이다. 둘째는 이원론의 극복이며, 셋째는 역사성의 재발견이다.

---

60 H.-J. Gagey, "The Concept of Natural Law in the Postmodern Context", L. Boeve, Y. de Maeseneer, L. Van Stichel (ed.), *Questioning the Human: Toward a Theological Anthropology for the Twenty-First Century*, New York, Fordham University Press, 2014, 36-37.

4.1. 이성주의적 본질주의의 극복

우리가 앞에서 살펴본 것처럼, 진화생물학이 취한 인간 본성의 '본질주의적' 관점은 인간 종을 정의하는 데 한계가 있음이 드러났다. 진화생물학이 보여 준 본질주의적 관점의 한계는 신학의 문제제기에도 유비적으로 도움을 준다. 신학에서 '이성주의적 본질주의'의 관점은 인간의 본성을 다양한 속성(이성, 감성, 자유, 사랑, 의지, 도덕적 능력, 초자연적 갈망 등)의 종합으로 볼 위험이 있다. 만일 이렇게 이해한다면, 각 속성과 부분을 분리시킬 위험이 있고, 분리를 통해 어떤 부분적 요소들을 대상화(objectivation)하며 결국에는 '자연화(naturalisation, 초자연적인 것을 자연적인 것으로 환원하여 사물화하는 것)'할 여지를 남긴다. 그리고 일단 분리되고 대상화된 다음에는 본래의 유기적 관계성과 일치성을 다시 회복하는 데에는 어려움이 있다. 그러므로 여러 속성의 총합이나 그것들의 결핍 여부나 밖으로 드러나는 외연에 의존하지 않고, 보다 근본적인 것, 그것 없이는 인간이라 할 수 없는 것, 가장 깊은 곳에 있는 것, 가장 내적인 것, 한 마디로 제거할 수 없고 "양도할 수 없는 바탕"에 근거를 두는 것이 필요하다.

이러한 측면에서 인간을 '영적인 피조물'로 보는 그리스도교 근본 교리는 매우 중요한 가치를 지닌다. 영적 피조물로서의 인간 이해는 "인간이란 하느님과 관계 안에 있는 존재이며, 인간 존재의 신적인 차원이 인간의 본성을 구성한다."[61]는 것을 보여 준다. 그렇기 때문에 인간의 본성에 있는 하느님의 모상성은 인위적으로 제거할 수도 없고 양도할 수도 없는 것이다. 드 뤼박이 말하는 것처럼, "하느님 없는 인간

---

61 Jean Daniélou, "Le sens chrétien de l'homme"(1963), *Bulletin des amis du Cardinal Daniélou* 5, mars 1979, 32.

은 탈-인간이다."[62] 이것이 바로 영적인 피조물로서의 인간 이해에서 오는 진술이다.

그러므로 오늘날 우리가 영적인 피조물로서 인간을 온전히 보존하기 위해서는 이성주의적 '본질주의적 관점'을 넘어서야 한다. 그리고 그 반대도 마찬가지다. 본질주의적인 관점을 넘어서기 위해서는 영혼과 육체가 분리될 수 없는 온전히 단일성을 이루는 인격(persona)으로 이해하는 것이 요청된다.

4.2. 이원론을 극복하는 통합적 인간 본성

신학의 역사에서 인간을 영혼과 육체로 이해하는 이분법적 전통은 주지의 사실이다. 그리고 영혼을 중시해 온 것도 사실이다. 그러나 성경과 교부들의 가르침에서 유지되는 인간 본성의 통합적 사고 역시 전통 안에서 항상 유지되어 왔다. 오늘날 생물학을 포함한 여러 과학이 인간의 육체를 영적인 것에서 분리하여 도구화하고 사물화하여 조작하는 상황에서, 신학적 인간학은 이원론을 극복하고 인간의 통합성, 전체성, 온전성을 강조할 필요가 있다. 그러기 위해서는 무엇보다 먼저 인간의 육체성에 대한 더 깊은 이해가 필요하다.

그리스도교 계시의 증언에 따르면, 인간의 육체성은 인간 정체성의 근본이다. 이것은 육체성이 영혼과의 일치 안에서 인격으로서의 인간의 정체성을 드러내기 때문이다. 구약성경에서 인간을 지칭하는 데 사용된 네페쉬(nefes)는 구체적인 인간의 생명을 의미한다.(창세 9,4; 레위 24,17-18; 잠언 8,35 참조) 여기서 중요한 것은 인간 자신이 곧 네페쉬라는

62 "L'homme sans Dieu, déshumanisé", H. de Lubac, *Sur les chemins de Dieu*, 228; 곽진상, "앙리 드 뤼박의 신학사상에 나타난 그리스도교 인간 이해", 앞의 글, 53, 각주 107.

것이다. "인간은 네페쉬를 소유하는 것이 아니라, 인간 자신이 곧 네페쉬다."[63] 신약성경의 '사륵스(sarx)'는 물질적 육체성을 의미하기도 하지만(2코린 12,7 참조) 동시에 "온전한 인간"을 지칭하기도 한다. 성서적 인간학은 인간의 단일성을 전제하고 있으며, 여기서 육체성은 인간 정체성에 "본질적인 것"으로 이해되고 있다.

이러한 사상은 교부들의 사상에서도 발견된다. 아우구스티노 성인은 영혼과 육체를 구분하지만 결코 분리하지 않으며, 오히려 하나를 이루는 온전성(integritas)을 주장한다. 다음의 진술들은 마치 영(정신)과 몸(육체)의 이원론적 진술처럼 보인다. "인간은 몸과 영으로 구성되어 있다."[64] "인간 안에는 몸과 영혼(anima) 외에 실체(substantia)와 본성(natura)에 속하는 것은 아무것도 없다. 곧 영(spiritus)과 육(caro)이 인간 전체를 구성한다."[65] 이와 같이 아우구스티노는 영혼과 육체, 또는 영과 육의 이분법적 구별을 언급하지만, 항상 인간 전체를 구성한다는 것을 잊지 않고, 인간의 온전성(전체성, 통합성)을 고수한다. 다른 한편, 히포의 주교는 다른 저서에서 인간의 삼분법을 제시하면서도 인간의 전체성을 옹호한다. "인간은 영과 영혼과 몸으로 온전히 이루어진다. 그러나 앞의 두 가지를 영혼이라는 이름으로 부르기도 한다."[66] 다른 곳에서도 같은 사상이 발견된다. "피조물의 전체성, 곧 영과 영혼과 몸이란, 우리가 그로 말미암아 인식할 수 있고, 그로 말미암아 생명을 유지

---

63 국제신학위원회, 「친교와 봉사」, 27항.

64 아우구스티노, *Sermo* 128, n. 9 (PL 38, 717); 앙리 드 뤼박, 『그리스도교 신비사상과 인간』, 148.

65 아우구스티노, *Sermo* 150, n .5 (PL 37, 1887); 앙리 드 뤼박, 같은 책.

66 아우구스티노, *De natura et origine animae* [본성과 영혼의 기원], II, 2, 2 (CSEL 60, 336-337).

할 수 있으며, 그로 말미암아 보고 만질 수 있는 것이다."[67] 결국 아우구스티노는 피조물로서의 인간의 전체성을 늘 견지하고 있다.

성 토마스 아퀴나스 역시 인간의 영혼과 육체의 단일성, 곧 일치성을 강조한다. 그는 아리스토텔레스(Aristotle)의 용어를 빌려 "영혼은 육체의 형상이다.(anima forma corporis est)"라는 유명한 정식을 내놓는다.[68] 이 정의에 따르면, 영혼은 육체의 감옥처럼 소개되지 않고(플라톤), 육체가 단일성과 일치성을 부여하는 원리로 제시된다. 그에게 육체와 영혼은 인간 존재의 근본적인 단일성과 일치성 내부에 있는 두 개의 형이상학적 원리다.[69] 그런 한에서 인간의 모든 활동은 "인간 전체의 작용(opreratio totius hominis)"[70]이다.

프랑스의 실존주의 철학자 가브리엘 마르셀(Gabriel Marcel, 1889-1973)은 『존재와 소유(*Etre et Avoir*)』라는 책에서, '나의 몸'은 '나'의 인격과 구별되지만 소유(avoir)의 대상이 아니라 존재(être)와 연결되는 '절대적 매개'로서 결코 소유할 수 없다고 말한다. "나의 몸이 절대적 매개(médiateur absolu)인 한에서 [현실세계의 어떤 대상과 소통한다는 의미에서] 나

---

67 아우구스티노, *In Jon*. 52, 11 (CCL, 36, 450; PL 35, 1773); 앙리 드 뤼박, 『그리스도교 신비사상과 인간』, 150.

68 J. Ratzinger, *La mort et l'au-delà. Court traité d'espérance chrétienne*, Paris, Fayard, 1994, 156. 라칭거는 여기서 토마스의 프쉬케(영혼) 개념이 아리스토텔레스의 개념을 변형시킨다는 것을 강조한다.

69 Ibid. 저명한 토미스트 쟈크 마리탱(Jacques Maritain)은 토마스의 인간 이해가 갖는 독특성을 지적하면서, 인간의 영혼과 육체는 독립적인 개별적 존재자가 아니라고 말한다. "영혼과 물질은 인간이라고 불리는 유일하고 하나뿐인 실재, 곧 하나의 같은 존재의 *두 개의 실체적 공동원리(deux co-principes substantiels)다*." 육체성은 영혼과 실체적 관계를 이룸으로써 단일성과 고유성을 드러낸다. J. Maritain, *La personne et le bien commun*, Desclée de Brouwer et Cie, 1947, 28-31. 이탤릭체는 필자가 강조하는 것이다.

70 Thomas Aquinqs, *III Sent*. d. 31, q. 2, a. 4c; cf. *De Veritate*, 10,8, ad. 5; H.-J. Gagey, "The Concept of Natural Law in the Postmodern Context", 39.

는 나의 몸과 소통(communication)하는 것을 중단한다. 또 이렇게 말할 수 있다. 나의 몸은 내가 아니며, 나에게 [대상물처럼] 주어질 수 없다. 왜냐하면 주어진 모든 것은 대상화의 과정에 착수한다. 이것이 바로 '침투성(permeable)'이라는 용어를 통해 내가 이해하는 것이다. 나의 몸의 비침투성(impermeable)은 절대적 매개라는 특질에 의거하여 나에게 속한다. 그러나 바로 이런 의미에서, *나의 몸은 나 자신이다*. 왜냐하면 나의 몸을 대상으로 이해하는 한에서만, 다시 말해 절대적 매개로 다루는 것을 중단하는 한에서만, 나는 그것과 구별할 수 있을 뿐이기 때문이다."[71]

마르셀에 따르면, 외부로부터 주어진 것은 소유할 수 있고, 소유하는 모든 것은 나의 밖에 있다. 그러나 인간의 육체성은 절대적 매개이기 때문에 인격과 동일성을 이룬다. 이러한 인간학적 이해는 앞에서 살펴본 나노기술의 발전에서 제기되는 '살아 있는 몸'과 인격(자아) 사이의 분리 문제에 중요한 기준을 제공한다. 또한 증강현실에서 제기되는 살아 있는 몸과 분리된 자아의 정체성 문제에도 무시할 수 없는 준거가 될 것이다.

4.3. 인간 본성의 역사성 재발견

앞에서 살펴본 것처럼, 진화생물학적 탐구에 따르면, 인간은 유전자와 환경에 따라 진화한 산물이며, 그렇기 때문에 인간 본성은 우연적이고 역사적인 특성을 갖는다. 이런 특성을 근거로 극단적인 입장을 취하는 학자들은 인간의 본성 자체를 고정적이고 정적인 것으로 설명할 수 없다고 주장하면서 거부하기까지 한다. 본성의 우연성과 역사성

71 Gabriel Marcel, *Etre et Avoir*, coll. "Philosophie de l'Esprit", sous la dir. L. Lavelle et R. Le Senne, Paris, Editions Montaigne, 1935, 14-15. 이탤릭체는 필자가 강조하는 것이다.

은 한편으로는 수용 가능하지만, 다른 한편으로는 수용할 수 없는 부분이 있다. 우선 순수 자연주의적 입장에서 인간을 자연의 산물로 보고 창조자의 피조물로 보지 않는 것은 그리스도 신앙과 전적으로 대립된다는 것을 지적해야 한다. 그러나 창조주 하느님을 존재의 근원으로 보는 것이 긍정되는 한, 인간 존재의 우연성과 근본적인 역사성은 신앙과 대립하지 않는다. 칼 라너는 인간을 '세계 내 정신(Geist, 영)'이라고 규정하며, 유한한 정신(영)인 인간은 본질적으로 역사적인 특성을 갖는다고 이해한다. 인간의 역사성(Geschichtlichkeit)은 우선적으로 인간의 육체성에서 나온다. 그러나 이것은 육체성에만 국한된 것이 아니라 정신(영)의 역사적 개입 안에서, 특히 정신(영)이 인간 안에 내재하는 한에서 그렇다. 특히 "정신(영)적 인격 존재"[72]로 보는 한에서 그렇다. "인간이 자유로운 행동자인 한 하느님 지향의 초월에서조차, 즉 절대자로의 그의 관계규명 속에서도 자유로이 행동하는 한 그는 역사적이다. 이 소인은 인간의 역사성으로서 자명하게 본질적으로 속하여 있다."[73] 여기서 인간의 '자유'가 역사적 특성을 이루는 근본적인 요소임이 드러난다. 사실 인간의 자유 없이 역사를 말할 수 없다. 인간은 단지 생물학적 본능에 순응하는 존재만이 아니라, '그럼에도 불구하고' 자유에 따른 선택적 행동이 인간됨을 규정하는 윤리적 존재임이 드러난다.

인간 본성의 역사적 특성은 토마스 아퀴나스의 신학에서도 나타난다. 토마스는 우선 성경의 가르침에 따라 "인간은 하느님의 모상으로

72 칼 라너, 『그리스도교 신앙 입문』, 이봉우 역, 분도출판사, 1994, 163-164.

73 Karl Rahner, *Hörer des Wortes: Zur Grundlegung einer Religionsphilosophie*, München, 1941, 166(심상태, 『익명의 그리스도인』, 성바오로출판사, 1985, 88-89에서 재인용).

창조되었다."고 말하면서, 이 교리는 인간과 하느님 사이의 "유사성(similitudo)과 유래성(origine)"[74]을 알려 주는 교리라고 규정한다. "하느님의 모상은 하느님의 생명에 참여하는 근거"로서, "지성적 피조물"인 인간이 인식하고 사랑할 때 하느님과 유사한 모상성이 발현되고, 지성의 관상(contemplatio)을 통하여 실현된다고 말한다. 그러고 나서 '지성적 영혼'이며, '자립적인 실재'인 하느님 모상은 '역사적 특징'을 갖는다고 밝힌다. 이 역사적 특성은 다음의 세 단계를 통해 드러난다. 첫 번째는 하느님을 닮도록 창조된 본성으로서의 '창조의 모상(imago creationis)'이고, 두 번째는 원죄 이후 은총에 의해 회복된 본성으로서의 '재창조의 모상(imago recreationis)'이며, 세 번째는 의인들이 지복직관(영광)의 상태에 있는 '닮음의 모상(imago similitudinis)'이다. 첫 번째는 모든 인간에게 있으며, 두 번째는 의로운 이들에게, 세 번째는 오직 지복직관에 이른 복자들에게만 있다.[75]

인간 본성의 역사성에 대한 주장은 신학적으로 그리스도와의 관계 안에서 이해하는 것을 의미한다. 사실 제2차 바티칸 공의회 이전까지 신학은 그리스도와 인간 본성에 대한 상관성을 깊이 발전시키지 못하였으나[76], 제2차 바티칸 공의회에 이르러 이 점을 새롭게 발견하고 발전시키게 되었다.

실제로 「사목헌장」 22항은 이렇게 선언한다. "사람이 되신 말씀의 신비 안에서만 참으로 인간의 신비가 밝혀진다. 첫 인간 아담은 장차

---

74 토마스 아퀴나스, *Summa Theologiae*, Ia, q. 93, a. 1; a. 4.

75 *Summa Theologiae*, Ia, q. 93, a. 4 [김율(정의채 감수)의 번역에 따르면, '창조의 모습', '재창조의 모습', '유사성의 모습'이라고 번역하고 있다. 토마스 아퀴나스, 『신학대전 13권: 제1부 제90문제-102문제』, 바오로딸, 2008, 106 참조]; 참조: 국제신학위원회, 「친교와 봉사」, 16항.

76 참조: 국제신학위원회, 「친교와 봉사」 23항.

오실 분, 곧 주님이신 그리스도의 예형이었다.(로마 5,14; 테르툴리아누스, 육신의 부활 6) 새 아담 그리스도께서는 하느님 아버지의 신비와 그 사랑의 신비를 알려 주는 바로 그 계시 안에서 인간을 바로 인간에게 완전히 드러내 보여 주시고 인간에게 그 지고의 소명을 밝혀 주신다." 하느님의 모상은 하느님과의 일치를 위한 존재론적 바탕이고, 일종의 '존재론적 준비'라 할 것이다. "이 모상은 자신의 원형(Model)과 재결합되는 것을 애태우기 때문에 원형이신 그리스도[참조: '보이지 않는 하느님 형상(Imago Dei)', 콜로 1,15]를 통해서만 성취될 수 있다."[77] 이런 측면에서 신학적 인간학은 그리스도론과 연결되며, 창조와 종말의 신앙과도 연결된다. 칼 라너의 고유한 표현에 따르면, "그리스도론은 인간학의 목적이고 시작이다. 이 인간학은, 그것의 가장 근본적인 실현, 곧 그리스도론의 실현 속에서, 영원히 신학이다."[78]

만일 진화론자들이 인간 본성에 대한 역사적 특성과 진화의 사실을 발견하였다면, 이러한 발견에 직면하여 신학은 무엇을 말할 수 있을까? 2004년의 국제신학위원회 문헌 「친교와 봉사」는 우리에게 해답의 단초를 제공한다. "신학자들은 인간 역사와 인류 문명의 진화에 비추어 볼 때, 하느님 모습이 참다운 의미에서 아직 형성되고 있는 중이라는 사실을 인정하는 것이다."(23항) 교회의 전통적 용어를 빌려 말한다면, 인간은 하느님 안에서 하느님과 일치를 이루기까지 '나그네(homo viator)'로 있다. 신학적 인간학은 그리스도의 구원 사명 안에서 인간을 이해하

77 H. de Lubac, *Le fondement thélogique des missions* (1946), 71.

78 K. Rahner, "Réflexions théologiques sur l'incarnation", *Ecrits théologiques*, t. III, Paris, Desclée de Brouwer, 1963²(1962¹), 96. "하느님이 인간이고, 인간 안에 영원히 머무른다면, 모든 신학은 이제부터 영원히 인간학으로 머문다. […] 인간은 자신을 형성한 존재의 신비에 영원히 참여하면서 영원히 표현된 하느님의 신비다." 같은 글.

며, 이러한 그리스도론적인 인간 이해는 현대의 인간 본성 이해에 관한 논의에서 핵심적 자리를 차지한다.

결론

4차 산업혁명 시대로 특징되는 현대 과학기술의 발전과 사회문화적 변화를 교회는 어떤 시각으로 바라보고 어떤 태도를 견지해야 할 것인가?

4차 산업혁명 시대의 핵심 기술 가운데 하나는 인공지능 기술이다. 어떤 학자들은 인공지능이 인간의 능력을 넘어서고 인간의 통제를 벗어나기 때문에 인간을 위협할 뿐 아니라 인류의 파괴도 가져올 수 있다고 지적하면서 우려와 두려움을 표현하기도 한다. 그러나 이러한 우려와 공포는, 한편으로는 인공지능이 자기 학습을 통해 윤리적 인간의 통제를 벗어날 수 있는 가능성에서 제기될 수 있지만, 다른 한편으로는, 고인석이 지적하는 것처럼, 존재론적 망각에서 기인하는 것이다. '존재론적 망각'이란 "인공지능과 인간의 존재론적 관계에 대한 망각"[79]으로, 인간이 인공물의 제작자라는 것을 망각하는 것이다. 우리가 우려하고 두려워해야 할 대상은 "인공지능 자체라기보다 인공지능을 개발하고 활용하는 우리 자신이다."[80] 경계해야 할 대상은 인공지능을 설계, 제작, 관리, 활용하는 "우리 자신의 오만함과 부주의함이고, 그런 오만과 부주의함이 낳을 수 있는 우리 통제 밖의 기술상품들이다." 그렇다. "인공물은 어디까지나 인간이 스스로를 위해 설계하고

79 고인석, "인공지능 시대에 살아남는 법", 『황해문화』, 2016년 12월, 263.

80 같은 글, 257.

제작하는 것이다. 그것이 인공지능의 핵심적 본질이다. 그것을 어떤 것으로 만들지, 어느 수준까지 만들지, 아니 심지어 만들지 말지는 우리가 결정할 사항이다."[81]

바로 여기서 신학의 역할이 대두된다. 신학은 현대의 4차 산업혁명에 대해서 두려워하거나 공포에 떨 것이 아니라, 제작자이며 관리자이고 활용자인 인간의 문제에 더욱 집중하는 것이 필요하다. 인간에 집중하되, 지금까지 우리가 연구한 것처럼, 단지 인간의 자유나 책임만을 강조하는 데 만족할 것이 아니라 그것의 근거인 인간의 영적인 본질, 제거할 수 없는 바탕에 터해서 그렇게 해야 할 것이다.

성경에 따르면, 인간은 자기 스스로의 힘으로 자신을 형성하는 존재가 아니다. 20세기 루터교의 거장 칼 바르트가 지적하는 것처럼, 인간은 "단지 하느님께서 불어넣어 주신 숨을 통해서 그리고 하느님께서 숨을 쉴 수 있게 하심으로써 자신의 고유한 존재로 들어 높여졌다."[82] 앙리 드 뤼박은 사도 바오로가 언급한 "인간 안에 있는 영"(1코린 2,11)이 인간에게서 온 것이 아님을 강조한다. "인간을 위대하게 만드는 것은, 그리고 인간을 이 세상의 다른 존재들 가운데 고유한 가치가 있게 하는 것은, 또한 이 세상에서 우월한 존재로 만드는 것은 '인간 안에' 있는 요소이지 '인간으로부터'의 요소가 아니다."[83]

인간 안에 있는 요소이지만 인간으로부터 온 것이 아니라는 진술은 오늘날 자연과 생명, 인간 자신에 대한 입장을 표명하는 데 있어서 신중하고 '겸손'할 것을 의미한다. 만일 생명이 생명의 근원 없이 설명될

81 같은 글, 263.
82 K. Barth, *Dogmatique*, vol. 3, t. I, Genève, 1960, 266.
83 앙리 드 뤼박, 『그리스도교 신비사상과 인간』, 115.

수 없고, 물질 또한 그 내부에 있는 근원 없이 설명될 수 없다면, 모든 존재는 존재의 원리이며 존재 자체이신 하느님에게서 온 것이다. 그래서 사도 바오로는 "그대가 가진 것 가운데 받지 않은 것이 어디 있습니까? 모두 받은 것이라면 왜 받지 않은 것인 양 자랑합니까?"(참조 1코린)라고 묻는다. 인간과 자연 이 모든 것이 하느님에게서 받은 것임을, 곧 선물이라는 것을 인정하는 것이 우리의 신앙이다.

> "우리 신앙의 깊이와 견고함은 신앙인을 겸손하게 하는 역할을 한다. 우리 안에 있는 신앙, 우리 안에 살고 있는 신앙, 우리를 소유하고 있는 신앙은 우리의 것이 아니다. 인간의 가치가 아니다. 부동산처럼 우리가 소유할 수 있는 가치도 아니며, 우리 인간 존재를 구성하고 풍성하게 하는 다른 가치들과 결합될 수 있는 것이 아니다. 신앙(fides)은 우리 안에 있지 않고, '자연(natura, 본성)'에서 오는 것도 아니며, 문화(cultura)에서 오는 것도 아니다." [84]

현대 과학이 인간에 대해 제공해 주는 다양한 지식들이 신앙의 진리보다 더 객관적이고 확실하다고 여기며, 서로 상충하는 경우(예, 진화)에 신앙의 진리를 시대에 뒤떨어진 진부한 지식으로 여기며 두려워하는 신앙인들이 있다면, 우리는 앙리 드 뤼박의 이 진술이 표명하는 것처럼, 신앙의 지식이야말로 근원적 지식이며 영적인 것이라는 점을 잊어서는 안 될 것이다.[85] 바로 이런 이유로 신앙인들은 복음선포를 두려워

84 H. de Lubac, *Athéisme et sens de l'homme*, op. cit., 21.

85 앙리 드 뤼박은 당대의 과학적 인간 이해에 맞서 '하느님의 모상'으로서의 인간 본성 이해야말로 모든 인간의 일치성과 보편성의 근거가 된다는 것을 끊임없이 주장한다. "교회의 가르침에 따르면, 이 일치는 무엇보다 먼저 영적이다. 생물학적 종의 일치문제나 혹은 오늘날 '인류단일기원설'의 문제는 상대적으로 이차적이다. 과학은 '기원(origine)'의 일치만을 다룰 수

하지 않는다.

존재의 근원이며 생명의 원천이신 하느님은 '당신의 모습대로' 인간을 창조하셨으나, 인간은 자기보다 더 강한 인공로봇을 만들고 있다. 성경은 피조물인 인간이 창조주 하느님과 같아지려는 '교만'을 죄로 규정하지만, 포스트휴머니즘은 무한한 자유로 무한의 경지에 오르라고 재촉한다. 영원하신 하느님은 자신의 모든 것을 버리고 시간의 역사 속에 오셨지만, 포스트휴먼은 유한한 시간을 넘어 하느님이 되려고 한다. 하느님은 인간을 너무나 사랑한 나머지 우리의 나약함을 취하여 고통을 짊어지고 돌아가셨으나, 포스트휴먼은 고통과 죽음을 버리고 영원으로 들어가고 싶어 한다. 그렇다. 오늘날 하느님과 인간에 관한 신비가 소송 중에 있다. 이 신비를 사는 사람들의 모임인 교회가 이러한 신비의 증인으로 초대받고 있다. 이 신비를 증명이 아니라 삶으로 증거하는 것이 교회의 역할이다.

있을 뿐, '근원(principe)'에 대해서는 다룰 수 없다. 사람들은 자신의 영적 존재의 바탕을 형성하는 이 유일한 모상[Image, 그리스도]에 참여함으로써 모든 사람은 물리적, 지성적, 도덕적, 개인적, 문화적, 민족적 다양성을 넘어 하나다." H. de Lubac, "L'Eglsie en face de la crise mondiale", *Sources. Eléments de travail pour les chefs des chantiers de la Jeunesse*, Châtelguyon, 1942, 3-11; rééd. *Pardadoxes*, 1999, 303.

참고 문헌

1. 교회 문헌

Patrologiae Cursus Completus, Series Graeca, J. P. Migne, Paris, 1857-.

Patrologiae Cursus Completus, Series Latina, Paris, 1844-.

International Theological Commission, *A la recherche d'une éthique universelle: Nouveau regard sur la loi naturelle* [보편적 윤리 탐구: 자연법에 관한 새로운 시선] 2009, http://www.vatican.va/roman_curia/congregations/cfaith/cti_documents/rc_con_cfaith_doc_20090520_legge-naturale_fr.html#top. 2018.02.15. 검색.

International Theological Commission, *Communion and Stewardship: Human Persons Created in the Image of God*, 2004 [국제신학위원회, 「친교와 봉사: 하느님의 모습으로 창조된 인간[인격]」, 2004], http://www.vatican.va/roman_curia/congregations/cfaith/cti_documents/rc_con_cfaith_doc_20040723_communion-stewardship_ko.html. 2018.04.15. 검색.

2. 단행본 및 논문

ANSELMUS, *Monologion Proslogion* [안셀모, 켄터베리의, 『모노로기온 & 프로슬로기온』, 박승찬 역, 대우고전총서 3, 아카넷, 2002].

BARTH, Karl, *Dogmatique*, vol. 3, t. I, Genève, Labor et Fides, 1960.

BESNIER, Jean-Mischel, *Demain les post-humains, le future a-t-il encore besoin de nous?*, coll. Haute tension, Paris, Fayard, 2009.

BOETHIUS, *Contra Eutychen et Nestorium* [PL 64].

BUCHANAN, Allen, "Human Nature and Enchancement", *Bioethics* 23, 2009,

141–150.

CONGAR, Yve, "Le moment 'économique' et le moment 'ontologique' dans la sacra doctrina", *Mélanges offerts à M.-D. Chenu*, Paris, Librairie philosophique J. Vrin, 1967, 135–187.

DANEELS, Godfried, "Le rôle d'une Faculté de théologie. Réflexions d'un pasteur", AVELINE, J.-M. / HAQUIN, A (dir.), *La théologie entre deux siècles, Bilan et perspectives*, Actes du colloque organisé à l' ocasion du 575e anniversaire de l'Université Catholique de Louvain-la-Neuve, 2002, 9–18.

DANIÉLOU, Jean, "Le sens chrétien de l'homme"(1963), *Bulletin des amis du Cardinal Daniélou* 5, mars 1979, 31–37.

FEINER, Johannes / LÖHRER, Magnus (Hg.), *Mysterium salutis: Grundriss heilsgeschichtlicher Dogmatik*, vol. 1–4, Einsiedeln, Benzinger Verlag, 1965.

GAGEY, Henri-Jérôme, "The Concept of Natural Law in the Postmodern Context", *Questioning the Human: Toward a Theological Anthropology for the Twenty-First Century*, BOEVE, Lieven/De MAESENEER, Yves/Van STICHEL, Ellen (ed.), New York, Fordham University Press, 2014, 31–41 [프랑스어 원본, "Le concept de la loi naturelle dans le context postmodernisme", *Transversalités* 117, 2011, 69–83].

GHISELIN, Michael, *Metaphysics and the Origins of Species*, SUNY series in Philosophy and Biology, SUNY Press, 1997.

GIOVANNI PAOLO II, *L'amore umano nel piano divino: La redenzione del corpo e la sacramentalità*, Libreia Editrice Vaticana, 2012 [요한 바오로 2세, 『하느님 계획 안에 있는 인간 사랑: 요한 바오로 2세의 '몸 신학'』, 사람과 사랑, 2013].

GORZ, André, *L'Immatériel: Connaissance, valeur et capital*, Paris, Galilée, 2003.

GOZZELINO, Giorggio, *Vocazione e destino dell'uomo in Cristo: Saggio di antropologia teologica fondamentale*, Torino, LDC, 1985.

HULL, David, "On Human Nature", *Proceedings of the Biennial Meeting of the*

Philosophy of Science Association (=PSA), University of Chicago Press, 1986, 3-13.

KASS, Leon, "The Wisdom of Repugnance: Why We Should Ban the Cloning of Human", *New Republic* 216, 1988, 17-26.

LABERTHONNIERE, Lucien, *Le réalisme chrétien et l'idealisme grec*, Paris, Ed. du Seuil, 1966(1904[1]) [Kessinger Legacy Reprints, 2014].

LAUDAZI, Carlo, *Temi Fondamentali di Antropologia Teologica*, Roma, Teresianum, 1996 [라우다치, 카를로, 『신학적 인간학』, 윤주현 역, 가톨릭대학교출판부, 2004].

LEWENS, Tim, "Enchancement and Human Nature: The Case of Sandel", *Journal of Medical Etics* 35, 2009, 354-356.

LUBAC, Henri De, "Causes internes de l'atténuation et de la disparition du sens sacré", *Bulletin des aumôniers catholiques. Chantiers de la Jeuness* 31, 1942, 27-39; rééd. *Paradoxes*, Œuvres complètes, t. XXXI, Paris, Cerf, 1999, 317-341.

________, "L'Eglsie en face de la crise mondiale", *Sources. Eléments de travail pour les chefs des chantiers de la Jeunesse*, Châtelguyon, 1942, 3-11; rééd. *Pardadoxes*, Œuvres complètes, t. XXXI, Paris, Cerf, 1999, 300-313.

________, *Le fondement thélogique des missions*, Paris, Seuil, 1946; rééd. *Théologie dans l'histoire*, t. II, Paris, DDB, 1990, 159-219.

________, "Le mystère du surnaturel" [초자연성의 신비], *RSR* 36, 1949, 80-121.

________, "Mystique et Mystère" (1965), *Théologies d'occasion*, Paris, DDB, 1984, 37-76.

________, *Paradoxe et mystère de l'Eglise*, Paris, Aubier, 1967.

________, *Athéisme et sens de l'homme: Une double requête de Gaudium et spes*, Les éditions du Cerf, 1968.

________, *La foi chrétienne. Essai sur la structure du Symbole des apôtres*, Paris, Aubier-Montaigne, 1970[2] (1969[1]); rééd. Œuvres complètes, t. V, Paris, Cerf, 2008.

________, *Petite catéchèse sur Nature et Grâce*, Paris, Fayard, 1980.

________, *Sur les chemins de Dieu*, Paris, Aubier-Montaigne (1956[1]); rééd. Œuvres complètes, t. I, Paris, Cerf, 2006.

________, "Anthropolgie tripartite", *Théologie dans l'histoire*, t. I, Paris, DDB, 1990, 115-199 [뤼박, 앙리 드, 『그리스도교 신비사상과 인간』, 곽진상 역, 수원가톨릭대학교출판부, 2016[2]].

MACHERY, Edouard, "A plea for Human Nature", *Philosophical Psychology* 21/3, 2008, 321-329.

MARCEL, Gabriel, *Etre et Avoir*, Paris, Editions Montaigne, 1935.

MARITAIN, Jacques, *La personne et le bien commun*, Desclée de Brouwer et Cie, 1947.

MEDEVIELLE, Geneviève, "Enseigner la théologie à l'Institut catholique de Paris", 수원가톨릭대학교 개교21주년 기념 학술대회 발표문, 2005년 4월 25일 [메드비엘, 쥬느비에브, "파리가톨릭대학교에서는 어떻게 신학을 가르치고 있는가?", 백운철 역, 『사목연구』 15호, 2005년 12월, 284-309].

MINSKY, Marvin, "Why Computer Science is the most important thing that has happened to the humanities in 5,000 Years", *Lecture Nara*, Japan, 1999.

PERRET, Catherine, "The New Flesh et autres fables: à quoi rêvent les post-humains?", *Cités* 55, mars 2013, 43-57.

RAHNER, Karl, *Hörer des Wortes: Zur Grundlegung einer Religionsphilosophie*, München, 1941 [라너, 칼, 『말씀의 청자: 종교철학의 기초를 놓는 작업』, 김진태 역, 가톨릭대학교출판부, 2004].

________, "Réflexions théologiques sur l'incarnation", tr. GAETAN, Daoust, *Ecrits théologiques*, t. III, Paris, Desclée de Brouwer, 1963[2] (1962[1]).

________, *Grundkurs des Glaubens: Einführung in den Begriff des Christentums*, Feiburg, Verlag Herder, 1976 [라너, 칼, 『그리스도교 신앙 입문: 현대 가톨릭 신학 기초론』, 이봉우 역, 분도출판사, 1994].

RAMSEY, Grant, "Human Nature in a Post-essentialist World", *Philosophy of Science* 80, 2013, 983-993.

RATZINGER, Joseph, *La mort et l'au-delà. Court traité d'espérance chrétienne*, Paris, Fayard, 1994,

SCHWAB, Klaus, *The Fourth Industrial Revolution*, World Economic Forum [슈밥, 클라우스, 『제4차 산업혁명』, 송경진 역, 새로운현재, 2016].

THOMAS AQUINAS, *Summa Theologiae*, Ia [아퀴나스, 토마스, 『신학대전 13권: 제1부 제90문제-102문제』, 바오로딸, 2008].

WEIZENBAUM, Joseph, "Denken ohne Seele", JOFFE, J. (Hg.), *Zeit-Dossier* 2, München, 1981, 131-152.

WILSON, Edward O., *On Human Nature*, President and Fellows of Havard College, 1978 [윌슨, 에드워드, 『인간 본성에 대하여』, 이한음 역, 사이언스북스, 2000].

________, *The Meaning of Human Existence*, W. W. Norton & Company, 2014 [윌슨, 에드워드, 『인간존재의 의미』, 이한음 역, 사이언스북스, 2016].

고인석, "로봇이 책임과 권한의 주체일 수 있는가", 『철학논총』 67집, 2012년 1월, 3-21.

________, "인공지능 시대에 살아남는 법", 『황해문화』, 2016년 12월, 251-263.

곽진상, "앙리 드 뤼박의 신학사상에 나타난 그리스도교 인간 이해", 『가톨릭신학』 16호, 2010년 여름, 9-62.

김태오, "인공지능 로봇에 대한 인간의 인격개념 사용문제", 『가톨릭신학』 31호, 2017년 겨울, 95-127.

손화철, "서문", 한국포스트휴먼학회(편), 『포스트휴먼 시대의 휴먼』, 아카넷, 2016, 13-26.

심상태, 『익명의 그리스도인』, 성바오로출판사, 1985.

안현준, "박영선 의원, 로봇기본법 발의", http://blog.naver.com/PostView.nhn?blogId=dolphin6010&logNo=221054721619&widgetTypeCall=true. 2018.08.25. 검색.

이영완, "구글의 '인간 500세 프로젝트', http://news.chosun.com/site/data/html_dir/2018/01/29/2018012900089.html.

이종관, "사이버스페이스와 포스트휴먼: 사이버 경제와 인간의 미래에 대한 현상학적 고찰", 『철학과 현상학 연구』 17집, 2001, 268-303.

한재권, “로봇과 인공지능의 현황 및 전망”, 『미디어와 교육』 6권, 2016년 6월, 49-58.
한창수, “나노기술과 기계공학”, http://ksme.or.kr/UploadData/Editor/EmBody/201309/0EACF2AA006745EF9A47594146887B22.pdf. 2018.03.15. 검색.

편집 후기

'4차 산업혁명 시대의 가톨릭 신학' 세미나 및 학술대회에 대한 평가와 전망

2017년 7월 20일, 수원 교구청에서 '역사적인' 첫 만남이 이루어졌다. 4차 산업혁명 시대에 인류와 교회의 미래에 대해 고민하기 위해 과학, 철학, 신학 분야의 전문가들이 한자리에 모인 것이다. 그 자리에서 함께 읽은 교황청 문화평의회 2017년 총회 의안 '인류의 미래: 인간학에 대한 새로운 도전'은 큰 충격으로 다가왔다. 유전공학, 신경공학, 생물학, 뇌과학, 의학 등의 발전에 인공지능, 만물인터넷, 자율자동차, 빅데이터, 블록체인 등의 21세기 신기술까지…. 이로부터 파생될 놀라운 변화뿐 아니라, 인간의 능력을 업그레이드하여 인간의 타고난 한계를 벗어난 새로운 존재의 출현이 가능할 것이라는, 공상과학 소설에서나 가능한 이야기가 현실화되고 있음을 보면서 놀라움을 금치 못했던 것이다.

아직 4차 산업혁명에 대해 의견이 분분하다. 그것이 정말로 도래하였는지, 도래했다면 어떠한 방향으로 흐를 것인지는 여전히 의문부호로 남아 있다. 그것이 어떤 혁명적 변화를 가져올 것인지 우리는 아직 알지 못한다. 어쩌면 우리는 그 혁명의 한가운데에 있는지도 모른다.

모름지기 혁명이란 한순간에 결단으로 시작되는 것이 아니라, 그 물결 속에서 나중에야 비로소 깨닫게 되기 때문이다.

그렇기에 문화평의회 주제에 대해 이야기를 나누고 학술대회를 준비하는 내내 암중모색(暗中摸索)을 하는 심정이었다. 분명한 것은 세미나를 통해 그동안 대부분의 신학 작업이 얼마나 세상의 흐름과 동떨어진 채 과거의 교회 문헌이나 서구 신학자의 사상 속에만 머물러 있었는지 반성하게 되었다는 것이며, 과학기술의 발전을 통한 인류의 미래와 그 안에서 교회와 신학의 역할에 대해 진지하게 고민하게 하는 계기가 되었다는 것이다. 아직 무르익지 않았지만, '후기' 형식으로 세미나와 학술대회를 통해 얻은 몇 가지 열매를 간략히 정리하고자 한다.

딜레마에 빠진 인류

세미나의 첫 열매라면, 놀라운 과학기술의 발전 속도에도 불구하고 지금 인류가 매우 심각한 위기에 빠져 있다는 것에 대한 공감대 형성이라 할 것이다. 4차 산업혁명과 신기술에 관한 담론들은 말한다. 기술력이 인간 삶의 질적 향상을 넘어 인간 개조까지 가능할 정도로 발전했으며, 동시에 그 기술력이라는 칼로 인간이 자기 자신을 겨누고 있다고 말이다. 인간의 수명을 수백 년까지 늘리고 인간의 '본성'을 '업그레이드'할 수 있는 놀라운 기술력 앞에서 역설적으로 인간은 한없이 나약하고 한계 지어진 존재로 드러난다. 유발 하라리가 지적한 것처럼, 세상의 중심에 서서 신을 몰아내고 세상을 지배하려던 인간은 스스로 운명의 주인이 되지도 못한 채, 자신도 통제할 수 없는 파멸의 불씨를 시한폭탄처럼 안고 살고 있는 것이다. 문제는 이러한 기술 발전이 거대 자본이나 경제 법칙과 같은 '보이지 않는 손'에 의해 좌우되고 있다는 것이며, 그것을 멈출 브레이크가 보이지 않는다는 것이다.

과학기술 분야 전문가들의 발제를 들으며, 과학자조차 자신의 기술에 대해 확신을 갖지 못하고 있는 것을 목격할 수 있었다. 한 분야에서 연구 발전을 거듭할수록 더욱 복잡하고 무한한 세계가 펼쳐지며, 그 앞에서 인간 기술력의 한계와 인간 자신의 초라함을 목격한다는 것이다. 인공지능 분야에서는 '강 인공지능'과 '약 인공지능' 사이에서 전문가들의 의견이 서로 갈리고 있으며, 크리스퍼 유전자 가위 기술을 개발하고 있지만, 복잡하고 통제 불가능한 유전자 세계에서 그 기술을 상용화하여 안정적으로 사용하기엔 인간의 지식과 기술력이 턱없이 부족하다고 인정하고 있다. 개별 분야에서 그렇다고 한다면, 여러 분야의 기술 융합으로 개별 연구자가 예기치 못한 결과가 초래될 때, 그리하여 대상을 통제할 수 없는 상황에 처했을 때, 과연 이전으로 되돌아올 수 있을 것인가? 그런데 모든 것을 통제하려는 인간의 꿈이 결국 인간 자신을 되돌아올 수 없는 파멸의 길로 인도하고 있음을 후쿠시마 원전사고가 목격하도록 하지 않았던가!

4차 산업혁명을 논하는 이 시점에서 인간이 처한 딜레마는, 신 없는 세상에서 인간 스스로 운명의 주인이 되어 자신과 세상을 통제하려고 하지만, 통제할 수 없는 선을 이미 넘어버려 알 수 없는 운명의 미궁 속으로 빠져 들어가고 있다는 것이다. 많은 학자가 우려하는 것처럼 인공지능이 엄청난 기술을 장착한 하드웨어와 연결되어 인류를 지배하는 날이 도래한다면, 인류는 모든 것을 '리셋' 하고 원래 자리로 되돌아오면 된다는 생각은 너무나 순진한 발상이 아닐까? 알 수 없이 펼쳐지는 미래 앞에서 자신조차 확신하지 못하는 의구심에 휩싸인 존재로서 인간이 4차 산업혁명을 맞는 인류의 자화상이다.

그런데 21세기 과학기술의 발전 이면에는 매우 중요한 물음이 담겨 있다. 인간의 본성, 진정한 인간 발전과 행복에 관한 물음이다. 그것은 결국 '구원'에 관한 물음으로 귀속된다. 구원이란 어떤 것이며, 어떻게 구원이 가능한가? 과연 인간은 자기 자신을 구원할 수 있는가? 이는 인류가 수천 년 동안 끊임없이 제기해 온 물음이다. 문제는 과학기술적 사고방식을 따르는 이 시대 사람들이 행복과 구원을 물질과 기술력 향상에서 찾는다는 것이다. 인간의 구원 문제를 기술적 문제로 접근해서는 안 된다. 죽음, 질병, 노화 등은 단순히 기술적 결함의 문제가 아니다. 인간의 구원 문제는 보다 근본적인 차원에서 제기된다.

이러한 통찰은 신학으로 하여금 비판적 시각으로 과학기술의 발전을 바라보도록 한다. 현재의 기술 발전은 진정한 의미에서 인류의 문제에 대한 성찰을 통해 이루어지는가? 아니면 시장과 자본의 논리, 유용성과 편리함을 중심으로 이루어지는가? 신학은 현란한 기술 발전 뒤로 인간의 자유를 속박하고 허황된 이상을 믿도록 하는 '악한 흐름'을 감지한다. 기술력으로 인간의 욕망과 마음까지 통제하고 조작하려는, 인간에게서 자유를 박탈하고 지배하려는 흐름을 감지한다. 인간의 타고난 역사성과 육체성에서 탈피하려는 흐름, 인간의 내적 변화를 통해 완성을 추구하는 것이 아니라 감각적이고 물질적인 차원에서 행복을 조작하려는 흐름을 감지한다. 인간 존재에 대한 근본적 물음이 아닌 기술적 차원에서만 인간에 접근하고 있는 것이다.

그런데 과학기술은 중립적이지 않다. 그 이면에는 갖가지 이념과 복잡한 이해관계가 숨겨 있다. 현대인은 과학기술의 지대한 영향을 받으며 자연스럽게 그러한 이념이나 이해관계에서 영향을 받고 심지어 속박된다. 그리스도 교회와 신학의 역할은 신기술 그 자체뿐 아니라, 그 이면에 숨겨진 이념과 이해관계에 대해 비판적으로 묻고 대화에 나설 필요가 있다. 진정한 의미에서 인간 발전, 세상 발전을 위한 길을 함께 모색하기 위해, 이 시대를 사는 새로운 사유와 실천을 창출하기 위해서 말이다.

혁명은 눈에 보이지 않게 시작되어 사람들의 삶에 지대한 영향을 끼친다. 4차 산업혁명은 이미 시작되었는지도, 우리는 이미 그 변화의 한가운데에 있는지도 모른다. 그리고 해결할 수 없는 딜레마 속에 이미 빠져 있는지도, 돌아올 수 없는 길을 이미 걷고 있는지도 모른다. 중요한 것은 4차 산업혁명이 도래했든 그렇지 않든, 지금 이 자리에서 물음을 던지는 것이다. 스스로 물음을 던질 수 있는 한, 인간은 여전히 자기 운명의 주인이 될 수 있다. 변화의 가능성이 아직 있기 때문이다. 여기서 신학의 역할은 매우 크다. 세상의 모든 것을 상대화하는 근본적인 물음을 던지기 때문이다.

신학의 자기반성

본서에서 정희완 신부가 지적하듯, 4차 산업혁명에 대해 논하는 지금 이 시점에서 교회와 신학이 하느님과 인간과 세상에 대해 이야기하는 방식, 현실적 문제에 접근하는 방식은 현대인들에게 설득력을 잃고 있다. 받아들이기 힘들지만 이 사실을 인정해야 한다. 교회가 제시하는 교리적, 윤리적 가르침뿐 아니라 그 실천적 삶에 이르기까지, 많은 것이 의문시되고 있다. 청소년과 청년의 대규모 교회 이탈 현상은 교회의 가르침과 실천이 그들에게 어떠한 매력도 현실성도 없어 보인다는 사실을 드러내는 하나의 반증이다. 사람들은 현실적인 상황에서 출발하여 문제의 해결책을 찾는데, 교회는 현실과는 상관없이 이미 정해진 답을 외부로부터 강압적으로 부과하듯 말하고 행동하는 것처럼 비춰지고 있다.

이는 교회와 신학이 세상과 소통하는 방식에서 전적으로 새로워져야 함을 의미한다. 보다 현실성 있게 하느님과 신앙, 세상과 인간에 대해 이야기해야 하며, 이를 위해 과거에 구축된 신학을 전면적으로 재검토할 필요가 있다. 교회나 신학은 고독한 섬으로 남아서는 안 된다. 교회와 신학이 이야기하는 방식이 신자들뿐 아니라 믿지 않는 이들에게 어떻게 비춰지는지 진지하게 물을 필요가 있다. 4차 산업혁명 담론은, 교회와 신학이 고독한 섬에서 벗어나 세상 속으로 뛰어들어 세상의 언어와 몸짓으로 복음을 선포하라는 초대다.

이러한 흐름은 교회와 신학에는 위기인 동시에 기회로 보인다. 그리스도교의 인간관과 세계관 및 역사관의 타당성을 검증할 수 있는 절호의 기회이기 때문이다. 이제는 종교나 신앙이 구시대적 유물이나 유아기적 망상 혹은 외부에서 부과된 의무나 속박이라는 관념과 결별하도록 해야 한다. 신앙이라는 태도가 얼마나 인간적이고 현실적인 것인지 제시해야 한다. 그러기 위해 신앙 진술과 실천을 현대인의 체험과 연결해야 한다. 특별히 신기술의 발달을 경험하는 이 시대가 인간 존재에 관한 근본적인 물음을 안고 있음에 착안할 필요가 있다. 행복, 신성, 불멸 등은 결국 구원과 관련된 것이다. 신학은 '하느님 나라' 내지 '구원'에 이르는 길을 현실성 있게 오늘의 체험 언어로, 기술적 차원과는 전혀 다른 방식으로 제시할 수 있어야 한다. 인간의 존재 자체에 관한 정의에서부터 인간의 발전과 완성에 이르기까지 동시대인의 물음에 현실적인 답을 제시할 수 있어야 한다. 신앙이 맹목적 순종이 아니라 어떻게 인간 완성과 관계되는지, 어떻게 인간을 인간화하는지, 진정한 자유를 추구하도록 하는지, 신앙이 외부에서 강요된 속박이 아니라 어떻게 인간의 근본적인 기쁨과 희망의 원천인지, 신앙이 뜬구름 잡는 이야기가 아니라 어떻게 현실을 근본적으로 변화시키는지, 신앙이 선포하는 '구원'과 '은총'이 어떻게 현실에서, 지금 여기에서 구체화되는지 등을 합리적으로 밝힐 수 있어야 한다. 이러한 작업이 신학에서는 결코 이질적인 것이 아니라, 오히려 신앙의 본질에 부합되는 것임에 착안할 필요가 있다. 신앙 진술은 하늘에서 뚝 떨어진 어떤 것이 아니라, 인간의 역사적 체험이라는 바탕 위에서 행해지기 때문이다. 가령 은총론, 원죄론에는 인간의 나약함과 한계를 지닌 자유에 대한 체험, 존재하는 모든 것에 담긴 은총의 무상성에 대한 체험이 담겨 있다. 윤리성은 외부적 규정의 의미를 훨씬 뛰어넘는다. 그 안에는 존재에 대한 인식과 체험, 한계 지어진 자유에 대한 체험, 피조물로서 타고난 한계성에 대한 체험 등이 기본적으로 전제되어 있다.

학술대회의 열매와 과제

이러한 신학적 전망으로 세미나와 학술대회를 통해 얻어진 결과들을 다음의 핵심 키워드로 정리해 볼 수 있을 것이다. '인간, 생명, 역사성, 윤리성'이 그것이다. 이는 과학기술 혁명의 시대에 신학이 인간 발전과 관련하여 기여할 수 있는 연구 분야로 고려될 수 있는 것들이다. 다시 말해 모든 신학이 타 학문과 '학제 간 연구'를 통해 '통합적 구원론'을 제시할 수 있기 위한 핵심 요소들로 간주할 수 있다.

첫째, 인간에 대한 관심이다. 인간에 대한 관심은 특별히 노상욱 교수가 본서에서 다룬 '인공지능' 기술의 발전에 대해 숙고하면서 자연스럽게 대두되었다. 과연 인간을 그대로 모방하는 지능을 만들었을 때, 인간을 인간이게끔 하는 요소는 어떤 것인가? 인간의 지성을 모방하는 것을 넘어 인간보다 더 뛰어난 지능을 소유한 기계가 생겼을 때, 인간의 가치를 어떤 기준으로 평가할 수 있는가?

인간에 대한 관심은 철학 분야의 김성동 교수와 이종관 교수와 이근덕 신부, 신학 분야의 곽진상 신부의 논고에 두드러지게 드러났다. '사람에 대한 성찰 없는 사람중심 4차 산업혁명'에 대한 이종관 교수의 지적은 시의적절하다. 인간을 위한 과학기술의 발전에서 인간 자신에 대한 성찰 없이는 인간을 도구화하고 상품화할 수밖에 없으며, 발전의 흐름이 기술 이면에 숨겨진 이념이나 이해관계에 의해 좌지우지될 심각한 위험이 있다. 인간의 본성과 진정한 인간 발전에 대해 묻지 않은 채 기술적 향상만을 추구해서는 '전혀 인간적이지 않은 인간'으로 변형되는 인간 자신을 발견하게 될 것이다.

그리스도교 신학은 창조 신앙과 육화 신앙의 바탕 위에서 무엇보다 인간에 관심을 기울인다. 신학은 예로부터 인간의 '신화(神化)'를 지향하며 '그리스도를 따름'을 통해 타고난 본성적 한계를 초극하여 완성에 이르는 길을 탐구하였다. 특별히 4차 산업혁명 시대의 그리스도교 신학은 구체적인 현실 안에 사는 인간에서 출발해야 할 것이다. 그 인간은 한계 지어진, 우연적이며 나약한 존재다. 자신을 초극하고 세상을 변화시킬 수 있는 지적, 영적 능력을 갖추고도 있지만, 홀로는 존재할 수도 완성에 이를 수도 없는, 죽음과 함께 먼지로 사라질 하찮은 존재다. 그리스도교 신학은 현시대의 인간이 처한 본성적 나약함과 한계성 안에서 가능한 은총의 비전, 구원의 길을 모색하고 제시할 수 있어야 한다. 추상적이고 막연한 구원론, 은총론에 머무르지 말고, 어떻게 구원 은총이 인간을 근본적으로 변화시키는 실재인지, 인격적 친교와 개방을 가능케 하여 타인과 세상 만물과 통교를 이루도록 하는지, 그로써 어떻게 지금의 인류 발전의 부정적 흐름을 교정하고 역사를 변혁시켜 완성에 이르도록 하는지 제시할 수 있어야 한다.

특별히 인간의 나약함과 한계를 기술적 결함으로 보기보다는, 인간의 발전과 인격적 성장, 완성을 위한 소인(素因)임을 보여 주어야 한다. 그리스도교 신학은 인간의 나약함에 대해 깊은 인식을 갖고 있으며, 이를 긍정적 차원에서 제시할 필요가 있다. 신기술의 발달은 인간의 위대함과 동시에 나약함을 드러내 보여 주었다. 그런데 나약함은 인간에게 핸디캡이나 극복해야 할 것만이 아니라 수용해야 할 측면도 있다. 사도 바오로의 말씀처럼 인간은 은총 안에서 약함을 인정할 때 오히려 강한 힘을 발휘한다.(참조: 2코린 12,9-10) 예수 그리스도의 나약하고 상처 입은 인간성은 오히려 그분의 신성이 강하게 활동하는 방식이며 장소다. 그분의 상처 입고 외면당한 모습은 인간의 마음을 울리고 움직이는 힘을 지니고 있다. 인간 본래의 나약함과 한계를 새롭게 사는 법을 세상에 전파하는 것은 그리스도교 신학에 맡겨진 중요한 역할일 것이다. 지성적으로, 육체적으로 어떠한 유용성도 없는 병자나 노인이, 가난하고 불쌍한 이들이 인류의 역사를 바꾸는 원동력이 될 수 있음을 신학은 제시해 줄 수 있어야 한다.

둘째, 생명에 대한 관심이다. 전방욱 교수가 다룬 크리스퍼 유전자 가위의 기술적, 윤리적 문제는 무엇보다 생명과 관계된다. 유전공학과 생물학은 새 시대에 더욱 큰 문제를 제기하며 발전할 것으로 전망된다. 이윤경 교수는 현대 과학과 신앙의 대화 가능성을 '생명지향적' 세계관에서 찾고자 하였다. 그런데 문제는 이종관 교수가 언급하는 것처럼 이 생명이 인간 기술에 의한 실험과 조작의 대상이 되는 것에 있다. 누구나 생명을 이야기하지만, 생명에 접근하는 전혀 다른 방식이 공존하는 시대를 우리는 살고 있다. 어떤 이에게 생명은 고귀하고 신성한 반면, 어떤 이에게 생명은 자본이며 도구다. 그 어느 때보다 생명이 위협받고 있다. 이 시대의 위기는 생명의 위기라 할 만큼 생명의 존엄이 상실되어 가고 있다.

요한 복음사가의 다음과 같은 언급은 신앙의 핵심이 영원한 생명에 있음을 상기시킨다. "이것들을 기록한 목적은 예수님께서 메시아시며 하느님의 아드님이심을 여러분이 믿고, 또 그렇게 믿어서 그분의 이름으로 생명을 얻게 하려는 것이다."(요한 20,31) 그리스도의 이름으로 얻을 이 생명은 영원한 생명이며 지금 여기서 시작된 생명이기도 하다. 21세기 그리스도교 신학은 이 생명의 고귀한 가치가 침해받고 있는 현상에 주목해야 한다. 생명의 고귀함과 품위는 오늘날 하느님에 대해 새롭게 이야기할 수 있는 영역으로 다가온다. 신앙은 생명을 하느님께만 속한 신성한 것으로, 손에 넣을 수 없는 신비로 경험한다. 그 앞에서 인간 자신의 한계성도 발견한다. 신학은 생명의 신적 기원과 더불어 그 고귀한 불가침적 가치를 지금 여기서 체험하고, 지켜낼 수 있는 새로운 사유와 실천 양식을 창출하는 데 힘써야 할 것이다. 이 방향에서 서구의 그릇된 인간중심주의를 넘어 새로운 인간중심주의를 주창하는 프란치스코 교황의 회칙『찬미받으소서』에 관한 보다 심도 있는 연구가 요청된다. 또한 동양과 한국의 사상에서 생명과 자연에 관한 서구와는 다른 방식의 접근과 이해, 인식과 실천과 대화하며 영감을 얻을 필요가 있다.

셋째, 인간의 역사성에 대한 인식이다. 신기술의 흐름은 인간의 역사성을 부정하는 방향으로, 발전의 속도를 단축하여 역사성의 한계를 넘어서는 방향으로 가고 있다. 그럼에도 불구하고 역사성은 인간 본성을 구성하는, 결코 인간 삶에서 제거할 수 없는 것이다. 인간은 역사적 존재로 성장하기 위해 시간을 필요로 한다. 고층 빌딩을 세우는 초고속 속도로 인간을 성장시킬 수는 없다. 인간의 지식 역시 데이터 축적으로만 가능한 것이 아니다. 데이터를 다운 받는 것과, 역사를 자신의 것으로 만드는 것은 질적으로 전혀 다른 작업이다. 역사는 인간 정체성 형성과 관계된다. 인간은 역사 안에서 역사와 대화하며 인간으로서 정체성을 부여받고 성장한다. 역사는 데이터화할 수 없는 살아 있는 무엇이다.

학술대회에서 역사성에 대한 관심은 상대적으로 빈약하였다고 판단된다. 이종관 교수, 필자, 그리고 곽진상 신부의 글 일부에서 언급한 정도다. 21세기 신학은 역사성의 흔적을 지우려는 기술의 발전을 거슬러 인간 존재의 역사성을 더욱 예리한 방식으로 밝힐 수 있어야 할 것이다. 역사는 인간의 자유와 사랑이 성장하기 위한, 정체성이 실현되기 위한, 인류의 진정한 발전이 이루어지는 장이기 때문이며, 구원이 실현되는 구체적 현장이요 구원의 소인이기 때문이다. 그리스도교 신학은 근대 계몽주의에서 '역사성'에 관한 매우 소중한 인식을 전해 받았으며, 이를 통해 계시와 신앙과 교회를 이전과 다른 방식으로 이해하게 되었다. 계시와 신앙과 교회가 그 자체로 역사성을 지니고 있음을 파악한 것이다. 이제 신학은 역사성을 제거하려는 기술의 흐름에 맞서, 역사성에 담겨 있는 인간 진리를 더 깊이 탐구하고 제시해야 하는 사명을 부여받고 있는 것이다.

인간의 역사적, 육체적 조건을 부정적인 것으로 간주하는 사조로 '영지주의'를 들 수 있다. 물론 신기술 그 자체가 영지주의의 산물은 아니지만, 그 이면에는 인간의 역사성과 육체성을 부정한 것으로 여기며 그것을 도외시한 인식적 차원에서 초월을 추구하는 흐름과 일맥상통한 것을 발견하게 된다. 인공지능의 개발이 마치 인간의 지능과 육체를 분리시킬 수 있는 것처럼 느끼도록 착각을 일으키고 있다. 그러나 인간은 정신과 육신을 분리시킬 수 없는 통합적 존재다. 인간은 근본적으로 육체적 존재다. 그리스도 신앙은 영지주의를 거슬러 말씀이 취한 인간의 육(肉)에서 구원이 실현되는 장소를 발견한다. 그리스도교 신학은 인간의 역사성과 육체성을 기술적 결함으로 보기보다는 구원의 신비에서 바라보며, 그 안에서 발견되는 나약함과 한계를 인간이 진정한 의미에서 발전해 나가기 위한 긍정적 소인으로 제시할 수 있어야 한다. 어떻게 역사와 육체가 그리스도 구원에서 배제되지 않고 오히려 구체적 대상이 되는지 밝힐 수 있어야 한다. 구원이 정신적, 영성적 차원만이 아닌 역사적, 육체적 차원에서 -사도신경은 '육신의 부활'에 대한 믿음을 고백한다!- 온 세상 만물 전체를 아우르며 구체적으로 실현되는 것으로 제시할 수 있어야 한다. 로마서의 말씀처럼, 피조물이 겪는 모든 고통을 구원을 고대하는 탄식과 진통 소리로 들을 수 있어야 한다.(참조: 로마 8,18-30)

넷째, 윤리성에 대한 새로운 접근의 필요성이다. 박찬호 신부는 4차 산업혁명 시대에 더욱 크게 부각될 인간 자유의 문제를 고찰하였다. 하라리의 저서에서도 발견되는 윤리적 문제 제기는 새 시대에 더욱 첨예하게 제기될 것이다. 유전자 가위 기술에서 전방욱 교수가 부각시킨 문제 역시 윤리적 차원이었다. 문제는 신법(神法)뿐 아니라 자연법(自然法)까지 의문에 부치는 이 시대에 과연 무엇이 윤리적 기준으로 제시될 것인가 하는 것이다. 이전과 다른 방식의 접근이 아니라면, 윤리는 단순히 외부적인 무의미한 제약처럼 보일 것이며, 그 타당성을 상실할 것이다. 그런데 윤리야말로 인간을 자유롭게 하고 성장하게 하는 것으로, 인간의 자유와 양심과 관련된 것이지 외부로부터 부과되는 제약이나 금지로 이해되어서는 안 된다. 문제는 윤리성을 어디서 새롭게 찾아야 하는가이다.

윤리성은 인간 역사의 내재성 안에서, 인간 체험으로부터 출발하여 찾아야 할 것으로 보인다. 특별히 인간이 태어나면서 갖는 타고난 한계성을 윤리성의 출발점으로 삼아야 할 것으로 보인다. 박찬호 신부가 지적한 것처럼, 인간의 자유는 한계 지어진 특성을 지닌다. 이는 보편적 체험이며 그리스도교 윤리의 출발점이기도 하다. 그리스도교 신학은 한계 지어진 자유에 대해 이야기한다. 그 자유는 인격적 관계에서만 체득될 수 있으며 완성에 이를 수 있다. 은총으로 일깨워진 한계 지어진 자유는 세상 만물을 은총에 의해 무상으로 주어진 선물로 받아들인다. 인간 자유의 한계성은 만물을 소유할 수 없다는 사실에서 비롯된다. 이러한 인간 자유의 한계성에 대한 그리스도교적 성찰은 이 시대에 매우 중요한 가치로 대두될 수 있다. 특별히 선물로 주어진 존재 그 자체에서 연유하는 윤리성을 새로운 윤리적 원리로 제시할 수 있을 것이다. 그리스도교 신앙은 인간을 비롯한 세상에 존재하는 모든 것에 존재하는 그 자체로 주어지는 품위와 가치를 발견한다. 존재하는 모든 것의 공통적 속성은 하느님의 은총으로 거저 주어진 존재라는 점이다. 인간은 자기 자신을 윤리적 타자만이 아닌 생물학적 타자로 만난다. 진화하는 존재로서 인간은 자신에게서 세상의 일부를, 세상에서 자신의 기원을 만난다. 존재하는 모든 것에서 선물로 주어진 무상성을 발견한다. 자유로운 인격들 사이에서만이 아닌, 존재라는 그 자체로부터 주어지는 윤리성을 말한다면, 유용성을 중심으로 가치 판단하는 시대의 흐름에 맞서, 인간과 세상에 접근하는 새로운 방식을 제시할 수 있을 것이다. 이 전망에서 역시 자연에 관한 동양과 한국의 사상은 좋은 대화 상대자로 대두될 것이다.

후기를 마무리 할 시점이다. 세미나와 학술대회의 결과물인 본서는 우리의 작업이 아직 초보적인 단계에 있음을 보여 준다. 그러나 이러한 제 학문 분야의 전문가들의 공동 작업이 가능하며, 필요하고 서로에게 큰 도움을 줄 수 있다는 것도 확인할 수 있었다. 이번 세미나에서는 인공지능, 유전자 가위, 컴퓨터 공학, 전자 공학, 로봇 공학, 기계 철학 분야의 전문 학자들과 신학자들이 함께 작업을 하였다. 비록 서로의 분야에 대해 전혀 모르는 상태여서 많은 교류와 심도 있는 토론을 하기까지는 한계가 있었지만, 흥미롭고 풍요로운 만남이었던 것은 분명하다. 사목 일선에서 활동하는 사목자의 참여가 있었고, 사회학,

매스컴 등의 분야 전문가들과 공동 작업도 시도하였으나 큰 진척을 이루지는 못하였다. 추후 더욱 발전된 모임이 되기 위해 참가자를 사회학, 인문학, 정치학, 경제학 등의 영역으로 넓힐 필요성이 제기되었다. 신학 분야에서도 성경, 창조론, 사목신학 등의 분야 전문가의 참여가 필요하다. 세미나를 통해 대두된 신학적 문제들은 매우 복잡하게 서로 얽혀 있어 신학 개별 학과목에서 모든 문제에 대한 답을 제시할 수 없음을 확인하였다. 신학 분야의 제 학과목 간 대화와 공동연구는 앞으로 신학이 추구해야 할 방향으로 보인다. 나아가 각 분야에서 과학기술의 발전과 그 부정적 결과에 어떻게 대처하는지 등을 서로 나눈다면 서로 많은 도움을 주고받을 수 있을 것이라 기대된다. 후속 작업을 통해 보다 폭넓게 연구의 외연을 넓히는 동시에, 교회의 사목 정책에 반영할 내용과 구체적 현장에서 고려해야 할 점과 요구되는 변화 등까지 다루기를 기대해 본다.

신학은 이러한 내 · 외적 대화를 통해 사회에서 일어나는 다양한 것들에 대해 경청하고 배우는 입장으로 다가서야 할 것이다. 앞으로도 이 세미나가 더욱 발전하여 학제 간 연구 발전에 도움이 되고 산업혁명의 시대에서 교회가 예언자적 빛을 밝혀 줄 길을 찾아갈 수 있기를 기대해 본다.

이성과신앙연구소장

한민택 신부